中国近代人物文集丛书

吴棠集

（八）

杜宏春　杜　寅　辑校

中　华　书　局

○一四　奏报邱广生等回籍归标当差片

光绪二年正月二十五日(1876年2月19日)

再，查臣于同治七年奉命移督来川，奏明随带文武员弁差遣委用，兹臣将次交卸督篆，所有随带之知府衔分省补用同知直隶州知州邱广生及将备弁兵等，历经差委，均能勤慎趋公，并无经手未完事件，先后呈请给假回籍，归标当差。除分咨外，理合附片陈明，伏乞圣鉴。谨奏。

光绪二年三月初一日，军机大臣奉旨：知道了。钦此。①

○一五　奏报藩司文格堪任护理总督片

光绪二年正月二十五日(1876年2月19日)

再，川省地方辽阔，蛮夷杂处，邻氛虽靖，游勇土匪到处潜伏。至于仕途拥挤，流品不一，民情复又浮动。一切弹压抚绥，均应慎重。藩司文格莅任以来，办事实心，整饬吏治，其定力足以镇浮嚣，沉毅精详，堪膺大任。兹当接护督篆，所有地方事宜，臣在蜀日久，尚为了悉，连日详细筹商，巨细情形，均已洞晓，堪以仰慰宸廑。谨附片具陈，伏乞圣鉴。谨奏。

---

① 中国第一历史档案馆藏：军机录副，档案编号：03-5781-021。又，吴棠等：《游蜀疏稿》，第1257—1258页。其尾记曰："光绪二年正月二十五日具奏。"此片奉旨时间未确，兹查军机处随手登记档(档案编号03-0217-1-1202-058)，确知其奉旨日期应为"光绪二年三月初一日"。兹据校正。

光绪二年三月初一日,军机大臣奉旨:知道了。钦此。[1]

○一六　请以李德良等调署知府等缺片

光绪二年正月二十五日(1876年2月19日)

再,成都府知府许培身奏升建昌道,现接准部覆,应即饬赴新任。所遗成都府知府缺系省会首郡,政务殷繁,且有发审案件,非才具优长之员,不克胜任。查有潼川府知府李德良,有为有守,素著循声,堪以调署。所遗潼川府知府缺,查有候补知府彭名湜,老成练达,堪以委署。又,署华阳县知县吴羹梅另有差委,遗缺系附省首邑,政亦繁剧,查有綦江县知县田秀栗,精明干练,堪以调署。田秀栗正、署各任内并无经征钱粮未完及承缉盗劫已起四参案件。由藩臬两司会详前来。除批饬遵照外,理合附片陈明。伏乞圣鉴。谨奏。

光绪二年三月初一日,军机大臣奉旨:知道了。钦此。[2]

○一七　请准参将张旭升暂缓引见片

光绪二年正月二十五日(1876年2月19日)

再,臣前准兵部咨:新补提标中军参将张旭升,应令给咨送部引见等因。查该员张旭升,前委管操省标精兵,继饬就近先赴新任,以资整顿。提标为省外各镇营领袖,该员申明纪律,勤操兵技,

---

① 中国第一历史档案馆藏:军机录副,档案编号:03-6008-023。此片具奏日期未确,兹据军机处随手登记档(档案编号:03-0217-1-1202-058)校正。

② 中国第一历史档案馆藏:军机录副,档案编号:03-5106-008。此片具奏日期未确,兹据军机处随手登记档(档案编号:03-0217-1-1202-058)校正。

督率弁兵，在于省城内外不分昼夜，梭织巡逻，甚形得力，未便骤易生手。合无仰恳天恩，俯准暂缓北上，敕部先给署札，一俟经手事竣，或接替有人，再令照例请咨北上。理合附片陈明，伏乞圣鉴训示。谨奏。

光绪二年三月初一日，军机大臣奉旨：着照所请，兵部知道。钦此。[①]

〇一八　旌表节妇王李氏等片

光绪二年正月二十五日(1876年2月19日)

再，臣据崇庆州知州沈恩培、大宁县知县张曾彦、候补知县王樽等公禀：浙江省归安县节妇王李氏系儒士王廷楷之妻、李绍祖之女。道光二十五年，王廷楷病故，氏时年二十岁，成婚未久，一恸几绝，因怀遗娠，翁姑年迈，含悲苦劝。氏乃以礼抑情，将代子职。越八月，生一子。上奉甘旨，下哺孤儿，竭尽心力。翁姑病笃，两次刲股以进。殁后，躬理丧葬，尽礼尽哀。遗有小姑，备奁出嫁，曲成先志。孤儿现已成立，宦游迎养。该氏现年五十岁，计守节三十年。

又，归安县节妇章沈氏系附贡生章政之妻、附生沈赐玨之女，幼有至性，事亲极孝，于道光十三年结褵，十七年，氏夫患病，该氏昼夜躬侍汤药，衣不解带者累月。氏夫旋故，氏时年二十六岁，毁容泣血，绝粒数日，誓不欲生，咸族俱以子女尚在襁褓，旁无伯叔，未可轻生，百般劝慰，始勉啜水浆，矢志抚孤。家无宿粮，纺绩度

---

① 中国第一历史档案馆藏：军机录副，档案编号：03-5775-001。此片具奏日期未确，兹据军机处随手登记档(档案编号：03-0217-1-1202-058)校正。

日，含冰茹蘖，备历艰辛。祭祀必诚必洁，数十年如一日。鬻钗珥以助子读书，督责甚勤。现在长子以课徒养亲，次子亦得官职。该氏现年六十五岁，计守节三十九年。

以上节妇二口，俱操励冰霜，志坚金石。以原籍相隔太远，未能呈报，职等谊关桑梓，见闻俱确，不忍听其湮没，公同禀恳旌表，并分造该氏等事实册结，呈赍前来。

臣查该节妇王李氏、章沈氏，冰雪为怀，松筠著节，秉坤维之正气，为闺阃之完人。核其年例，宜沐旌扬。相应仰恳天恩，敕部照例旌表，以维风化。除册结咨部外，理合会同学政臣张之洞，附片具陈，伏乞圣鉴训示。谨奏。

光绪二年三月初一日，军机大臣奉旨：王李氏、章沈氏，均着准其旌表，礼部知道。钦此。①

〇一九　奏报交卸四川总督印务日期折

光绪二年正月二十六日(1876年2月20日)

头品顶戴四川总督臣吴棠跪奏，为恭报微臣交卸督篆日期，恭折叩谢天恩，仰祈圣鉴事。

窃臣前因病久难痊，奏请开缺回籍，奉旨：另有旨。钦此。现准吏部咨：光绪元年十二月十九日，内阁奉上谕：吴棠着准其开缺，回籍调理。钦此。同日奉上谕：四川总督着李瀚章调补，李瀚章未到任以前，着文格暂行护理。钦此。当即恭设香案，望阙叩头，祗

① 中国第一历史档案馆藏：军机录副，档案编号：03-5606-010。此片具奏日期未确，兹据军机处随手登记档(档案编号：03-0217-1-1202-058)校正。

谢天恩。遵将经手事件赶紧清厘，陆续奏咨，暨办稿移交，随于二年正月二十六日将四川总督关防并王命旗牌、文案、考籍等项委成都府知府许培身、署督标中军副将王虎臣赍交暂护督臣文格，祗领任事。

除照例恭疏具题，伏思臣以菲材，叠邀四朝特达之知，由州县擢任封圻，历官江苏、闽浙、四川数省，受恩最重，报称未能。惟兢惕以自持，觉愆尤之时集。兹以湿疮时发，久患未痊，沥情陈恳，仰蒙矜全逾格，准其回籍调理。自顾何修，上荷仁慈渥逮，跪聆之下，感激莫名！刻下蜀中夷疆甫靖，而边防未撤，邻饷多艰，已将平素筹饷布置情形向暂护督臣文格详细商述，妥为接办。

臣拟于二月内起程回籍，赶紧调治，倘医药得宜，早日获痊，臣恋阙情殷，仍当泥首宫门，求赏差使，庶仰答高厚鸿慈于万一。所有微臣交卸督篆日期及感激下忱，理合恭折叩谢天恩，伏乞皇太后、皇上圣鉴。谨奏。正月二十六日。

光绪二年三月初一日，军机大臣奉旨：知道了。钦此。[①]

〇二〇　奏陈病危恭谢圣恩折

光绪二年闰五月二十九日（1876年7月20日）

头品顶戴前任四川总督臣吴棠跪奏，为微臣蒙恩开缺，甫抵里门，病势增剧，自揣难以复起，伏枕哀鸣，仰祈圣鉴事。

窃臣由附生中式道光十六年[②]举人，甲辰会试后大挑一等，以

---

① 中国第一历史档案馆藏：军机录副，档案编号：03-5106-003。

② 《清史稿》、《清史列传》作“道光十五年”。

知县签掣南河，补桃源县知县，调清河县知县，署邳州知州。咸丰三年春，江南告警，奉饬回任清河。时大河以北土匪横行，扬郡复为贼踞。奉文宗显皇帝特旨，有“知县吴棠团练乡勇，甚得民心，若令其带勇击贼，必当得力”之谕。四年，丁母忧，奉旨：着开缺治丧，于百日后仍署理清河县事。年余，寇患渐平，呈请终制。六年，丁父忧，在籍督办团练，保升道员。八年，服阕回任。十年，渥承简命，补授淮徐道员缺，并奉旨帮办徐宿剿匪事宜。徐宿为捻匪出没之区，兵单饷绌，臣五中焦灼，竭力支撑，火炽血亏，即患有癣疮等症。维时年力正强，尚不措意。十一年冬，奉上谕补授江宁布政使，署理漕运总督，移驻清江。受篆五日，而捻逆纷乘，且战且守，屡濒于危。逾年，即拜真除漕督之命。

同治三年，以剿办清淮一带窜匪，扫除徐宿捻逆，奉上谕赏给头品顶戴，仍交部从优议叙。嗣奉上谕署理江苏巡抚、两广总督，均以清淮防剿吃紧，遂不果行。五年，奉上谕补授闽浙总督，履任未及半载，即有驰赴广东查办事件之命。

七年，奉上谕调补四川总督，九月到任。查蜀中祸乱初平，疮痍未复，而征兵转饷，援滇、援黔、援陕甘，殆无虚日。幸赖朝廷威福，次第廓清，叠奉上谕交部从优议叙，感悚弥深！十三年秋间，癣疾未痊，复增头眩足软等病，委顿异常，曾经具折乞休，未邀俞允。交春后，旧疾稍减，照常办公。

迨光绪元年冬令，诸病举发，更甚于前，精力就衰，深恐边疆重寄，贻误堪虞，不得已据实沥陈，仰沐生成，俯准开缺回籍。臣于本年正月二十六日交卸督篆，料理起程，力疾徐行，取道秦、豫一带，闰五月二十一日甫抵里门，病势增剧。至二十八日，气促痰涌。二十九日午刻，神智转清，而精血已竭。据医者云，症属垂危。

臣自揣难以复起。伏念臣以书生，粗习军符，由牧令洊升府道，上邀四朝特达之知，超擢封圻十有五稔，历任地方，均值时事艰难之际，务在保全完善，培养本根。而任重才铨，刻刻以旷官为惧，渥荷圣明怜其愚戆，予以优容。方期调治得宜，涓埃重效，乃桑梓之邦甫至，而蒲柳之质先零，私愿难偿，余生待尽！

臣长子早亡。次子炳祥，庚午科举人，分部行走郎中。三子炳和，附贡生，光绪元年从一品荫生。臣惟有勖臣子等益勤学业，恪守官箴，上以酬君父再造之恩，下以辅微臣未竟之志。谨口授遗折，即命臣子赍交安徽抚臣裕禄，恭折代递。瞻望阙廷，神魂飞越，不胜感激屏营之至！伏乞皇太后、皇上圣鉴。谨奏。光绪二年闰五月二十九日。[①]

① 中国第一历史档案馆藏：军机录副，档案编号：03-5776-128。此即遗折。

中编：函牍

○○一　总署抄录片奏并往来照会知照由

同治四年二月初十日(1865年3月7日)

二月初十日,致江苏巡抚函称:所有江宁地方肃清、英法公使请租地通商一事,业经钞录原奏并来往照会,另备公牍知照冰案矣。惟金陵甫经克复,人民凋残,内地商贾未必遽然辐辏云集。该英、法两国来请通商,原系载在条约,理应准行。第念该国派领事等前来查勘之日,该地方官若不隐示限制,必将有碍华商生计,自当预为筹度,审择无碍华民之处,酌拨一廛,令其聚处通商,用特泐函布达,即望阁下会商涤生中堂,转饬该地方官,预择城外近水不碍居民、空阔旷闲之地距城稍远者,令其租置贸易,务于按约之中,隐属限制之意,方为妥善。阁下于外国情形及地方利弊,洞悉已深,此等部署定必周匝无遗,当无待本处之谆嘱也。专此泐布。①

○○二　总署函请转达安抚毋庸另创新议由

同治五年四月十四日(1866年5月27日)

四月十四日,致两江总督函称:四月初九日,本处接到尊处三月二十八日来咨内称:准安抚乔咨:现有法国郎教主前来金陵、安庆一带传教,行令藩、臬两司移会该教主,如有情愿入教之人,先开名单,移交府县,由府县查明实系良民,并无犯过,现亦未在官涉讼

① 台北中研院近代史所藏:外交档案,馆藏号:01-18-062-02-005。

者，即行移送教主，准其入教；仍由该府县造册存记，以备核对而防假冒。教主必不能常住安庆，如教主他往，应与何人商办，应请教主指定一人。至嗣后如有教士前来，应以总理衙门护照为凭，或有江苏通商大臣护照亦可。如只系苏松道等处护照，均不足为凭，应即饬令回沪各等因。咨由阁下咨明本处参夺办理。查前次四川主教洪姓，与该省委审局员酌议条规十四则。本处阅其慎择教士及收录教民各条，颇中肯要，是以择定十条，通行各直省一律照办。不过欲各省有此张本，设遇教务案件，内有不安本分之徒，即可执此与之理论。今皖省就洪主教条规量加推广，先令愿入教者开单呈明府县，由府县造册，查明其人并无过犯，移准入教。办法虽极周密，顾揆其难行之势，厥有数端。洋人招人入教，往往暗中勾结习教之徒，恐未必遽肯开单呈送查核，地方官吏焉能遍访周知？保约书差因而滋扰，势所必至。听之或可稍安，激之必致生事。其难一也。天主教弛禁以来，愚民受其引诱者无论已。刁劣生监从而习者有之，不肖官吏从而习者又有之。其身既入教中，其人即居化外，良少莠多。若从地方官查核得实，先分良莠，再定准否，良民心存羞恶，岂肯误入邪途？莠民恃作护符，方且自鸣得意，恐严加甄别，法令亦有时而穷。其难二也。传教士在各省呼朋引类，一唱百和，其间假托妄为，欺侮良善，藐视官长，断不能免。若定章程查办，诚如阁下所云，必须与传教士切实要约，亦必该教士认真遵行。自换约以来，于今七载，约中之款目，彼尚未必尽遵，忽于约外另立条规，能必彼之乐从乎？其难三也。法国条约第四十款内载：日后若有更易章程条款之处，当就立换章程年月核计满十二年之数，方可与中国再行筹议等语。现在扣款将完，各关渐有赢余，彼方勾心斗角，如安设铜线、铁路、挪借银两等件，种种要挟。在我守定和约，因势利导，尚恐彼之妄生议论，若我于章程先有更易，彼族得以借口，将来置条约于不问，事事与我另筹，不特难以相安，亦且增添后患。同治元年八月间，本处因湖南湘潭等县烧毁天主教堂一案，曾拟保护教民章程三条，名为保护，实则使彼教有所限制，煞费心机，照会法使。嗣叠接该国照覆，迄未议定，办理艰难，亦可概见。至传教士护照一层，请以总理衙门及上海大臣衙门护照为凭。查法国主教、传教士护照，向系该国公使官衔，用洋纸写洋、汉合璧字，盖用伊国钦差全权大臣印，送至总理衙门，札交顺天府府尹，加盖印信以为凭。立约之初，曾有加用直藩印信者，亦不甚多。此外并无另向各衙门领教士护照之事。其护照内编列号头人名，自咸丰十年九月起至本年二月止，共有三百四十五号。苏松道等处护照，却未见过。历年办有成案，即可毋庸另议。再，护照中只有主教及传教士名目，并无所谓教主者。司道与总领事、副领事等官公文，只有照会，亦无所谓移会者。今年鹤侪条陈天主教一折一片，本处遵旨议奏，并于恭录奏稿知照外，加致一函，曾有凡阁下挽回筹画之苦心，皆本处早夜思维之切计等语。前函早达，而此议又来，本处公同斟酌，不使形诸案牍，惟有密函达知阁下，希即切实转致鹤侪，毋庸另创新议，但于通行十条中能使彼教一一遵行，则稍扼其流，即所以渐清其本，彼亦无可置喙。舍此别求办法，转恐多生枝节。连此十条亦办不动，于事仍属无益。其查明习教之良莠与曾否涉讼一节，当经饬令司道通行，仍当权衡审处，勿与坚执一说，种种事件，务望阁下荩筹。缘洋务情形惟本处与尊处办理熟悉，故不惮琐屑言之。详绎来文，亦深以此事为难。能得阁下细达鹤侪，俾知此中原委，则以后遇有教务，自可弛张得当矣。专此不臆，顺候勋祉不尽！再，洪主教条规内有年终将习教人姓名造册送地方官查核之说,似此办理,已有稽核,其涉讼与否,亦可查明矣。①

【案】鹤侪条陈天主教一折一片:同治五年正月二十二日,安徽巡抚乔松年请禁国人为外国传教,曰:

安徽巡抚臣乔松年跪奏,为拟请禁止中国民人为外国传教,以示界限而弭衅端,恭折奏祈圣鉴事。窃外国天主教自通商以后议明弛禁,顾系因事制宜,且以示王者无外之量。惟是中国人习其教则可,习其教遂为之传教则不可,盖习此教者虽亦以修善为名,而良民实少,大都以结党聚众为事。幸其尚在齐民之列,牧令犹可治之,若许其传教,则爪牙羽翼实繁有徒,且传教者必翘翘然自异于众,藐视官府,一有词讼牵连及征比钱粮之事,必不服地方官传唤。若传教人日多,则抗官之势日重,迨至执法严惩,则必开衅端而伤政体,在外国亦何尝不申明约束、不许教士滋事?然中国人之传教者必能舞智以欺外国人,而怂恿外国人与中国之官为难。方今怀柔远人,原为长治久安之计,若有此辈交关其间,非但不能结好,必致构嫌。臣窃思外国人至中国力传其教,自应仍用外国人,而不应用中国人,中国人只可准其习教,必宜禁其传教。臣愚昧之见,除洋人传教及华人习教仍听其便外,其华人传教一节,拟请旨即行禁止,庶界限分明,衅端无自而作,此与条约并无参差,而与和议亦有裨益。倘蒙圣明俯准,应请饬下总理通商衙门复加酌议,如属可行,即咨行各国公使,谅亦可无异言。臣刍荛之

① 台北中研院近代史所藏:外交档案,馆藏号:01-12-001-05-009。

言，是否有当，伏乞皇太后、皇上圣鉴训示。谨奏。①

同日，皖抚乔松年又附片密陈曰：

再，天主教一事，原因外国人求之甚力，不得已而许之。其为教也，以不事神、不事先为首务，悖理败伦，凡有识者皆所深恶。彼僧人、道士亦属异端，而不为盛世关者，以其自为一类，不在四民之内，所谓游于方外也。今习天主教者，或为民、或为士，乃悖理败伦，惘然不顾，悍然自得，其为世道风俗之害，诚非细故。习此教者虽已渐多，犹幸其散而不聚。若处处有中国传教人为之领袖，是假以柄而益其焰也。洋人之传教者，地方官必礼貌之，犹幸其人未众也。若中国人则人人可以习教，即人人可以传教，皆欲与牧令抗行，必至沮格公事，扰乱政令。方今捐纳不能停，保奖日以滥，有职衔、顶戴者，其多不可胜计，州县已有不能弹治之势，若再益以此辈，则地方将无齐民之可治矣。且如回民因奉天方教，与民人总未能融洽，然回民本从西域迁来，不忘本教，犹为可原。今以中国民人乃忽变为异教，虽学古入官之士断无此虑，而为吏胥、为卒伍，难保其不借此以自雄，再有奸黠之徒以为之长，而独树一帜，将来之害甚于回教，涓涓不塞，流为江河！臣计及久远，实切隐忧，但既已许其弛禁，自不可弃信食言，惟禁止内地人民传教，庶可稍遏其流。臣是以不揣冒昧，妄为此请。伏乞圣明采择，交与王大臣核议。如时势尚有未可，或与外国议定中国人传教之额，以一二十人为定数，有缺许补，不得加增，或不至恣意留

① 《乔勤恪公（松年）奏议》，第1049—1051页，（台北）文海出版社，1966。

传、漫无限制。因奏折中不便视陈，谨附密片具奏。①

〇〇三　总署函请转致安抚传教执照宜画一由

同治五年四月十四日(1866年5月27日)

四月十四日，致两江总督夹单内称：再启者，大咨内以第八款执照之条系为游行而设，第十三款又有按第八款备有印照、安然入内地传教之语。此项印照又可为传教之据，拟由本处先与该使分别议明，以昭画一。查第八款内载明：法人游行内地，必与本国钦差或领事等官预领中法合写盖印执照，其执照上仍应有中华地方官钤印以为凭等语。是其本国钦差所发专在京师，而领事等官所发、中华地方官一语，所包甚广。第十三款内既有按第八款备照之说，若我欲示以限制，一经辩论，彼必全按第八款办理，碍难驳斥。惟溯自立约后，除法国传教执照由法使送到本处交顺天府盖印送还外，他处并无咨报发过传教执照之案。窃谓传教系请命伊公使而行，自当以公使送来盖印执照为据，此外游行执照，彼即以游行为词，我即以游行待之，似乎不失本意。但使地方官遇有此等以游行执照作为传教者，不必拘泥办理，自无他说。盖传教一事，将来不过与今之僧、道相等，所可恨者，内地奸民欲借教为护符，从中生事牟利，而伊遂出而扛帮耳。若使地方官遇事妥办，痛惩奸民，不与传教相涉，伊亦从何扛帮也？所有传教执照，外省似可照旧不发，以期省事。其与该国公使分别议明之处，似亦毋庸多此一举，

---

① 《乔勤恪公(松年)奏议》，第1053—1055页。

转生荆棘，仍望斟酌妥善，并转致鹤侪为幸。至该道是否发过执照，并望见覆。又行。[①]

〇〇四　总署函催向法教士妥商择定教堂基地由

同治五年六月初八日(1866年7月19日)

六月初八日，致两江总督函称：五月二十九日，接到沪字第三十一号来函，备悉一是。查还江宁教堂一案，经阁下饬令涂守同该处绅士与法教士迭次会议，可谓煞费苦心。乃该教士于教堂既定后，又请留城内公所，并将已定规条翻悔，实属要挟无理！本处正在核办间，旋据法使呈递照会内称：南方数省官绅欺凌陷害传教士及习教人，拟派兵船到各处保护，每日供给兵船费用银一千两，已行文本国水师提督照办各等语。本处明知该使以虚声恫喝，冀可遂其无厌之求，固无烦为之多虑。第彼族贪鄙性成，自二成扣款完竣后，渠即借事生波，如铜线、铁路、挪借银两等事，不一而足。倘竟执兵费为词，将来转难了结，且恐各口或以兵船启衅，更属关系匪轻。当即约法国翻译官李梅来署，据理驳诘，并向婉言开导，嘱其阻止。该翻译允为转圜，随即以南京教堂已定、安庆等处教案亦均次第商办，自可毋庸兵船保护等情，照覆法使去后。一面谨将各情恭折具奏，即希转饬涂守仍会同绅士，将城内教堂基地速向法教士妥商择定，务期早为完结。其添请留用公所一节，亦即按照来函所云，暂准指定一处，俟教

---

① 台北中研院近代史所藏：外交档案，馆藏号：01-12-001-05-010。

堂建成，即行撤去，不得分占两处，甚属平允，仍望大才酌夺为要。至拟立条规，以期日久相安，足征荩画周详，曷胜纫佩！惟去岁川省咨送洪主教酌议条规十四则，本处择取十条，照商法使允准后，方行文各省，一律遵办。查洋人情性本与中国不同，无论如何恭顺，究难保一无龃龉。在川省与该处主教商定十四条，不知费几许精神口舌，始克就我范围。若欲精益求精，必须渐渍不骤。倘于未经水乳之先遽求美备，不独新章未肯俯从，势将使旧议牵连，一同翻异。现在该国公使以洪主教前议条规系川省委员撰造等情，照请查办。查此事川省委员委审局员，据情转详，断无凭空撰造之理，显系各省主教怂恿法使饶舌。若不详细查明，无以折服其心，现已咨令川省查覆核办，并两次照会前来。务祈阁下密谕江宁官绅，将来与该主教拟立条规时，只可通融商酌，即毋庸再议，亦无不可，庶免已结之案又成未了之局，况该国驻京公使于各口税务及地方公事尚可主持。至各省教务，惟主教之言是从，彼竟不能操其柄，即本处与之往返辩驳，终亦于事无济。缘公使统于该国君主，而主教则辖于教皇。惟望各处官绅于传教士等善为驾驭，勿稍有决裂。缘际此多事之秋，不得不稍事羁縻，以维大局。在阁下洞悉其情，固无庸本处多嘱，即该官绅等亦思共济时艰也。再，兵船一事，虽经该国李翻译允为劝止，并由本处照覆拦阻，该大使谅不致始终偏执。惟洋人坚韧性情，难以逆料，尚希阁下密饬各口，妥为防范，务使有备无患，是为至要！除另备公牍、钞录原奏及来往照会移行冰案外，专此密布，并将议论条规、照会两件一并照录寄阅。即颂勋祉！[1]

① 台北中研院近代史所藏：外交档案，馆藏号：01-12-077-03-014。

○○五　总署函覆九江立德洋行原买地案应姑从其便就案完结由

同治五年九月初四日(1866年10月12日)

九月初四日，行署两江总督文称：同治四年八月二十二日，准贵大臣来咨：据江西九江道禀称：立德洋行原买谭高发城内苍巷园地，既据将卖契改写租契，并经德化县准其报税，粘有尾契，必欲责令原价赎回，恐无以折服其心，拟请姑从其便，就案完结，嗣后札府饬县禁止，民间不准再将城内基地、房屋永租洋商为业，并请转呈总理各国事务衙门，照会英国驻京公使，转饬九江领事官传知各洋行，嗣后不得再行永租九江城内地基、房屋，以符定章而重和约；并抄谭高发租契一纸，咨请核办等因前来。本衙门查此案前据英使来文，以署九江蔡道不准英民在府城内租地盖房等情，当即咨行妥办在案。今准贵大臣来咨，立德洋行原买谭高发城内苍巷园地业经改卖为租，报税粘契，自应姑从其便，就案完结。惟各省与洋人交涉事件均应就地讲明条约，随时酌办，自能折服其心，可以息争端而免饶舌，毋庸由京照会公使，为此咨覆贵大臣查照，并饬属遵照可也。[①]

---

① 台北中研院近代史所藏：外交档案，馆藏号：01-16-002-02-010。

○○六　总署函催萧山辱骂教师一案咨行饬查由

同治六年三月二十七日(1867年5月1日)

三月二十七日，行闽浙总督文称：同治六年三月十六日，准英国公使阿照会内称：据宁波领事官佛详报：英国韦、倪二教师由上海领有执照，于腊月初间至萧山租房住，已二十余日，忽于是月二十三日晚间，该县知县乘醉，带领多人来寓，敲门入内，将倪教师推搡，并将倪教师妻室辱骂。呈验执照，并不观看，又将入教华民周小亭刑责，催令外国人立即迁徙。该教师告知敝职，当即申陈浙江巡抚，札饬宁绍道查办。候至一月有余，往见道台，据云知县不欲自行认错等因前来。希即饬令该省地方官速为办妥等情，到本衙门。查此案据该教师倪姓等因何致受刑责，有无别故？相应抄录照会等件，咨行贵督，速饬该道府转饬查明、声覆本衙门查核可也。[①]

○○七　总署函行福州城内不准洋人买房一事咨查由

同治六年三月二十七日(1867年5月1日)

三月二十七日，行闽浙总督文称：同治六年三月十六日，准英国公使阿照会内称：据福州领事官星详称：近有英国教师在福州府

① 台北中研院近代史所藏：外交档案，馆藏号：01-12-088-01-002。

城内买房一所，为传教之用，业已买妥。因该处须由地保在字据上盖用戳记，尚未印戳。该房主探闻洋人买房如何用处，哄动通乡众人向洋人滋闹，并通乡出具揭帖，在左近粘贴，地保恐惧，不敢盖戳。敝职当照会福州府，至今未结等词。并钞录揭帖呈送前来。本大臣查条约所载：各省城口一带地方均准英民置有房屋，在彼居住，以及务具正业等语。即希严饬该省地方官，将制造揭帖之人拿获究办，并饬速设良法，禁有揭帖内恐吓把持之弊等情前来。本衙门查此案英国教师有无在该处买房之事，该乡民因何向洋人滋闹，是否出具揭帖，相应将照会等件抄录，咨行贵督，转饬该地方官秉公详查，声覆本衙门察核可也。①

○○八　总署函嘱英国教师在福州赁房被阻请饬查办由

同治六年三月二十八日(1867年5月2日)

三月二十八日，致闽浙总督函称：顷接英国照会，以英国教师在福州城内买房，地保于字据内尚未印戳，该房主哄动乡众滋闹，出具揭帖，在左近粘贴，地保不敢盖戳，援引条约，照请查办前来。查戊午年所定英国条约第十一款内载：通商城口皆准英商赁房、买屋、租地等语。此案英国教师有无在福州城内买房之事，该屋主因何阻挠地保用戳，该乡民众因何向洋人滋闹，是否出具揭帖，均应彻底根究，秉公办理，方足以昭平允。即祈阁下转饬地方官，详细查明，声覆本衙门核办为要。除另备公牍外，

① 台北中研院近代史所藏：外交档案，馆藏号：01-12-148-01-002。

特此布达。①

○○九　函肃会商兴办船政衙署及建设学堂等事由

同治六年四月十七日(1867年5月20日)

四月十七日,闽浙总督吴棠函称:去岁腊月十六日,舟次瓜州,接准英将军寄奉十一月初五日钧函,备承指示一切。仰见荩筹周远,烛照精详。捧读之余,曷胜钦佩!只因赴浙查勘海塘,始于三十日甫抵闽垣,接篆视事,致稽肃覆,谦悚奚如!棠履任后,接见英将军,并晤沈中丞,询悉船政一切,总须日、德二将购买轮机,催募洋匠到闽,始可次第举行。日意格原约五月间来闽,德克碑则在九月。沈中丞以该将等未来之前尚无紧要事件,计期六月,即可释服。谨择于六月十七日莅事,刻下遇有应行商办各事宜,棠自当会同妥筹办理,期无旷误。其应先修造船厂、船槽,经日意格前在闽时估工包匠承办,现留洋人柏锦达在此监工。所有应建船政衙署及工匠房屋,亦已由局委员履勘确估兴办,并在城外先设学堂一处、城内暂设两处,一切尚属妥协,堪以尚纾廑注。合先肃覆。祇请钧安!②

① 台北中研院近代史所藏:外交档案,馆藏号:01-12-148-01-005。

② 台北中研院近代史所藏:外交档案,馆藏号:01-05-001-03-012。

〇一〇　总署函覆轮船、机器等事并嘱随时知照由

同治六年四月二十二日(1867年5月25日)

四月二十二日，致闽浙总督函称：本月十七日，接诵来函，知去冬奉达一缄已经鉴及。阁下赴浙查勘海塘，于三月三日抵闽接篆，与香岩、幼丹会晤，择于六月十七日莅事。刻下船政衙署等事已由局委员勘估兴办，并于城内外先设学堂三处，一切尚称妥协等因。轮船、机器为目前要务，果能悉心讲求，不惮烦难，图一劳永逸之功，即为思患预防之计，是在鸿才擘画，成此远猷，实本处所朝夕企望者也。更望于随时办理情形，详示一切是荷。此覆，即颂勋祉！①

〇一一　咸伯国商人吣哑一案应如何办理希即示覆由

同治六年四月二十六日(1867年5月29日)

四月二十六日，闽浙总督吴棠文称：案查据沪尾口通商委员候补知府冯庆良禀称：同治五年八月间，据沪尾口街民人蔡荣禀控外国人吣哑抗欠租屋银元，禀请押搬追还等情到关。据此，卑府以该外国人吣哑系属何国商民，无从查悉，始先照会驻沪英国副领事额勒格里查明去后。旋准照覆，以吣哑系属咸伯国商人，该国现派有

① 台北中研院近代史所藏：外交档案，馆藏号：01-05-001-03-013。

领事官姜姓即本口美理士之行主，作为本口领事，在此办公。敝领事昨准照会后，当将原文抄录，移送美领事察看。据美领事来文云：多谢烦劳，但照该国札饬云，与中国公文往来必须直致，谅来各国皆然。现在之事不如此例，该代领事不敢管理等由前来。

伏查卑府前奉宪札内开：通商各口设立领事官，必须奉到总理衙门行知，通饬各口知照，方准与其文移往来。且各国分派领事尤不得以商人行主充当等因。奉此，兹查咸伯国有无饬派领事驻台办理公事，卑府并无奉到明文。现在仅准英国领事查明，该国所派领事系属美理士行主代办等语。自应遵照宪札，未便与其文移往来。第该国既有商人在此贸易，不无与本地商民交涉事件，间有必须商由该国领事查办者，该领事势必借口不与照会为词，且该领事又不习谙中国官音，若遇事与其面商，专借通事口传，不免失实偏抑。自来各口设立领事官，原为管理该国商人起见，若该领事遇事置之不理，而英领事非其所辖，又未便越俎代办，恐该商恃无管束，益无忌惮，实于地方公事大有窒碍。禀请俯赐咨明总理衙门，转饬该国公使查照条约，或派真正领事到台，专驻办理；或托英国领事代办，庶洋商得就范围，不敢放肆，于通商公事大有裨益等情。

据此，又据台湾打狗口委员刘佐领申称：同治五年十一月十八日，准惠税司照会：为照本年十月三十日，据老铃行商人哈根知单内称：现根奉派办理布鲁斯属国咸伯、鲁伯国、伯理门三国领事官事务等情。又于本年十一月十五日，据府城天利行商人麦斐儿函称：现儿奉法国派办副领事官事务，其打狗口副领事事务即归打狗天利行商人麦斐儿管理各等情。据此，查该二国委派商人代办领事事务，敝司并未奉到各宪明文，遇有交涉事件，碍难办理。惟未知贵府已否奉文并嗣后文件可否往来，合就照商。为此照会，请烦查照，希即查明移覆过关，以凭照办，望切望速！须至照会者。等由。准此，查卑口先后接准台湾府沪尾口移：奉宪行各口派设领事官应俟总理衙门文到行至，方准文移往来等因。转移各到口遵照在案。

又，本年三月二十七日，接奉宪牌行知：英领事郇和代办布国通商事务，饬即遵照等因，又在案。兹老铃行商人哈根奉派办理布鲁斯属国咸伯、鲁伯国、伯理门三国领事官事务，是否即系接办英领事郇和代办之事务？

又，天利洋行麦斐儿奉法国派委，代办副领事，其是否奉文？职未奉宪牌行知，自未便遽与文移来往。除照覆宪税司暨咨移台湾道府查照外，惟设遇彼国交涉事件，可否移会台湾道府随时相机暂与酌度商办之处，理合具文申请察核示遵，实为公便等情。均经本将军以通商各口设立领事官不准商人兼充，由本部院咨呈总理衙门办理有案。惟续准总理衙门于布国饬派厦门口宝记洋行驹姓即库吕各尔代办布国领事案内，以商人不准兼充领事，法、美二国曾经议及。至布国未议此条。嗣因美国时有以商人兼充领事之事，均经本衙门执约辩驳。间有借词不即更换者，经本衙门知照本省，转饬该处地方官，勿与照会往来。遇有紧要事件，即与面为商办，总期与体制无碍，仍不致于公事稍有遗误各等因，咨行查照在案。据禀前情，究竟如何办理，先后行局并案核议详办去后。兹据闽省通商总局司道详称：查通商各口设立领事官，必须真正领事方可与其照会往来，原不准商人兼充。咸伯国一国，并未奉准总理衙门行闽派有真正领事驻台办理通商明文。兹沪尾口街民人蔡荣禀控外国人吣哑抗交租房银元，禀请押搬追还，经冯守照会驻沪英领事查明，咸国现派领事官系美理士行主代办，由英领事将冯守照会原文移送察看。讵该代领事以与中国公文往来必须直致，现在不如此例，不敢管理，实属词不尽情，有乖政体。

至打狗口老铃行商人奉派办理布鲁斯属国咸伯、鲁伯国、伯理门三国领事官事务是否即系接办英领事郇和之事务，又天利洋商麦斐儿奉法国派委代办副领事，均无接奉明文。伏查前经奉准总理衙门咨：闽以商人兼充领事官，均经执约辩驳，间有借词不即更换者，经本衙门知照本省，勿与照会往来。若遇有紧要事件，即与面为商办，总期与体制无碍，仍不致于公事遗误等因。奉经遵照在案。是咸伯等国既未奉派真正领事，均系行主代办，所有一切通商事件，自应勿与照会往来。如遇紧要公事，应与面商办理，方为正办。

惟据称该国既有商人在彼贸易，不无与该处商民交涉事件，间有必须商由该国领事官查办者，该领事势必借口不与照会为词，且该领事等多不熟谙中国官音，若遇事与其面商，专借通事口传，不免失实偏抑。自来各口设立领事官，原为管理该国商民起见，若该领事遇事置之不理，而英领事非其所辖，又未便越俎代办，恐该商恃无管束，益无忌惮，实于地方大有窒碍。该委员所禀系属实在情形，详请咨明总理衙门，转饬该国公使，查照条约，驻台咸伯等国或派真正领事专驻办理，或托英国领事代办，庶于通商公事可期裨益，不致遗误等情，到本部堂、将军、部院。据此，除详批示外，相应咨呈，为此咨呈贵衙门，谨请查照核办示覆施行。[1]

① 台北中研院近代史所藏：外交档案，馆藏号：01-15-029-04-010。

○一二　总署来函吣哑欠租一案先行抄录给布国照会咨行由

同治六年五月初十日(1867年6月11日)

五月初十日，行闽浙总督文称：同治六年四月二十六日，准贵督咨称：据沪尾口通商委员候补知府冯庆良禀：据民人蔡荣禀控外国人吣哑抗欠租屋银元，请押搬追还等情。当经该府以吣哑系属何国商民，照会英领事查明去后。旋准照覆，以吣哑系咸伯国商人，该国现派有领事官姜姓即本口美理士行之行主。该领事因此案并未接有照会，不敢管理等语。并据惠税司照称：前据老铃行商人哈根知照：现奉派办理咸伯、鲁伯国、伯理门三国领事官事务，均未奉有明文，请为转咨察核示遵等因前来。本衙门查咸伯、鲁伯国、伯理门三国，即是布国条约内之律伯、克昂布尔、伯磊门，统谓之三汉谢城，并非另有一国。所有此案缘由，当经据咨照会布国驻京公使查照。除俟布国照覆到日再行知照外，相应先行抄录给布国照会一件，咨行贵督查照可也。(照录五月初九日发布国照会)①

【案】抄录给布国照会一件：档案载曰：

五月初九日，给布国照会称：同治六年四月二十六日，准福州将军等咨称：据沪尾口通商委员候补知府冯庆良禀称：同治五年八月间，据沪尾口街民人蔡荣禀：外国人吣哑抗欠租屋

① 台北中研院近代史所藏：外交档案，馆藏号：01-15-029-04-012。

银元，禀请押撤追还等情到关。卑府以该外国人吣哑系属何国商民，无从查悉，姑先照会驻沪英国副领事查明去后。旋准照覆，以吣哑系咸伯国商人，该国现派有领事官姜姓，即本口美理士行之行主。敝领事昨准照会后，当将原文抄录，移送美领事察看。据云照本国札饬云，与中国公文往来必须直致，现在之事，不如此例，该代领事不敢管理等语。伏查卑府前奉宪札：通商各口设立领事官，必须奉到总理衙门行知，方准与其文移往来。兹咸伯国有无饬派领事，并未奉到明文，且据英领事查明，该领事系美理士行主，自未便与其文移往来。第咸伯国既有商人在此贸易，不无与本地民人交涉事件，若领事遇事置之不理，恐该商恃无管束，益无忌惮，实于地方公事大有窒碍。并前据惠税司照会：据老铃行商人哈根知照，现奉派办理咸伯、鲁伯国、伯理门三国领事官事务等情。卑府亦未奉到行知，请为转咨察核示遵各等因前来。本王大臣查咸伯、鲁伯国、伯理门三国，即系贵国所称公会各国内之三汉谢城，条约内原准其自派领事官。惟各国领事俱不准以商人兼充，今咸伯所派之领事既经查明系行主代办，该处地方官因系商人，是以不便与之平行往来。查条约第二款内载：德意志和约，各国不得自派秉权大臣进京，是以布鲁斯国所派大臣并为和约各国大臣等语。此案吣哑拖欠租屋银元，抗不交还，关系华民受累，亟应认真查办。而该领事借词推诿，殊非办公之道，自应由贵大臣另派一真正领事官前往该处，会同地方官，将此案迅速办理，或托别国真正领事官代办，亦无不可，总期于公事有益，万勿以商人兼充，致令事多龃龉。至嗣后贵国暨德意志和约各国，如有派赴通商各口之真正领事等官，务望知照本衙门，以便转行该处地方官，与之和衷办事，是为至要。相应照会贵大臣查照可也。[①]

○一三　咨覆英教师赁买房屋一案现已办结完案由

同治六年六月初五日（1867年7月6日）

六月初五日，闽浙总督吴棠文称：据闽省通商总局司道详称：奉宪台牌开：准钦命总理各国事务衙门咨：同治六年三月十六日，准英国公使阿照会内称：据福州领事官星详称：近有英国教师在福州府城内买房一所，为传教之用，业已买妥。因该处须由地保在字据上盖用戳记，尚未印戳，该房原主探闻洋人买房如何用处，哄动通乡众人向洋人滋闹，并通乡出具揭帖，在左近粘贴，地保恐惧，不敢盖戳。敝职当照会福州府，至今未结等词。并钞录揭帖送呈前来。本大臣查条约内载：各省城口一带地方均准英民置有房屋，在彼居住，以及务祈正业等语。希即严饬该省地方官，将制造揭帖之人拿获究办，并速设良法，禁有揭帖内恐吓把持之弊等情前来。本衙门查此案英国教师有无在该处买房之事，该乡民因何向洋人滋闹，是否出具揭帖，相应将照会等件抄录，咨行贵督，转饬该地方官秉公详查，声覆本衙门查核可也等因。计钞单一件到本部堂。准此，合就饬局即速查照来咨事理，克日查覆详咨毋迟。计粘抄单。又于本年四月二十四日奉巡抚部院李牌开：准总理衙门咨同前因，行局即便转饬福州府查明案由，克日备录通详察核；一面严饬地方

---

① 台北中研院近代史所藏：外交档案，馆藏号：01-15-029-04-011。

官迅速秉公查办，据覆详咨，毋稍泄延。切切。计粘单一纸各等因。奉此，本司道查先于同治六年二月二十日，蒙前兼署督宪吴牌开：据英国驻扎福州星领事函开：上年腊月十九日，据英教士金亚德禀称：永远〔允愿〕租给得北门内召公铺地方华民谢守廉房屋三座，现有华文租据三纸一式，恳移福州府饬县盖印等情。据此，当将租据照例照会福州府尹守西铭札县盖印去后。旋准以未有地保戳记及有阻碍等因见覆，并移还租据。迭经按引《天津条约》，将租据仍移过府，请传地保盖戳，并压息争端等因又去后。兹于本月初八日，再准福州府照会，另抄送移还租据。查该屋由华民谢志榕卖与谢守廉，由谢守廉转行永租英教士金亚德，皆凭中见说合，两相允愿，何为勒措？至金亚德向谢守廉永远〔允愿〕，尤属遵照条约，光明正大，何以私售？该屋主谢守廉租与英教士，亦系照例，初无违犯条款，该乡安得有纠众把持之事？更如地保戳记，该教士未始不谙，只缘原业主谢志榕从中居奇，不许地保盖戳，所以前请福州府传该地保当堂盖用戳记。总而言之，办理中外事务，彼此所恪遵者条约耳。现福州府来文所引报明地方官之，不知出在何处，祈饬指明。如果条约实有此说，自当饬该教士收回屋价，退还成券。倘条约本无，则望饬府速将租据檄县盖印，申移给领，毋任宕延，致酿事端等情。并抄呈福州府照会一纸，到本兼署部堂。据此合就饬局即速报明条约，妥为办理毋迟。计粘抄等因。奉此，当经由局饬县查案、核议详覆去后。兹据该署县赵令符铜详称：此案前据原业主谢志榕暨闽县召公铺阖乡绅董陈金馥等先后赴县，呈控买主谢守廉串买民业，脱卖洋人，佥恳勒追谕禁等情。当经饬传原业主谢志榕，并中人林元清、陈河到案提讯，分别差带；一面勒拘谢守廉未到。嗣由府札发金教士租赁谢守廉租约，即经录供连同租约申请驳还，并节提谢志榕等跟交谢守廉去后。旋据乡耆侯缙等以现与原业主谢志榕查明，盖屋地基尚属宽大，租给洋人起盖，并无伤害乡闾，均各允愿。至前次佥禀之陈金馥业经外出，林学海实已病故，禀请察夺等情。复提谢志榕，讯供无异。当查英国金教士租赁华民谢守廉厝屋，既据该乡耆侯缙等并原业主谢志榕查议明白，允愿出租，自应准予租给，以示怀柔。随当堂取具侯缙等并志榕切实甘结附卷，详经由府将租约札发，传保盖戳；一面由县盖印申送，移还星领事，转给该教士收执完案等情到局。据此，正在核办间，接奉前因，复查阿公使照会总理衙门文内所称，英国教师在福州城内买房一所，被乡众滋闹，地保不敢盖戳之处，虽非指明承买何处房屋，亦未指出谢志榕等姓名，而现在省内仅有英国金教士向华民谢守廉租赁房屋，曾经乡耆出阻一案，此外并无类此轇轕之件，其为即系谢志榕等控谢守廉串买民业、脱卖洋人之案无疑。现既由县讯明取结，将租约传保盖戳，并盖印送府移还完案，自应录案详请咨覆，以清尘牍，合就具文详请察核会咨等情，到本部堂、院。据此，除详批示外，相应咨覆。为此咨呈贵衙门，谨请察照施行。[①]

○一四　函报英教师赁买房屋一案办结完案由

同治六年六月初五日(1867 年 7 月 6 日)

六月初五日，闽浙总督吴棠函称：四月二十一日，同奉钧函，并准密咨：据英使照会，以英国教师在福州府城买房，该房主哄动乡

① 台北中研院近代史所藏：外交档案，馆藏号：01-12-148-01-007。

众滋闹，粘贴揭帖，地保不敢盖戳，援引条约，照请查办前来。此案英国教师有无在该处买房，屋主因何阻挠地保用戳，乡众因何向洋人滋闹，是否出具揭帖，饬即根究办理，查明声覆等因。捧读之下，查英国教师在福州城内买房，虽未据指明地段，亦无物主姓名，惟核与本年二月间英将军兼署督篆任内，有英领事星察理函开：教士金亚德永远〔允愿〕租给得北门内召公铺华民谢守廉房屋，有华文租据三纸，因先后移会福州府饬县盖印，只缘原业主谢志榕从中居奇，不许地保盖戳，望饬府照约速将租据盖印给领等情一案，情节相同。缘此案业经饬局核明条约妥办在案，准咨前因，随即行局查覆去后。兹据通商总局司道详称：此案先经饬据署闽县知县赵符铜具详：案据原业主谢志榕暨闽县召公铺绅董陈金馥等先后赴县，呈控买主谢守廉串买民业，脱卖洋人，佥恳勒追谕禁。当经饬传谢志榕并中人林元清等到案提讯，一面勒拘谢守廉未到。嗣由府札发金教士租赁谢守廉租约，既经录供连同租约申请驳还，并节提谢志榕跟交谢守廉去后。旋据乡耆侯缙等以现与原业主谢志榕查明，该屋地基尚属宽大，租给洋人起盖，并无伤害乡间，均各允愿。至前次佥禀之陈金馥业经外出，林学海实已病故，禀请察夺等情。复提谢志榕，讯供无异。当查英国金教士租赁华民谢守廉厝屋，既据该乡耆侯缙等并原业主谢志榕查议明白，允愿出租，自应准予租给，以示怀柔，当堂取结附卷，详府将租约札发，传保盖戳；一面由县盖印申送，移还星领事，转给该教士收执完案，由该局司道录案，详请咨覆前来。棠等复查阿公使照会贵衙门文内，所称英国教师在福州城内买房一所，被乡众滋闹，地保不敢盖戳之处，虽〈非〉指明承买何处房屋，亦未指出谢志榕等姓名，而现在省内仅有英国金教士向华民谢守廉租赁房屋，曾经乡耆出阻一案，此外并无类此轇辖之件，其为即系谢志榕等出控谢守廉串买民业、脱卖洋人之案无疑。核之前据贾领事来函，亦未提及揭帖恐吓把持之事。现既由县讯明取结，将租约传保盖戳，并盖印送府移还完案，此后亦未据该领事前来辩论，自应批饬准予完结，以清案牍。除会咨呈请察鉴外，合肃奉覆，敬请钧安！[①]

○一五　咨覆李真得系实授厦门领事并非商人代理由

同治六年六月初五日(1867年7月6日)

六月初五日，闽浙总督吴棠文称：案照同治六年正月二十三日，准兵部火票递到贵衙门咨：同治五年十二月十九日，据美国公使照会称：本国前任厦门港口署领事陈回国时，派本国姓李真得名查厘实授厦门领事官，业经接任，请转为行知厦门地方官，以便文书往来办事等因前来。相应咨行转饬查明，该李真得查厘如系真领事官，即饬该地方官与之往来办事可也等因。即经饬行福建通商总局司道，立即转行查照；并移行台内通商各口文武知照在案。兹据该局司道具详：准署兴泉永丁道移覆：案奉福州将军英照会，饬查美国人所派驻厦领事官李真得查厘，如系真正领事，地方官即与之往来办理，具报转咨等因，当即照会厦门克税务司确查去后。兹据覆称：查该合众国李真得查厘领事，即李让礼，系真正领事，并非商人代理等由。除照例与之文书往来外，咨覆查照转详查核转咨等由到局。准此，详覆察核，俯赐会咨等情，到本部堂、院。据

① 台北中研院近代史所藏：外交档案，馆藏号：01-12-148-01-008。

此，除详批示外，相应咨呈，为此咨呈贵衙门，谨请查照施行。[①]

○一六　总署函咨吣哑一案现准布国照覆由

同治六年六月初七日（1867年7月8日）

六月初七日，行闽浙总督文称：所有民人蔡荣禀控咸伯国人吣哑抗欠房租一案，前准贵督咨开各情，当由本衙门照会布国李公使，另派真正领事官办理，并钞录给布国照会一件，咨覆贵督查照在案。兹据布国李公使照覆内称：现已札饬代办布国领事官事务英国领事官，将吣哑欠蔡荣租屋银元一案速为办妥等因前来。本衙门查此案既经布国公使札饬代办布国领事官事务英国领事官办理，应即由贵督札饬该通商委员，会同英国领事官查明究办，相应咨行贵督查照可也。[②]

○一七　周历勘视船政衙署创立初成等情由

同治六年六月十四日（1867年7月15日）

六月十四日，闽浙总督吴棠函称：本月十五日，接奉钧函，知前肃寸缄以邀鉴入。承示轮船机器为目前要务，果能悉心讲求，不惮烦难，图一劳永逸之功，即为思患预防之计，仍将随时办理情形详陈一切。仰见洞烛机宜，鸿筹策励，遵循有自，钦佩曷胜！棠先于

① 台北中研院近代史所藏：外交档案，馆藏号：01-15-002-01-020。

② 台北中研院近代史所藏：外交档案，馆藏号：01-15-029-04-018。

本月初旬亲诣罗星塔、马尾乡一带地方，周历勘视，现在船政衙署业已创立初成，各厂基地亦在逐一填筑。饬令委办船工各员与本地绅士及洋人贝锦达，会督监工，办理尚属认真。顷复接晤沈巡抚云：于六月下旬，即当前赴马尾居住，以便就近督率监办，于吏事更能周妥。惟闻机器购办不易，须俟秋后日、德二洋将来闽，方见端绪。目前惟有将购买物料及盖造船厂等事次第兴办，以待开工。事关远猷大计，定当遇事讲求，和衷商办，断不敢惮烦弛懈，亦未敢草率图功，以期告纾廑注耳。专此肃覆，祗请钧安，诸祈霁鉴！①

〇一八　总署函述金使到闽并未知照嗣后务先咨明由

同治六年六月二十三日（1867年7月24日）

六月二十三日，行闽浙总督文称：同治六年六月初五日，准贵督咨称：据总局司道详称：接据税务司美理登函陈，比国大臣来关，姓金名德，赴辕谒见，接晤以礼相待。惟查金大臣来关，仅据美理登来函，究未奉准总理衙门行知，亦未接准通商大臣先期咨照，似难辨认，应请照会驻京公使，如有外国大臣前往各省，应由京先期行文等因前来。查比国使臣金德于上年九月间在沪业经换约，已由通商大臣将条约咨行各省，凡曾经立约之国，自为通商各口地方所周知。现在京师并无比国驻京公使，其公使到关，并非由京师而往，由彼国而来经过闽省，本衙门未接照会，亦未准经由各地方官申报，及通商大臣咨照，无从知晓。既有税务司美理登代为陈明，自宜按约相待，

① 台北中研院近代史所藏：外交档案，馆藏号：01-05-001-03-014。

以敦睦谊。嗣后遇有各国公使以及领事、洋人经历闽界，务希贵督通饬地方官，先为申报，仍一面咨明本衙门查覆可也。[①]

○一九　总署咨行查照巴领事充厦门领事官由

同治六年八月初二日(1867年8月30日)

八月初二日，行闽浙总督文称：同治六年七月二十二日，接准布国照会内称：据厦门巴领事禀报：该口税务司以巴领事现驻厦门中国官员总未奉有明文，本大臣深为诧异。盖巴领事在厦门为布国副领事官，至今已九年，人所共见共闻，应请查核等因前来。当经本衙门以巴领事在厦门授任并未接据布国公使照会，以致该省未奉明文。现在既据将巴领事充厦门副领事官缘由照会前来，应行文该省饬知地方官等语，照覆布国公使在案，相应抄录来往照会，咨行贵督查照。该领事如系商人兼充，仍照成案办理可也。[②]

○二○　函肃查明萧山教师一案等情由

同治六年八月二十一日(1867年9月18日)

八月二十一日，闽浙总督吴棠文称：据浙江宁绍台道文廉详称：案奉抚宪札开：准兵部火票递到总理各国事务衙门咨开：同治六年三月十六日，准英国阿公使照会内称：据宁波领事官佛礼赐详

① 台北中研院近代史所藏：外交档案，馆藏号：01-21-036-02-008。
② 台北中研院近代史所藏：外交档案，馆藏号：01-15-029-04-022。

报：英国韦、倪二教师由上海领有执照，于腊月初间至萧山租房居住，已有二十余日。忽于是月二十三日晚间，该县知县带领多人来寓，敲门入内，将倪教师推搡，又将华民周小亭刑责，催令迁徙等情。希即饬令该省地方官，速为妥办等情。查此案据称该教师倪姓等因何被该县催令迁移，华民周小亭因何致受刑责，有无别故？抄录照会等件，咨行速饬该道府转饬查明，声覆察核等因。准此，查此案前据驻宁署领事佛申陈，即以从中究竟是何情节，未据该县禀报，亟应确查办理，以昭允协。札饬前护宁绍台边道查照条约，分别妥为办理、禀覆察夺在案，迄今尚未据查明禀覆。兹准前因，札道迅速查明，妥为办理具覆等因。并奉宪台札同前因，计粘抄原行照会、供词等件各到道。奉此，卷查此案先于本年正月十三日奉抚宪行查到道，即经前护道边守转行萧山县边令查禀在案，适值练〔边〕令督修塘工吃紧，一时不暇查办，以致有稽，而佛领事疑为不愿勘办，遂以前情详经阿公使照会总理衙门，行咨转饬查办。职道到任后，接奉前因，当经核明条约，照案催查去后。兹据萧山县边令禀称：查萧山地当孔道，熙来攘往，五方杂处，恐有奸匪混入，查夜最宜严密。前于同治五年十二月二十三日，因闻百姓纷纷传言，不一其说，第恐人多滋事，难于收拾，随于查夜之便，亲到城中蔡姓屋内察看形迹，其中住有外国三人、华民一人。其外国人当时并不检同执照呈验，语亦不懂。询诸华人，但说籍隶余姚姓周，并不说出充当英国教友的话。当向外国人好言安慰，而传唤华人周姓者，盘诘来历，乃周姓出言顶撞，两旁百姓甚多，皆为哗然不平。卑职因其内地华民，对众藐视，若不加以申饬，何以治一邑百姓？所以薄加责罚之意。设使当时周小亭供明现充教友，卑职亦宽之矣。至于外国在城传教，原属劝人为善之道，先时若于门口贴有传教招纸,知其由来,理宜保护,岂有薄待之理?即如现在禀奉道宪,于执照加印之后,洋人复到萧城居住,又经两月,彼此相安,毫无禁阻,此其明证也。况卑职现亦时常劝谕百姓,与之彼此相安,不得欺侮远人。非以两国夙敦和好、思所保护之意乎?今奉道宪转奉总理衙门札查前因,卑职细绎之下,皆因前次该教友传话之时,以卑职不通外国言语,以致讹传其辞,从中误会,其实卑职并无催令迁徙之语。惟该教师倪义来匆匆渡江,途中所失物件,虽非差役所抢,究属为讹传之故,骤然迁徙,以致遗失。卑职现在送其礼物,均已全收,仍修旧好,以仰副宪台体恤之意。为此恭缮册禀,伏乞恩核,将卑职下情转行照会英国领事官,并请转禀抚宪销案等情,具禀前来。职道查此案该英国教友倪义来,先与华民周小亭居住萧山城内,虽未赴县报明,其门口亦未贴有传教招纸,百姓见其华洋杂处,行迹可表,人心汹汹,该县边令因恐酿成事端,难于收拾,印记亲身前往,查收接见。倪义来当时并不将执照呈验,语亦不懂,无从知其来历。边令因念远方人氏,仍用好言安慰,并无催令迁徙之事。复向周小亭盘诘,亦不说出充当英国教友的话,一味出言顶撞,百姓在旁观看,同为哗然不平。该县因其内地华民,藐视官长,是以按照中国之法予以薄惩,亦与擅责无辜有间。倪义来匆匆渡江,虽非边令催逼,途中所失物件,亦非差役所抢,但因不通中华言语,讹传其词,从中误会,以致骤然迁移,遗失物件,其情殊属可矜。现在边令既已循照领事官原议,送给礼物,优加体恤,一切情节,彼此亦皆说明,并复劝谕萧山百姓,不得欺侮,仍令该教师倪义来等复往萧山城内居住,已经数月,官民尽释前嫌,均与相安无事。是与条约一体保护之语皆相符合,自应准其销案,以清尘牍。除照会领事官一体遵照外,合将查处完案缘由具文详覆查核,即赐咨覆总理衙门查照销案，实为公便。再，查近来各州县经办各国事务，时所常有，必须按照条约办理，方可不致饶舌。惟是通商条约虽经历次颁发，第恐册页繁多，查阅不易，仍致措置失当，现经职道将约内与州县关涉之事另行按条摘录，刊刷简要告示，通颁晓谕，俾官民士庶均可一目了然，有所遵照，庶以后不致再有办理歧异。合并声明等情，到本部堂。据此，查此案前承准贵衙门函示，当经饬查在案。兹据前情，相应据情兹覆。为此咨呈贵衙门，谨请察照销案施行。再，尚有金华县教民章蓝田与金殿元等涉讼一案，已据金华县陈令将是案争讼原呈讯断，全案抄录，详经浙抚部院函覆贵衙门查照在案，合并咨明。[①]

○二一　古利嘉查厘系商人兼充请照会美使另派由

同治六年八月二十七日(1867年9月24日)

八月二十七日，闽浙总督吴棠文称：案准钦差大臣署理通商事务曾咨：准兵部火票递到总理衙门咨：据美国蒲公使函称：现据瑞威敦、瑙威两国上海总领事官福咨称：兹遵国政拣派三人在三港口，一姓威森名雅各，授职山东登州府领事官。一姓狄古土名合门，授职广东潮州府领事官。一姓古利嘉名查厘，授职福建厦门领事官。理合具函声明，请为行知地方官，以便文书往来，和衷办事等因前来。本衙门查瑞威敦、瑙威两国，系属未经换约之国。查元年十月广督咨报：达尼国派驻扎汕头之德安田，在潮州充作该国领

① 台北中研院近代史所藏：外交档案，馆藏号：01-12-088-01-008。

事官。又准广督咨报：日本国总领事不日回国，请将驻扎香港总理水师营满斯理署广州领事官。均经本衙门咨覆广督，妥约办理，勿令得步进步。此次瑞威敦、瑙威两国所派三港口领事官，亦系无约之国，与前两案事同一律，应即比照办理。为此咨行贵大臣，转行知照各该地方官，查照办理可也。同日，又准咨开：昨于本月初六日接据美国蒲公使函称：瑞威敦、瑙威两国拣派三人，在登州等口充当领事，请为行知地方官，以便文书往来等因。当经本衙门于本月十一日咨行贵大臣暨三口通商大臣，查照无约各国成案办理。兹复检查本衙门档案，该二国曾于道光二十七年在广东省城请立和约，经两广总督耆奏明，准其照抄美国条约，札令照行有案。嗣于同治二年九月间，美国蒲公使在京复将旧案申明，又经本衙门查覆蒲公使在案。同治三年，该二国派福佛师为上海总领事，旋经上海通商大臣查明，福佛师系商人兼充领事，即与美国条约不符。所有一切公文事件，应即照案勿与往来等因亦在案。今瑞、瑙二国拣派领事三人，驻扎登州各口，亦由美国公使代为函请，核与从前办理各案相符，自无庸比照无约各国办理，相应抄录原函，再行咨照贵大臣查照本衙门从前咨行各案，分别札饬各该口地方官遵照办理，并饬查该二国所派领事等是否真正领事官，抑系商人兼充，迅速声覆本衙门可也各等因，并抄单到本署大臣。准此，查前准总理衙门函开：瑞威敦、瑙威两国在海口通商有年，俱能诚信，曾有粤省奏明抄录美国条约，札令照行。嗣于同治二年冬间，据该国金总领事陈请分派南北洋各口领事，经前大臣李转行各关，和衷接待，一切通商事宜悉依现办各国条约税则遵行，勿稍歧异各在案。兹准前因，相应钞单声明前案，咨会查照办理，声覆施行等因。即经檄饬闽省通商总局司道，并行兴泉永道厦门口委员，立即查明该二国所派领事是否真正领事官，抑系商人兼充，迅速具覆，以凭核咨。嗣据兴泉永道申覆：本年四月二十九日，奉查瑞〈威〉敦、瑙威两国拣派姓古利嘉名查厘，授职厦门领事官，是否真正领事，抑系商人兼充，具覆核咨等因。奉此，卷查先准瑞及瑙合国领事驹里呵照会：奉本国驻京大臣着令在厦办理通商事务，现已接篆，照请饬属查照等由。正在申报间，接奉前因，当即照会厦门克税务司确查去后。兹据覆称：大瑞及瑙合国即系瑞威敦、瑙威两国，古利嘉查厘即系驹里呵，乃系商人代理。该二国尚未立有和约等由前来。除照例不与之文札往来办理外，理合声覆查核转咨等由，又经檄饬闽省通商总局核明，详咨办理各在案。兹据该局司道详：惟厦门口委员成协领以此案照准英国郇领事暨厦门克税务司覆称：派办瑞威敦、瑙威两国驻厦门领事官姓古利嘉名查厘，系布国实利行第二当家，商人兼充，于例不合等由，咨覆到局。准此，伏查瑞威敦、瑙威两国，既经总理衙门检查档案，系准照美国条约举行，且此次所派领事亦由美国公使代为函请，核与从前所办各案相符，自应遵照总理衙门咨行，无庸比照无约各国办理。惟现派驻厦领事之古利嘉查厘即驹里呵，既准查系布国实利行商人兼充，似未便与其文书往来，致失体制，应请仍由总理衙门照会美国公使，饬令该两国上海总领事官，另派真正领事来闽，驻厦接办，以符条约而敦和好，详请察核会咨等情，到本部堂。据此，除详批示外，相应咨呈，为此咨呈贵衙门，谨请察照办理施行。[①]

① 台北中研院近代史所藏：外交档案，馆藏号：01-15-038-01-009。

○二二　总署函述厦门领事古利嘉查厘应饬随时查察等情由

同治六年九月十五日(1867年10月12日)

九月十五日,行闽浙总督文称:同治六年八月二十七日、九月初六日,准贵大臣咨称:查明瑞威敦、瑙威两国所派厦门领事古利嘉查厘,系布国实利行第二当家商人兼充,似未便与其文书往来,应请仍由总理衙门照会美国公使,饬令该两国上海总领事另派真正领事,驻厦接办等因前来。本衙门查瑞、瑙二国在中国通商,向系遵照美国条约办理。此次以古利嘉查厘充当厦门领事,既经查明系商人兼充,自应查照前案办理。现业经贵大臣转咨勿与文书往来,遇有紧要事件,当面商办。办理甚属妥协。相应咨覆贵大臣查照,并希转饬随时查察,该领事如有干预别情,刻即咨报本衙门,再行照会美国公使另派可也。①

○二三　总署来咨信文被扣及欺凌教士各节查覆由

同治七年六月初十日(1868年7月29日)

六月初十日,行四川总督文称:前据法国公使照会内称:昨见英国阿大臣所接该国所属印度国总督来文,内有该国官致函与法国驻藏教士,被中国驻藏大臣将此函扣留等情。本国教士毕天祥、

① 台北中研院近代史所藏:外交档案,馆藏号:01-15-038-01-012。

丁德安等在该藏境外安分居住，驻藏官将伊等之信扣留，未审何意，请行文驻藏大臣，将扣留之函速交教士等因。当由本衙门咨行驻藏大臣查明酌给，并照覆法国公使查明在案。兹于五月二十七日，复据法国公使照称：前泐一函，请行文驻藏大臣将扣留教士信函送给，兹接英国阿大臣函称：现有法国传教士三人，住居在蜀、藏交界处所，地名唤作伊萨。又，该处居人百般欺凌。按和约所载，该处设有中国官，应有保护之责等语。复于六月初四日，据英国公使照称：近据本国所属之印度来文声称：中国之西藏有外国传教士三人，在该处居住，因被该处人欺凌，避在四川省打箭炉交界巴塘地方之杂嘎（杂嘎系此二音，未知是否二字）。后印度官员行文与该教士三人，行抵西藏之拉萨地方，亦被中国驻藏大臣稽压，请饬严禁该处之人，勿许欺凌，以便教士等复回等情前来。本衙门查藏地境处沙漠，极为辽阔，原非内地各省可比。今法使所称教士居住地方系名伊萨，又英使所称系在四川所属打箭炉交界巴塘地方之杂嘎，地名各异。惟既据英、法公使照请查办，相应抄录法国照会两件、英国照会一件、本衙门覆法国照会两件、覆英国照会一件，咨行贵督查照，迅饬查明扣留信函及被欺凌各情，有无其事。如有其事，即将信函应如何查还、欺凌应如何排解之处，酌量妥办完结，咨覆本衙门查核可也。[1]

① 台北中研院近代史所藏：外交档案，馆藏号：01-12-225-02-005。

○二四　总署函咨稽压文件系印度官员致教士之件由

同治七年六月十四日(1868年8月2日)

六月十四日，行四川总督文称：照得英、法公使照称：印度官致教士文信被西藏扣留，及民人欺凌教士各节，本衙门于六月初十日抄录来往照会，咨行贵督查明办理在案。查该使所称西藏稽压文件，系印度官员致教士之件，非教士致印度官之件。缘本衙门致英国照覆内，有“查传教士三人所递文件”之语，恐因此误会，相应声明，以免行查。为此咨行贵督查照可也。①

○二五　总署函覆酉阳州教案请速派员办理等情由

同治八年正月二十日(1869年3月2日)

正月二十日，行四川总督文称：同治八年正月初九日，准贵督咨称：同治七年十二月二十日具奏，四川酉阳州地方民教仇杀，现已委员查办，并钞录原稿，咨呈前来。复于十八日，接据法国照会内称：顷接四川吴教士函称：去岁十一月十八日，有本国传教士李国，在酉阳州天主教堂被土民毁门枪杀，同时并杀习教男女一百余名，复听从张北照唆使，搜寻习教之家，杀害其人，焚毁其室，财物抢劫一空，即请将此犯严惩查办等语。查此案业经贵部堂会衔具

① 台北中研院近代史所藏：外交档案，馆藏号：01-12-225-03-007。

奏，奉旨将署酉阳知州胡圻暂行革职，并派员会同该州文武，协缉首先滋事人犯在案。兹接法国照会，请将杀害李教士人犯严惩查办等因。查此案起衅根由，虽缘教民龙秀元逼勒朱永泰退婚、抢财烧屋所致，而该州团丁竟掳杀教民九家，并烧毁教堂，伤毙教民百余人。似此互寻仇衅，倘办理稍有袒护，既无以折服民教之心，转恐别生事端，或酿成将来巨患，且法国公使恐外间办理迟缓，又虑及不为尽心，必欲请委专员，是以本衙门特行札委川东道锡佩，驰赴该州，会同文武，持平办理，俾民教得以相安，并须及早完结，即日声覆本衙门，以便照覆法国公使完案。除另行给札饬令该道前往办理外，相应咨覆贵部堂查照，希即饬省委之员会同锡道，迅速办理，幸勿迟延可也。[1]

○二六　总署函催酉阳州民教仇杀一案请速办理由

同治八年正月二十四日(1869年3月6日)

正月二十四日，致四川总督函称：本月二十日，法国吴翻译来署，亲持该国罗公使来函，以四川酉阳州土民杀害李传教士等一案，恐地方官不力为办理，如不由该公使派员，请于锡道赴该州之先，将办此案之文钞送，并希说明所开情节四条照办，于六月前办结等因前来。查此案前接法国照会，本处已将办理情形备具文函，咨达冰案。兹复据吴翻译亲持罗使信函，来署申论，所有各国派员一节，自可暂为阻止。惟函内开列四条，以为若能照办，于六个月

① 台北中研院近代史所藏：外交档案，馆藏号：01-12-126-01-009。

内完结，即不派员前往。经本处再三辩论，告以若将滋事之人治罪，即不应又要赔补。若欲赔补，即不得再行治罪。且赔补亦只能认赔教堂及司铎失物，不便并赔教民失物，致有浮滥等弊。反复辩驳，该翻译虽然语塞，亦未便遽下断语，但云：必须该省持平办理，于六个月内了结等语。惟彼族办事每多狡展，即使理屈词穷，而固执往来如旧。总之，办理此事，务以持平，且以作速了结，免致日久另生枝节！务祈密饬锡道驰赴该州，酌情准理，于六个月以前办结，俾土民帖然心服，并使教士永远心安。仍希阁下及早声覆，以便照覆该公使完案。除另行咨覆外，为此抄录往来信函，再行奉布。即颂日祉。再，给锡道札一件，祈飞咨转交。①

○二七　总署致函抄录往来信函飞咨速办由

同治八年正月二十四日(1869年3月6日)

正月二十四日，行四川总督文称：所有四川酉阳州民教仇杀一案，已于本月二十日由五百里飞咨贵督，专派省员，会同本衙门札委锡道，驰赴该州，迅速持平办理在案。兹复据法国罗公使开送各条，函商照办。其意盖恐地方官未能秉公，或不迅为办理，故有此举。本衙门查案关多命，即无传教士在内，亦当认真秉公究办；即无罗公使来函，亦当持平办结，自不得稍有迟延，或涉枉纵，致中外人心有不服之处。除衙门函覆罗公使外，为此抄录罗公使及本衙门往来信函，再行飞咨贵督查照，严饬各委员，迅速秉公惩办，及早

① 台北中研院近代史所藏：外交档案，馆藏号：01-12-126-01-013。

完结，声覆本衙门可也。[1]

○二八　总署来函西阳州教案派员办理等情由

同治八年正月二十七日(1869年3月9日)

正月二十七日，致四川总督函称：本月初九日，接来函内称：酉阳州教民仇杀一案，请旨将署知州胡圻革职，飞饬川东道督率文武，协缉人犯，并钞录奏稿咨行等因前来。复于十八日，准法国照会内称：顷〈接〉四川吴教士函称：本国传教士李国在酉阳州被土民枪杀，并杀习教男女一百余名。复听从张北照唆使，搜杀习教之家，焚室掠财，请将此案严惩究〈办〉。是日，复据吴翻译来署，述及罗公使拟欲自派洋员，并本衙门派员会同前往办理等语。查前此酉阳教士玛弼乐，与冉老五争角致毙，并将教堂打毁。当由该处筹款八万两赔偿，完结此案。此次该传教士范若瑟报称：焚毁教堂，掳杀教民九家，杀毙教民百余名，未必非故为捏报多人，预为将来索赔地步；然果如该教士所称，是人命攸关，必须彻底根究，方能使彼族无所借口。又照会内称：听从张北照唆使一案，查同治四年八月，法国递单内开：前任董牧纵使张佩超等，督率乡民抢掠等语。或张北照即张佩超之讹，若非查明起衅缘由，恐枝节横生，将来办理必多棘手。至该公使欲派员会同前往一节，查滋事人犯均系中国人民，自应由中国官员办理，倘该公使派员会同前往，必至该州地方官办理愈不得手。为此特行给札，派委川东道锡佩驰往查办，

---

① 台北中研院近代史所藏：外交档案，馆藏号：01-12-126-01-014。

所委仍系川省之员，其特由本衙门给札，系通融驾驭，免伊执意自派洋员，想会心人自必深知其意。仍希阁下将札饬缘由密行知照该道，俾得及早办结，赶紧声覆本衙门，以便照会该公使，阻其派员前往之举。除另行咨覆外，为此抄录往来照会二件、信函一件，再行奉布。即颂日祉！再，给锡道札一件，并希转交。①

○二九　总署来函奉上谕酉阳教案着参酌情形妥速结案由

同治八年二月初九日(1869年3月21日)

二月初九日，军机处交出同治八年二月初八日奉上谕：总理各国事务衙门奏，四川酉阳州民教仇杀、现筹办理情形一折。据称法国使臣罗淑亚以酉阳州一案情事重大，必欲派员前往会办，经该衙门阻止。该使函开四款，约须照办。旋带同由川省来京传教士至署，声言民教仇杀，皆由该省官员暗中唆使。又复函开五款，砌词挟制，均经该衙门逐层辩论，仍请饬妥速办结等语。民教仇杀，酿成巨案，若不迅速持平办理，无以折服中外之心，转令该使有所借口。现在该衙门业将该使所开各条并与辩论情形，密函知照。着崇实、吴棠参酌情形，妥速筹办。但能一秉大公，处置允当，民教自各息争端，不致别生枝节。案关中外交涉，该将军等务当持平办理，迅速结案，毋稍迟延。原折着钞给阅看。钦此。②

① 台北中研院近代史所藏：外交档案，馆藏号：01-12-126-01-008。
② 台北中研院近代史所藏：外交档案，馆藏号：01-12-126-01-024。

〇三〇　总署函请酉阳教案查悉一切情形见示由

同治八年三月十六日(1869年4月27日)

三月十六日，致成都将军、四川总督函称：本月初九日，接展来函，备谂酉阳州民教仇杀一案，已由贵处切饬锡道、田令妥为商办，业向范若瑟反复开譬，渠亦略有悟萌。与之书立议单，相机办理，足征荩筹详密，纫佩奚如！此案法使复有续开四条，又继以五条，本处另拟三条办法，即以暗折该使之谬，前经分别函咨飞布，想会心人自能操纵得宜，期于妥结。范若瑟既经面定议单，亲画洋押，迨到省向询，又复支吾，其中叵测，诚难意料。惟该主教既未贴然，该公使更多横议，且该公使前次谆谆必欲请朴山亲往者，自亦深知民情拂逆，必欲以势压之，以为后来传教张本，而不知事更难处也。此事内安外抚，均须设法筹办，能使两面俱可下台，不复借端要挟搜求，即是善策。然舍却折服主教、开导绅士，无从下手，惟希酌核及之。前此贵处奏报此案，尽称团丁亦有伤亡，未识教民被焚若干家、毙若干命，民人被焚若干家、毙若干命，一切详细确实情形，此时应已查悉，即希覆知，以备辩论。并将锡道抵酉阳后办理大概情形，飞速见示，是为至要！专此布覆。[1]

---

① 台北中研院近代史所藏：外交档案，馆藏号：01-12-126-01-035。

○三一　总署函催应饬令锡道赶紧办结由

同治八年四月初一日(1869年5月12日)

四月初一日，致成都将军、四川总督函称：本月初九日，接到来函，备悉酉阳州民教仇杀一案，已经切饬锡道、田令妥为商办各等因。嗣于十六日泐布成、川字三十四号、三十八号一函，详覆种切，想已登览。昨日法国罗使又复来署饶舌，本处当告以业经叠次函致贵处，并札饬锡道妥速持平办理。惟此时民情汹汹，势难操之过急，以致另生枝节。外间办有头绪，自必咨报本处，无须屡催。而该使总谓接到主教来书，以此事迄今川省大宪未与办理，恳为再行催办等语。复查此案内安外抚，关系匪轻，固不可求效太速，别酿事端，然必须赶紧相机筹办，以期早为了结。倘遇事延宕，该主教等转致借此任意要求，更形掣肘。刻下锡道计当驰抵酉阳，所有办理大概情形，即希飞速见示，并将前函查询各节详细覆知，以备辩论，是为至要。[①]

○三二　总署函述抄录法使原单请饬印委各员查办由

同治八年四月初二日(1869年5月13日)

四月初二日，致成都将军、四川总督函称：本月初一日，以酉阳州民教仇杀一案，复经法使催办，泐布成字三十五号、川字二十九

① 台北中研院近代史所藏：外交档案，馆藏号：01-12-126-01-038。

号一函，并加单备述一切，由六百里飞递冰案，速饬筹办。是日，旋据法使遣德翻译官呈递清单，内抄录川省教士禀函四件，内陈酉阳、孚州、彭水民教仇结情形，并地方官意为延搁，不肯办理等语。原系该教士一面之词，未必可据为实说。惟事关民教争构之端，并有为酉阳一案推波助澜之处，若不分别确查妥办，恐枝节更生，倍形棘手。为此抄录原单一件，飞致阁下查照，希与仲宣、朴山商酌，妥饬印委各员详细查明办理，并即声覆，毋任稍延，是为至要。[①]

○三三　函述委办酉阳教案情形由

同治八年五月初九日(1869年6月18日)

五月初九日，四川总督崇实、吴棠函称：四月初一、十六、十八等日，叠奉川字二十八、九、三十号三次钧函并钞单一件，谨悉种切。查酉阳州民教仇杀一案，经实等遴委綦江县知县田秀栗，接署该州篆务，并派委员会同查办。该州地方距省几二千里，山高滩险，水陆均极难行，而田署牧及委员等又须先到重庆，面商川东锡道，并与范若瑟晤面，反复商量，入手固已不易，待至立定议单，该署牧等稍有把握，始能驰赴酉阳，辗转多时，职是之故。据该州文武禀报：田署牧于二月二十四日接印，查探该州各乡情形。自上年打毁州城教堂后，四乡之团民则虑教民复仇，不敢遽散；散处之教民则虑团民攻击，转多屯聚。互相猜疑，谣言四起，而本地土匪乘间窃发，复有外匪附和而来，肆行掳掠，民教皆受其害。该署牧剀切出示，劝导民教，解散党与。团民均已遵依，而该州所属之纸房

① 台北中研院近代史所藏：外交档案，馆藏号：01-12-126-01-040。

溪地方有覃司铎招集黔匪多人，于团众解散之后，复纠匪党出而报复。二、三月间，两次烧毁民房一百余户，杀毙二百余命各等情。当经实等批饬该州文武，于邻省交界之处派拨兵勇，扼要防守，勿使外匪再入境内，一面清查本境，严捕土匪，先求地方安靖、闾阎不惊，方能办理正案；并饬锡道面商范若瑟，早将覃司铎撤回重庆，免至兵连祸结；就近督同该州，确查被害之家姓名、住址、实在杀毙共若干命，造册具报在案。前承查询上年打毁教堂团民实在伤亡若干，以凭与公使辩论等因。仰见筹画无遗，曷胜钦佩！查去冬该州初禀，但称团民亦有伤亡，未据声明人数。实等当经批令逐名查验，详细具覆。迟之又久，始据前任州牧胡圻填格通报，共计伤毙团民二十三命。窃思杀害教民者，固应拿办正凶，而杀害团民者，岂得谓之无罪？以命偿命，是此案一大关键，只候锡道查实纸房溪教民烧杀之事，团民所报非虚，则团民之命多于教民之命，持此议以折彼教，前案或易了办。此现在查办酉阳民教仇杀之大概情形也。先是涪州、彭水、黔江等处因与酉阳毗连，当纷纷仇杀之际，风声鹤唳，亦有匪徒滋事。叠经札饬印委各员，认真弹压，幸不至于动摇。此次抄示清单，彼教所指各处皆系已往之事，旋即安贴；所称孚州即涪州，所称康令即彭水岗令，皆声音之讹。岗令于教务不甚相宜，今春业经撤任，另委姜令由范前往彭水，接署县篆。现在各处加意防范，或不致再生变端。此附近酉阳各州县目前尚无他虑之情形也。川东锡道本有地方之责，又系贵衙门专派之员，均觉责无旁贷。前此不能遽往者，一则因酉阳之事须与川东范主教通前彻后，说到一处，方能下手；一则因酉阳民教当未解散之时，防其恃众挟制，不能不由该州印委各员先往开导，以免临时掣肘；一则因川东所属各州县教民最多，与地方相洽者绝少，各怀疑虑，谣诼纷纷。重庆人心尤极浮动，不能不居中镇抚，以免别生变端，故拟令川东联镇先往巡防，以应彼教之请。现幸人心粗定，各处匪类渐次敛迹，诸事稍有端倪。锡道已于三月二十六日带印出城，先到涪州，次及彭水，沿途皆有教案，及拿办匪党，均须一一料理清楚，然后溯流而上，直达酉阳，于事既觉从容，而又不至延宕。此锡道出署后现在筹办涪州事宜，不日即往彭水，以次递入酉阳之情形也。以目前酉阳情形而论，如果教民亦如齐民，能听官为主张，原可次第了结。无如范若瑟诡诈异常，于锡道出署之后，又由重庆来省，必欲请实前往。察其情词，务在以势压民，凡彼教所不满意者，必尽诛之，而后快其心志。经实再三与之辩论，动以利害祸福，并告以将军出省惟有执法，断难稍示袒护。彼之词色似觉惭沮。昨复陈控酉阳州田署牧及新任酉阳营游击范承先，以纸房溪教民烧杀团民之禀皆系该州文武捏词陷害，且谓上年胡圻所报焚毙教民之数仅指州城教堂而言，此外各乡被害者，尚不知凡几，连日哓哓不休，出言尤多狂悖。似此无理取闹，殊觉万分为难！而前次法国公使所派执有贵衙门书札之梅教士，闻已到渝，范若瑟不令露面，时而谓其在汉口，时而谓其赴广西，言语枝梧，已难揣其用意。昼夜焦灼，计无所施。现仍饬令省城教案局员，多方开导，劝其早回重庆，静候锡道查实办理。既难必其信从，而又未可决裂，叠经密嘱锡道，经权互用，设法办结。诚如来谕，内安外抚，关系匪轻。但求于事有济，不惜委曲求全。惟反覆太多，深恐上烦宸廑耳。余俟锡道到酉阳后，如何情形，再当据情飞布，先此肃覆。[1]

---

① 台北中研院近代史所藏：外交档案，馆藏号：01-12-126-01-042。

〇三四　总署函覆覃司铎集匪杀毙多命查办由

同治八年五月二十三日(1869年7月2日)

五月二十三日，致成都将军、四川总督函称：五月初九日，接展来函，备悉筹办酉阳州民教仇杀一案情形。二、三月间，又有覃司铎招集黔匪，两次在纸房溪烧毁民房百余户、杀毙二百余命之变。本处查民教积衅日深，势必各聚族党，互相抗拒，乘隙寻仇。今民团已遵谕解散，而教士辄敢啸聚匪众，勾通黔逆，复酿巨案，较前此仇杀为更甚，且系平民一面受害，束手待戕，其惨毒更不可言。本处本拟即行照会法使，严切诘责，惟因未准贵处咨报，且来函内尚有锡道查实之语，未便遽行办理。如查明确实，即应由贵处分别奏咨筹办，并与范若瑟面加诘询，将覃司铎及各匪犯等作何严办，不得仅以此案所杀之数抵偿前案所杀之数率行了结。此后应如何防范，不致再有此项情事，亦希荩画周详，妥为处置。范教士狡称，纸房溪之案为文武捏饰，试思烧杀房屋、人命，岂能托之空言？果如此说，则该教士所称教民被焚、被杀，讵非捏饰耶！来函所开酉阳案内被害民人已有确数，惟教民伤毙者究有若干？范若瑟所称之数未尽可凭，仍希续为详覆。总之，该处民教情形至于斯极，其办理之万分棘手，不言可知。惟阁下仔肩孔巨，锡道始终承办教务，责无旁贷。务希大才筹画，赶紧图维，俾已成之案早为了结，未形之患预杜萌芽，是所切望！专此密布，即颂勋祉！[①]

① 台北中研院近代史所藏：外交档案，馆藏号：01-12-126-01-044。

○三五　总署咨查酉阳杀毙法国李教士真正凶手究办由

同治八年七月二十日(1869年8月27日)

七月二十日，行四川总督、成都将军文称：同治八年七月十三日，准法国公使照会内开：前者酉阳地方打死李教士一案，该凶犯必应治罪，或者未将该犯治罪，抑已将该犯治罪，未曾见覆，请饬速办，并希将饬催文稿掷送本馆，以备查核等因前来。本衙门查酉阳州一案，业经屡次行文贵督、将军秉公速办，只以该州境内前者民教互杀，又有教民覃姓两次带领匪徒，杀毙平民二百余名，正在纷扰。所有伤毙法国李教士凶手究系何人？曾否拿获治罪？未据随案报名。今该地方较前稍为安谧，杀人必应抵命，应将该凶手即速查确拿获，到案究办，断不可再事拖延。咨准前因，除团民杀毙教民，教民杀毙齐民，均系中国百姓，应按中国律例查核毙命人数秉公拟办外，相应飞咨贵督、将军查照，速将酉阳州杀毙法国李教士一案查确真正凶手，拿获讯办，勿任稍有延宕，是为至要！①

○三六　总署咨送法使照会、密陈教案现办情形折、谕旨

同治八年十月初五日(1869年11月8日)

十月初五日，行四川总督文称：同治八年十月初三日，本衙门

① 台北中研院近代史所藏：外交档案，馆藏号：01-12-126-01-049。

具奏，接据法使照会，胪列未结各案，谨将现办情形密陈一折、附片一件，奉旨：另有旨。钦此。相应恭录谕旨，钞录原奏并法国照会，密咨贵督查照可也。[1]

【案】同治八年十月初三日，本衙门……密陈一折、附片一件：同治八年十月初三日，总理衙门奏曰：

总理衙门（奕䜣等）谨奏，为接据法国使臣照会，胪列未结各案，肆意要挟，谨将现办情形恭折密陈，并请旨饬催各督抚逐案妥速办理事。窃查法国使臣罗淑亚因四川、贵州教案未结，屡向臣衙门多方争执，并自缮折件求为代递，业经臣等先后奏奉谕旨，饬交协办大学士湖广总督李鸿章等迅速办理在案。乃于九月二十九日，该使臣复递照会一件，大致以扰害天主教交涉事件，伊署理一年之久，尽心期望了结，竟属徒然。仍谓酉阳州杀死教士凶犯未获，贵州教士在衙门殒命未得满足完结之法，并牵叙湖北天门县、山西丰镇厅、河南南阳府及广东九龙司未结各案，借词要挟；声称会同本国提督赴江西、湖北、四川，定于十月十八日离京向沪，在该处暂驻十天后，同三四只兵船前往汉口。待至十一月二十七日，若无教士知照前来得满足之结，该使臣即往四川。所期之平允完结有三：一、参调四川总督及贵州巡抚。二、拿获杀李教士而人人共知之凶犯严惩。三、传拿张佩超，并审讯遵义之官羁收布、林、赵三教士，一人被伤殒命情节等因。臣等查该使臣照会，所言殊多拉杂，其注意在四川、贵州两案，而各省未结之案亦全行罗

[1] 台北中研院近代史所藏：外交档案，馆藏号：01-12-127-01-007。

入，以为借口。臣等逐案详核，四川、贵州两案业经奏请饬交李鸿章分别查办，惟四川案内杀死李教士凶犯迄未查确。前据成都将军崇实、四川总督吴棠函称，教士李国安在教堂内焚毙，既非杀伤，即不能指出首先下手之人。前获刘幅系烧毁教堂正凶，而该使臣照会则据该处教主范若瑟之言，指张佩超为案中正犯，两不侔合。现在既经饬交李鸿章查办，应由该督秉公核实，确查真犯，持平核办。其贵州教士在署殒命，是否因伤及有无勒令教民出教等情，现尚未准覆到。至该使臣所称湖北天门县烧毁教堂扰害教民一案，甫于本年九月二十五日接据该使臣来函，即经咨行湖广总督、湖北巡抚查办。山西丰镇厅一案，事关教民地亩，亦于本年八月十九日据该使臣函送教士禀稿，咨行山西巡抚、察哈尔都统查办。其河南南阳教堂一案，屡经奏咨催办，前据河南巡抚覆称，拟将城外之铁瓦庙、紫竹林二处听该教士拣择，教士托病不见，见面后又称抵换不能作主，以致延宕，复经臣衙门于本年五月间咨催速办。广东九龙司一案，因法国建造天主堂需用石块，由两广总督饬派委员及新安县与领事、教士公议，将九龙司牛头角等山画出三十丈，立限三年开采石块。迨限满后该处教士请准，再展三年，宽展十六丈，言明限满时无论天主堂完工与否，交地方官将山封禁，立有合约为凭。臣衙门于本年二月间行文两广总督，催令依限办结。该使臣不能凭空再行展限，转以臣衙门阻挡为词，冀遂私心，更出情理之外。至江西一省虽有交涉教民事件，均经臣衙门咨行该省按约办理，该使臣亦未指出何案。臣等于以上各案无不随时随事速为酌办，乃该使臣总以所欲未遂，肆口哓哓，若将决裂。所称定日赴沪，会同提督携带兵船前往各省之说，虽不得谓非虚声恫喝，然止之则益张其焰，听之或竟实其言。当此借端寻衅之时，难保不借此别生枝节。臣等公同商酌，拟先照该使臣，与之逐案详论，仍允为催办，理直词婉，冀折其虚骄之气。所有各省未结各案，仍须该督抚设法筹办，以期速结。相应请旨饬下湖广总督李鸿章、四川总督吴棠、成都将军崇实、贵州巡抚曾璧光、湖北巡抚郭柏荫、两广总督瑞麟、两江总督马新贻、江苏巡抚丁日昌、江西巡抚刘坤一、河南巡抚李鹤年、山西巡李宗羲、察哈尔都统文盛，各将交涉案件迅速妥结，毋任激成衅端，致碍大局。所有臣等现办情形，谨恭折密陈，并抄录法国使臣罗淑亚照会一件，敬呈御览，伏乞皇太后、皇上圣鉴训示遵行。谨奏。①

附片曰：

再，此次罗淑亚前赴江西、湖北等处，据称会同水师提督随带兵船三四只，固系为借端挟制之计。惟其桀骜谬戾，迥非寻常可比，将来沿途所过地方如有交涉事件，该地方官自当按约以礼，明白开解，不得避匿诿卸、措置失当，以致别肇衅端。相应请旨密饬各该省督抚，一体遵照妥办。理合附片具陈，谨奏。同治八年十月初三日，军机大臣奉旨：另有旨。钦此。②

【案】相应恭录谕旨：此谕旨内容如下：

军机大臣字寄：协办大学士湖广总督一等肃毅伯李、成

① 中国第一历史档案馆、福建师范大学历史系编：《清末教案》，第1册，第701—703页。

② 中国第一历史档案馆、福建师范大学历史系编：《清末教案》，第1册，第705—706页。

都将军崇、两江总督马、两广总督瑞、四川总督吴、察哈尔督统文、江苏巡抚丁、湖北巡抚郭、江西巡抚刘、河南巡抚李、广东巡抚李、山西巡抚李、贵州巡抚曾：同治八年十月初三日，奉上谕：前因四川酉阳州民教仇杀、贵州遵义县民教互争两案，叠谕李鸿章等迅速查办，谅该督等业已分别办理。兹据总理各国事务衙门奏称，法国使臣以酉阳、遵义两案未结，胪列湖北、山西、河南、广东未结各案，借词要挟，并声称会同该国提督，携带兵船前赴江西等处，急求各案了结等语。中外定约以来，各督抚于民教争讼案件，每以正凶未获、人证未齐为词，累月经年，案悬莫结，以致该使臣从而生心，砌词寻衅。朝廷抚驭中外，原以诚信相孚，岂得授人以隙，转遂其虚声恫喝之谋！所有酉阳、遵义两案，着李鸿章、崇实、吴棠、曾璧光懔遵前旨，将酉阳案内刘幅、张佩超等究系何人正凶，按律惩办。遵义案内教士身死，是否该县保护，因伤殒命，抑系另有别情？赶紧查明审结，不可稍涉含糊，亦不得再事迟延，致生枝节。其天门县、丰镇厅、南阳府、九龙司未结各案，即着瑞麟、文盛、郭柏荫、李鹤年、李福泰、李宗羲分别迅结。江南、江西两省交涉事件，亦着马新贻、丁日昌、刘坤一随时妥办，毋稍稽延。李鸿章等身膺疆寄，皆为国家倚任之人，嗣后遇有中外交涉事宜，务须持平办理，不可豫存歧视之心，尤不可尽诿之总理各国事务衙门，而令该使臣等哓哓置辩，迄无了期也。至罗淑亚会同该水师提督随带兵船，前赴江西、湖北、四川等处，虽不致即肆鸱张，而此次胪列各词，不无愤恨。该使臣业称于本月十八日带船前行，将来沿途所过地方，着各该省督抚严饬各地方官，按约妥办，遇事开解，不得互相推卸，别滋事端。总理各国务衙门原折一件、片一件及罗淑亚照会一件，均着钞给阅看。将此由六百里各谕令知之。钦此。遵旨寄信前来。[①]

【案】钞录……法国照会：同治八年九月二十九日，法使照会曰：

为照会事。照得前数日本大臣向贵亲王暨贵诸大臣知照扰害天主教交涉各件，本大臣自署理钦差一年之久，而尽心期望了结，竟属徒然。况无法向贵衙门讲解，以为完结此等事件，既于中国大局克全而便宜亦即相关。乃经本大臣如何恳请及如何行为，尚未得由贵衙门或用效验之办法相告，或有责备欺侮鳏寡及杀害教士之凶顽一言。本大臣若有询及，贵衙门之回答始终无异，本署亦从未接闻有转饬查明等言及实心除免办理之处，惟闻转饬该处被告之官，作为调理之人，以塞责耳。查去年十一月二十一日至今，已逾十个月之久，张佩超聚集恶伙，用酉阳州地方官所借之炮并遵照该官所准，攻击教堂，抢掠财物，杀害念经之教民及二教士一系法国李姓等情。本大臣迅速照知贵衙门，恳请设法拿获该犯，及指望贵衙门以满心期之平允。倘贵衙门心存绕避，巧为推诿，无生他法妥结，乃欲化重为轻，致受害之原告反成无理之被告。如此行为，无难转瞬已有关系。如张佩超恶伙在四川各处围拿教民若捕兽然，烧房屋，村子之外强奸妇女。幸而教民拟定入一犯人无能站之炮台护身，地

① 中国第一历史档案馆编：《咸丰同治两朝上谕档》，第19册，第277—278页；《穆宗毅皇帝实录（六）》，卷二百六十八，同治八年十月上，第716—717页。

方官一看再无可行之害法，乃想与形同叛逆之指臂有可怕之处，是以拟定出来，而教民为推遵国命之心，迫不及待，缴还兵器。到此光景，吴制台、锡道等如何办理，乃捏造谣言，以穷凶极恶之徒当受屈得理之原告，以张佩超变为闭门畏事毫不与闻之居士。讵知张佩超系此案中之正犯，其子已在杀李教士凶犯之中拿获。因本大臣又催迅办，贵衙门想出甚好行动，密派仇恨教民及教士之李宫保查办。又贵州尤比他省情凶，该省官员直明用其奸，随官差役碰倒轿子，官将教士羁留在衙门，以致教士因此殒命。勉强教民跨越十字，并勒令在土神面前写出教之甘结等情。而贵衙门用何法满本大臣心期之平允，还系委派不可分身一时兼理蜀、黔之李宫保。况其甫出湖北之时，该处即烧毁天门县教堂，扰害教民等情难辩。李宫保携印公出之故，无有敢拟定之官。又至今尚未得有过于侮慢本大臣之山西巡抚郑受罚之处，及该省丰镇厅一案，至今已历四年之久，法国公署竟至徒劳无益。贵衙门肯画一押，此案就可完结，何难之有？又河南南阳府还堂一案，本大臣难言之处，因本国想此案已经完结约有一年，不想至今仍于未办无异。又贵亲王及诸贵大臣为乘致令本衙门不悦服，各有机会之心而阻挡两广总督再允准用九龙司之石头，以误主教造完天主堂。查此项石采用盖堂，并无损于人，且有益于挖石之数百人糊口有资。再，本大臣查同治七年九月二十四日，据贵衙门密奏之言，有云传教一案，自难显为禁止之言。与现今各处并起仇杀教民之惨而比较之，是今之所敢行，实由前之所预拟而出也。是中国官逾不用妥速善法以惩案中罪犯，本大臣之疑惑愈真矣。中国官应知不能嗣后无生关系，致与法国有同力之国心不悦服而看轻所与共立之和约。况显皇帝在位之事，至今曾几何时，竟欲度外置之，可乎？法国曾预为言明，要保护各听己便习教之道，所以在天津、北京所立和约之主意即在此道。因无据想法国可变所旧有保护之意，所以中国亦即得降心相从，遵照而行该约之各款。倘为此紧要贵亲王暨诸大臣得悉，再不必本公署之外办理交涉各件为和平有不协之处，必待本大臣预言满足而后完结。若或推辞，本大臣拟用之完结，或用无可信任之完结，本大臣何能满足？如分路而走，殊难相遇。如至勿用，辩论之际，易近于无可辩论之行矣。惟本大臣预先令本国用某某办法，及奏准将所有公事均归于巡中华中海法国钦命提督办理之先，紧要得悉四川之情形。因此会同本国提督已妥商，拟定十一月初前赴上海相会，而一体向江西、湖北扰害天主教之各地方，再由汉口约向四川，所带随从之人任便足数，为免官民人等之轻慢。又本大臣约计于贵国官之外，亲查该省及贵州情形，以便悉知而后知照本国，并定于十月十八日本大臣离京向沪，在该口暂驻十天，以办本国公事。嗣后同三四只兵船前往汉口。又十一月二十七日，若无教士知照前来得满足之结，本大臣方向四川。本大臣所期之平允完结有三：第一，参调四川总督吴及贵州巡抚曾。第二，拿获杀李教士而人人共知之凶犯严惩。第三，传拿张佩超，并审讯遵义之官羁收布、林、赵三位教士，一位被伤殒命情节。因本大臣未到汉口之先，李宫保接奉新饬遵照，仍有时日妥办，以便知照本大臣完结各案。至山西、广东交涉各件，本大臣望贵衙门作本大臣未离京之先办结之想更善。为此照会。须至照会者。[①]

〇三七　总署来函抄录原奏、恭录谕旨知照由

同治八年十月二十一日(1869年11月24日)

十月二十一日，行四川总督文称：同治八年十月二十日，本衙门具奏四川、贵州、安徽等省教案请旨饬办一折，奉旨：另有旨。钦此。相应钞录原奏，恭录谕旨，密咨贵督钦遵办理可也。[②]

【案】本衙门具奏……请旨饬办一折：同治八年十月二十日，恭亲王奕䜣等具折曰：

臣奕䜣等跪奏，为法国使臣罗淑亚因川、黔教案未结，出京后在天津闻安庆教堂被人拆毁，赶紧赴沪，并接据两江督臣函报安庆肇衅情形，恭折具陈，请旨饬查速办事。窃臣等于同治八年九月二十九日据法国使臣罗淑亚因四川、贵州教案未结，胪列湖北、江西、河南、广东、山西未结各事，照会臣衙门，有欲会同该国水师提督携带兵船，于十月十八口前赴江西，再由汉口以转入川等语。经臣等奏请饬下协办大学士湖广总督李鸿章及该督抚严饬各地方官按约妥办，并由臣衙门分别咨行遵照。臣等旋于十月初五日给该使照覆，历数四川、贵州等

① 中国第一历史档案馆、福建师范大学历史系编：《清末教案》，第1册，第703—705页。

② 台北中研院近代史所藏：外交档案，馆藏号：01-12-127-01-030。

案,或奉旨饬催,或由臣衙门咨催各情形,冀以折服其心。该使先本拟十月十八日起程,后又有十月初六日起程之说。讵于初七日该使竟自出京,前赴天津。旋接三口通商大臣崇厚函称:十一日,罗淑亚亲往会晤,当即再三开导,据云上海新任总领事到来,固有面商事件,在彼即可候川、黔教案之信。如十一月内不能完结,伊必带兵赴川。讵十二日丰领事托送一信,安庆又有拆毁天主教堂、耶稣书院之案,该使闻知,即于十二日晚登舟赴沪。臣等查此次该使出京,拟欲由津赴沪,溯江而上,至江西、汉口,再行入川。揆其本心,实缘外间教案一波未平,一波复起,以至激而亲往查察,以为胁制之计。遂于十月十四日由臣衙门公函飞致湖广臣李鸿章,述及其事并酉阳案内,该使以张佩超为主谋、杨珍廷为下手、刘幅为顶凶等情。务将此案及遵义教案先为办结。又于十月十六日飞致两江督臣马新贻、安徽抚臣英翰等,将安庆拆毁教堂案详查完办。兹于十月十七日接准两江督臣马新贻函称:安庆省城内设有法国教堂,虽有英国教士在彼租房传教,因该处考试,聚集童生及闲杂人等,于九月三十日竟将英、法教堂全行抢拆,现已派员查办等因。臣等查安庆地处江滨,为兵船所必经之地,在川、黔等省教案,未据该督抚等咨报完结,而安庆省城复有拆毁教堂情事。该使此次带领兵船,先由安庆经过,设借兵船就便任意要挟,恐吓官民,必至枝节丛生,且牵涉英国耶稣书院,更加棘手。即应将此案先行设法持平先行迅速了结,方为妥善。据李鸿章奏报查办川、黔两案大概情形,内酉阳一事,与该使所闻未尽符合,相应清旨饬下协办大学士湖广总督李鸿章等,将两案分别赶拟办法,并请饬令两江总督马新贻、安徽巡抚英翰，将安庆拆毁教堂一案迅速查办。为此恭折密陈，钞录臣等给与法国使臣回覆一件，恭呈御览，伏乞皇太后、皇上圣鉴。谨奏。同治八年十二月二十日，军机大臣奉旨：另有旨。钦此。[①]

【案】相应恭录谕旨：此谕旨内容如下：

军机大臣字寄：协办大学士湖广总督一等肃毅伯李、成都将军崇、四川总督吴、两江总督马、署安徽巡抚英：同治八年十月二十日，奉上谕：前因川、黔教案未结，法国使臣欲带兵船入川，当经谕令李鸿章等赶紧查明审结。兹据总理各国事务衙门奏，罗淑亚行抵天津，闻知安庆复有拆毁天主教堂、耶稣书院之事，即行登舟赴沪等语。该使此次出京，称欲带兵赴川，实因川、黔教案日久未结，故为此胁制之计。若不迅速办结，必至激成事端，办理愈形棘手。酉阳一案，该使以张佩超为主谋、杨珍廷为下手、刘幅为顶凶，必须切实根究。着李鸿章、崇实、吴棠懔遵叠次谕旨，赶紧查明拟结。遵义一案，李鸿章已派余思枢前往查访，并着速为结案，毋稍迁延！李鸿章前奏，拟往重庆就近体察各情，如事机稍松，即行回鄂等语。朝廷以此事关系紧要，故特令该督会同查办。李鸿章行抵重庆后，必须将川、黔两案如何办结奏明，候有谕旨，再行回鄂。安庆拆毁英、法教堂，究竟因何启衅？此次法国使臣带领兵船，沿江上驶，必由安庆经过，尤恐借此要挟，枝节丛生。着马新贻、英翰速将此案设法了结，不可稍有延缓！原折、单均着钞给阅

① 中国第一历史档案馆、福建师范大学历史系编：《清末教案》，第1册，第712—714页。

看。将此由六百里各谕令知之。钦此。遵旨寄信前来。[1]

○三八　总署函覆酉阳教案希饬预为整顿首恶仍宜缉拿由

同治八年十二月二十七日(1870年1月28日)

十二月二十七日,致成都将军、四川总督函称:十二月二十日,接展来函,得悉一切。查酉阳杀毙教士李国、焚毁教堂一案,既经阁下会商少荃,督同川东道,将杨正亭尸棺起获到州,眼同该教士确验,照例填格,查拿伤毙李司铎之正凶何彩,研讯正法;余犯刘幅等按名惩办。其凶恶教民王学鼎等六人,亦分别拟定罪名,并与梅主教面议,酌断赔修教堂银一万八千两。张佩超虽与此案无涉,仍令缴清从前罚款尾欠一万二千两,由该道出具印票,发交该教管事承领,并札饬汉口领事转呈罗使查照,自可完结。至覃司铎一名,著名首恶,刻难逃出外洋,仍宜随时缉拿,以昭平允。此案虽经办结,该处民教仇隙已深,难保将来不另行滋事,即希饬令该处地方官,于平日预为之计,设法整顿,务期各安各业。如遇讼案,尤须持平妥办,不得任听教士嘱托,致令有罪不惩,亦不得故纵平民逐戕教士、教民,以至日启衅端,是为至要![2]

---

① 中国第一历史档案馆编:《咸丰同治两朝上谕档》,第19册,第293页;《穆宗毅皇帝实录(六)》,卷二百六十九,同治八年十月下,第729页。

② 台北中研院近代史所藏:外交档案,馆藏号:01-12-127-01-049。

○三九　总署致函饬照李鸿章所筹情形办理等情由

同治九年正月十三日(1870年2月12日)

正月十三日，军机处交出同治九年正月十二日奉上谕：李鸿章奏，法国使臣罗淑亚驶至汉口，由川赶回，与之商办定议一折。据称梅西满赴汉，怂恿公使出头索帐。李鸿章面告以前次断给银票共三万两，原谓两案并了。今罗使必将已收票银专为赔堂及抚恤被害教民之用，而张佩超旧案尾欠另行着追，只能照约由地方官随时代催，断不能由官筹垫。该公使远道来此，本为川、黔两案起见，既相谆属，应咨商川省，转饬妥办。该使闻领事等回覆允为转咨，意甚欣悦，请照会完案，伊即不再入川。罗淑亚即于十二月二十八日由汉口起程回京等语。着崇实、吴棠即照李鸿章所筹一切情形，分别办理，以免另生枝节。张佩超既与教堂积有仇怨，即照李鸿章所拟，令其设法迁移，以图两全，着崇实、吴棠妥筹办理。李鸿章原折着摘钞给崇实、吴棠阅看。贵州遵义一案，李鸿章当咨催曾璧光赶筹办结。黔中地方糜烂，非有知兵大员前往督办，断难扫荡寇氛。教案现已办竣，着李鸿章懔遵前旨，迅速起程，应由何路入黔督军进剿之处，均着该督斟酌情形，妥为筹办。钦此。①

【案】李鸿章奏……与之商办定议一折：同治九年正月初二日，湖广总督李鸿章奏报曰：

① 台北中研院近代史所藏：外交档案，馆藏号：01-12-128-01-005。

协办大学士湖广总督臣李鸿章跪奏，为法国使臣罗淑亚驶至汉口，臣由川境闻信赶回，与之商办定议，该使已起程取道樊城回京，恭折仰祈圣鉴事。窃酉阳教案拟议完结，并遵义一案请责成地方官绅妥筹议结。臣缘法使带兵船来鄂，即驰回劝阻等因，业于十二月初二日专折附片驰报在案。臣当将酉阳案内未完事情及遵义筹办大略分别缄咨川省将军、总督及黔中地方官，酌量办理，均已定有规模。适接湖北江汉关道郑兰探禀：法使罗淑亚由九江赴南昌，腊月二十日内外前来汉口等语。臣遂于十二月初六日自重庆起程，登舟顺流东下。二十日后，行过荆州，闻罗淑亚已抵汉口，正与抚臣郭柏荫辩论酉阳等案。臣即星夜兼程驰回，于二十六日抵鄂。是日该使果已派法国副领事狄隆同主教梅西满坐轮船溯江迎臣，询知梅主教甫回汉口，将臣在渝议办各节禀告公使，意见微有参差。江汉关道郑兰、江苏护送道员姚曦等即带同该副领事狄隆、主教梅西满来见，谓该使以酉阳教案虽已办结，尚未足意，必须请示定夺。如不见允，仍要入川另议等情。当呈出该使续拟节略，所指案中各犯，仍照臣原议罪名，并无加增，惟胶执前说，于张佩超不肯甘心，既欲逐出酉境，仍要索五年罚赔有据之尾欠银一万二千两。臣与再四辩驳，因思前在重庆曾督同川东道锡佩、知州田秀栗，面谕张玉璞回家传知伊父张巩超，既与该处教堂积有仇怨，以后断难相安，不如设法迁移他所，以图两全。臣并密嘱锡佩等随时谆饬酌办，但未明告该主教耳。至酉阳教堂，据锡佩、田秀栗等佥称：目击规制闳丽，非他处教堂可比。该主教前索赔银五万两尚非甚多，臣先断给银一万八千两，另饬筹一万二千两，以作垫给张佩超欠款，借资赔补。明知彼族惟利是图，不得不加以裁抑。当据锡佩等禀称：梅西满允收完案，但云张佩超旧欠难以抵算，须再与范主教商定等语。兹梅西满赴汉，怂恿公使出头索账，亦在意料之中。臣即面告以前次断给银票两项共三万两，原谓两案并了。今罗使必将已收票银专为赔堂及抚恤被害教民之用，而张佩超旧案尾欠另行着追，只能照约由地方官随时代催，断不能由官筹垫。该公使远道来此，本为川、黔两案起见，既相谆嘱，应咨商川省转咨妥办。二十七日，关道郑兰禀称：该使闻领事等回覆，允为转咨，意甚忻悦，请照会完案，伊即不再入川。臣复据情酌给照会，并咨四川将军臣崇实、臣吴棠分别办理，以便该使迅速折回，免致另生枝节。旋据罗淑亚来函，定于二十八日由汉口起程，取道樊城回京，与关道等禀报相符。至湖北天门教案，业经郭柏荫督同郑兰等办结，奏报有案。该使并无异词。贵州遵义一案，该使令狄隆、梅西满面呈节略，为咨行该官绅议办。臣并详告以黔省民教情形，必须逐渐劝导，不可操之太急。该酋等尚能领会，并未过相促迫。臣惟随时咨催贵州抚臣，督同地方印委各员赶筹办结。除将臣照会法使一件并法使照覆一件抄咨军机处及总理衙门备查外，所有罗淑亚驶至汉口，与臣商办定议，该使已起程回京各缘由，谨缮折由驿具奏，伏乞皇太后、皇上圣鉴。谨奏。同治九年正月十二日，军机大臣奉旨：另有旨。钦此。①

① 中国第一历史档案馆、福建师范大学历史系编：《清末教案》，第1册，第712—714页。

○四○　总署函咨天津滋事一案应饬各属宣谕居民以释嫌疑由

同治九年七月十一日(1870年8月7日)

七月十一日，致盛京将军、直隶总督、两江总督、陕甘总督、湖广总督、闽浙总督、两广总督、四川总督、云贵总督、山东巡抚、山西巡抚、河南巡抚、安徽巡抚、陕西巡抚、江苏巡抚、广东巡抚、广西巡抚、浙江巡抚、云南巡抚函称：天津滋事一案，该处系与法人为难，而英、俄、比各国俱有被害之人，英国威使、俄国布使前已俱来照会，而威使即有以降谕昭雪为保全和谊之言，向本衙门力请。顷接比国金使照会，天津惨害守贞女子九人，内有比国二名。并称六月二十五日奉上谕，已将谣言之事发微擿伏，及迷拐幼孩之人加等治罪，而未及各国受害之人，可怜可悯！前者本大臣详议及此，业蒙诺为代奏，直言天主教仁慈堂与各国子民并无此事。若有谣言，即拿置重典。如有似此上谕粘贴城市、乡村，即为保护外国人良计等语。查本处前与该使会晤时，伊曾以代奏之说谆嘱，当经告以前奉上谕昭雪，业经通行，无所用其再奏。乃此次照会内仍执前议，并直谓已诺为代奏，是其要求之意甚坚，且各国传教及通商、游历人等，各省均不能无。现在各国公使朝夕纷哓，其疑虑各省之将来，甚于天津之今日。并称恭闻上谕，外省地方遇有此等谣言，群疑亦可消释。所虑抄报未必家家阅看，何能家喻户晓，设或再滋事端，请问谁执其咎？本处查天津事既未平，万一喜事之徒闻风而起，即或小有波澜，亦必使各国连横之事激而愈固。因思上谕业经明发，原所以释群疑，似不妨摘要恭录示谕，严禁谣言。本处现给该使照覆，以业为行知各省督抚转饬地方官，恭录上谕，宣谕居民；或张贴告示，或面谕绅耆，务使嫌疑尽释，中外相安等因。此节即希由阁下酌量饬知各属照行，俾释群疑之处，伏候尊裁。专此布泐。[1]

○四一　总署函述法使照请酉阳一案饬属查办由

同治九年八月初六日（1870年9月1日）

八月初六日，致四川总督函称：径启者，本月初三日，准法国罗公使照会内开：四川来信，深有不妥之情形，所有前经李宫保所定远边军罪，该犯等至今并未发遣，现仍在酉阳州城内外盘踞。再，本大臣前所屡言之胡圻，现仍在该州田牧身后办事。以上种种情形，不得不请贵亲王得悉，急应设法禁止等情。查酉阳一案，早经奏结，所有案内应行发遣之犯，例应于结案后即行起解，不准稍事逗遛，岂有仍在该州盘踞之理！至该州胡圻，该使屡疑有饬令回任之说，曾经本处叠次函询，嗣准阁下函覆，委无其事，业已知照该使在案，今复哓哓不休。所称各节是否属实？本处殊难悬揣，均祈饬属查明，分别妥为办理，俾免彼族有所借口，是为至要！[2]

① 台北中研院近代史所藏：外交档案，馆藏号：01-12-043-01-004。
② 台北中研院近代史所藏：外交档案，馆藏号：01-12-128-01-021。

〇四二　总署来函黔省教案赔款湖北匀拨银数业经付给由

同治十年二月二十九日(1871年4月18日)

二月二十九日，致四川总督吴棠函称：二月十八日，接据远堂来函，以遵义教案办结，应给银数，湖北匀拨二万两，已于正月十八日据汉关道详称：已准军需总局解到库平银二万两，转发代理法国领事坚佐治收领等因。本处查此项银两既经湖北于未奉谕旨之先，发给代理法国领事收领，应由贵处将此二万两扣除，为此飞致阁下查照。至朴山业已在途，不另布矣。即颂勋祉不戬。[①]

〇四三　总署来函贵州教案赔款一片恭录谕旨咨办由

同治十年二月三十日(1871年4月19日)

二月三十日，行四川总督吴棠文称：同治十年二月二十九日，军机处抄出二月二十八日成都将军崇等奏黔省教案赔款一片，奉旨：着仍遵正月二十三日谕旨，将黔省教案应发银两除各该省业已付给咨照川省有案外，余银仍由四川筹款垫给，再由各省照数解川，以清款项。钦此。相应恭录咨行贵督，钦遵办理可也。[②]

---

① 台北中研院近代史所藏：外交档案，馆藏号：01-12-191-01-025。
② 台北中研院近代史所藏：外交档案，馆藏号：01-12-191-01-048。

○四四　函肃贵州教案应给银两不必由川付给等情由

同治十年三月二十七日(1871年5月16日)

三月二十七日，四川总督吴棠函称：三月初五日，接诵川字五十二号钧函，祇悉一是。贵州教案应给银两，前奉寄谕，当经会同朴山将军据实覆陈，并专缄屡达。昨得枢元中丞来书，亦以不必由川付给，杜生冀幸，与棠等意见相同。恭录批旨，再为钦遵办理。棠奉命兼署成都将军，已于月之初三日受篆。朴山将军料简行装，即拟于十二日启程北上。刻下蜀境边防无警，民教亦尚相安，堪以告纾荩念。肃此布覆，敬请弼安！①

○四五　总署函述教案赔款仍遵前奉谕旨由川拨给由

同治十年四月初一日(1871年5月19日)

四月初一日，致四川总督吴棠函称：径覆者，二月二十七日，接据来函称：贵州教案应给银两，不必由川省付给等语。查此款前由军机处抄交寄谕，黔省赔价之款，奉旨由川省先行拨给，再由各省解还，业于正月二十六日专函布达，并飞致各省遵照。嗣恐此项又由各省拨给，不免办理两歧，续又钦奉上谕，仍当懔遵前旨，复由本处于二月三十日飞函布咨在案。兹准前因，为此再

---

① 台北中研院近代史所藏：外交档案，馆藏号：01-12-191-01-062。

行函致阁下，遵照前此先后所奉谕旨，除湖北省付银二万两业经据报应行扣除外，其余各省未付银两，仍由川省筹款拨给，总期及早清结，并取具收据，及早声覆本处为要。至此项垫款，本处再当飞咨各省，即于协黔饷内照数解川，不致日久不归也。此覆，即颂勋祉！①

○四六　函肃贵州教案应给银两设法垫付等情由

同治十年五月初三日(1871年6月20日)

五月初三日，四川总督吴棠函称：顷接四月初一日川字五十五号钧函，祗悉一是。查贵州教案应给银两，前奉批旨，仍饬由川省筹款垫给，当经函致枢元中丞，嘱其发给咨文，以便照付，而至今尚未覆到。想因前发各省文件一往一还，不免耽延时日。刻又再行催询，一俟该教士持文请领，即当督饬藩司设法垫付，取具收据备案，以期及早清结，告慰荩怀，并请饬催各省克日解还，俾免拖累也。官犯谢邦鉴早经接交广元县监禁，奉旨后复添派员弁勇丁护送入陕矣。川境尚称静谧，惟天气亢晴，农田望泽孔殷，屡经设坛虔祷，尚未能一律普沾，殊令人惴惴耳。肃此，敬请弼安！惟祈霁鉴不庄。②

① 台北中研院近代史所藏：外交档案，馆藏号：01-12-191-01-066。
② 台北中研院近代史所藏：外交档案，馆藏号：01-12-191-01-074。

○四七　官犯谢邦鉴护解到陕黔省教堂赔款请催迅解由

同治十年七月初三日(1871年8月18日)

七月初三日，四川总督吴棠函称：四月十七日，覆布寸缄，亮蒙渊察。兹据派防川北提督陈希祥禀报：遵札饬委哨弁会同臬司委员，护解官犯谢邦鉴，系于五月初四日押赴西安省城，由陕抚蒋中丞另行派员点解，给与回文销差等情。再，前月杪准黔省曾中丞咨，请将江苏、浙江、广东三省未发银两四万两，饬司垫拨，发给教堂承领等因。当经饬据藩司王德固详称：司库万分支绌，无款可筹，已移会川东道设法腾挪，就近拨给该教堂承领。以上两事，应俟臬司转据委员详销，川东道取具该教堂收状禀覆，再为分别奏咨。至筹垫银两，仅准粤东咨会，业经发交西商票号汇兑，谅可克期到川。其江、浙两省应拨银三万两，尚祈俯赐函催迅解，以清款目，是所虔祷。[①]

○四八　总署函述江浙应还银两已知照两省归款由

同治十年七月初六日(1871年8月21日)

七月初六日，致四川总督吴棠函称：本月初三日，接展来函，备悉黔省官犯谢邦鉴妥解赴陕，及准枢元咨请将江苏、浙江、广东未

① 台北中研院近代史所藏：外交档案，馆藏号：01-12-191-01-077。

拨银四万两饬司垫发等情。查贵州教案赔款,前此奉旨由川省垫给,再由各省份拨解归川省,即经本处分行函达各省在案。兹因枢元咨请贵处垫发,业经饬司移会川东道,就近拨给。除广东一省拨款克期到川外,现已由本处分别函催江苏、浙江两省,迅即照数解川矣。专此布覆,即颂勋祉![1]

○四九 函肃贵州教案赔款银两现已一律给清由

同治十年十月十八日(1871年11月30日)

十月十八日,四川总督吴棠函称:六月中旬,肃缄布达,谅已早荷鉴垂。兹查贵州教案赔款银四万两,前经饬据藩司详称:库款万绌,移会川东道就近筹拨渝城教堂承领。嗣据川东锡故道详报:陆续拨过库平银二万五千两,发给该教堂收领。刻又据署川东钟道详报:复于八月二十七日,动拨银一万五千两,如数点交经理教务绅士金含章承领,转发教堂查收。所有奉饬垫发教堂银四万两,现已一律给清,取具教堂收单存案等情。并准江、浙两省咨会,江省应拨银二万两,浙省应拨银一万两,已于八月间由西商票号汇寄四川省库兑收,谅可克期文到。此皆仰赖訏谟赞画,鼎力顾持,俾教堂既早获清偿,川省亦免滋垫累。其为感佩,曷可言宣!肃此,敬请弼安!惟祈霁察不宣。吴棠谨肃。[2]

---

① 台北中研院近代史所藏:外交档案,馆藏号:01-12-191-01-079。

② 台北中研院近代史所藏:外交档案,馆藏号:01-12-191-01-091。

○五○　片奏黔省教案应拨银两扫数给清由

同治十年十一月初五日(1871年12月16日)

十一月初五日，军机处交出吴棠片称：再，查黔省教案，应拨银六万七千两，前准贵州抚臣来咨，当经饬拨银七千两，会同前任成都将军臣崇实，附奏陈明在案。嗣奉谕旨，饬将黔省教案应发银两，除各该省业已付给咨照川省有案外，余银仍由川省筹款垫给，再由各省照数解川，以清款项等因。钦此。旋准鄂省来咨：已于正月十九日，将前项汇拨银二万两，由军需总局转送法国领事查收，续又准黔省函称：已于五月朔日，备文交给该教士，令其赍案承领银两四万两各等语。臣比即饬据藩司王德固详称，库款万分支绌，移会川东道，无论何款，先行筹垫银四万两，就近发交渝城教堂去后。兹据该司道详报：本年七月十六日，八月初五、十四、二十七等日，分四次在于川东库存盐厘项下，动拨银四万两，如数照交教堂查收，取具收单备案等情前来。并准广东、浙江两省先后咨解银各一万两，饬司兑收归款。尚有江苏应拨还银二万两，亦据咨报起解，谅不日即可到川。所有黔省教案应拨银两扫数给清并准各省咨解归款缘由，理合附片陈明，伏乞圣鉴。谨奏。

同治十年十一月初四日，[①]军机大臣奉旨：该衙门知道。钦此。[②]

---

① 此片具奏日期未确，兹据台北故宫博物院藏军机及宫中档(文献编号：110289)校正。

② 台北中研院近代史所藏：外交档案，馆藏号：01-12-191-01-095。

〇五一　奏报民教交涉案件应否会同新任将军办理由

同治十一年三月二十三日(1872年4月30日)

同治十一年三月二十三日,军机处交出吴棠片称:再,查同治元年十一月间,钦奉上谕:四川、贵州两省教民案件,均着交成都将军崇实,秉公办理,骆秉章着毋庸会办,以专责成。钦此。[①] 嗣于同治九年十二月间,前任湖广总督臣李鸿章会同前任成都将军臣崇实暨臣奏结酉阳教案,于十二月二十九日奉上谕:酉阳、重庆等处民教仇隙已深,今虽将此案办结,而日后民教杂处,崇实、吴棠必须设法防维。吴棠身任地方,更属责无旁贷,所有该处牧令等官,着随时认真遴选,务令妥为整顿,不可稍存偏袒等因。钦此。臣当即凛遵,刻刻以慎选牧令、整饬地方为急务。而于川东民教杂处之区,尤必尽心抚驭,设法维持。自上年春间兼摄军篆以来,于今一稔,民教均属相安,堪以上纾慈注。兹新任成都将军臣魁玉抵省视事,臣接见之余,相与议论民教交涉案件,实属老成持重,深识大体。惟事关重大,系奉特旨交办,在臣身任地方,固属责无旁贷,应否会同将军臣魁玉办理之处,未敢擅专。理合附片陈明,伏乞圣鉴训示遵行。谨奏。同治十一年三月初四日,由驿附奏。于同治十一年四月十一日,准兵部火票递回原折,内开军机大臣奉旨:嗣后遇有教民案件,着吴棠会同魁玉办理。钦此。[②]

---

① 据《咸丰同治两朝上谕档》,此上谕之发布时间为"同治元年十月初五日"。《咸丰同治两朝上谕档》,第12册,第569—571页。

② 台北中研院近代史所藏:外交档案,馆藏号:01-12-128-03-001。

○五二　函肃已嘱署牧妥为抚驭并饬姚道察看等情由

同治十一年五月初五日(1872年6月10日)

五月初五日，四川总督吴棠函称：顷奉三月杪所发川字五十八号钧函，祗聆一是。川中民教杂处，嫌隙易生，而酉阳州地僻俗嚣，尤称难治。署牧曾传道视事三稔，众情尚属相安。近因湿疾日久未痊，一再乞假，经藩司详委知府王树汉接署。棠于晋谒间，谆嘱其妥为抚驭，勿务更张。刻当新旧交替之时，正思悬系，适川东姚道自京抵省，即将该处士习民风详加告语并责令随时留心察看。兹复将来谕付阅，姚道才具精明，料能措置裕如、顾全大局也。至此外民教间有口角打降之案，棠一经访闻，立即遴员驰往讯结。住省洪鉴牧似觉服从。嗣后遇有交涉案件，棠谨当会同时若将军和衷商办，督饬地方官吏加意维持，务使民教各不相扰，渐泯猜疑，以慰宸廑而纾荩念。肃此布覆，恪请弼安！惟祈霁照不庄。吴棠谨肃。[1]

○五三　议结教案应给银两交清一折抄录咨呈由

同治十一年九月初六日(1872年10月7日)

九月初六日，四川总督吴棠等文称：窃照本部堂于同治十一年

① 台北中研院近代史所藏：外交档案，馆藏号：01-12-128-03-004。

六月二十四日由驿具奏，议结酉阳教案应给银两，现已扫数交清，民教均属相安一折。除俟奉到谕旨另行恭录咨呈外，所有折稿相应抄录咨送，为此咨呈贵衙门，谨请查照施行。

照录折稿：奏为议结酉阳教案应给银两，现已扫数交清，民教均属相安，恭折仰祈圣鉴事。窃查同治八年冬间，调任直隶总督臣李鸿章暨前任成都将军臣崇〈实〉，会同臣吴〈棠〉，议结酉阳教案，断给银、票两项共三万两。嗣经臣李鸿章回鄂面晤法国公使罗淑亚，必将已收银票专为赔堂恤教之用，张佩超旧案尾欠银一万二千两，另行着追，咨商川省，转饬妥办，均经臣李鸿章先后奏明各在案。臣吴〈棠〉当即转饬藩司、川东道，妥为办理。节据禀报：自八年十二月十六日起，至十年六月二十一日止，分次给拨银三万两，均已如数交清，[①]并将前发银票陆续收回。惟张佩超旧案尾欠银一万二千两，一时实无此巨款现银，似未便任其借故羁留，另生枝节，只得以田产作抵，俾速迁移。臣吴〈棠〉又恐民教杂居，争界抢割之事后患滋多，批饬该司道将田产丈量归公，由道库先行筹垫银两。兹据详报，如数动支，饬传经理教务局绅金含章，当面弹兑，于本年五月初三日，领交渝城主教范若瑟查收，取具收清字样[②]备查。并据范若瑟声称：张佩超当日并未立有欠约，只有服约一张，未便退还，即在收据内分晰言明。[③] 再，查张佩超前于丈清田亩时，饬令酉阳州，迅速劝谕，徙居出境。已于同治九年九月望间，携子搬移湖北咸丰县[④]地方居住。刻下川东一带，民教均属相安，堪

① “交清”，《游蜀疏稿》作“支清”。

② “字样”，《游蜀疏稿》作“字据”。

③ “言明”，《游蜀疏稿》作“登明”。

④ “咸丰县”，《清末教案》作“咸丰州”，误。

以上纾慈廑。所有议结酉阳教案应给银两现已扫数交清缘由，谨合词恭折具陈，伏祈皇太后、皇上圣鉴。谨奏。①

○五四　总署抄录法国翻译原单寄阅望速查办由

同治十一年九月三十日（1872年10月31日）

九月三十日，致四川总督吴棠函称：九月二十七日，法国翻译官德威理亚面递单称：现接川省各教士函称，川西各处有青莲教匪造谣生事等因，请为查办前来。查青莲教匪以邪术煽惑愚民，本干例禁，实为人心之大害。如有似此匪徒，该地方官即应从严拿办，以靖闾阎而安善良，且酉阳巨案甫经报结，若再滋生事端，办理更属不易。现既据单开各情，原不能据其一面之词，据为凭信，究竟是否有因，必须彻底根究，用特抄录原单寄阅，务希阁下迅饬各属密为查访，既不可纵使潜滋，亦不可激而生变。如所指实有端倪，望即妥速查办，早弭衅端，并将如何办理之处先行覆知，是为至要！再，范若瑟到京，气焰甚张，经本处力为钳制，其气稍杀。除俟将来若何，再为详细泐布，先行便笔奉闻。即颂勋祉！②

---

① 台北中研院近代史所藏：外交档案，馆藏号：01-12-128-03-008。又，吴棠等：《游蜀疏稿》，第585—591页。其尾记曰："本督部堂会同成都将军魁玉于同治十一年六月二十四日由驿具奏。于同治十一年七月二十七日，准兵部火票递回原折，内开军机大臣奉旨：知道了。钦此。"又，《清末教案》曰："同治十一年七月十三日，军机大臣奉旨：知道了。钦此。"（中国第一历史档案馆、福建师范大学历史系编：《清末教案》，第2册，第15页）

② 台北中研院近代史所藏：外交档案，馆藏号：01-12-128-03-012。

○五五　议结酉阳教案应给银两交清一折谕旨知照由

同治十一年十月初四日(1872年11月4日)

十月初四日,四川总督吴棠文称:窃照本部堂会同成都将军于同治十一年六月二十四日由驿具奏,议结酉阳教案应给银两,现已扫数交清,民教均属相安一折,当将折稿抄录咨送在案。兹于同治十一年七月二十七日,准兵部火票递回原折,内开:军机大臣奉旨:知道了。钦此。相应恭录咨呈,为此咨呈贵衙门,谨请钦遵查照施行。①

○五六　总署函知范若瑟谒见诉说教务由

同治十一年十月二十九日(1872年11月29日)

十月二十九日,致四川总督吴棠函称:密启者,九月三十日,由四百里飞布一函,计邀鉴及。兹于十月十九日准法国热使函称:按照和约第八款所载各情,现派汉口领事官巴前往四川,备得护照一纸,请饬顺天府钤印,以便转给。又,护照内载:道经湖南而至酉阳州,因其品秩系上海总领事处头等翻译官,现署领事官,应与中华道员同品各等语。查九月间法国主教范若瑟曾经来署,面述酉阳教案各节,并拟折求递。该教士气焰颇盛,据本处据理折服,将拟折当面掷还,气始稍杀。旋于十月初七日准法国热使函送范若瑟

① 台北中研院近代史所藏:外交档案,馆藏号:01-12-128-03-013。

所递酉阳旧案文卷并节略前来。初八日，复经翻译官德威理亚来署面称：范若瑟来京呈诉，系缘酉阳教民从前因案被诬，冤抑难伸，请为查办等情。本处因将范若瑟所递各件详细查阅，复窥德翻译语气，均属意图狡赖。因告以此案李中堂前系奉旨交办之件，当时断结，经罗大臣允从，业由李中堂照会罗大臣在案。事隔数年，忽思翻控，不特中国无此办法，且将何以处罗大臣？况教民原系中国百姓，自应归中国地方官办理。前此川中平民深受教民之累，至今积忿未平，亦未始不思申诉，经地方官多方调停，冀保民教相安。而民教能否常保相安，尚不可必。若一闻范若瑟来京翻控，平民将愈不甘心，倘再别滋事端，于民教交涉之事办理更属不易。嘱其勒令范若瑟务遵李中堂及罗大臣原断，勿再哓渎等语。旋将范若瑟所递文卷、节略沥覆一函，送还热使在案。此次热使请给巴世栋护照，前往酉阳，难保非范若瑟希图翻案，从旁怂恿。热使听其一面之词，因派巴世栋前往查访。惟彼未明言，我自未便劝阻，致启其疑。且护照又系按约办理，更难靳而不予。适本月二十一日，德翻译来署，因于谈次询及巴世栋前往酉阳系何事故，渠并不肯直说，只推为热使所派，渠不知情。窃意巴世栋此行，其非寻常游历之事，益可概见，自不能不预为留意，用特函达阁下，于巴世栋到川后，务须时常侦察，并饬川东道察看情形，详加防范；密谕各属，转嘱绅耆，劝令商民等各安本分，切勿借端起衅，致堕彼族术中。如巴世栋到署谒见，以礼相接之外，谈及前此教案各节，可照本处函覆热使并答德翻译之意，妥为开导，俾不至再行生事，以免纠缠为要外，抄录范若瑟所递节略二件、本处与热使来往信函四件、护照底一件，并以附闻。专此沥布。再，本处与热使议修条约，彼此往来辩论，尚未开办。此次范若瑟之来，未必不因本处所拟八条章程中有指及教中不安本分诸事，是以乘此剖白，且为议约抵制之根，其用心不烛而见。现在约事因该使等故意迟宕，兹于十月二十八日始议。逐条开议，所论若何，尚无眉目也。①

○五七　查办教民滋事各案及办中外交涉情形由

同治十一年十一月初四日(1872年12月4日)

十一月初四日，四川总督吴棠函称：顷奉到九月杪所发川字五十九号钧函，祗聆一是，并承录示法国德翻译面递清单，均已阅悉。查边远愚民，烧香拜会，积习已深。滇、黔、川、楚地方，所在皆有，不自近年始，亦非为谋害天主教而然，是以棠遴派得力弁兵，密饬所属州县，随时访查，遇有聚众生事匪徒，必严拿重办。其仅止吃斋信佛、惑于因果者，又未便逐户搜寻，致滋扰累。诚如来谕，既不可纵使潜滋，亦不可激而生变，洵为切中事情之论。即间有教民呈控绅粮，捏称洋人用本地教民散卖仙饼，内和毒药，使中国人服之至死，以冀妖言惑众等词，棠亦必严饬地方印官，确切讯明有无现获之犯与受害之家，实究虚坐，以儆其余，则此风不禁而自止矣。酉阳距省二千余里，俗悍且蛮，民教素本不和，最宜留意。棠于巡阅川东之便，再四筹商，准令姚道觐元添设委审局，重在清厘积牍，兼办民教交涉事件，取其见闻较近，稽察易周，州牧办事未能合宜，即行撤换，均为慎重地方起见。秦心元即秦自钊，当昔年民教构衅之始，岌岌可危，秦心元集团

① 台北中研院近代史所藏：外交档案，馆藏号：01-12-128-03-016。

自卫。迨官兵一到，首先率领练丁投效，并招抚难民多人。李少荃节相定案时，并未议及罪名，似非倡乱打教者可比。今据称秦心元又在结盟灭教，应俟密饬川东道派员确查，再行分别办理。惟单内所称清溪县民李晋阳、吕飞熊杀毙教民唐宗器等语，则实有其事。此案叠据该管府县禀报，吕飞熊、李晋阳因敬点天灯，居民各出油钱，唐宗器应出钱二百四十文，过期不给。嗣吕飞熊等向唐宗器议买菜子一石，扣除钱二百四十文未付，欲抵欠给油钱。唐宗器约人理论，彼此口角争闹。李晋阳夺过唐宗器手内矛刀，将唐宗器戳伤身死，并清溪县将获到凶犯吕飞熊、李晋阳解府审办各等情。因与该处主教、司铎所报情形不同，当饬臬司遴委明慎之员，会府讯明详办。杀人者抵，律有明文。吕飞熊、李晋阳应归命案，照例办理。刻复行催拟结，自不难折服教民之心，以成信谳。以上数事，谨就平日留心访察及现办案卷，据实覆陈。第念川省幅员辽阔，民气浮嚣，现当法使修约之期，尤不可不倍加审慎，惟有会同时若将军督饬地方官吏，悉心调护，设法顾持，以弭衅端而纾廑注。至法国教士，以范若瑟最为狡黠。上届酉阳之案即系该主教百计刁难，日久未能办结。现在省垣洪主教人颇安静，不与官场往来，近年并无拜会之事，间有函请查办事件，随到随即理楚。闻渠初犹不免怀疑，今则尚无异议。川东自范若瑟回国入都后，代办明主教常住乡间，专以诵经为事，民教尚属相安。如能仰仗德威将军将范若瑟力为钳制，使其气焰不敢再张，边氓受福无量矣。肃此布覆，恪请弼安！惟祈崇照不宣。[①]

---

① 台北中研院近代史所藏：外交档案，馆藏号：01-12-128-03-017。

〇五八　督饬地方官随时防范巴署领事等情由

同治十一年十二月初二日(1872年12月31日)

十二月初二日,四川总督吴棠函称:敬肃者,小春二十日,肃覆寸缄,谅可早邀台览。顷接前月杪所发川字六十号钧函,祗聆一是。范若瑟欲翻已结酉阳成案,仰蒙鼎力维持,免生枝节,佩慰良深!巴署领事此行既挟成见而来,必构衅端而去。现当重修条约之际,尤不可不委曲求全,已密致川东姚道暨新委署酉阳州罗守亨奎,谆谕绅耆,各安本分,遇有与该教交涉事件,必须格外含容,切勿意气争执,使彼族有所借口,堕其术中。余悉如尊指,妥为办理,仍令罗守遴派妥人,改装易服,前往湖南边界,暗中打听巴署领事,一有入川信息,专差告知。棠与时若将军谨当督饬地方官员,随时防范,大局所在,期于竭诚合谋,相安无事。俟巴署领事抵酉后,察其举动若何,再为布慰荩廑。先肃,敬请弼安不庄。[1]

〇五九　札委田秀栗会办教案并唐宗器被毙案饬办由

同治十一年十二月十八日(1873年1月18日)

十二月十八日,四川总督吴棠函称:敬肃者,冬月二十五日,接奉川字六十一号钧函,祗聆种切,当即密致川东姚道、酉阳罗署牧知照。棠于前月望间肃覆后,细思酉民之于教士仇隙素深,蠢蠢欲动,

① 台北中研院近代史所藏:外交档案,馆藏号:01-12-128-03-022。

巴领事一到，难保不惊疑而啧有烦言，即难保不因积愤而别滋事故。罗署牧甫经莅任，人地生疏，恐调停稍不得宜，必构无穷之祸。查有綦江县知县田秀栗，才具开展，颇有权变，曾任酉牧，练习边情，更可收驾轻就熟之效。因即缄商姚道，札委田秀栗前往酉阳查办事件。兹得其覆禀：已专函邀至渝城，即令驰往，并添派熟悉洋务之绅士金含章，随同赴酉，妥为照料等语。多此一番布置，即使德翻译之言果确，亦可与巴领事周旋联络，将范若瑟种种不法情事各还根据，委婉告知，使其鬼蜮伎俩不得行于巴领事，自不能达于热公使，未始非保境安民之一策也。且闻巴领事向在汉关，人尚平静，或不致别生枝节，堪慰荩怀！再，吕飞熊等殴毙教民唐宗器一案，已催委员会同雅州徐守，确切讯明，应归命案办理。谨以附陈。肃此，恪请弼安！①

○六○　函肃巴领事等抵酉情形并饬川东姚道预防由

同治十二年二月初八日(1873年3月6日)

同治十二年二月初八日，四川总督吴棠函称：客腊初二日，肃布寸缄，计岁杪定邀垂察。酉阳之事原拟派綦江县田令秀栗前往，取其熟悉边情，兼可引证范若瑟之失。嗣闻范与巴约由鄂启行，同取道于酉阳而至重庆。田令为范若瑟所嫉，未可激之使怒，是以函商川东姚道，改派前署酉牧曾守传道，督同前署州倅来祖鲲，赴酉迎护，并谆谕现署酉牧罗守亨奎，会同委员，约束民团，不得因生疑而生嫌隙。叠据姚道等禀报：范若瑟已于客腊二十九夜悄抵酉，多

① 台北中研院近代史所藏：外交档案，馆藏号：01-12-128-03-025。

日并未露面。巴领事亦于正月初六日行抵石堤，计程初九日可到州城，随带管帐先生一人姓熊、跟随三人、厨子一人，有湖北委员刘令祝谷伴送而来。川省委员于边界地方迎见该领事，言语俱说汉话，相见礼貌甚恭，声称实系游历，但人极深沉，殊难测度；沿途不要供应，其夫价均照民价自给，绝不扰累地方。并据刘令致罗守函称：巴领事前赴重庆公干，路过州城，自行投店，暂住一半日，即行起程等语。罗守以不备公馆酒席过形疏略，自当各尽其礼，仍令一一预办。现在酉境绅民经该守等再三开导，安静毫无异言。惟据教堂传说，巴领事此来系为在重庆开设通商口岸，创设领事衙门。虽人言未可尽信，亦当先事豫筹各等情。当经会同时若将军一面致覆罗守等，令其妥为照料，密探巴领事动静若何，随〈时〉驰报；一面致覆姚道，以法国通商本有一定口岸，蜀境滩多江险，于洋船甚觉非宜，似不妨按约力争，当亦无所借口。且川东人情浮动，五方杂处，趋利若鹜，与江海地面不同，恐非远人之利，并嘱其委婉劝阻。但范若瑟异常狡黠，以有事为荣，已结之案，尚思翻悔，则通商之举，必欲怂恿巴领事百计要求，似不得不妥为计议。尚祈详晰指示，俾有遵循，是所虔祷。先肃布达。①

〇六一　函肃巴领事由酉赴渝各情由

同治十二年二月二十一日(1873年3月19日)

二月二十一日，四川总督吴棠函称：正月二十二日，肃布寸缄，缕述巴领事将次抵酉情形及传闻有在重庆开设通商口岸之说，豫为

① 台北中研院近代史所藏：外交档案，馆藏号：01-12-129-01-001。

筹议，请示遵行，计日内定邀霁鉴。兹叠据川东姚道暨委员曾守、署酉阳州罗守等先后驰禀：正月初十日，巴领事同鄂省伴送委员刘令祝谷、川省迎护委员署州倅来祖鲲抵酉，延入公馆。该署州亲往慰劳，当告以酉属大概情形，屡奉军、督两院转准总理各国事务衙门函谕：遇有民教交涉事件，务令持平办理数语而退。次日，设席招饮，自未至戌，述及此地民情刁悍，因图财避罪而从教者往往有之，然得主教、司铎明于去取，一切悉由地方官遵照中外条约，不分民教，只论曲直，自可相安无事。遂追论从前激变之由，以引证范若瑟好事寻衅之失。该领事答云：传教应听其便，原不相强，向来只知一面，而今始知两面。如教士不干涉外事，自应照约商办，前有不和之处，今当彼此相忘，行且据情转述公使，用以为好。该署州复婉叩来意，又云：所见与所闻大异，此时实无办理事件，但奉命而来，须到重庆一转，以便彼此熟悉等语。该署州细察巴领事，心鸷貌恭，意深言短，若〔范〕若瑟为巴人向导，而又深藏若虚，其底蕴殊难测度。现在范若瑟先于正月十三日动身赴渝，巴领事亦于十四日辰刻与刘祝谷、来祖鲲，自酉起程，取道龚滩，登舟前往。仍将相待礼意函致彭水、涪州，一体接护。曾守旋即回渝各等情。

伏查此次范若瑟纠约巴领事，远道而至酉阳，未必无构衅之意。棠深恐边氓浮动，积愤不平，或致妄腾蜚语，使远人有所借口，大费周章。节经晤商时若将军，密饬川东姚道，遴委曾守传道，会同署州罗守亨奎，督同来祖鲲，剀切晓谕绅团，各安本分。又由罗守添派龙潭州同文秀，帮同来祖鲲，于交界妥为迎护，优示怀柔，俾其无隙可乘，自然速去。今已仰叨福荫，平安出酉。并据姚道禀称：现今地方印官在重庆郡城预备洁净公馆，饬派委审局知县葛启鹏、同知丁寿臻、巴县知县李玉宣，随同曾守，相度机宜，悉心经理。

虽到渝后如何光景尚不可知，而酉事粗完，不致予人以口实，总由该道府等维持调护、不亢不卑所致，差堪告慰荩廑。先肃布达。[①]

〇六二　具述巴领事由酉赴渝姚道等接待等情由

同治十二年二月二十七日（1873年3月25日）

二月二十七日，四川总督吴棠函称：本月初五日，肃修寸启，缕陈巴领事出进酉阳州情形，由驿递呈，计可克期仰邀钧鉴。连日续据川东姚道禀报：范若瑟于前月二十四日由酉回渝，巴领事亦即于次晚州泊码头。当饬巴县遴派妥丁干役，护入公馆，与鄂省委员刘令同住。二十六、七日，彼此往拜。该领事泛论入蜀山川道里及重庆之富庶，虽未明说通商，而词意之间似不外此。姚道遂以滩多江险、俗悍民嚣数语答之。逐日自朝至暮，均在教堂，复借周游胜境之名，为相度地形之计，与冯司铎乘坐肩舆，出临江门者数次，而于佛图关尤为属意。盖佛图关者，乃出入重庆所必由之途也，俯瞰巴渝，地势极为险要。维时范若瑟又以黔江县不准教民置产函请查办，无词可措，有事为荣，其伎俩亦不止于此。本月初五日向晚，巴领事至道署辞行，该道即于初六日清晨往送，坐谈良久。酉案一层，仅微露从前办事之人未能处处脚踏实地，此后当不分民教，秉公办理，即教民二字亦不可必，将黔江之案迅速遵约办结，且以后会有期为约。该道当于好言安慰之中，默寓两要持平之意。并遵照总理衙门示谕，大略告知，彼亦微喻其旨。旋于初七日扬帆东

① 台北中研院近代史所藏：外交档案，馆藏号：01-12-129-01-004。

下。仍饬来祖鲲会同刘令，伴送出境，并令巴县知会前途，一体迎护，以示怀柔。请将委员曾守、刘令等存记，各给外奖等情。

伏查巴领事此来，意在创立通商口岸，而范若瑟则图翻此案，以遂其要求。节经棠会商时若将军，密饬姚道遴委候补知府曾传道、前署州倅来祖鲲，驰赴酉阳，弹压民团，以安内而攘外。来祖鲲迎至辰郡交界，因鄂省委员刘令结纳其通事熊姓者，托为婉转致词，使巴人有先入为主之见。行抵州城，罗守、曾守既立言得体。迨至渝郡，葛令、李令亦制事有权。据刘令密述，酉阳成案，范某日日求翻，巴某层层驳转，彼殆见中国官员如此和好，百姓如此安静，此所以欣然而来、释然而去也。惟该领事如何转覆热公使，尚难悬揣而知。但观其在渝、在酉之言，似不致为范若瑟所愚弄。而通商之案，恐不能无意于斯。然就川省计之，于民情实多未便，非敢畏难苟安。想大局关怀，自必运筹尽善，尚祈随时训示，俾有遵循，是所虔祷。除曾守等准予存记各给外奖，并饬催姚道将黔江之案确查速结外，肃此布达。①

〇六三　具述范若瑟意图报复并谋通商等情由

同治十二年三月二十七日（1873年4月23日）

三月二十七日，四川总督吴棠函称：三月初六日，接奉二十七日川字六十二号钧函，仰荷申明条约，指示机宜，义正词严，莫名感佩！兹叠据川东姚道禀称：自巴领事去后，范若瑟百计刁难，今日

① 台北中研院近代史所藏：外交档案，馆藏号：01-12-129-01-006。

递一呈，明日递一信，不知其意欲何为。均经该道分别是非，持平办理。近日彼族与教民仝姓在渝城合开西法公号，销售洋货。密探得该号中，将木板造有屋样四五进，买货者问其何用，据教民说，将来起造领事府，照此式样放大等语。复访闻有教民议买大阳沟张姓三宅，以为领事衙门基址。盖洋人沉密多谋，当巴领事在渝之日，并未明言，今渐次安排，事机已露，诚恐处心积虑，日后有不能阻止之时，民间有两不相容之势，大局所在，关系匪轻。并据姚道转据委员曾守传到禀称：同治七年酉阳教案内，有教凶及打教匪徒二十余人，同时互斗毙命，尸积教堂，无从分别，厥后案难议结。法国派来教士余克林等，恪遵范若瑟临去嘱托之言，不肯掩埋。该守接署州篆，会商绅首，设法传集尸亲，齐赴教堂领埋。并亲往教堂数次，屈己联络，善言开导。该教士一时心悦诚服，于九年秋间将教堂积尸一一安葬，而范若瑟未及知也。

此次纠约巴领事而来，计图借教堂积尸，激之使怒，乃该领事至酉，仅拜教士李国安之柩，余尸一无所见，由此日相疑贰。范若瑟计穷意沮，追恨该守埋尸之故，切齿刺心，亟思报复。闻已函致驻京公使，恳请转达冰案，俾免中伤各等情。伏查范若瑟所谋不遂，势将抵隙攻瑕，别图构衅。曾守虑其报复，不为无因。然实心任事之员，不得不曲加保护。当经函嘱姚道婉言慰劳，毋事张皇，并遵照此次训示，谆谕以镇静处之，勿为浮言所动。再，棠昨得范若瑟来函，据称昔年重庆、酉阳两案系官董愿赔银两，劝勉完结，近在公使处抄有川省函件及无名氏公禀，翻彼以勒赔之名。又录呈同治七年民教柳来安、刘厚庵、邓小亭互控之案，请分别查办提催等语。复经会同时若将军查明，重、酉两案早经前任军、督两院督同川东道断结，赔款业已交清。事隔多年，未便再行查办。即柳来安等控词，曾饬据川东道转据绅粮侯顺之等代为吁恳，两造不〔情〕愿终讼，永敦和睦，恳予息销有案，亦未便再行催提。札行川东道斟酌致覆去后。由此观之，范若瑟日求有事，是其本心，且微寓洗刷之意，智穷力绌，足见一斑。惟通商之举，如热公使果有是言，尚祈垂念边疆，峻词回覆，巴渝受福，实非浅鲜！肃此，恪请弼安。[①]

〇六四　总署函达教民与洋人合开行栈按约办理由

同治十二年四月初四日(1873年4月30日)

四月初四日，致四川总督函称：三月二十三、二十七日，接到来函，俱悉种切。上年范若瑟来京，意图翻控酉阳教案，经本处当面斥驳，并叠次函致热使，详加辩论。范若瑟计穷智尽，旋复回川。嗣巴世栋赴川，是否范若瑟约同前往，虽不可知，惟经阁下与时若派员妥为照料，俾其无隙可乘。范若瑟计不得行，又思百端刁难，原属彼族故智。此次范若瑟呈递信函及抄录民教互控之案，均经妥筹分别办理，具见大才硕画，措置咸宜，曷胜纫佩！查酉阳教案办结已经数年，虽范若瑟借端狡辩，而此案总无可翻之理，惟不免多费唇舌耳。曾守恐范若瑟以埋尸之故不免挟嫌各节，实属无可顾虑。嗣后遇有交涉事件，固不可稍存芥蒂、特与为难，亦不可预存疑畏、苟且迁就。总须不激不随，持平办理，始能于事有济。至教民与彼族合开西法公号一事，查各国条约所载：中国内地各省虽准洋商前往买卖货物，却不准其在内地开设行栈。同治二、三年

① 台北中研院近代史所藏：外交档案，馆藏号：01-12-129-01-009。

间，法商曾在江苏硖石镇开设行栈，购买湖丝，及英国在江西等省开设行栈，均经地方官按约与之辩论，随即闭歇，其中尚有由本处行令地方官立时勒令封闭者。此次该教民伙开公号，即与开设行栈无异。惟该铺是否洋人出名充商，抑系教民自作行主，只与彼族暗中伙合，并有无洋人常住铺内，出头承揽买卖，以及出入货物是否按照华商完纳税厘等项，均应详加查明，以免牵混。该铺既经造有屋样，以为将来起盖领事衙门之用，如果实有其事，似亦不可不防。惟领事原为通商而设，川省并非约内所载滨临江海议准之通商口岸，自不应设立领事衙门。热使到京以来，亦并未提及此节，何以川中竟有此言？且有议买大阳沟房屋之说！此时事无佐据，自未便面向热使详询，若热使前来渎请，本处自当按照条约，据理斥驳，原不待来函谆谆致嘱也。第现在正当议修法约之时，势不能不预为防范，杜其萌芽，俾免彼族意外生心，致多费手。尚希阁下饬查确切，随时函知，仍宜处以镇静，毋稍张皇，庶不致转堕彼族术中。至范若瑟在川日思构衅，尤望严切各属，所有民教涉讼各案，务当妥速办结，切勿偏护，并由地方官劝导绅民，毋与生事，免致彼族借端起衅，是为至要！专此泐覆，即颂勋祺。[①]

○六五　总署函达玛弼乐尸棺转饬地方官代埋由

同治十二年四月二十八日(1873年5月24日)

四月二十八日，致四川总督吴棠函称：昨据法国热公使函请掩

① 台北中研院近代史所藏：外交档案，馆藏号：01-12-129-01-011。

埋玛教士尸棺一事，已具公函布闻矣。因该使请将函底赐阅，是以详细情形未便宣诸公牍。溯查玛弼乐被杀一案，于同治六年议结时，该教士尸身究竟如何安置，何以该教中至今并未领埋，本衙门未接四川来文，仅据法国兰盟函称：玛弼乐身死之处，应与立一坟茔，地不期大，坟不期华，亦地方官易办之事。本处当以玛弼乐身死已久，教中自已立有坟茔，仍应照约保护，毋令居民毁伤，函覆该使在案。是此案办结业经数载，原可置之不论，惟前函内称：巴领事此次到川，尚觉驯顺，而热使在京办理交涉事件，已甚和平，令准函请前因，即希阁下转饬地方官，查明浮厝城隍庙者是否玛弼乐棺柩，如实系玛弼乐，当日结案时究系如何办理？若系地方官暂为安置浮厝，此次自不能不再为经理，即在外国茔地妥为掩埋。如川省并无外国茔地，即择一稍好之义地，代伊加棺埋葬，不致该教士尸棺暴露，亦足以塞彼族之口。并将如何办理之处迅速见覆，以便转达热使。再，范若瑟在川，近来动静如何？亦望函知为嘱。专此密布。即颂勋祉。[1]

○六六　总署函达玛弼乐尸棺转饬地方官速代掩埋由

同治十二年四月二十八日(1873年5月24日)

四月二十八日，致四川总督吴棠函称：径启者，四月二十一日，据法国热大臣函称：巴领事由川回汉，具禀前〔言〕及从前酉阳被杀之教士玛弼乐尸身，官用薄材装殓，浮厝于城隍庙中，并未掩埋。目睹殊感伤于心！深望函知川省大吏，务将此惨伤情形早为改换

---

① 台北中研院近代史所藏：外交档案，馆藏号：01-12-129-01-017。

等语。查该教士身死已至数年之久，尸棺尚在浮厝，自应早为掩埋，用特函达阁下转饬地方官，务将该教士尸棺迅速在外国茔地加棺掩埋。如川省并无外国茔地，即择一义地代为埋葬，仍应照约保护，毋令居民毁伤，是为至要！此布。即颂勋祉。[1]

○六七　查明西法公号非洋人开设前起屋样已拆各情由

同治十二年六月十一日（1873年7月5日）

六月十一日，四川总督吴棠函称：四月十七日，奉到川字六十三号钧函，祗承一是。维时棠查阅松建营伍，当即缄商时若将军，密致川东道查覆，并属令督饬所属，遇有民教交涉事件，务当妥速办结，仍劝导商民勿与生事。兹据该道禀称：奉谕转准总署函谕渝城现开西法公号，是否洋商行栈，饬即查覆等因。遵经督饬巴县李令玉宣、葛令起鹏，详加察访。查渝城教民郭怀仁于锡前道在任时，曾开设西成公号，专为堆储洋货而设，今西法公号亦系教民仝含斋等伙开洋货铺之堆房。范若瑟间有运入内地洋货，寄放在内，似非洋商在内地开设行栈可比，并无洋人常川往来、出头承揽买卖情事。其洋货到渝，如系华商采办及运行他处者，一律完厘；如系洋商领有江汉关子税单者，自应按约免其重征，尚无牵混。又该号前次造有屋样，刻下明察暗访，业已拆去。至购买地基一层，向来彼族置产，均系教民出面，与民间自成交易。该道等博采舆论，并核对数月来税契底册，教民零星小户间亦有之，尚无堪以起盖领事衙门之地等情。

---

① 台北中研院近代史所藏：外交档案，馆藏号：01-12-129-01-018。

伏查西法公号系教民仝含斋等伙开，范若瑟倚仝姓为腹心，虽不免暗中摸索，究未出头承揽，似不在法约中例禁之条，应请免其置议。至前造屋样以及议买地基，亦不过为炫惑乡愚、招徕商贾之计，既经中止，则开设通商口岸一层，亦可无虑，差堪告慰荩怀。再，本月望所奉川字六十四、五号手谕，已会商时若将军，转饬川东道、酉阳州，确查妥办。容将实在情形另行布覆。①

○六八　总署议覆徐桐之奏抄录原奏、谕旨知照由

同治十二年闰六月三十日(1873年8月22日)

闰六月三十日，行四川总督吴棠文称：本衙门议覆侍郎徐〈桐〉②奏敬陈安危大计一折，于同治十二年闰六月二十二日具奏，

---

① 台北中研院近代史所藏：外交档案，馆藏号：01-12-129-01-023。

② 徐桐(1819—1900)，字豫如，号荫轩、仲琴，汉军正蓝旗人。道光三十年(1850)，中式进士，改庶吉士。咸丰二年(1852)，授翰林院编修。三年(1853)，充武英殿纂修。八年(1858)，任文渊阁校理。同年，充顺天乡试同考官。十年(1860)，补实录馆协修。同治元年(1862)，授实录馆纂修、上书房行走。二年(1863)，升实录馆汉总纂。三年(1864)，任翰林院侍讲，署日讲起居注官、教习庶吉士。五年(1866)，充汉日讲官。翌年，补侍讲学士。七年(1868)，授侍读学士。九年(1870)，升太常寺卿。是年，署左副都御史。十年(1871)，授内阁学士、礼部右侍郎。十二年(1873)，署户部左侍郎、工部左侍郎。光绪元年(1875)，迁实录馆副总裁。同年，充顺天恩科乡试副考官。二年(1876)，补吏部右侍郎。三年(1877)，擢礼部尚书、署礼部左侍郎。四年(1878)，兼署吏部尚书。五年(1879)，加太子少保衔。八年(1882)，授翰林院掌院学士。次年，任国史馆正总裁、会试正考官。十年(1884)，授吏部尚书、兼署兵部尚书、上书房总师傅。十四年(1888)，充武乡试正考官。十五年(1889)，授协办大学士、会典馆正总裁。同年，晋太子太保衔，署礼部尚书。二十二年(1896)，授大学士，管理吏部事务。是年，晋体仁阁大学士。二十六年(1900)，以八国联军陷京师，自缢身死。

奉朱批：依议。钦此。相应抄录侍郎徐桐及本衙门原奏两件，知照贵督钦遵查照可也。[1]

又，闰六月三十日，致四川总督吴棠函称：本处议覆徐少宗伯奏疏，业已奉旨另备公文，并钞录本处及少宗伯原奏，咨呈冰鉴。惟两折均系密件，还希尊处倍加慎秘，幸勿轻泄，谅高明必以为然也。[2]

【案】徐桐奏敬陈安危大计一折：同治十二年六月二十日，徐桐奏：

臣徐桐跪奏，为敬陈安危大计，以固国本而筹边防，仰祈圣鉴事。窃惟中国之有外患，犹人身之有疢疾，疢疾已深而不治，外患已伏而不防，未有不致颠危者也。我皇上御极以来，削平发、捻，底定中原，内外臣民延颈望治。独有夷人久居腹地，十余年来，维持和局，百计羁縻，中外以无事为福，而夷人固无日忘情中国也。肆意要求，靡所底止。请觐之举，固彼所深心熟计于数年之前者，今皆各遂所欲。臣亦知成事不说，顾仍不甘缄默，必欲披沥以陈者，盖以和局终不可恃，愿皇上专意修攘，为自强计耳。夫夷情桀骜狡黠，本属难治，若狎而驯之，必至餍夷人之欲而止。万一事机叵测，断难曲从。不得已而势将用武，孰为皇上折冲御侮者？此臣所为日夜寒心而不能已于言者也。方今时势，投艰遗大在皇上一身，而奋发有为则恃乎皇上一心。志愿既定，则精神所注，智虑亦因之而生。

① 台北中研院近代史所藏：外交档案，馆藏号：01-34-007-03-010。

② 台北中研院近代史所藏：外交档案，馆藏号：01-34-007-03-011。

凡有血气，谁敢不竭忠尽力、共济时艰！若谓人材、兵饷两乏，不能有为，试思勾践以会稽片壤，犹能卧薪尝胆，生聚十年，教训十年，卒灭强吴而雪夫椒之耻。况我皇上承祖功宗德之遗，拥四海九州之众，果能振作一分，即国势盛强一分。窃谓治国如治疾，然元气既固，则寒暑不得侵凌，要在迪简才能，固结民心，厚裕度支，亟修边备，以为缓急不虞之用而已。曷言乎迪简才能也？自古制治保邦之要，首重得人，况当非常之原，尤必待非常之士。溯自粤逆倡乱，人不知兵，动有乏才之叹。文宗显皇帝识拔人才，推心置腹，群策群力，卒奏荡平。前烈光昭，方策具在。夷务之起垂二十年，怀忠抱义之士，留心国计，与夫沉滞草茅熟知外夷情形者，在在当不乏人，且自发、捻既定，兵革渐消，其久在行间、枕戈待旦，思得尺寸，以建勋业者，尤所在多有，乏才之说，似非所论于今日也。夫用才在临时，而储才则在未事，用才不能不慎，而储才不可不宽，应请密谕中外大臣，申明此意，各举所知。无论中外文武以及布衣之士，均令调取来京，恭候简用。果其才识优长、绰有建白，或志行纯笃、不为威怵、不为利疚者，历试以验之，特擢以任之，并请谕知各督抚，于久在军营立功之文武大员酌保数员，饬令来京，恭候召对。既广旁求之路，又杜幸进之阶，冀得忠义豪杰之士，为国家干济艰难。倘荷圣明垂询，俾得各抒所蕴，必当感激恩遇，争自濯磨，以求有所建立。而知人善任，是又在圣主之权衡矣。曷言乎固结民心也？《书》曰：民为邦本。又曰：民心无常，惟惠之怀。民心之向背，治乱安危之所系也。我朝深仁厚德，沦浃寰区者二百余年，当发、捻交讧之际，民虽流离颠沛，迫于胁从，无可如何，而人心终不思乱者，恃得赴诉于朝廷，出水火而登之衽席也。今之夷情则有不同矣。奸民豪族凌轹肆虐者，法所必诛。而一入教民之列，有司即不能过问，甚至朝对簿以陈词，暮分庭而抗礼，鱼肉乡里，饮恨吞声。长奸暴之风，催善良之气，积威所劫，莫敢谁何！不平则鸣，人情之所必至也。夫聚不逞以肆跳梁者，其患小；因人心以为抗拒者，其患大。小民知官吏之不足恃也，倘有一二枭雄之徒起而为之倡导，始则不附教民，继且不服官长，法令所不能及，势不得不临以兵戎。愚民无知，谓国家以教民之故，陷民于不法，群情愈惑，众志愈杂，此尤不可不先虑也。不但此也，夷情狡谲，变态万端，有设利以诱蚩氓者，有恃强以欺商贾者，借端生事，起伏自由，无非挟官以虐民。民气不伸，民心安能自固？今纵不能骤加裁抑，惟有予官吏以控制之权，凡遇民教交涉事件，务持情法之平，勿袒教以抑民，勿徇夷而废法，昴行董戎之条，隐弭勾结之患，是惟在良有司之尽心民事而。夫小民之穷苦垫隘，无所控告久矣，伏愿皇上处宫廷安乐，长思闾阎疾苦，敕下各省督抚，力筹教养之方，农桑树蓄，培其养命之原；劫夺豪强，去其剥肤之痛，然后广行教化，养其廉耻，庶外夷饵民之术无可施，而奸民构衅之谋无可逞矣。曷言乎厚裕度支也？自来国势之强弱，每视库藏之盈虚，况将为长驾远驭之谋，尤当有耕九余三之积。度支所在，诚不可不熟计也。当东南未定之先，养兵以百万计，用饷以千万计。近年地方渐复，则生之者众；勇营渐撤，则食之者寡。而统计库款所存，犹时有竭蹶之虑，此臣之所以大惑也。钱粮为天下正供，前此被兵地方收复业已数年，何以额征正杂钱粮尚未复旧？虽由荒田未尽垦辟所致，究由地方官督劝不力，且恐不肖州县隐匿侵吞，希图肥己，以天地自然之利半饱官吏之私，田赋何由而清，解额何由而足？应请敕下各该省督抚，认真清厘，严定复额期限。其垦荒分数，务令随时报闻，毋任吏胥欺隐。开财富之源，计孰有重于此者？盐务为国家大利所在，各省情形不同，而亏课则一。地方大吏不求整顿之方，只以纲疲商累等词巧为推卸，国用何所赖乎？川、淮引课尤居利之大半，现在川、淮争销，纷纷未已。两淮固欲收复引地，虑请禁止川私，不知川私禁而淮私尤不可不禁。闻数年前，川私税厘岁收一百余万，早经化私为官。淮私则官视商为利薮，商借官为护符，百弊丛生，亏课益甚，非尽由川私浸灌也。总之，为淮为川，在疆吏有彼此之分，在国课无彼此之别，应请敕下两江督臣，破除情面，认真办理，务使引地复回之后，不致川厘已成之巨款统归无着，斯为尽善耳。至协济之项以厘金为大宗，近闻各省报部专款迥不如前，名为量加裁损，而商民实未受轻减厘金之益。盖一耗于防军之虚冒，一归于蠹吏之中饱，而尤莫甚于无端之滥用，视同外府，百事取给于是。今既未能遽议裁撤，惟有核实报销，以杜侵渔等弊，应请敕下各省督抚，于厘金出入数目随时据实专奏，并严革滥支之习，但使涓滴归公，帑藏岁有赢余，饷需无虞匮乏，此项厘金尽可议罢。臣尤伏愿皇上躬行节俭，为天下先，一切起居服御，悉遵先朝旧制，时防溢额，力杜漏卮，庶几宫廷少一分费用，即军国多一分补益。此中消息盈虚当早在圣明之洞鉴矣。曷言乎亟修边备也？西洋各国，海岛相距，或远或近，然非航海则不能至。是重洋之险天所以限中外也。而惟俄罗斯一国与中华陆路相通，逼处尤近。该夷处心积虑，亦视各夷为尤狡，故备夷之法必自西北边防始。俄夷与我接壤者万六七千里，而蒙古当三分之二。蒙古，古劲兵良马处也。我朝龙兴以来，内外扎萨克各蒙古涵仁浃义已数百年，犷悍渐消，势成积弱，说者或置之以为不可复用，不知风气犹昔，特未闻其先耳。粤逆方炽之时，湘、淮各勇无非山泽编氓，经曾国藩、胡林翼等开其风气，简练有年，猛将强兵胥于是出，成效未远，可为明征。诚于此时关内肃清以后，特遣练习兵事之大臣，以经略关外回务为名，视各部之可用者，量为征调，申以兵法，训练既成，更番迭戍，仍时时遣归部落，择其雄长之能自树立者，减其徭役，优其鼓励，俾各部有所观感，师赵充国屯边之意，行管仲寄军令之谋，数年以后，能富能强，可战可守，使之足自卫者即还我卫。内而秦、陇、关内外各处回患倘再萌芽，无须重资南勇；外而俄夷谋力所及，无论言和言战，必不敢再有蚕食之心。藩篱既固，庭户自安，备边之计未有便于此者。否则因循日久，俄夷筹计日熟，必有时以重币饵诸蒙古，俾附从以窥我者。借寇兵而贻隐患，尤不可不深虑也。至滨海防务，如闽浙、两广各省，其风土习尚与各夷不甚悬殊，夷人长技亦皆往往能之。收其魁桀，励以忠义，是在各疆吏未雨以绸缪之，以视临时之张皇修缮，孰得孰失，固不待辩而知，则与西北边防情事不必同，而机宜又未始不同也。应请密谕边臣，悉心筹议，毋以畏难而忽远谋，果其勠力同心，大修边备，则声威远播，固已戢夷人窥伺之心矣。臣目击艰虞，先机虑患，谨就管见所及，列为四端，以备采择。至于转危为安，易弱为强，是惟在圣心先定，锐意勤求，非徒恃空文之戒饬已也。臣不揣冒昧，窃效愚忱，无任屏营激切之至。伏乞皇上圣鉴。谨奏。

同治十二年六月二十日。[1]

【案】于同治十二年闰六月二十二日具奏：同治十二年闰六月二十二日，总理各国事务王大臣奕䜣等奏曰：

臣奕䜣等跪奏，为遵旨议奏事。同治十二年六月二十日，由军机处抄交侍郎徐桐奏敬陈安危大计一折。军机大臣面奉谕旨：该衙门议奏。钦此。臣等查该侍郎原奏，以中国之有外患犹人身之有疢疾，因是求自强之本，期元气之固，以迪简才能，固结民心，厚裕度支，亟修边备为首务，而于四者畅陈其说，诚属济时之经要，尤为驭外之根原。除裕度支一节由户部议覆外，窃维行政在于用人，和局未可深恃。臣奕䜣等于咸丰十年抚局初就，即密折陈请训练兵丁，添习枪炮，并遴保身经行阵、知兵将弁督率，以期有备无患。复以外国用兵情形非发、捻伎俩可比，其制胜长技在轮船、军械之利，而利器要领又在天文、算学之精。自设立衙门于今十有余年，臣等历与在事各疆臣往返筹商开办，于上海、天津创设机器局，于闽、沪请立轮船厂，于臣衙门同文馆增置天文、算学。近复议由南北洋大臣遴派学生，赴外洋肄习诸艺，原以绸缪未雨，广植人材，苟能倚其所长，或可夺其所恃，招徕既广，则就地可以取材；肄习渐精，则在我亦堪自立，正与该侍郎储才未事，及就闽浙、两广各省期得洋人长技备有用之意，两相符合。为今之计，惟有搜罗俊杰之才，鼓舞忠义之气，广集久在行间立功之文武大臣，无事借以自固，有事可防不虞，庶可有备无患。至天主教弛禁后，外国传教士护庇教民，最为人心之患，而法国为尤甚。臣

---

① 中国第一历史档案馆藏：军机录副，档案编号：03-5090-030。

等于同治元年与法国使臣百计晓辩，议给传教士谕单，不准丝毫干预公事，奏准通行各省，遇有外国传教士搀越词讼，即执此谕单所载，以折其焰而弱其势。屡经奏奉谕旨，饬令各督抚切诫地方官，遇有民教交涉事件，务须一体秉公持平办理，正系予地方官吏以控制之权。即原奏所陈，凡遇民教事件，务持情法之平也。各国之患唯俄国最为切近，东界与三姓、宁古塔等处相接，西北与乌里雅苏台、科布多、塔尔巴哈台、伊犁各城所属壤土相比。该国蓄意侵占，虽经臣等遇事力争，并密致各将军、大臣，悉虑防维，无如该国狡计百出，且有勾引扎萨克等众，迫之以为彼用者。各蒙古身受我国家厚恩，苟有以奋兴而鼓励之，自不难转弱为强，共作干城之卫。如该侍郎所称关内肃清以后，特遣练习兵事之大臣出关，经略训练，固当气象一新。即现在边事孔棘，措置良非易易，亦应由在事各大臣就事图维，期固藩篱以杜窥伺，庶几得有凭借，较易经营。臣等公同核议，凡该侍郎所陈各节实为今日切要之图，亦即臣等十余年来日夜筹维之计，应请密饬各督抚、将军、大臣，查照该侍郎原奏及臣等此次覆奏，实心筹办，共事维持，必能植基于不拔，而大局于以有裨矣。所有臣等遵旨议奏缘由，是否有当，伏乞皇上训示施行。谨奏。同治十二年闰六月二十二日。臣奕䜣，臣文祥(假)，臣宝鋆，臣毛昶熙，臣董恂，臣沈桂芬，臣崇纶，臣崇厚，臣成林，臣夏家镐(差)。同治十二年闰六月二十四日，奉朱批：依议。钦此。[①]

① 中国第一历史档案馆藏：朱批奏折，档案编号：04-01-01-0922-046；军机录副，档案编号：03-5090-032。

〇六九　函述西法公号希图弊混应设法令其恪遵查验由

同治十二年七月初九日(1873年8月31日)

七月初九日，四川总督吴棠函称：六月十五日，曾将玛教士尸棺未能改葬情形肃笺布覆，谅已早入典签。兹据川东姚道禀报：西法公号运货抵渝，不许力夫报局，希图弊混等情。查西法公号本系教民仝厚义等伙开，范若瑟与仝姓互为狼狈，诚难免暗中渔利情事。前蒙饬查是否洋人充商，有无洋人承揽，足征荩虑周详，无微不烛！今尚未及半年，已滋流弊若此，倘一任借端影射，则厘金之短绌堪虞。若必须照旧稽查，则主教之嫌疑易起，可否仰祈婉达驻京公使，严杜蒙充之渐，恪遵查验之条。但能使范若瑟匿迹敛声去其太甚，棠亦当随时密属姚道，维持调护，以期日久相安，决不致轻以偾事也。除将姚道所禀各情会衔咨呈外，合肃丹布达。再，法国洋人安业在渝耽阁兼旬，极为安静，已于前月二十五日由水路回鄂矣。肃此，敬请弼安，伏维崇鉴不庄。[1]

〇七〇　请饬教堂毋得干预买卖等情由

同治十二年七月初九日(1873年8月31日)

七月初九日，四川总督吴棠文称：据川东姚道觐元禀称：窃职

---

① 台北中研院近代史所藏：外交档案，馆藏号：01-12-129-01-028。此函内容据档案编号01-12-129-01-027函件校补。

道于同治十二年闰六月初四日接准湖北江汉关监督李道咨称:准英国领事府许照会内开:案查英商信和运洋货往四川重庆府一案,兹据信和商人禀称:本行请照运川之货,前蒙江汉关监督咨文到川,经川东道转饬各关卡,准本行货物起坡。无如该处书差等人仍至经手卖货行内,或言覆查货物,或言将货入官,或言议罚,故意种种刁难。其中最与本行经手为难者,莫如金琢庵、罗保之、李老茂三人,虽经川东道如此谕饬,非但不遵,转将起货夫头扭送巴县,重责二百板,枷号一月。务请再行咨办以免累等语前来。查所禀该处情形,甚违约章,有碍通商大局,在贵监督及川东道示谕何等森严,而金琢庵等竟敢阻挠,实属藐抗!似此恶习,深为商人之害,应亟查究,俾续运洋货到川不敢再有刁难。为此照会,希再咨请查办等因。

准此,查此案前准英国领事官照会,以英商信和运洋货到川,因该处意欲阻止,照请转行重庆等府,遇有洋商运洋货,随时验放等情。当经敝道咨请贵道转饬各关卡,按约照办。嗣奉湖广督部堂李札:准四川督部堂吴咨:以洋商运洋货赴川,如何查禁蒙混,行令妥议详覆等因。亦经敝道将筹议各缘由详请咨覆各在案。查敝关所给税单,注明件数、斤两,经过沿途管卡查验放行,本照约办理。如果查有单货不符、不服盘查情事,原可禀请罚办,仍当严禁书差切勿留难阻挠,致令商人借口。咨准前因,相应咨会,为此合咨贵道,请烦查照,转饬重庆关卡,查明有无前项情事,一体查禁,以免生事等因。准此,当经转饬去后。旋据稽查子口货单绅士三品衔候选直隶州知州金含章等禀称:本年五月份,接奉宪台钧札,饬令稽查江汉关子口货单,如单货相符,即行验放起坡,禀报备查等因。职等遵照无紊。本月初,突有江汉关移文投辕称:职等与信和洋行经事之人为难，并扭送夫头枷责等言。闻之不胜骇异，当即同往该行清问，均茫不知。及查询经事是谁，据该行何、杨二姓称：该等是教堂雇来帮同卖货者，经事之人尚在汉镇，不闻有为难之事。又询何时有将夫头枷责，称是初到起货之时，其一切信禀，毫未与闻等语。职等再四探查，得悉渝城向在汉镇办买洋货者，有全益公、乾泰益、乾泰福等家。去年西成公来渝开店，货单相符，经局验放，卖后采办丝斤、麝香各物，由关验给护牌而去。本年春夏，又有西法公堆店，设于教堂之外院，货船抵渝，即令夫头起运，不许力夫报局。经局员禀报宪台，始将力夫责惩，是否单货相符，无从盘查，亦未深究。职等彼时尚未奉札经查，有何扭送。现在办货各号均无汉镇洋货到渝，全归西法公信和行统办。该行恐有严查，故将无说有，使人不肯往查。职等中国臣民，并未贸此生意，何苦受奸民私串外国人民嫌疑，致汉关咨查？职等感汉关咨查深意，不得不力顾大局，据实陈明，应即引嫌自退，免遭蜚诬之祸。况职等查验俱在河干船头，并不往行，亦未设有书差，何来复查议罚之言？如果有假冒刁难情事，应即赴辕呈禀，请从严究，何必舍近求远，隔省行诈？其诡随诪张，畏虚获咎，尽是该行伙仝厚义、仝含斋怂恿所为。兹奉饬查，理合禀明，恳请咨覆汉关，申详督宪、总理衙门存查，杜伊捏诬伎俩。现该行并无来川经事之人，均称是教堂雇工，帮同卖货。今厚义等倚势包揽串诬，利欲薰心，四处肇衅，滋启隔省信疑，关系非轻，伏乞俯准施行等情。

据此，查洋人运货入内地载在税则条约，惟匿单少报，约内言明将同类之货，一并入官，即江汉关所给子税单内亦载明运到起坡之城镇局卡，严密访查。如系华商蒙混，冒请给单，希图免厘情弊，即照约将该货均罚入官，并声明该商不得不服盘查等语。是运货必须真正洋商，到地必须听候查验，何等郑重周密！今西法公于本年四月间运货抵渝，即令夫头起运，不许力夫报局。经该局员禀报到道，当将力夫发县责惩，一面遴派金含章等查验，如果单货相符，即行验放各在案。数月以来，并无丝毫留难之处，今信和洋行以前移后，将无作有，经该绅等再四访查，实系籍隶巴县之仝厚义、仝含斋怂恿所致，希图免查，以便舞弊。其为华商蒙请给单，已可概见。又，该店杨、何二伙称系教堂雇来，则教堂只可传教，亦未便干预买卖事件。今西法公堆店既设于教堂之外，仝厚义、仝含斋均系教中之人，何、杨二伙又有教堂雇来之说，自不能不彻底根究，以期水落石出。除咨覆江汉关并添派绅商会同金含章等实力稽查外，相应禀请察核，转咨总理衙门，照会驻京公使，饬查汉口信和洋行运货来渝，是否华商蒙冒，其货到时，自应照约听候查验，毋得不服盘查，并饬知教堂中毋得干预买卖事件，实为公便等情。

据此，本将军、部堂会批据禀及另单均系候查核，分咨该道仍督饬绅商等设法稽查，随时调护，务使商情、厘税两不相妨，是为至要！除禀印缴回外，拟合咨呈。为此咨呈贵衙门，谨请查核办理，望切施行。①

○七一　黔江教案正凶拿获俟办有规模即行咨报由

同治十二年九月初二日（1873年10月22日）

九月初二日，四川总督吴棠函称：七月二十六日，曾肃寸缄，详

① 台北中研院近代史所藏：外交档案，馆藏号：01-12-129-01-029。

述黔江民教相持不下情形，亮尘钧鉴。嗣于八月初三日接据川东道转据黔江县知县桂衢亨禀报：七月十四日天将曙时，突有县民百余人，在司铎余克林等所寓屈永顺店旁门首，适值司铎等出外遇见，即将司铎余克林、教士戴明卿抓住凶殴。该县闻信前往弹压，不意人多势众，将该司铎扭至城外河边殴死。迨该县赶到，已纷纷解散。立将殴打正凶陈悰发、谢裁缝等六名拿获，余犯仍饬差严缉。幸张紫兰一人乘间躲入县署得免。当将司铎余克林等尸身暂为妥殡。至此案实系在店外殴打，并未进店，该司铎等衣物、银钱丝毫未失。所置房屋，亦未拆毁等情。伏查黔江距省二千余里，距川东道驻扎之重庆府亦千里而遥，本系改土归流，民情瘠苦，素无习教之人。知县桂衢亨在任七年，官声尚好，惟范若瑟因教不行于该县，心甚衔之。今夏忽遣教士张紫兰潜赴黔江，私买民房，遽招司铎余克林、教士戴明卿，前往建堂传教。曾据该县禀称：该司铎等遍张告示，多系不义无礼之词，大犯众怒，并邻省咸丰县亦为之不服，激成事端。棠会商时若将军，密属姚道饬派绅董金含章等，往晤主教范若瑟，劝其暂缓建堂，徐图传教。奈范若瑟匿不见面，一味支吾。

今巨案已成，衅由彼族，屈在华民。范若瑟于事后进谒姚道，经姚道诘以既欲往黔江建堂传教，何以不早知会，致有此事？范若瑟答以酉阳州罗牧办事甚善，且黔江极为驯良，此事出诸意表。细察其言，将欲归咎于桂令，有挟而来，亦是惯技。而桂令既未能先事豫防，又不克随机应变，实属咎无可辞。刻已将该县桂衢亨先行摘去顶戴，暂留本任，责令缉拿余犯，以顺舆情。将来办案时，再为酌量撤参，使远人无所借口，以维大局。仍札行罗署牧督饬该县，照例相验，填格通详；一面亲提所获陈悰发、谢裁缝等，秉公研讯，究出真正下手凶犯，禀候核办；一面严谕火石垭、纸房溪一带绅团，约束练丁，不许借端滋事；并由姚道遴委熟谙教案、边情之署彭水县事同知张超，前往查看情形，查明司铎余克林等所贴告示，有无证据，以便督同绅董金含章等向主教范若瑟妥筹酌办，一俟规模粗定，即当分别具奏咨呈。先肃密布，恪请弼安。①

〇七二 总署来函黔江教案钞录原奏恭录谕旨知照由

同治十二年十月初五日(1873年11月24日)

十月初五日，行四川总督吴棠文称：本年八月二十八、九月初三等日，先后准贵将军暨四川总督函报四川黔江县民殴毙法国司铎余克林等一案，本衙门当即函覆，并函致法国驻京使臣各在案。九月二十二日，准法国驻京使臣照会，并抄四川教堂来函，与贵督前此函报迥不相符。经本衙门据以上各情，并钞录往来照会，于十月初二日具奏，奉朱批：另有旨。钦此。相应钞录原奏，恭录谕旨，咨行贵督钦遵办理可也。②

【案】钞录原奏：同治十二年十月初二日，总理衙门王大臣奕䜣等具奏曰：

臣奕䜣等跪奏，为接据成都将军魁玉、四川总督吴棠函报该省黔江县民人殴毙法国司铎、教士一案，与法国使臣热福理

① 台北中研院近代史所藏：外交档案，馆藏号：01-12-129-01-036。
② 台北中研院近代史所藏：外交档案，馆藏号：01-12-129-02-004。

所述不符，谨将臣衙门现办情形恭折具奏，伏祈圣鉴事。窃本年八月二十八日暨九月初三日，先后准成都将军魁玉、四川总督吴棠等函称，黔江县本系改土归流，素无习教之人。今夏法国主教范若瑟忽遣教士张紫兰潜赴该县，私买民房，遽招司铎余克林、教士戴明卿，前赴教堂习教。曾据该县知县桂衢亨禀报，司铎等遍张告示，大犯众怒。旋据川东道饬派董绅金含章等往晤范若瑟，劝其暂缓建堂传教。奈范若瑟匿不肯见，于七月十四日突有县民百余人，在司铎余克林等寓前，适余克林等出外遇见，当因人多势众，即将司铎余克林、教士戴明卿扭至河边殴毙，张紫兰躲入县署得免。迨该县赶到，立拿正凶陈悰发等六名，余犯饬差严缉，先将黔江县知县桂衢亨摘去顶戴，责令将余犯严缉等语。当由臣衙门于九月初一日，据情函致法国使臣热福理知悉，并两次函催成都将军魁玉等，将办理黔江教案实在情形迅即声覆。后于十三日照会法国使臣热福理查照在案。兹于二十三日，接据法国使臣热福理照称：黔江教案系该县知县桂衢亨主谋，并有局绅在内，同谋戕害教士，照抄教堂来函等因前来。查热福理照会词意，无非开脱教士，委咎于地方官，为将来要挟地步。除由臣衙门另办照覆驳辩，并一面将照会抄寄魁玉等详查迅覆外，惟此次魁玉等函称法国教士范若瑟遣教士张紫兰潜赴黔江县，私买民房，建堂传教，致该县民人将司铎余克林、教士戴明卿扭至河边殴毙情形，与法国使臣热福理照会所述迥不相符。相应请旨饬下成都将军魁玉、四川总督吴棠等，严饬该地方官，究出下手正凶，并缉获帮殴从犯，详讯起衅根由，分别按律惩办，总期及早持平办结，并将此案详细实情先行咨报臣衙门，以便臣等与该使臣辩论时较有把握，该使臣亦或易就范围，不至别生枝节。若不迅速查办，该省民心煽动，日以诛杀教士为名，将来民教滋事之案，难保不层见叠出，后患更不可胜言。再，据热福理面称，余克林系洋人，戴明卿系中国人。魁玉等函内并未声叙明晰，已令该将军等查覆。所有黔江县民人殴毙司铎、教士一案臣等现办情形，恭折具陈，并照录臣衙门照会暨法国使臣热福理照会各一件，恭呈御览，伏乞皇上圣鉴训示遵行。谨奏。[1]

【案】恭录谕旨：此谕旨内容如下：

军机大臣字寄：成都将军魁、四川总督吴：同治十二年十月初二日，奉上谕：总理各国事务衙门奏，川省殴毙司铎、教士，现筹办理情形一折。据称接准魁玉等函称，法国主教范若瑟，遣教士张紫兰潜赴黔江县，私买民房，建堂传教，致该县民人将司铎余克林、教士戴明卿殴毙，与法国使臣照会所述不符，请饬魁玉等迅速查办等语。四川黔江县民人既有殴毙司铎、教士之案，自应查讯明确，及早持平办结，方足以服该主教之心，免致另生枝节。若日久耽延，转使该主教有所借口，且恐民心煽动，将来民教滋事之案愈多，办理更形棘手。着魁玉、吴棠将此案详细实情先行具奏，一面严饬该地方官，将案内下手正凶及帮殴从犯严缉务获，讯明起衅根由，分别按律惩办，并将现在办理情形随时咨明总理各国事务衙门，以凭核办，不得稍涉迟延。将此由六百里各谕令知之。钦此。遵旨寄信前来。[2]

---

① 台北故宫博物院藏：军机及宫中档，文献编号：111836。

② 中国第一历史档案馆编：《咸丰同治两朝上谕档》，第23册，第218页；《穆宗毅皇帝实录（七）》，卷三百五十八，同治十二年十月，第734—735页。

○七三　函覆添派大员帮同姚道确查速办等由

同治十二年十一月初七日(1873年12月26日)

十一月初七日，四川总督吴棠函称：九秋下浣，肃覆一缄，谅可克期尘览。旋即拟具疏稿，将教士被殴致毙大概情形于本月初五日附驿奏明并咨呈冰案矣。兹于初八、十五等日连奉前月杪两次钧函，祗承一一。当以热公使照会所达情形迥不相符，添委熟谙洋务之候补知府曾传道，帮同姚道确查速办。叠据姚道禀称：濮牧于奉札后驰赴黔江，因原告未到，仅有教士刘瑶阶一人，又系原案无名，不肯出具切结，与覆验之例不符。且尸身棺殓日久，曾否腐烂，无从悬揣，不敢冒昧启检，不得已仍回涪州。复经该道饬令委员绅董前往教堂，询其原告何以不到，前去之人何以不肯具结。范主教总以桂令作难为辞，始而欲请改委彭水县，继而谓灵魂为重、尸骨为轻，可以无须覆验，欲将余克林尸棺送往汉口。随说随翻，迄无定议。及至近询再四，据称已知会京都，俟日内接到回信，再行商办等语。棠等窃念此案目前所应办者，以究出正凶为第一要着，但非如法覆验、比对伤痕，不足以成信谳。范主教之游移未决，殆亦虑及定拟之余无从要挟。正不妨以覆验为结案张本，迎其机而导之。节将此意切实密致姚道，令其熟察事情，迅图结案。该道人尚精明稳练，黔江是其兼辖地方，似不得不专责成而期补救也。蒙示洪主教一节，查省垣教士雷鸣谦，已由川东委绅招赴渝城，商办黔江教案。洪主教现在彭县河坝场，修理教堂，并经省局遴派巡检杨端，会同教士贾儒美往晤，多方慰藉，拟请函致范主教，劝其将此案早为办结，兼询其意见若何，俟覆到再为续达。至张贴告示，前函已备细言之,其词句与桂令禀内所叙相同,并无公使名字。刻又会委候补道蹇訚驰赴川东,明查暗访,究出捏造之人,以凭按律从严惩办。惟川省民情浮动,当院司莅任之初,往往捏造揭帖多张,借图挟制。为大吏者,只有持之镇静,示以宽容,尽其职分所应为,则浮言不禁而自止。例载:凡投隐匿姓名文书告言人罪者绞,见者即便烧毁,若将送入官司者,杖八十等语。可谓义美法良!棠等前因告示语多狂悖,即经密饬确查,未敢信以为实。该县桂衢亨办理不善,业经撤参,可否仰恳婉致热公使,伪示自当严究,第教士与边氓积有猜嫌,宜解而不宜结,若操之过急,转恐激成事端。刻下重在究出正凶,按律拟抵,惩边氓之失,即以服教士之心。区区愚诚,未审有当高深否,尚求斟酌行之,是所虔祷。先肃布复,恪请弼安。统祈亮察。再肃者,正封函间,适奉本月初五日钧函,并承准大咨,敬聆种切。此次黔江教案猝不及防,实出意料之外,重烦荩念,悚歉难名!谨当设法图维,尽其在己。桂令业经撤任,另委候补知县鲍庆前往署理,并添道府大员,帮同川东姚道,确查速办,断不敢任其颟顸从事,稍涉耽延也。容再严札密催,另肃驰布,统求涵鉴。再请弼安!吴棠谨又肃。①

○七四　密述黔江教案起衅缘由及现办情形由

同治十二年十一月十二日(1873年12月31日)

十一月十二日,四川总督吴棠函称:月之二十一日,曾将委员

① 台北中研院近代史所藏:外交档案,馆藏号:01-12-129-02-021。此函内容据档案编号01-12-129-02-020函件校补。

查办伪示缘由肃缄由驿递呈，谅邀垂鉴。兹据川东姚道禀覆，以黔江民教酿祸之由始于本年二月间，教士兰明桂捏告黔江县民瞿永顺、龙耀廷等不准在该县置买房屋一案，禀内牵及桂令。当经该道批饬酉阳州确切查明，持平办理去后。旋据署酉阳州罗守禀称：该川〔州〕并无案据，查据黔江县覆称：卖主严道素无恒业，在外游荡，果否买有房屋，均无知者，并无阻挠情事，禀请销案等情。该道一面批准销案，一面饬局绅金含章等，向教堂告知销案缘由。维时该教中并无异词，亦绝无一语提及遣教士张紫兰前往情事。嗣据该县以民情不洽，恐酿事端，飞禀前来。经该道饬令金含章往与范主教面商，请将张紫兰暂行撤回，从缓议办。讵该主教避不见面，仅遣人传说伊处尚未接酉阳教堂来信等语。金含章叠次求见，仍前拒绝。迨该司铎余克林被殴致毙后由桂令禀报到道，始据该主教来署谒见，请为查办。该道当派同知张超即日前往查办，又以桂令自验不足服人，请委邻封覆验。该道因覆验例所不禁，允如所请，复札委涪州濮牧带领刑仵，星驰该县，会同覆验。因教民刘瑶阶不肯具结，无从开验，濮牧回涪，即据将未能覆验缘由转禀在案。此以前办理之情形也。至现办情形，自奉批札，即派委员先将覆验一层向该主教熟商，询其究竟作何打算。据云仍饬濮牧前往最好，惟须俟桂令离黔、新任到后，方能派人前去，只可俟鲍令到来，再行相机办理。

至所云该道语令尽可前往一节，查范若瑟此番回川，八月初一日以前，从未与该道谋面，从何将札文给与阅看？从何说及尽可前往传教之语？其为捏饰，不问可知。除将该州县所禀情形有无粉饰及未尽事宜另行禀覆外，合肃具禀等情。伏查范主教自法国回川后，凶焰愈张，日思构衅，前函已备悉言之。其捏称黔民不准教民置产一词，原属平空结撰，该县桂令直斥为诬，未能参以活笔，怀恨益深，遂密遣司铎余克林等前往黔江，私买民房，以证其所言之不谬，桂令又不克豫为防范，祸患之萌，实由于此。迨该道一见桂令民情不洽、恐酿事端之禀，即饬局绅金含章往晤劝阻，而范若瑟避不见面，竟欲置余克林等于死地，以遂其要挟之谋。转谓姚道有尽可前往传教之言，将为卸责地步，殊不思余克林等未报殴毙以前，非独金含章往晤不面，活口可凭；棠等复经饬令委审局员转浼省垣洪主教致函，不难查问，何况该道当日并未与之谋面，更属无从狡赖耶。另据姚道转据委员同知张超、署酉阳州知州罗亨奎禀报：提讯已获凶犯陈家〔悰〕发等初谳情形并该教不令原告到案对质缘由及供折一扣，照录呈览。现在委署黔江鲍令业经赴任，果能遵依覆验，比对伤痕，讯取确供，究出真正下手凶犯，按律定罪，俾符杀人议抵之条，其余未尽事宜，似较易于措手。范若瑟为川中巨蠹，既未能锄而去之，惟有暗予提防，明加笼络，冀可及时完案，以慰宸廑而纾荩念。肃此驰布，敬请弼安。统祈钧察。吴棠谨上书。

照录清折：敬禀者，窃职道于本月十七日接据委员暨酉阳罗署牧等禀称：前与涪州濮牧将查办黔江教案情形禀明宪鉴在案，旋于九月十三日到州，会同卑府亨奎查核县卷，载明余司铎等行李衣物，毫未损失。经店主屈永顺凭众书立合同清单，点交张紫兰。其不及带回存留在店者，后经交与管事刘瑶阶，书有收清字据为凭。其所置周茂煊房屋，亦经卑职超与濮牧勘明，并未拆毁。复据桂令复解禀称：此案喊令同殴，先行动手逞凶，实系陈悰发一人，众目昭彰，供证确凿。第该犯狡展多端，自知罪无可逭，迨经委员查讯，辄将捉伊之团民王大中、吴老鼠子及见证汤毛，咬诬泄忿，应请严究等语。卑府等当经示期会鞫，并牌谕教中原告陈国祥、沈万春及张紫兰，赴案投质。再四遣人知会教堂听审，常司铎初云原告难以到案，继认赶令投讯，最后复谓范主教有信，案须提渝审问，原告不得到州究质。迹其情词支吾，总由该司铎等惧违主教之意，未敢专主其事。卑府等随于十月初三日提集犯证研讯，陈悰发与蔡从憘认殴司铎余克林致毙，谢家俸与郑双荃认殴司铎戴明卿身死，此外尚未任意妄扳。惟谢家俸失女，而陈悰发狡称：适遇共殴，不认纠众逞凶及头面重伤，核与县详未能吻合。查看各犯，均年富力强，惟谢家俸倚老作狂，上堂即朗诵告示，并丑诋奸抢等情。屡经呵止，意气自若。是时民教环观诘难之际，未可稍涉偏倚，尤不便遽事刑求，应俟覆讯的确，再为妥办。合将初讯供情及教中禀词录呈宪览。卑府等查该犯陈悰发等具知案情较重，饰词狡抵，以冀幸脱，原属势所不免。当其共殴之时，杂沓莫辨，下手先后及受伤部位，据供记忆不清，亦在情理之中。若能就案办案，似当着重逞凶初斗之人，庶乎枉纵无虞，情法允协。今教士张紫兰等均不欲来州投质，揆厥命意，别有所在。既不能停案久待，又不敢率定爰书。惟有沥情上陈，应否饬令张紫兰等赴州备质，抑或即就提到犯证，讯取相符确供，据实通禀之处，伏求宪台训示遵行等情。据此，查此案非覆验明确，由该州讯取切实供词，再行提道审办，不能折服两造之心。且查阅常保禄呈词，无非指凶故智，为拖累起见，若犯供稍涉游移，一经提审，势必畏罪翻异，彼时该教更有所借口，必致贻累无穷。职道现经复饬罗署牧，务将各犯供词再行确切研讯，俟鲍令到任会同濮牧覆验明确后，再行据实通禀。

计呈犯供一扣：汤毛供：黔江县人，平日卖粑生理。同治十二年七月十四日，小的在街卖粑，看见陈悰发、谢家俸、蔡从憘、郑双荃追赶余、戴两司铎，跑到河坝，陈悰发同蔡从憘掷石打死余司铎，谢家俸同郑双荃掷石打死戴司铎。小的在场眼见,以外并没别人下手。黄贵喜、罗么哥实没在场是实。黄贵喜、罗么哥同供:平日卖面生理。同治十二年七月十四日,谢家俸们把余、戴两司铎打伤身死,有平日不还小的面钱差人,把小的们捉获解县,没有帮同朋凶的事是实。郑双荃供:黔江县人,年二十六岁,平日推卖豆腐生理。同治十二年六月间,法国张教士们到黔江县传教,估买房屋地基,众人都不悦服。七月十四日,小的上街出卖豆腐,看见谢家俸、陈悰发在屈永顺店外,被教上的人扭打,谢家俸喊叫,小的帮他殴打报复。小的同谢家俸打的是戴司铎,陈悰发同蔡从憘打的是余司铎。余、戴二人跑到河坝,小的同谢家俸赶去,掷石打死戴司铎,记不清下手先后部位。余司铎是陈悰发、蔡从憘掷石打死。公差们先后把小的同谢家俸们获案认供,申解来州的是实。蔡从憘供:黔江县人,年二十四岁,在城佣工度日。同治十二年六月间,张教士到黔江县传教,他手下人常拿衣服来家,叫妻子浆洗,向妻子调戏没允。小的回家,妻子向述前情,小的恼恨在心。到七月十四日,小的路过屈永顺店外,看见陈悰发、谢家俸们被教上的人扭打,陈悰发喊叫,小的帮他殴打报复。小的同陈悰发打的是余司铎,谢家俸同卖豆腐的郑双荃打的是戴司铎。余、戴二人跑到河坝,小的同陈悰发赶去,掷石打死余司铎,记不清下手先后部位。谢家俸同郑双荃掷石打死戴司铎。公差们先后把小的同陈悰发们获案认供,申解来州的是实。谢家俸供:黔江县人,年六十岁,娶妻刘氏,生有两女,平时裁缝手艺。同治十二年七月十一日,小的下乡帮人缝衣。十三日,小的妻子着人赶小的回家,说是十二日大女不见,听闻是教上人抢的。十四日,小的到屈永顺店外,问余司铎等要人,他手下人把小的掌批几下。陈悰发拢劝,他手下人又握拳打了陈倧发两下。小的当喊卖豆腐的郑双茎，陈倧发喊路过的蔡从憘，帮打报复。小的同郑双茎打的是戴司铎，陈倧发同蔡从憘打的是余司铎。余、戴二人跑到河坝，小的同郑双茎赶去，掷石打死戴司铎，记不清下手先后部位。陈倧发同蔡从憘打死余司铎。公差们先后把小的同陈倧发们获案认供，申解来州的。汤毛在那眼见，黄贵喜、罗么哥都没在场，此外并无主谋帮殴的人是实。陈倧发供：黔江县人，年四十岁，平日剃头手艺。同治十二年六月间，法国张教士到黔江县传教，估买房屋地基，众人都不悦服。随后又来余、戴两司铎，小的是知道的。七月十四日，小的挑担上街剃头，看见谢家俸在屈永顺店外，问余司铎要她女儿，余司铎手下的人就把谢家俸掌批几下。小的放担拢前拉劝，余司铎手下人心疑小的扛帮，握拳打了小的两下。小的当喊路过蔡从憘帮打报复。小的同蔡从憘打的是余司铎，谢家俸同卖豆腐的郑双茎打的是戴司铎。余、戴二人跑到河坝，小的同蔡从憘赶去，掷石打死余司铎，记不清下手先后部位。谢家俸们掷石打死戴司铎。公差们先后把小的同蔡从憘们获案认供，申解来州的，有汤毛在场眼见。黄贵喜、罗么哥都没在场，此外并无主谋帮殴的人是实。

禀词一纸：禀状：法国司铎常保禄、梁乐益，抱告刘国禄、张文卿，为买痞抵诬，恳详提究事。缘七月二十一日，远人以违谕戕教控黔江县官绅主谋，无故杀毙法国司铎余克林、川东司铎戴明卿等命在控，案沐各大宪批委仁宪提审，曷渎查解辕之六名，陈倧发、谢姓等一系官剃头，一系官裁缝，其余概系游手无聊。此祸不由该县官绅主谋，痞等焉得有力敛钱集团，酿此巨案？该县枉杀无辜，计欲脱然事外，故而捏词蒙禀，以多金买活六人，而充正凶，希图抵塞。远人由治并赴大宪，所控被告二十余名，未见一人到案，仅将未控之人提治审办。见证张紫兰、陈远昶、周长春等现赴道辕控案，候质未归。况解到之六名，前后词内并未载及一人。舍正凶从买活之痞质讯，不惟理法不合，存殁心亦难甘。窃法网无私，主谋罪大，人命最重，易地皆然。远人等既以善教化人，正己惟恐不严，焉敢悖逆不法，自蹈不测之地？况在寓未满十日，一旦遭此奇祸，该县官绅煌煌，宪言尚敢可抗，而法国使臣告示何难捏造编诬？嘱痞咬赖，谅必难逃犀照，只得屡恳仁宪，一视同仁，悯怜尸身罹害太惨。据此清幽，详请大宪亲提前词被控该县官绅有名人等到渝，并恳将解到之六名陈悰发、谢裁缝等一并解赴道辕，两造齐集质讯，罪有攸归。伏乞。[①]

○七五　函覆黔江教案已饬鲍令等查明妥办等情由

同治十二年十一月二十九日(1874年1月17日)

十一月二十九日，四川总督吴棠函称：前月二十六日肃覆两函，并照录省垣洪主教来信，由驿驰递，计此时定荷鉴垂。旋又奉到成字七十四号钧谕及与热使往还问答等件，一一祇承，具征指示周详，倍增感佩！查此案能否速结，全凭范主教一心为转移，而办事之人必先自立于不败之地，庶不至疑议滋多，叠经密札严催上紧妥办。兹据川东姚道禀称：委署黔江鲍令于前月杪到渝，接见之际，当将此案始末详细告知。据鲍令面禀：此案根本全在重庆教

① 台北中研院近代史所藏：外交档案，馆藏号：01-12-129-02-023。此函内容据档案编号01-12-129-02-022函件校补。

堂，必须小作停留，略为布置。迨初三日来道禀辞，据称昨已会晤范主教，议论尚属和平，惟以桂令不肯离黔为虑云云。该令刻已起程赴任，委员秦倅于初七日到此，拟将一切事宜与曾守妥为商榷，即令赴黔。所有教堂函达与川省禀报互异一节，已面告鲍令、秦倅，令其一到比中，即行查明，首先禀覆。盖匪亲历其地，不能得其实在情形；该令等系初到之人，无所用其回护也。范若瑟一边近来并无他说，惟请速调桂令早离川东。除由该道严催外，应请飞札将其调省，庶该主教无所借口。再，据委员孔倅广业面禀，并据教堂覆称：余克林即系于克，同治四年，由法国来川。戴明卿即系万县人，同治四年，充当司铎。九年八月，赴酉阳传教。于此间传说相符。至西法公号情弊，以华商冒充洋商，在内地开设行栈，为最要关键。现在运渝各货均有江汉关知照及子口税单，查验尚属相符。前访闻该号在渝城白象街收拾房屋，开设信和渝庄，迄今并悬挂招牌开张。九月中，虽有英商美嘉到此，旋即回汉，并未在该号久住。是前二项情弊虽经露有端倪，迄未得其实在凭据，是以未经禀覆等情。伏念知县桂衢亨既已撤参、委员接署，例应交卸进省，本无庸再事逗遛。即该员亟图脱祸，私情亦必早为引去。惟范主教以之为请，已飞札调来省，并饬川东道派勇沿途探报，俾其意释然，或可早为结案。至西法公号弊端，难保其必无，即子口税单，得之者即可厘税俱免，亦觉稽察难周，只能遵照条约所开，明查暗访，使其不敢公然违犯，庶几彼此相安耳。先肃布达，余俟续禀，至时再为详报。恪请勋安。[1]

---

① 台北中研院近代史所藏：外交档案，馆藏号：01-12-129-02-027。此函内容据档案编号 01-12-129-02-026 函件校补。

〇七六　抄送具奏黔江教案原折并奉到谕旨知照由

同治十二年十一月二十九日(1874年1月17日)

十一月二十九日，四川总督吴棠、成都将军魁玉文称：同治十二年十一月初八日，准兵部火票递到军机大臣字寄：成都将军魁、四川总督吴：前据总理各国事务衙门奏，川省黔江县民人殴毙法国司铎、教士，请饬查办，当谕令魁玉等将此案详细实情先行具奏，并将案内正凶及从犯严缉务获，讯明惩办。兹据魁玉等奏称，法国主教范若瑟遣教士张紫兰潜赴黔江县，私买民房，建堂传教。该县民人将司铎余克林、教士戴明卿殴毙，与总理各国事务衙门前奏情形大略相同，现已拿获正凶陈悰发等六名，饬令酉阳州知州罗亨奎等提犯，研究下手正凶，禀候查办。余犯仍饬严缉，并饬涪州知州濮文升前赴黔江，会同复行相验等语。此案究竟因何启衅，该将军等并未叙明，如谓买房建堂以致民教不和，滋生事端，该地方官事前岂毫无见闻？已获之陈悰发等六名是否实系下手正凶，亦应确切根究，不得迁就了事！桂衢亨办理不善，咎无可辞，着即行摘去顶戴撤任，仍着魁玉、吴棠懔遵前旨，将启衅实情迅速查明具奏，并严究下手正凶，蠲缉帮殴从犯，讯明分别惩办，毋得一味拖延，任令该地方官含糊了事。并将现在办理情形随时咨明总理各国事务衙门，毋稍延缓。将此由五百里各谕令知之。钦此。遵旨寄信前来。等因。承准此，除行布按两司、川东道、委审局、酉阳州钦遵办理外，相应恭录咨呈，为此咨呈贵衙门，谨请钦遵查照施行。[1]

○七七 具奏黔江教案请将知县撤任一折谕旨知照由

同治十二年十一月二十九日(1874年1月17日)

十一月二十九日，四川总督吴棠、成都将军魁玉文称：照得本将军、部堂于同治十二年十月初五日由驿具奏，教士被殴致毙，凶犯已获，请旨将该管知县摘顶撤任，以肃功令一折，当将折稿抄录咨呈在案。兹于本年十一月初八日，准兵部火票递回原折，内开：奉朱批：另有旨。钦此。除行布按两司、川东道、委审局、酉阳州钦遵知照外，相应恭录咨呈，为此咨呈贵衙门，谨请钦遵查照施行。[2]

○七八 详述黔江教案现办情形并录范若瑟字据由

同治十二年十二月十一日(1874年1月28日)

十二月十一日，四川总督吴棠函称：月之十四日，肃布寸缄，由驿驰递，此时谅荷鉴垂。旋又奉到川字七十六号钧函，并录寄照会、热使底稿二件，谨已诵悉。此案自札调桂令进省去后至望间，屈计鲍署令由渝启行将及一旬，节经密催川东姚道迅筹妥

① 台北中研院近代史所藏：外交档案，馆藏号：01-12-129-02-028。

② 台北中研院近代史所藏：外交档案，馆藏号：01-12-129-02-029。

办。兹据禀称:范某此时似不甚注意,盖欲张大其词,以冀钦派大员来川查办,得其要求之志。若其计不行,然后肯向地方官说话,似与热使所言正相符合。该道因彼族多方推诿,诚恐将来有所借词,转归咎于川中承办不力。特令委员孔倅往说,取有字据一纸,盖有图记存照;仍饬催鲍令视事、桂令离黔,以便及时覆验等情。伏查由重庆至黔邑,山路崎岖,非乘坐短杠竹兜不能行走。刻下鲍署令当可抵任视事,而范主教必须桂令离黔,方可派人随同覆验。虽经飞札严催该令,不论有无交代未清事件,即日束装先行来省,而一来一往,匝月为期,迨讯供禀报到时,已是新年事矣。棠等责司边寄,焦急殊深,无如权不我操,不得不悉心调护,总俟覆验之后究出正凶,再议及偿命之资,则庶乎完案有日也。知劳廑注,用敢密陈。

照录范主教致孔倅字据:承询黔江教案覆验一节,前次已派刘瑶阶、周长春前往,静候覆验。二人已于涪州濮牧未拢之先二日至黔江,不知因何原故,未曾报验。现在必须桂令离开黔江,即再派人随同濮牧到彼覆验。如桂令不出黔江地,定不能再派人去矣。①

○七九　总署函述不法之徒攻击教民法国请为查办由

同治十三年三月初七日(1874年4月22日)

三月初七日,致四川总督吴棠函称:二月二十八日,接到蜀字

① 台北中研院近代史所藏:外交档案,馆藏号:01-12-129-02-031。

三号公函，具悉一是。黔江教案业经濮牧等驰赴酉阳复验，能否及时完案，悬盼之至。再，三月初三日，法国翻译官德微理亚来署，面递节略各一纸，据称前贵州提督田兴恕现回重庆，并未生事，无如该处不法之徒借名造言，攻击教民等语。查此事现经德微理亚以田兴恕有仍回贵州之说，来署面述，请为设法办理，经本处据情函致贵州查明核办。兹据前因，相应抄录德翻译节略暨致曾枢垣信纸各一件，附呈台览。希即迅饬查明，酌核办理，声覆本处，以便转覆法国可也。[①]

○八○ 总署来函洪主教所取洪姓可仍续用由

同治十三年四月二十五日(1874年6月9日)

四月二十五日，行成都将军文称：本年四月初十日，接准来咨内称：据法国驻川鉴牧洪主教移称：窃照鉴牧入华，由京请领护照，因取之姓例应敬避高宗纯皇帝庙讳，奉前军、督宪饬以洪字代用，今总理衙门以与新领护照不符，是否仍旧缮作洪字，呈请转咨立案，示覆遵办等因前来。查洪主教以洪字代用，与前次所领护照实有未符，今既声明系敬避庙讳代用之字，呈请转咨，嗣后本处有案可稽，无虞牵混，自应仍行遵用恭代之字可也。[②]

① 台北中研院近代史所藏：外交档案，馆藏号：01-12-130-01-010。
② 台北中研院近代史所藏：外交档案，馆藏号：01-12-130-01-016。

〇八一　奏明黔江教案覆验讯供一折恭录谕旨知照由

同治十三年七月十六日(1874年8月27日)

七月十六日，四川总督吴棠文称：窃照本部堂于同治十三年五月十八日，由驿具奏查明黔江教民起衅实情，覆验讯供，请将解犯不慎之委员、印官分别惩处一折，将折稿抄录咨呈在案。兹于同治十三年六月二十五日，准兵部火票递回原折，内开：奉朱批：吴辅元着即行革职；罗亨奎、宝庆均着交部议处。此案为日已久，尚未讯结，着魁玉、吴棠督饬姚觐元等，亲提解到犯证，详细研鞫，迅速持平妥办，毋再迁延。钦此。除督饬川东姚道等钦遵迅速持平妥办外，相应恭录咨呈，为此咨呈贵衙门，谨请钦遵查照施行。[①]

〇八二　总署来函法国派赫参赞游四川给发护照由

同治十三年十月十七日(1874年11月25日)

十月十七日，行四川总督吴棠文称：本年十月初八日，准法国罗公使照称：本馆参赞大臣赫现有川省之游，跟带本国学习汉话生白藻赍为伴，即请饬发护照一纸给领，以便路程有靠。此一行可保两国和好往来，益加笃厚等因前来。除缮发护照由罗公使转给赫参赞收执外，合再咨行贵总督，札饬川东道转饬所属，一体遵照。

---

① 台北中研院近代史所藏：外交档案，馆藏号：01-12-130-01-034。

俟法国赫参赞到川时，务须按照护照，从优接待，以保平安，而敦睦谊。切切！须至咨者。

照录给赫参赞大臣护照底：为给发护照事。同治十三年十月，据大法国署全权大臣罗照称：本馆参赞大臣赫现有川省之游，跟带本国学习汉话生白藻赍为伴，请饬发护照，以便路程有靠等因。查法国和约第八款所载：凡大法国人欲至内地，皆准前往等情。现在罗大臣特派本馆参赞赫前往四川，相应备具护照，交顺天府钤印，给赫参赞收执。凡有经过地方，务须从优接待，庶得道路之平，而见睦谊之厚。切切！须至护照者。右照给参赞大臣赫收执。[①]

○八三　函肃黔江教案已派前贵东道多文驰往办理由

同治十三年十一月十八日(1874年12月26日)

十一月十八日，四川总督吴棠函称：顷奉川字九十四号钧函及录寄照会底稿二件，一一祗聆，并承准大咨，当经札行川东道等转饬所属一体遵照。查黔江一案，自秋仲人证解渝后，叠经饬催姚道督同印委、教绅，妥速讯结。接据该道等禀报：因原告延不到案，恐无以折服其心，屡向范主教订期，始则约以重阳时节，继又以文武考试为推诿之词。而该委绅等设法调停，窃幸其尚无异说，不得不委曲求全，非敢置之不办也。兹奉示谕，始知该主教复耸动罗公使，派员来川查办，狡黠之谋，必餍其欲而后已。刻下再三筹议，查有按察使衔前贵东道多文，人极精明稳练。上年崇朴山将军奏派

① 台北中研院近代史所藏：外交档案，馆藏号：01-12-130-01-041。

办理贵州教案，妥速蒇功，为该教所敬服。既非川省官，亦非川省人，罗公使当可信其公平。除由六百里檄调驰赴渝城相机办理外，至赫参赞到川时，自应饬令姚道遴委干员，善为接待，冀于此事有裨，借纾廑念。先肃布覆，恪请弼安！惟祈亮察不庄。[①]

○八四　函覆黔江教案照录正禀及供结赍呈由

光绪元年正月初八日(1875年2月13日)

光绪元年正月初八日，四川总督吴棠函称：接奉钧函，一一祗承，当即转饬川东姚道查照酌核办理去后。兹据该道转饬委员等，已提到案各犯证，讯取确供，出具甘结，毫无疑似，禀请核示遵办。又据另单禀称：范主教以知县桂衢亨仅予革职，坚不允从，必须拟发军台，始允定案。再，赫参赞有十一月二十三日由武昌乘船赴渝之信，已派委候补县丞邹宗灏前往楚境迎护各等情。用特照录正禀、另单及供结折，一并赍呈，敬求鉴核。伏查川省民教仇隙已深，玉等以事关大局，不能不委曲求全，其迂拘乡曲士民，颇多抑郁难伸之隐。今撤任黔江县知县桂衢亨办理不善，经该司等归入计典，详请题参，例应降调，将来定案时，再行斥革，办理已属从严。尚有殴毙司铎之正凶，按律抵罪，似足以折服其心。无如范主教执意不从，致难速结。思维再四，惟有待赫参赞到渝，相机商办。其举动光景若何，再为续布，以慰荩廑。

照录清折：谨将黔江县民谢家俸等共殴司铎余克林、教士戴明卿各身死，陈悰发取供后在途畏罪自尽，并司铎常保禄等上控宁卜

① 台北中研院近代史所藏：外交档案，馆藏号：01-12-130-01-045。

荣等各案犯证确供，开具清折，呈请宪核。据汤毛供：平日卖粑生理，同治十二年七月十四日早，小的在街前卖粑，见陈悰发因向法国司铎余克林、教士戴明卿查问进衙何事被斥，争角抓扭。当喊谢家俸、蔡从憘帮打出气。余克林、戴明卿向南门跑走，陈悰发们赶去，小的也跟往查看，见余克林被陈悰发、蔡从憘赶到河心沙洲，共殴倒地，又被陈悰发打死。戴明卿跑到河街，把郑双荃摆卖豆腐碰坏，正由水浅处过河，被谢家俸、郑双荃赶上，殴伤倒地。小的望见拢救不及，不一会戴明卿因伤身死。约邻萧清敏们赶来查问，才知陈悰发因教中有买卖房屋不允并不愿从教起衅的。那时两岸观看多人，都是随来随散，不敢拢前，具结是实。

据郑双荃供：年二十七岁，平日在河街摆卖豆腐生理。同治十二年七月十四日早，陈悰发如何喊同谢家俸、蔡从憘把法国司铎余克林、教士戴明卿赶殴，小的先不知道。因见戴明卿跑来，把小的豆腐碰坏，又各跑走，正由水浅处过河，小的赶上，拾石打了他发际一下。谢家俸也赶到，用竹烟杆向打。戴明卿转身拉夺烟杆，小的又用石块打了戴明卿眉丛、左膝各一下。戴明卿夺过烟杆乱打，小的用石把烟杆格落，打了他囟门三下、额颅两下。谢家俸接石过手，把戴明卿打伤倒地。汤毛拢救不及。不一会，戴明卿因伤死了。那时余克林已被陈悰发们打死。并没起衅别故及另有在场帮殴的人。石块已经丢弃。至余克林们并没抢谢家俸的女儿及打谢家俸情事。前到酉阳州案时，谢家俸希图减罪，任意捏供，小的也随同混供。今蒙会审，谢家俸已据实供明，小的不敢始终诬执，现供委系真情是实。

据蔡从憘供：年二十五岁，同治十二年闰六月十二日，教士张紫兰来县私买房屋。七月初五日，法国司铎余克林、教士戴明卿又到，同住屈永顺店内，就要建堂传教。县民因知酉阳、彭水从前初设教堂，民间受累，都不愿奉教。十三日，余克林们向陈悰发家看买卖房屋不允，劝令从教不愿，口角各散。十四日早，小的与谢家俸等同路走到县衙西栅门，首见陈悰发因向余克林、戴明卿查问进衙何事被斥，争角抓扭。陈悰发当喊小的与谢家俸帮打出气，余克林、戴明卿就向南门跑走。小的与悰发赶到河心沙洲，把余克林赶上。陈悰发拾石打他几下，小的也拾石块打了余克林左臂膊三下。余克林弯身拾石，小的用石打他脑后一下，并弃石用两手揪住发辫掀按。余克林极力挣扎，致把发辫扯脱，侧跌倒地。小的弃发河内，各自走开。陈悰发又用石块把余克林打死。那时戴明卿也被谢家俸与郑双荃打伤倒地，不一会，因伤死了。并没起衅别故及另有在场帮殴的人。石块已经丢弃。至余克林们并没抢谢家俸的女儿及打谢家俸情事。前到酉阳州案时，谢家俸因希图减罪，任意捏供，小的也随同混供。今蒙会审，谢家俸已据实供明，小的不敢始终诬执，现供委系实情是实。

据谢家俸即谢裁缝供：黔江县人，年六十一岁，父母都故，并没弟兄，娶妻刘氏，生有二女，平素裁缝手艺，与教士戴明卿先不认识。同治十二年闰六月十二日，教士张紫兰来县，私买房屋。七月初五日，法国司铎余克林与戴明卿又到，同住屈永顺店内，就要建堂传教。民间因知酉阳、彭水从前初设教堂，民间受累，都不愿奉教。十三日，余克林们向陈悰发看买房不允，劝令从教不愿，口角各散。十四日早，小的与蔡从憘同路走到县衙西栅门，首见陈悰发因向余克林、戴明卿查问进县何事被斥，争角抓扭。陈悰发当喊小的与蔡从憘帮打出气，余克林、戴明卿就向南门外跑走，小的赶去。戴明卿跑到河街，把郑双荃摆卖豆腐碰坏，正由水浅处过河。郑双茎赶上，拾石把戴明卿打伤。小的也赶到，用竹烟杆打了戴明卿左后肋两下，戴明卿转身拉夺烟杆，郑双茎打他两下。戴明卿夺过烟杆乱打，郑双茎又打他几下。小的接石过手，打了戴明卿偏右右太阳穴各两下、右耳窍一下。戴明卿就抓住小的衣襟，碰头拼命。小的打了他偏左三下、左额角、左太阳穴各一下，戴明卿仍不放手，小的挣不脱身，一时情急，用石吓打，伤着他左耳窍，松手倒地。汤毛拢救不及，不一会戴明卿因伤身死。并没有心致死，也没起衅别故及另有在场帮殴的人。石块已经丢弃。至余克林、戴明卿并没抢小的女儿及打小的情事。前在州县讯供时，小的希图卸罪，任意捏供戴明卿们奸淫小的女儿。今蒙提讯，文生杨万象等已当堂将小的捏词质出。妻子刘氏已经病故，现存一女儿，实只十二岁。并无奸淫，求转详就是。

据杨万象、陈崇纶、宁开逵供是文生，张植堂、陈耀廷、王正乾供是监生，郭玉成供是武生。又据同供都是黔江县人，生杨万象、张植堂与在逃的李渊树上年都在城内，充当过团首及津贴局士。生陈崇纶们曾经当过局士。张紫兰并未买有裴姓房屋，其另置周茂煊坐宅，县已印契。同治十二年七月十四日早，县民陈悰发因不肯卖房从教，并查问余克林、戴明卿进衙何事，被斥争角，喊同谢家俸们将司铎余克林、戴明卿殴伤身死。那时，生陈崇纶们俱已回乡，生杨万象、张植堂与李渊树都在城内。他们争斗时，因事关民教，衅起仓猝，生等恐怕受累，不敢出头，是以并没在场。事后查知司铎余克林、戴明卿实系陈悰发、谢家俸、蔡从憘们在县衙西栅门外，与余克林、戴明卿口角吵闹，抓扭至南门外殴毙的。所有伪示，文生们实未眼见，不知何人所做。节次密查，并无踪迹，亦未听说是教民所做。谢家俸妻子刘氏业已病故，只有一女，现年十二岁，余克林们实无奸淫的事。今蒙会审,生等并没在场共殴及知情同谋,也没拆毁洗楼并率众围店的事。惟事起仓猝,不及防范,以致酿成重件,实是疏忽。李渊树解至中途逃走,不知逃亡何处。具结是实。

据王大中、郭大旗同供:小的在黔江县城内居住,当过挨门勇丁大旗,因去年七月十四日早陈悰发们殴打余克林、戴明卿身死,小的们并未在家。次日,奉县主传小的们将蔡从憘、郑双荃、陈悰发、谢家俸们拿获的。他们打架,小的们并未在场,今蒙会审,所供是实。

据谢溃供年五十四岁,马玉供年四十六岁。又据同供:同治十三年四月初七日,犯人陈悰发解赴川东道大人衙门候审,本官派小的们押解。差役罗沅、陈俸,营兵李定国、简家声是护解。起解后,陈悰发随带蜂蜜一罐,小的们当向查问。陈悰发说他素患咳嗽病症,带在路上调服。小的们禀明吴委员尝过,实系蜂蜜,此外并无别物,就没理睬。又见他时,常愁叹说他问成重罪,不如死了,免再吃苦的话。小的们时常劝慰。初八日,行至黔江县石塌铺地方,投宿黄春和店内,陈悰发说他感冒,要吃葱汤发汗。小的们因葱是常用之物,就用生葱熬汤与他。陈悰发不知何时自用蜂蜜和葱汤吃下,不料三更时,陈悰发忽然呕吐不止,呻唤肚痛。小的们向他查问,他才说自知情节较重,定要问成死罪,他从前听得人言,葱蜜同食,中毒必死,不如先行自尽,故把葱蜜同食,以致毒发。小的们才知葱蜜同食有毒,忙与短解罗沅们、店家黄春和与他解救不好,到初九日下午,毒发身死。报县禀请委员彭水县验讯。那时,小的因畏罪心慌,没把陈悰发时常愁叹说要寻死并小的们劝慰情形供明,今蒙委审,陈悰发实系畏罪自尽,小的们并未凌虐及知情买食的事，具得结的。至罗沅现在染患痨病，陈俸押解地丁银两进省，李定国、简家声因进省投文，并请领米折银两，是以未结到案是实。

具甘结：黔江县民汤毛，今于与甘结事。实结得小的亲见余克林被陈悰发、蔡从憘二人殴伤身死，戴明卿被谢家俸即谢裁缝、郑双茎二人共殴伤身死，并没别人帮殴，亦没扶捏情弊，中间不虚结是实。

具甘结：黔江县解役谢溃、马玉，今于与甘结事。实结得解犯陈悰发，委因中途畏罪，自将葱蜜同食，毒发身死。役等失于防范，并无知情买食的事。具结是实。

具甘结：黔江县文生杨万象、陈崇纶、宁开逵，监生张植堂、王正乾、陈耀廷，武生郭玉成，今于与甘结事。实结得黔江县民教滋事，司铎余克林被陈悰发、蔡从憘二人殴伤，戴明卿被谢家俸即谢裁缝、郑双茎二人共殴伤各身死。生等并未知情同谋，亦未见在场共殴及拆毁洗楼并率众围店的事。至粘贴伪示之不知姓名人，查无踪迹，不知何人所为，亦未听系教民粘贴。其谢家俸之妻刘氏早故，仅遗一女，年止十二岁，司铎余克林并无奸淫情事。生等因事起仓猝，不及防范，中间不虚，甘结是实。

敬禀者，案奉宪台檄饬，提审黔江县民教滋事、殴伤司铎余克林等各身死一案，职道遵即委员孔倅广业暨候补巡检刘兆亨前往守提，旋经刘兆亨提集一干人证，押解到渝，即令刘兆亨前赴教堂，催令交出原告，以便提同质审。先后往返不止数十次，该主教总以抱告张紫兰现已赴京、须俟人回方能赴质等词推诿。延至十月中旬，又据回称：赴京人尚未回，且非得该公使来信，必不能遣人赴质等语。察其情形，显系有意拖延，而提到人证押候日久，拖累堪悯。职道遂令各委员先将现到人证审明确情，据实禀覆去后。兹据署四望关通判吕烈嘉、巴县知县李玉宣、候补同知直隶州丁寿臻、候补通判孔广业、候补知县余恩鸿禀称:遵即提集犯证,逐层研讯,据该犯谢家俸即谢裁缝、郑双荃、蔡从憘各供,均与州详相同,另开供折呈览。复提该团首杨万象、张植堂等,讯据供称:伊等并未在场共殴,亦未知情同谋及拆毁洗楼、率众围店情事。惟事起仓猝,不及防范,以致酿成重件。至谢家俸并无妻室,只有一女,现年十二岁,图卸罪名,捏称因奸起衅,其实该司铎并无奸淫情事。其伪示何人粘贴,伊等并不知情,亦非教民所作。节次密查,亦无踪迹。并提解役谢潰、马玉,讯据供称:该犯陈悰发起解时带有蜂糖一罐,据云向有咳病,带在路上冲服止咳,禀明吴委员尝过没理。

四月初八日,行至黔江县石塌铺地方宿店,陈悰发感冒风寒,要葱汤发汗。伊等因葱系常用之物,就用生葱熬汤与吃。陈悰发不知何时自开蜂蜜和葱同吃,三更后,陈悰发忽然呕吐呻唤。伊等即查问,据称此番到渝,必问死罪,前闻人言,葱蜜和食必死,是以同服自尽等语。伊等多方解救不效。初九日下午,因毒身死。伊等实不知葱蜜同食可以致死,亦无知情代买情事,实为失于防范各等供。研诘至再,佥供如前。惟原告始终并未到案,未便遽行议结,致使有所借口。理合将会讯情形抄呈供结,禀请转禀等情。计呈供结、折各一扣到道。据此,职道复加查核无异。惟原告总未赴案质讯,若遽议结招解,恐不免有所借口。现据该委员等将已提到案各犯证讯取确供,出具甘结,毫无疑似。理合先行附呈供结、各折,禀请宪台俯赐察核,批示遵办。

敬再禀者,窃据吕丞烈嘉、丁牧寿臻、李令玉宣、刘巡检兆亨,转据金绅含章、教士麦忠庭、陈中瀛面禀:黔江教案月来加紧办理,所有正案各情节均已办有端倪,惟桂令衢亨仅予革职,范主教坚不允从。迭经开导，该主教必以拟发军台始允定案等情，面禀前来。伏查此案自吕丞五月到渝后，该主教即以此事刁难，委员前往返覆开导不下数十回，该主教始终坚执此见，牢不可破，且援天津成案相争。职道窃惟中国办事自有定例，无论天津之事与黔江之事霄壤悬殊，即从前酉阳之案，与今日黔江之案亦大小不类。若如该主教之意，岂不骇人听闻！况办理教案不止四川，即四川教案亦不止黔江一县，大局攸关，不能不与之力争，是以屡经具禀，未敢将前情率尔上闻。现在全案各情已有端倪，仅此一节牵制，以致不能定案。理合据实禀请衡示遵行。

再，昨闻教堂得汉口来信，赫参赞有十一月二十三日由武昌乘船赴渝之耗，约计初春当可到来。已遵饬沿途各州县，小心照料，并查有候补县丞邹宗灏曾随湖北荆宜施孙道出使外洋，熟悉洋务，兼能通晓法国语言，已派委该县丞前往楚境迎护矣。合并声明。[①]

○八五　具奏派委前贵东道多文办理教案咨呈由

光绪元年正月十一日（1875年2月16日）

正月十一日，四川总督吴棠文称：窃照本将军、部堂于同治十三年十二月二十四日专弁附片具奏，按察使衔前贵东道多文精明稳练，堪以委令会同川东道姚觐元迅筹妥办一折，除俟奉到朱批另行恭录咨呈外，所有折稿相应抄录咨呈。为此合咨贵衙门，谨请查照施行。

---

① 台北中研院近代史所藏：外交档案，馆藏号：01-12-131-01-001。

照录片奏：再，臣魁玉等臣准总理衙门来咨：转准法国使臣罗淑亚照称：该馆参赞赫捷德，现有川省之游，跟带学习汉话生白藻赍为伴，请发护照，并另备节略，请派委员不是川省官、川省人，法国方能信其公平等语，咨行到川等因。当经臣等会商，查有按察使衔前贵东道多文，精明稳练。上年，经调任将军臣崇实奏派，办理贵州教案，妥速蒇功，为该教之所敬服，堪以委令会同川东道，迅筹妥办。并饬据川东道姚觐元禀称：转据委员将提到各犯证，讯取确供，出具甘结，毫无疑似。惟因该教原告延不投到，未便议结，致使有所借口。现闻法国参赞赫捷德，有十一月二十三日由汉口乘船赴渝之信，已派委熟谙洋务之候补县丞邹宗灏，前往楚境迎护，暨饬沿途经过州县从优接待等情。除随时咨呈总理衙门查照外，谨合词附片陈明，伏乞圣鉴。谨奏。①

〇八六　总署函请转递法国罗使寄赫参赞信函由

光绪元年正月二十四日(1875年3月1日)

正月二十四日，致四川总督吴棠函称：本年正月二十一日，据法国翻译官师克勤来署面称：现有寄本国赫大人信一函，祈为转送。如赫大人不在重庆，即交范主教接收等语。相应将原函加封转寄，祈即验收饬送为荷。②

---

① 台北中研院近代史所藏：外交档案，馆藏号：01-12-131-01-002。

② 台北中研院近代史所藏：外交档案，馆藏号：01-12-131-01-003。

〇八七　函报巴塘教案业已完结等情由

光绪元年二月二十三日(1875年3月30日)

二月二十三日，四川总督吴棠函称：客秋接奉钧函，饬查巴塘匪徒纠众围攻教堂、肆意焚掳一案，当将打箭炉丁主教函称署打箭炉同知鲍丞禀覆各情形及委员候补同知赵光燮接办巴塘粮务，取其熟悉番情，并檄令会同鲍丞查办教案缘由，先肃寸缄布覆，〈谅〉早荷鉴垂。嗣据赵光燮禀报：驰抵炉城，与鲍丞会同筹议，于客冬十月朔日出口，径赴巴塘查办。兹据鲍丞、赵丞会禀：巴塘教案业已完结，番教相安无事，取具该土司等甘结呈送前来。兹特照录原禀，敬求鉴核。此案悬搁已久，经该厅委等措置得宜，及时了息，已行司各给酌委优缺一次，以奖其劳。至黔江教案，因范主教执意不从，致难速结。刻据委员前贵东多道会同川东姚道禀称：法国赫参赞等已于正月二十三日由县丞邹宗灏护送到渝，二十四日登岸，寓居城内爱德堂。容俟该道等会晤，相机筹办，再行禀报等语。肃此，恪请弼安！惟祈崇照不庄。敬再肃者，丁主教所称主唆坏事之官房字识曹玉琳，刻已会札阜和协副将查明旧案，拣派老成营书充当土司字识，以符定章；一面不动声色，先将该字识曹玉琳密调赴炉，斥革看管，毋许再往巴塘。谨肃附陈，统祈垂察。

照录原禀：敬禀者，窃查巴塘教案，前奉宪台令委卑职焯就近查明，迅速持平办理等因。当将遵札查办大概情形并请委员出口会同办理缘由，具禀钧鉴。旋蒙恩委卑职光燮接管巴塘粮务，并饬会同卑职焯查办教案各等因。奉此，卑职光燮遵即束装起程，驰抵炉厅，彼此会晤，反复相商。窃以此案两造均属化外之人，与他处汉洋交涉事件迥不相同，掣肘情形较诸内地为更甚；其办理之难，厥有四端，敢为宪台详陈之。

伏查此案肇衅滋事者，皆系番夷喇嘛，性情固执，言语不通，既难理喻情遣，更不能势迫刑驱，徒以口舌相争。虽自信开诚布公，无偏无党，而若辈蠢然无知，岂易感动？倘遽示威罚，难保不生觖望之心，转阻向化之路，其难一也。

向来西藏番夷崇奉佛教，无论事之大小，咸求喇嘛请神，卜以决疑。自丁主教派司铎赴巴传教后，适值天灾流行，地震亢旱，夷类生计凋残，求神祈祷，而喇嘛与教士道不相同，意即不合，遂谓年来灾异叠见，由于洋人来巴传教之故，以致互相播弄，人心惶惶，不约而同，竟将巴塘、盐井、蟒里三处教堂先后烧毁，驱逐洋人出境，因而掠失各物。现在卑职等持平妥办，劝诫谆谆，该番夷疑团未释，终必听之藐藐，其难二也。

况此案系同治十二年八月之事，其时周粮务上达先期来炉，闻信又未回台，夷类遂视为无足轻重，旋允旋翻，迄今已隔两载之久，案悬如故，无怪洋人怨望，更使该夷等轻视汉官，大有虽令不从之意，其难三也。

至盐井、蟒里两处司铎，尚与百姓相安，而巴塘顾司铎颇不睦于夷众，前年纵令仆人将临卡石夷民殴伤，事后并不惩治，因此夷众各挟公忿，人人自危，即妇孺亦得有所借口，其难四也。

具此四难，若仅高谈情理，空言责备，而欲洋人安居、夷类帖服，其可得乎？卑职等均曾驻台三载，稍悉番情，连番筹画，愚谓制夷之法，要在恩威互用，赏罚并行，庶其知恩而有所观感，畏法而有所惊惧，然后加之笼络，羁縻无绝。该夷等虽生口外，天良亦所同具，自可办理完案。卑职等当各捐银三百两，备买赏需茶包、缎匹、羊只、米面等项，并在省借募楚勇侯有道等二十一名，由卑职光燮带赴巴塘，于接篆后，先饬正副土司上紧办理，并传各寺内年老懂事之堪布喇嘛、夷类中之古噪头目等共四十余人到署，一面移拨台兵多名，协同楚勇，罗列堂阶，壮示声威，始行传见，入则飨以羊酒，给以赏需，遂将地震、亢旱乃偶然天灾，不能归咎洋人，彼传其教，此务其业，两无损碍，何得听人刁唆，生心疑忌？反复开导。该喇嘛、夷众始犹倔强狡辩，继又谕以各处教堂地基皆洋人出银买得，该夷民既经贪利卖地于先，使居境内，焉能挟嫌毁逐于后，自取愆尤？层层驳诘，晓以利害。该夷众、喇嘛无可置喙，始各俯首认错，面称咸知改悔，愿赔烧毁教堂，清还掠失各物，仍听洋人在巴塘一带传教，以后不敢多事，恳求断结等语。

卑职光燮察看情词，出于至诚，并无勉强形状，饬令转告四乡夷众，使皆遵从，各具切结，再行代恳宪恩。旋据巴塘、盐井、蟒里同四乡喇嘛、古噪、夷民，分具夷结，呈由土司转申前来。卑职光燮核明附卷，复加优容安抚，令其各释前嫌，永敦和好。所有各处司铎，移由卑职焯转教丁主教，慎选妥人，安分驻扎，不得纵容仆从欺凌滋事。各夷众皆称感激，仍给与赏需酒肉，遣归住牧。昨已鸠工伐木，仿照旧式，分别赔修三处教堂。其衣物尚存者，悉数退还；遗失者，酌量估赔。均由卑职光燮就近发交司铎收领。

至夷民滋事，土司不能弹压，实属咎无可辞，拟请将巴塘正土司罗宗旺登、副土官郭宗札保各记大过三次，以示薄惩。俟三年无事，再行详请免究；并由卑职焯约会丁主教至署，详细告以查办情形，并将夷结清单给与阅看。据云此事已接司铎来信，办理妥速公允，深为欣服。以后各处教士，自当慎选，总期相安。惟查有主唆坏事之官房字识曹玉琳，务请究治，以杜后患等语。现经卑职等体察核办，附禀陈明。

刻下巴塘、盐井司铎安居无事，蟒里房屋亦饬司铎往彼监修。如以后驾驭得人，维持大局，自可长治久安，不致重烦慈廑。除由卑职等随时严饬土司管束百姓外，所有会同巴塘教案仰赖福威训诲得以速结缘由，理合联衔驰禀。[1]

○八八　黔江教案赫参赞口述四条请察夺示遵由

光绪元年三月初三日(1875年4月8日)

三月初三日，四川总督吴棠函称：月之初九日，曾肃蜀字十七号寸函，布陈巴塘教案完结及赫使到渝日期，谅荷鉴垂。兹据委员多道、川东姚道禀称：该道等与赫使会商，定期于本月初八日在公所接晤。当据该使口述四条以为要约，另折开陈，应请察夺，将如何答覆并约略数目批示祗遵等情。兹特将赫使所索各条照录，谨求察核。以玉等所见，惟第二条分别首从议定罪名，与中国律例尚属相符，自可斟酌妥办，其余三条，多有要求过当之处。而索银十五万两，尤觉骇人听闻。当即逐条议驳，并援引李节相讯结酉阳州民殴毙李国一案，以焚毁教堂，先后奏明赔偿银三万两。此次黔邑本无教堂，该司铎、教士所住房屋并未焚毁，原不应议及赔偿银两，惟中外素敦和睦，余克林被殴致毙，将来归葬之资不过数千金足矣。中国义无可辞，然亦未便苛派绅民，致滋扰累，云云。饬令该道等加意筹商，相机开导，甫经创议，似不能不力挫其锋也。知关

① 台北中研院近代史所藏：外交档案，馆藏号：01-12-131-01-005。

荩念，手肃驰陈，恪请弼安！

谨将该使所索各条开具清折，恭呈钧鉴。一、据称桂令衢亨仅予革职，不足蔽辜，必拟以军流，方能应允。一、据称正凶谢家俸必须议抵，同殴从犯，亦请照例议罪。一、据称绅士杨万象等，亦请分别议罪、议处；在逃之李渊树，仍请通缉严拿。一、据称黔江合县绅民听从阻教，可恶已极。惟人数过多，不能遍查，拟将该教所用之费及已死司铎营送回国路费以及葬费，罚令该县绅民出银十五万两，以示惩警而断将来。以上共计四条，并据声称四条之外尚有所造伪示，关系该国国王，最为紧要，一切包扫在内，是以所请之四条较逾常格。如能照此办理，他人再有异说，该使可以代担云云。合并声明。[①]

〇八九　委令多文会同川东道筹办一折谕旨知照由

光绪元年三月十七日（1875年4月22日）

三月十七日，四川总督吴棠文称：窃照本部堂于同治十三年十二月二十四日专弁附片具奏，按察使衔前贵东道多文精明稳练，堪以委令会同川东道姚觐元迅筹妥办一折，当将片稿抄录咨呈在案。兹于光绪元年二月二十八日差弁赍回原折，内开：军机大臣奉旨：该衙门知道。钦此。除行布按两司、川东道、委审局并贵东道多文钦遵知照外，相应恭录咨呈。为此咨呈贵衙门，谨请钦遵查照

① 台北中研院近代史所藏：外交档案，馆藏号：01-12-131-01-007。

施行。[①]

○九○　函述与赫参赞辩论黔江教案等情由

光绪元年三月二十三日(1875年4月28日)

三月二十三日,四川总督吴棠函称:仲春十七日,曾肃蜀字十八号寸函,布陈赫使所索各条并逐条议驳缘由,谅邀钧察。兹叠据委员多道、川东姚道禀称:该道等于前次发禀后,复经会议。二月十八日,多道复往赫使寓所,与之开说。当日即以和约所载与伊所索各条不相符合,碍难照办,反复辩论,未见允从。二十日,奉到环谕,又经该道等定期二十二日与该使会议。该使先书洋字四条,当即译出,仍与前议无异,惟赔款减去五万。该道等即将拟驳四条与之观看,据回称必如所约办理,方能了案。该道等告以中外交涉之事,总以和约为凭。遂将和约给予阅看,据称此系旧约,不能为准。复告以我处并未奉到新约,且即云旧约,何以补遗第一款不算,第三十八款又算?伊仍坚执如前。仅一议而散,连日催令看船晋省,复派人前往,设法羁留。伊终固结莫解,至二月二十九日,竟起身下船,已于月之初一日启行。现派候补知县文芳、候补县丞邹宗灏,由水路同行,沿途妥为照料;多道亦即率同委员吕丞烈嘉等由陆路赴省,面禀一切,附呈该使托寄京信一件等情。

玉等伏查此案始由范主教百计刁难,迟迟未结。迨后欲问知县桂衢亨以发遣罪名,因大局所关,未便遽从其请。今赫使复索赔款甚巨,毅然有来省之行,势难劝阻,且俟到省后,以优礼待之,以正言

① 台北中研院近代史所藏:外交档案,馆藏号:01-12-131-01-012。

导之，冀可消其桀骜，就我范围。玉等非不知要案未完必滋口食，奈川中民教仇隙已深，即竭力维持，亦难保其相安无事。若动辄绳以重法、偿以重资，要挟无休，办理愈形棘手，是以甫经开议，未能如愿而偿。一得之愚，不知有合机宜否？尚乞时加训诲，俾有遵循，是所跂祷。谨将译出赫使亲书四条，又该道拟驳四条另开清折呈览外，该使托寄罗公使信一件，敬求饬交。其前寄之函，业经转交矣。

第一条、桂衢亨罪至重该死，兹范主教求饶其命，减为充军革职，永不叙用，遇赦不能减。第二条、在逃局绅李渊树即李八老爷该死，拿住也该死。局绅杨万象现在押房坊，罪重该死，兹范主教求饶其命，减为充军。第三条、谢家俸、蔡从憘现在收监，打死余司铎，该死。其余人多，大人随便办。第四条、罚银十万两。

第一条、据称桂令衢亨仅予革职，不足蔽辜，必拟以军流，方能应允。查中外交涉事，总以和约为凭。法国和约补遗第一款内载：西林县知县张鸣凤敢将本国传教人马神父恣意杀死，本系有罪之人，应将该知县革职，并言明嗣后永不得莅任等语。是西林县恣意杀死马神父，本属有罪之人，当议约定罪时，亦只革职，并未另行科罪。兹黔江桂令于陈悰发等纠众殴毙余克林等，因不能先事预防、保护，以致酿命，比之西林县恣意杀死之案，轻重不同，照中国例则，仅能议以失察之咎，兹从重拟予革职，倘如前日所议，谓需给以军罪，则与法国和约及中国律例均相违背，碍难议准。第二条、据称正凶谢家俸必须议抵，同殴从犯，亦请照例议罪。查法国和约第三十八款内载：凡有大法国人与中国人争闹事件，或于有争闹中或一二人及多人不等、被火器及别器殴伤致死者，系中国人，由中国官严拿审明，照中国例治罪等语。是中国人与法国人争闹事件，前约已议定由中国官严拿审明，照中国例办理。今陈悰发、谢家俸等，该县已登时拿获，讯认不讳，按照中国律例，分别拟定斩绞，实与和约相符，应即办理。第三条、据称绅士杨万象等亦请分别议罪、议处，在逃之李渊树仍请通缉严拿。查黔江绅民虽据教士以协谋统凶等词呈控，叠经讯明，并无其事，亦应遵照和约第三十八款，照中国例分别发落。至在逃李渊树，已通饬严缉在案，俟缉获之日，再行办理。第四条、据称黔江合县绅民违约阻教，均有不是，惟人数过多，不能遍查，拟将该教所用之费及已死司铎营送回国路费以及葬费，罚令该县绅民出银十五万两，以示惩警而断将来。查从前酉阳州之案，因有焚毁教堂等情，故有赔偿之议。今黔邑陈悰发等仅止与余克林等口角起衅，致毙二命，别无焚毁情事，未便议及罚款。惟余克林、戴明卿二人同时毙命，情殊可悯，所有余克林、戴明卿二人埋葬之费及余克林归葬路费，自应量为酌给。去年曾与范主教议及余克林系法国人，给予埋葬等费银一千两、扶柩回国路费银五百两；戴明卿系四川人，毋庸给予路费，仍给予埋葬费一千两，兹应照给。至伪示一层，业经候补道蹇查明，并据绅士等结称，粘贴伪示之不知姓名人，查无踪迹，不知何人所作，亦未听系教民粘贴在案，应照匿名帖拟结。查匿名帖，中国例不究办，应毋庸议。[①]

○九一　筹办黔江教案仍在渝城议结等情由

光绪元年五月十六日（1875年6月19日）

五月十六日，四川总督吴棠函称：四月十七日，接奉川字一百三号钧函，祇承一一；并罗使托寄赫参赞之信，当即转交。维时正

---

① 台北中研院近代史所藏：外交档案，馆藏号：01-12-131-01-013。

与赫参赞开议之初，未敢率行裁答，而再三辩论，终难就我范围。委员多道、吕丞虽与偕来，必得集思广益，复添派同知李忠清、知县潘贻薪、葛起鹏帮同筹办。直至十月二十六日，忽来函道谢辞行，意似怫然而去。玉等仍力持镇定，量予通融。次午，范主教邀请委员，再行面议，犹坚执桂令罪名之说，故事哓哓。因权其利害轻重，在桂令原无足惜，而显违条约，于心窃有未安。乃向委员等密授机宜，动之以利。于二十九日赫使等登舟后，甫得共同议定四条，各自画押，并盖用洋字图章，以昭信实。三十日，赫参赞送来照会，随即解缆开行，已备文令委员带交，请其仍在渝城结案，和好永敦。兹将照会、议单录呈览核。此次革员成硕一同入川，经玉等督饬委员多方驾驭，尚知要好，不敢生心，堪以告纾荩念。惟索资稍巨，将来详结奏咨之日，拟仅声明埋葬银一千五百两，余均在外筹销，是否尚求训示外，赫参赞托寄罗使信一件，到时并乞饬交。肃此驰布，恪请弼安！伏祈亮察不庄。

照录钞单：大法钦命副使全权参赞大臣赫，为照会事。兹于本月二十九日，会同奏派、委派各员，将黔江县民谢家俸等杀毙司铎一案并该县桂令罪名，公同商拟四条，今将同立单抄录呈阅，伏乞示覆。查此案延宕二十月之久，中外均望速结，以期民教相安而副两国友谊永远敦笃，惟贵将军、部堂与本参赞必同为此厚望也。须至照会者。今将会议黔江县桂令衢亨任内民人谢家俸等殴毙司铎余克林、戴明卿一案，公同筹商妥协，议定四条，彼此遵照拟结，列后存据。一、黔江县桂衢亨前经赫参赞原议有重罪，当受重罚。今范主教求宥，公同会议，拟请革职，永不叙用，委员伴送回籍，交地方官严加管束。局绅李渊树（即李渊镜，又号李八老爷）、杨万象，罪重该死，范主教求饶其命，公议改为充军。一、谢家俸、陈悰发、蔡从憘、郑双荃，均照例定罪，即将陈悰发斩、谢家俸绞。一、公同会议茔葬银一千五百两，又桂衢亨赎罪银三万八千五百两整，俱照渝平票色，定于五月赴渝，结案后交银一万两。其余三万两，议定本年十月、光绪二年八月、三年三月，如期分给。

抄呈会覆法国赫参赞照会：为照会事。四月三十日，准贵参赞照会，并将公同商拟四条钞单，呈乞示覆等因。查此案延宕二十月之久，中外均望速结。兹既经贵参赞会同委员多道等公同筹商妥协，议定四条，彼此遵照拟结，以期民教相安，而副两国友谊永远敦笃。本将军、部堂与贵参赞同此厚望。除札行川东姚道、委员多道等知照外，相应照会贵参赞，请烦查照，仍赴渝城，与姚道、多道等，即按议定四条，迅速结案可也。①

○九二　议结黔江教案情形并抄寄议单一纸由

光绪元年八月初四日(1875年9月3日)

八月初四日，成都将军魁玉、四川总督吴棠函称：六月十一日，接奉川字一百五号钧函，以原立议单拟罪、赎罪字样与体制有乖，令即咨送，随时酌量办理等因。捧诵之余，莫名惶悚！查议单前经委员带赴渝城结案，留存道署，当即缄致川东姚道封固递交，并以此案系范主教一力主持，所立议单又有付银数目、日期，恐另存该主教之手。计人犯由道解司审转尚需时日，复密属姚道设法斡旋，如能就近索还，更觉泯然无迹。兹据该道转据巴县知县李玉宣、教绅金含章禀称：连日前往会晤，多方钩致。范主教语颇含糊。本月

① 台北中研院近代史所藏：外交档案，馆藏号：01-12-131-01-020。

初七日，复行前往，谈及议单一层，据范主教面称：顷接京信，赫参赞业已到京，刻又前往天津。所立议单，总署现又不依，还是我们上当。该绅又诘以议单如何写法，请出一观。范主教云原件已为赫参赞带去。察其请词，尚非虚伪等语。兹特将递到议单一纸，遵谕寄呈，即祈随时酌量办理。惟念此案定议时已在赫参赞登舟之后，又系该教自行缮写，事涉匆忙，未及细加检点，致烦荩念，悚愧弥增！疏忽之愆，尚求涵宥。至无名揭帖二纸，其绘有人像一纸，系于四月间据洪主教片称，近有好事之徒，在于合州南充县地方刊印张贴。当饬川东、川北两道督饬该州县，密查严禁。嗣不闻该教别滋异说，自可相安。另一纸系赫参赞函送。方其初抵省垣之际，范主教派令教民顶冠束带，为之引导，观者如赌〔堵〕，势颇汹汹。沿街间有揭帖。玉等一面谕饬成都府县妥为禁止，一面派队弹压巡查，见即销毁，幸获保全无事。川中以边要之区，民情浮动，且传教与通商迥别，调护维持，大非易易。惟有督饬地方官尽心体察，实力防闲，以仰副怀柔之至意。肃此，恪请弼安！惟祈亮察不庄。魁玉、吴棠谨肃。

再肃者，案据川东姚道禀称：五月初七日，赫参赞舟抵渝城，先遣学习汉话生白藻赍前来道谢，声称案已议结，赫参赞亦即互相过从。初十日，遂扬帆东下。迟之又久，范主教始遣教民郭怀仁、麦忠廷等赴署，请领银两，所具洋字图记收条存案。旋即会同委员多道，督饬委员候补同知吕烈嘉、巴县知县李玉宣等，提集犯证，逐加审讯，按律定拟，取结完案；并由该道覆提招犯谢家俸等亲讯，咨解臬司审转前来。玉等当即亲提覆讯，与原供相符，应即照所拟办理。惟黔江县知县桂衢亨于民教交涉事件并不细心筹画，以致酿成巨案，实属办理乖谬，刻已据实具奏，请旨将摘顶撤任知县桂衢亨革职,永不叙用;仍勒令回籍,不准逗留川省;并将全案招供咨呈冰案,暨咨刑部查核。至折内仅奏明酌给埋葬银一千五百两,余款在外筹销,缘上次议结酉阳教案,饬据川东道查覆,于议结银三万两之外,亦有在外筹销银两,是以仿照办理。合并声明。所有议结黔江教案缘由,除咨呈外,再肃驰布,统祈垂鉴不宣。魁玉、吴棠谨再肃。

再肃者,正在封函间,复奉钧函并揭帖一纸,均已聆悉。查此件亦系赫参赞初到省垣,曾据缄请查办,追饬该管地方官谕禁之后,赫参赞驻省多时,旋即寝息。玉等非不知匿名揭帖无补事机,徒滋口实,无如川省人情浮动,惯喜造言,不独于洋人有然,而洋人尤其所痛心疾首者也。再肃布覆,统乞鉴垂。魁玉、吴棠谨又肃。

照录议单:谨将会议黔江县桂令衢亨任内民人谢家俸等殴毙司铎余克林、戴明卿一案,公同筹商妥协,议定四条,彼此遵照拟结,列后存据。一、黔江县桂衢亨前经赫参赞原议有重罪,当受重罚。今范主教求宥,公同会议,拟请革职,永不叙用;委员伴送回籍,交地方官严加管束。一、局绅李渊树(即李渊镜,又号李八老爷)、杨万象,罪重该死,范主教求饶其命,会议改为充军。一、陈悰发、谢家俸、蔡从憘、郑双荃等,均照例定罪,即将陈悰发斩、谢家俸绞。一、公同会议茔葬银一千五百两,又桂衢亨赎罪银三万八千五百两整,俱照渝平票色,定于五月赴渝,结案后交银一万两。其余三万两,议定本年十月、光绪二年八月、三年三月,如期分给。川东道姚,前贵东道多,候补军粮府吕、李,候补县正堂葛、潘,法国参赞赫。合同和好。光绪元年四月二十九日。[1]

---

① 台北中研院近代史所藏:外交档案,馆藏号:01-12-131-01-029。

○九三　咨报黔江教案议结情形抄录结稿并原奏由

光绪元年八月初四日(1875年9月3日)

八月初四日，成都将军魁玉、四川总督吴棠文称：据署布政使英祥、署按察使傅庆贻详：案奉本将军、部堂批饬，提审黔江县民陈悰发、谢家俸等各殴伤法国司铎余克林、教士戴明卿各身死一案，今即移道审办等因。当经转移去后。咨准川东道姚觐元移称：据黔江县桂衢亨任内，同治十二年七月十四日，据巡役胡顺等禀称：本日早，查得县民陈悰发因不愿从教，与法国司铎余克林等争角抓扭，当喊谢家俸等帮殴泄忿，将余克林、戴明卿追至河坝，共殴致伤身死，禀验缉究等情。并据约邻萧清敏等报同前由，当督差团拿获陈悰发、谢家俸、蔡从憘、郑双茎并黄贵喜、罗么哥六人到案；随带刑仵前诣，勘得县城南关外有河沟一道，约宽五六丈，水有深浅不等。两岸均属沙坝，河心有沙洲一块。余克林尸卧沙洲，戴明卿尸卧水浅处所，并未淹没。两尸上下相距五尺余远。河内乱石丛杂。勘毕饬令移尸平地，如法相验。

据仵作许廷元验报：已死余克林约年五十余岁，仰面致命，额颅相连右额角一伤，尖圆三寸五分；右额角相连右太阳穴一伤，尖圆四寸五分，不致命左腮颊相连颔颏一伤，尖圆三寸二分，揣内骨俱损，均紫红色，俱系石块伤。下唇吻一伤，尖圆一寸五分，皮破血出，痕口不齐，系石尖伤。右胳膊一伤，尖圆二寸八分。右手腕一伤，尖圆一寸八分，揣右骨损。右肋一伤，尖圆三寸五分。均紫红色，俱系石块伤，合面不致命。发际一伤，斜长一寸二分，宽四分，深二分，皮破血出，痕口不齐，系石尖伤。左胳膊相连三伤，各围圆三寸二分。右胳肘一伤，尖圆二寸二分。左腿相连二伤，上一伤尖圆一寸八分，下一伤尖圆二寸二分，均紫红色，俱系石块伤，余无故。实系受伤身死。

又，验得已死戴明卿，年四十余岁，仰面致命，偏左相连三伤，上一伤尖圆二寸六分，中一伤尖圆二寸，下一伤尖圆二寸六分。偏右相连二伤，上一伤尖圆一寸六分，下一伤尖圆三寸。囟门相连三伤，第一伤尖圆一寸八分，第二伤尖圆一寸二分，第三伤尖圆三寸四分。额颅相连二伤，左一伤尖圆一寸二分，右一伤尖圆一寸五分。左额角一伤，斜长一寸三分。左太阳穴一伤，尖圆二寸一分。右太阳穴相连二伤，各尖圆一寸二分，不致命。左眉丛一伤，尖圆一寸四分，均皮破血出，深抵骨致命。左耳窍一伤，尖圆二寸六分，皮破血出，抵骨，骨损。右耳窍一伤，尖圆一寸六分，皮破血出，深抵骨，均痕口不齐，俱系石尖伤，不致命。左膝一伤，尖圆一寸二分，紫红色，系石块伤，合面不致命。发际一伤，尖圆二寸八分，皮破血出，深抵骨，痕口不齐，系石尖伤。左后肋相连二伤，上一伤横长一寸九分，下一伤横长一寸七分，各宽三分，均紫红色，俱系竹烟杆伤，余无故。实系受伤身死。报毕，逐加亲验无异。凶器石块丢弃。饬取竹烟杆，比伤相符。填格取结，尸令棺殓。

随讯据陈悰发供：黔江县人，年四十一岁，父母都故，并没弟兄，娶妻崔氏，生有子女，向开剃头铺生理，与法国司铎余克林先不认识。同治十二年闰六月十二日，教士张紫兰来县，私买房屋。七月初五日，余克林与教士戴明卿又到，同住屈永顺店内，就要建堂传教。县民因知酉阳、彭水从前初设教堂，民间受累，都不愿奉教。十三日，余克林们向小的家看买房屋不允，劝令从教不愿，口角各散。

十四日早，小的路过县署西栅门首，撞遇张紫兰先行进署，余克林、戴明卿在后走来。小的怕被控害，当把余克林们拦住，查问进衙何事。余克林们斥骂多管，小的回骂，致相抓扭。小的气激，见谢家俸、蔡从憘同路走来，当喊帮打出气。余克林、戴明卿就向南门跑走，小的与蔡从憘赶到河心沙洲，把余克林赶着。小的拾石打了余克林下唇吻、胳膊各一下。余克林脚踢，小的打他左腿两下。余克林举拳打来，小的闪侧，打他右肋、左胳肘各一下。蔡从憘也拾石块打他几下，并把他发辫扯落，侧跌倒地。弃发走开。余克林卧地辱骂，并说日后定要报官，把小的治死。小的一时气忿，顿起杀机，又用石块连向狠打，伤着他右手腕、右腮颊、额颅、囟门，当就身死。那时，戴明卿也被谢家俸、郑双荃打伤倒地。汤毛拢救不及，不一会，戴明卿因伤身死。并没起衅别故即另有在场帮殴的人。石块已经丢弃是实等供。并讯据约邻萧清敏、彭映瑞干证，汤毛、黄贵喜、罗么哥帮殴。郑双荃、蔡从憘正凶。谢家俸亦供认不讳。当经填格录供通报。既据司铎梁乐益等以桂衢亨原验余克林等尸伤未确控道，禀奉本将军、部堂批准，饬委涪州知州濮文升，会同卸署彭水县候补同知张超，于同治十三年正月十七日驰赴黔江县殡尸处所，饬令揭开余克林查看，该尸仅脑后、右手腕微有腐坏，其余周身皮肉干枯未化，发辫生前扯落无存。梁乐益等恳请起验。饬令舁尸平地，眼同原告，如法相验。

据仵作刘一元验报：已死余克林问年三十六岁，仰面致命，囟门近右相连右额角、右太阳穴一伤，尖圆八寸五分；额颅一伤，尖圆一寸八分，不致命。右腮颊相连右颔颏一伤，尖圆二寸八分，俱揣内骨损，均紫红色，俱系石块伤。下唇吻一伤，尖圆一寸二分，深抵骨，骨损，痕口参差有血污，系石尖伤。右胳膊一伤，尖圆一寸八分。右手腕一伤，尖圆一寸六分，揣内骨损，皮肉微腐。右肋一伤，尖圆二寸六分，紫红色，俱系石块伤，合面致命。脑后一伤，尖圆二寸八分，深抵骨，骨损，皮肉微腐，痕口参差有血污，系石尖伤，不致命。左臂膊相连三伤，第一伤斜长二寸八分，第二、三伤各斜长一寸八分，各宽三分。右胳肘一伤，尖圆一寸六分。左腿相连二伤，各尖圆三寸二分，均紫红色，俱系石块伤，余无故。实系因伤身死。报毕，亲验无异，填格取结，尸仍棺殓。查桂衢亨原验：仰面致命，额颅相连右额角一伤，尖圆三寸五分。右额角相连右太阳穴一伤，尖圆四寸五分，揣内骨俱损。今覆验额颅一伤，尖圆一寸八分，骨损，并未相连右额角。其右额角相连太阳之伤，原验漏填“囟门近右”四字，八寸五分误写四寸五分。又现验合面致命。脑后一伤，尖圆二寸八分，骨损。原验误填为发际斜长一寸二分，并漏注骨损。其余各伤分寸与原验微减。诘据仵作刘一元面称：余克林去秋七月被殴身死，天上暑热，尸身胀变，伤痕分寸自宽。今日久皮肉干缩，分寸自短等语。次日，揭开戴明卿棺盖查看，该尸皮肉腐化，仅存髑髅，未便掇动。梁乐益等不忍尸遭蒸检，甘愿结请免验。仍饬将棺封闭，据实通禀。奉本将军、部堂批饬本道，督饬署酉阳州罗守，提集人证，研讯详情等因。该州提审各供无异，将陈悰发拟斩监候，谢家俸拟绞监候，蔡从憘、郑双荃各拟杖一百，札委差员候补从九吴辅元，解由黔江县转解本道提审，于四月初七日，该县派拨兵役，将各犯管解来渝招审。讵初八日，该犯陈悰发行至黔江石塌铺地方，因食葱蜜，毒发身死。该县禀由本道檄饬酉阳州，就近委员验报。旋据邻封署彭水县知县庄定棫详称：遵即带领刑仵，驰指黔江县属石塌铺地方，准鲍庆移送人卷前来。随诣尸所，舁尸平地，开脱刑具，如法相验。

据仵作孟开元验报：已死陈悰发，查年四十一岁，仰面，面色微青，眼闭；上下唇吻微青色；谷道粪污。用银针先后探入咽喉、谷道，用纸密封，良久取出，俱青黑色，用皂角水擦洗不去。谷道针上之色，洗之即去，余无故。实系服食葱蜜，致毒身死。报毕，亲验无异，饬令将蜜罐查验，内余蜂蜜少许，随令封固，填格录供通报，奉批核入正案拟办。本将军、部堂由驿具奏，奉朱批：吴辅元着即行革职，罗亨奎、鲍庆均着交部议处。此案为日已久，尚未讯结，着魁玉、吴棠督饬姚觐元，亲提解到犯证，详细研鞫，迅速持平妥办，毋再迁延。钦此。转饬遵照在案。当经本道督同委员吕烈嘉等，提审该犯谢家俸等，各供均与原详情节不甚符合，且风闻贡生李渊树、文生杨万象有原谋计殴情事。复经本道札饬该县解归审办去后。兹据该县将文生杨万象申解前来，并称贡生李渊树在途潜逃，仍差缉务获，再行解审等情。据此，本道督同委员候补班前先补用同知吕烈嘉、候补同知李忠清、即补知县葛起鹏、候补知县潘贻薪、补用同知直隶州知州丁寿臻、补用通判孔广业、补用知县余恩鸿、巴县知县李玉宣，提集全案人证，逐加研讯。据约邻萧清敏、彭映瑞供：同治十二年七月十四日早，听闻陈悰发们在河街与司铎余克林、教士戴明卿滋闹，小的们忙拢查看，见戴明卿已被谢家俸们在河坝殴伤倒地。查问情由，戴明卿说他左耳窍一伤疼痛得很。不一会，戴明卿因伤死了。又见余克林被陈悰发们在沙洲殴伤身死。小的们协同巡役赴县报验的是实。

据汤毛、黄贵喜、罗么哥供：同治十二年七月十四日早，小的们路过河边，看见谢家俸们与教士戴明卿打架，小的们忙拢拉劝，戴明卿已被谢家俸们打伤倒地。约邻萧清敏们也就拢劝，来问情由。

不一会，戴明卿因伤身死了。又见司铎余克林在沙洲被陈悰发打死。约邻们赴县报验，小的们救阻不及是实。

据长解谢溃供年五十五岁，马玉供年四十六岁，短解罗沅供年四十岁，陈俸供年三十六岁，目兵李定国供年二十八岁，简家声供年二十九岁。又据同供：俱系黔江县兵役。同治十三年四月初七日，蒙派小的们管解招审斩犯陈悰发赴彭水县交替。陈悰发原带瓦罐一个，内装蜂蜜，说他咳嗽冲服。小的们也不理会。走到黔江县石塌铺地方，投宿店内。陈悰发说他感冒风寒，要葱发汗。小的谢溃因葱是常食之物，就把生葱熬水给他。小的们各自出外吃饭、睡宿。三更过后，听闻陈悰发呕吐，申喊肚痛。小的谢溃起身拢看查问，陈悰发才说他已办重罪，不如早死，免得受苦。从前听得人说，葱蜜同食，毒发必死。他把葱蜜一同吞食毒发所致。小的们一同起来，灌救不好。到初九日下午，陈悰发毒发死了。禀明本官，转禀蒙委彭水县官验讯详报的。小的们失于防范，并没凌虐的事，具结是实。

据蔡从憘供：黔江县人，年二十五岁，平素小贸营生。同治十二年七月十四日早，素识的贡生李渊树来说：文生杨万象因法国司铎余克林率同教士戴明卿、张紫兰来县，要买房屋，建堂传教，心不甘愿，起意把余克林痛打一顿，使知怕惧，不敢再来。他已允从，纠邀小的与素识的陈悰发、谢家俸、郑双荃，同往帮打，小的应允。一路走到河街，见余克林、戴明卿、张紫兰三人走来，李渊树招呼动手。张紫兰先自逃走。陈悰发上前向余克林斥说不该买房建堂传教，抓扭，余克林挣脱跑逃。陈悰发与小的随后追到河心沙洲，把余克林赶上。陈悰发拾石打他几下，小的也拾石打他右臂膊三下。余克林弯身拾石，小的用石打他脑后一下，丢弃石块，揪住余克林发辫掀按。余克林极力挣扎，把发辫扯落，侧跌倒地。小的弃发河内，各自走开。不知陈悰发怎样因余克林卧地辱骂，又用石把他打伤，当就身死。并没起衅别故及另有帮殴的人。石块已经丢弃。那时，谢家俸们已把戴明卿殴伤身死是实。

据郑双荃供：黔江县人，年二十七岁，平日小贸营生。同治十二年七月十四日早，素识的贡生李渊树来说：文生杨万象因法国司铎余克林率同教士戴明卿、张紫兰来县，要买房屋，建堂传教，心不甘愿，起意把余克林痛打一顿，使知怕惧，不敢再来，他已允从。纠邀小的素识的陈悰发、谢家俸、蔡从憘，同往帮打。小的应允。一路走到河街，见余克林、戴明卿、张紫兰三人走来，李渊树招呼动手。张紫兰先自逃走。陈悰发上前向余克林斥说不该买房建堂传教，抓扭余克林要打，余克林挣脱跑逃。戴明卿拢来拉劝，谢家俸斥他帮护，上前抓扭，戴明卿就向南门外逃走，正由水浅处过河，小的赶上，拾石打他发际一下。谢家俸也就赶拢，用竹烟杆向打。他转身来夺，小的又打他左肩丛、左膝各一下。戴明卿夺过烟杆乱打，小的用石把烟杆格落，打他囟门三下、额颅两下。谢家俸接石过手，把戴明卿打伤倒地。汤毛们拢劝不及，不一会，戴明卿因伤身死了。并没起衅别故及另有帮殴的人。石块已经丢弃。那时，陈悰发们已把余克林打死是实。

据文生杨万象供：年四十七岁，父亲已故，母亲张氏现年八十岁，并没弟兄。娶妻彭氏，没生子女。与法国司铎余克林、教士戴明卿先不认识。同治十二年七月十四日早，会遇素好的贡生李渊树，说起司铎余克林率同教士戴明卿、张紫兰来县，要买房屋，建堂传教，心不甘愿，文生起意把余克林痛打一顿，使他怕惧，不敢再来。李渊树允从，说他再纠素识的陈悰发、谢家俸、蔡从憘、郑双茎,同往帮打,各自走散。文生也就回家一转,连忙赶拢,走到河边,见余克林、戴明卿各被陈悰发、谢家俸们殴伤身死,文生急忙回家躲避,不敢做声。巡役们禀明本官验讯详报的。今蒙提审,文生实只起意原谋把余克林痛打,不知陈悰发如何起意把余克林打死,并谢家俸们又把戴明卿共殴身死,文生并不在场。至父亲只生文生一人,并没以次成丁,也没弟兄子侄出继可以归宗,及本身为人后的事是实。

据谢家俸供:黔江县人,年六十一岁,父母俱故,并没弟兄,娶妻刘氏,生有两女,平素裁缝手艺,与教士戴明卿先不认识。同治十二年七月十四日早,素识的贡生李渊树来说:文生杨万象因司铎余克林率同教士戴明卿、张紫兰来县,要买房屋,建堂传教,心不甘愿,起意把余克林痛打一顿,使知怕惧,不敢再来,他已允从。纠邀小的与素识的陈悰发、蔡从憘、郑双茎,同往帮打。小的应允。一路走到河街,见余克林、戴明卿、张紫兰三人走来,李渊树招呼动手。张紫兰先自逃走。陈悰发上前向余克林斥说不该买屋建堂传教,抓扭余克林要打,余克林挣脱跑逃。戴明卿即拢来拉劝,小的斥他帮护,上前抓扭,戴明卿就向南门外逃走,正由水浅处过河,郑双茎赶上,拾石把戴明卿打伤。小的也赶到,用竹烟杆打了他左后肋两下。戴明卿夺过烟杆乱打,郑双茎又打他几下。小的接石过手,打了他偏右、右太阳穴各两下、右耳窍一下。戴明卿抓住小的衣襟,碰头拼命。小的打他偏左三下、左额角、左太阳穴各一下,戴明卿仍不放手。小的挣不脱身,一时情急,用石吓打,伤着他左耳窍,松手倒地。汤毛们拢劝不及,不一会,戴明卿因伤死了。并不是有心致死,也没起衅别故及另有在场帮殴的人。石块已经丢弃。那时,陈悰发们已把余克林打死是实各等供。

据此，正叙详招解间，即据巴县详称：光绪元年三月十八日，黔江县长解谢溃因病保店，调治不愈，至四月二十二日午后，因病身死。随带刑仵前诣，如法相验。据仵作杨俸验报：已死谢溃，查年五十五岁，仰面，面色黄，眼口微开，两手微屈，肚腹低陷，两脚伸，合面，两脚心俱黄色，周身黄瘦，余无故，实系患病身死。报毕，亲验无异。填格取结，尸令棺殓，录供通详。兹据巴县覆加研讯，据医生周汇泉供：光绪元年三月十八日，蒙拨医生到店，与黔江县长解谢溃看病，医生诊他脉息，患的是虚弱病症，按方用药，与他调治不好，到四月二十二日午后，因病身死。今蒙覆讯，并没别故，具结是实。据保户刘洪发、看役张清供：光绪元年三月十八日，黔江县长解谢溃患病，蒙交小的刘洪发保店，小的张清看守，拨医与他调治不好，到四月二十二日午后，因病身死。今蒙覆讯，并没凌虐的事，具结是实各等供，即由巴县取结到道，经川东道姚觐元将该犯谢家俸依律拟绞监候，移解到司。本署司提犯亲讯，除犯供与道委审相同不叙外，该署四川布政使英祥、按察使傅庆贻审看得黔江县民陈悰发、谢家俸等，听从纠殴法国司铎余克林、四川教士戴明卿各身死，并陈悰发中途畏罪自尽一案，缘陈悰发、谢家俸均籍隶该县，与司铎余克林、教士戴明卿先不认识。同治十二年七月十四日早，该县文生杨万象会遇该县在逃之贡生李渊树，谈及司铎余克林率同教士戴明卿、张紫兰来县，要买房屋，建堂传教，心不甘愿。杨万象起意将余克林痛殴一顿，使知畏惧，不敢再来。李渊树允从，并称再纠素识之陈悰发、谢家俸等，同往帮殴，各自走散。李渊树即往向陈悰发、谢家俸、蔡从憘、郑双荃，告知帮殴情由，纠允一路，行至河街，见余克林、戴明卿、张紫兰三人走至。李渊树招呼动手，张紫兰先自逃走。陈悰发向余克林斥其不应买房、建堂传教，抓扭余克林欲殴。余克林挣脱跑逃，陈悰发、蔡从憘随后追至河心沙洲，将余克林赶上。陈悰发拾石殴伤其下唇吻、右胳膊，余克林举脚向踢，陈悰发殴伤其左腿。余克林用拳向殴，陈悰发闪侧，殴伤其右肋、右胳肘。蔡从憘亦拾石连殴伤其左臂膊，余克林弯身拾石，蔡从憘殴伤其脑后，丢弃石块，揪住余克林发辫掀按。余克林极力挣扎，将发辫扯落，侧跌倒地。蔡从憘弃发河内，各自走开。余克林卧地辱骂，并说日后定要报官将陈悰发等治死。陈悰发一时气忿，复用石块连殴，伤其右手腕、右腮颊、额颅、囟门。余克林当即身死。先时，戴明卿拢向拉劝，谢家俸斥其帮护，上前抓扭，戴明卿即向南门外逃走，正由水浅处过河，郑双荃追及，拾石殴伤其左膝。谢家俸赶拢，用烟杆向打，戴明卿夺过烟杆乱殴，郑双荃用石将烟杆格落，连殴伤其囟门。谢家俸接石过手，殴伤其偏右、右太阳穴、右耳窍。戴明卿抓住谢家俸衣襟，碰头拼命。谢家俸连殴，伤其偏左、左颅角、左太阳穴，戴明卿仍不释手。谢家俸挣不脱身，一时情急，用石吓殴，伤及其左耳窍，松手倒地。汤毛等拢劝无及。约邻萧清敏等亦即拢前查问。戴明卿即称其左耳窍一伤疼痛得很，移时戴明卿因伤殒命。约邻等又见余克林被陈悰发等在沙洲殴毙。维时，杨万象回家，一转赶拢，查见即行转归躲避，不敢出声。约邻等协同巡役，报经黔江县桂衢亨获犯，验讯通详，奉批提审。复据司铎梁乐益等以桂衢亨原验余克林等尸伤未确控道，禀委涪州濮文升、卸署彭水县张超覆验，取结通详，即由酉阳州审解，并委员候补从九吴辅元管解回至黔江县，照例派拨兵役护解。行至该县石塌铺地方，投宿店内。讵该犯陈悰发畏罪，私食葱蜜，毒发致毙。报经黔江县鲍庆禀道，檄饬酉阳州就近委署彭水县庄定槭诣验，填格讯详。复奉批道提审兵役，核入正案拟办。续据黔江县将文生杨万象解道，同路贡生李渊树在途潜逃。除札饬严缉外，兹准川东道审拟移解前来等〈情〉。本署司等提犯亲讯，据供前情不讳，诘非预谋致死及起衅别故，亦无另有帮殴之人。兵役人等更无知情及凌虐情弊。案无遁饰。

查例载：故杀者，斩监候。又，同谋共殴人，因而致死，下手致命伤重者，绞监候；原谋不问共殴与否，杖一百，流三千里。余人杖一百。又例载：同谋共殴人，伤皆致命，当时身死以后下手重者，当其重罪。又例载：狱囚失于检点，致囚自尽者，狱卒杖六十各等语。此案陈悰发、谢家俸等听从文生杨万象等，因司铎余克林买房建堂传教，心不甘愿，纠往痛殴，使知畏惧，不敢再来。陈悰发与蔡从憘将余克林殴伤后，复因辱骂，迭殴致毙，实属故杀。谢家俸与郑双荃因教士戴明卿拉劝斥护，将其共殴身死，系属斗杀。各毙各命，自应各科各罪。陈悰发合依故杀者斩律，拟斩监候，照例刺字。业已畏罪自尽，应毋庸议。查戴明卿身受各伤，先被郑双荃所殴致命。囟门、额颅各伤，均系皮破，并不为重。惟后被谢家俸殴伤左耳窍骨损，即时倒地，且死者生前亦称此伤疼痛，其为因此致死无疑，应以谢家俸当其重罪。谢家俸合依共殴人当时身死以后下手重者当其重罪例，下手致命伤重者绞律，拟绞监候。文生杨万象因余克林等买房建堂传教，事不干己，辄敢同贡生李渊树纠殴，致死二命，一斗一故，情节较重，若照寻常原谋拟以满流，似觉无所区别，应请从重量加问拟。杨万象应革去文生，合以原谋不问共殴与否杖一百、流三千里律上量加一等，拟发附近充军，到配折责安置。据供亲老丁单，是否属实，应饬该县查明取结，另文详办。李渊树查系黔江县贡生，不候解审，在途潜逃，将来拿获，应照原谋律杖一百、流三千里例，上加逃罪二等，拟发近边充军。该犯谢家俸、杨万象等均事犯在同治十三年十一月十五日恩旨以前，招解定案在后，毋庸查办。复逢光绪元年正月二十日恩赦，核其情节，不在不准援免之例，应予援免，后再有犯，加等治罪。李渊树应免缉拿。蔡从憘、郑双荃所拟杖罪，应予援免。解役谢溃等讯无凌虐情事，惟不小心防范，致令斩犯陈悰发服食葱蜜自尽，实属失于检点。长解谢溃、马玉、短解罗沅、陈俸、目兵李定国、简家声，均比照狱囚失于检点致囚自尽者杖六十律，各拟杖六十。均事犯赦前，所得各杖罪均准援免，仍分别革役、革伍。惟谢溃已在巴县保店病故，应与讯无凌虐之保户人等均毋庸议。除由道檄饬黔江县详革李渊树贡生，照例通缉，并将杨万象文生详革，其余人证同卷宗发回，分别保候省释外，各尸棺分别饬属领埋，凶器竹烟杆及蜜罐饬存县库，案结销毁。凶器石块，据供丢弃，无凭解验。

至该县桂衢亨不将原谋实情审出，例应议处。所有不能审出实情职名系黔江县知县桂衢亨，相应附参。至署酉阳直隶州知州候补知府罗亨奎、署黔江县知县鲍庆，均议降一级留任，系公罪，例准抵消。事在同治十三年十月初十日恭逢恩旨以前，应行宽免。是否允协，理合连犯解候亲审核奏。至现供情节与初报稍有不符，并将无关紧要口供情节一并删正。至张紫兰先因赴京，至今未回，案已讯结，不及取供。合并声明。等情。据此，随经亲体覆讯无异。除察核具奏并分咨外，相应咨呈，为此咨呈贵衙门，谨请查照施行。（原奏详见八月初八日军机处交出成都将军魁玉、四川总督吴棠抄折）①

① 台北中研院近代史所藏：外交档案，馆藏号：01-12-131-01-030。

○九四　函报黔江教案现已定拟请准议结等情由

光绪元年八月初八日(1875年9月7日)

八月初八日，军机处交出成都将军魁玉、四川总督吴棠折称：奏为黔江教案现已筹商定拟，恳恩准予议结，并请旨将办理乖谬、业经摘顶撤任之知县革职，永不叙用，恭折仰祈圣鉴事。

窃臣等曾将教士被殴致毙、凶犯已获，并查明黔江民教起衅实情，覆验讯供各缘由，先后奏明在案。嗣准总理衙门来咨，转准法国使臣罗淑亚照称：该馆参赞赫捷德，现有川省之游，跟带学习汉话生白藻赍为伴等语。复经奏派按察使衔前贵东道多文，会同川东道姚觐元，迅筹妥办。该参赞赫捷德于正月二十三日，由委员候补县丞邹宗灏迎护抵渝，与该道多文、姚觐元，再四会商。该参赞仍坚持主教范若瑟原议，必欲定知县桂衢亨发遣罪名，且索银十五万两，继又减为十万两。该道等反复辩论，据约力争，伊终固执如初，迄无成说，至二月二十九日，起身下船。前贵东道多文等先期进省，参赞赫捷德等溯流而上，于四月初旬，甫抵省垣。主教范若瑟为之前导，各处教士亦皆接踵而来。川中民气浮嚣，每于该参赞出门之际，观者如堵，势颇汹汹。

臣等一面谕饬成都府县严行禁止，一面派兵弹压巡查，幸获相安无事。而范若瑟暗中主持，以官绅罪名为辞，必餍其欲而后已。又经臣等添委妥员，再三开导，赫捷德置若罔闻，四月二十六日，忽来函道谢辞行，意似怫然而去。次日，范若瑟邀请委员，再行面议，明为昭雪，暗实要求。因权其利害重轻，从中区处。二十九日，赫捷德等登舟后，该委员等与范若瑟同至舟中，甫得公同议定，酌给埋葬银一千五百两。此外，尚有应用款项，拟请在外筹销。三十日，赫捷德等随即解缆开行。当饬委员等与之偕往，令其仍在渝城结案，和好永敦。兹据前贵东道多文、川东道姚觐元禀报：五月初七日，该参赞等舟抵渝城，先遣学习汉语生白藻赍为伴等，前来道谢，声称案已议结。参赞赫捷德亦即互相过从。初十日，遂扬帆东下。主教范若瑟遣教民郭怀仁、麦忠廷等，赴署请领银两，取具洋字图记、收条存案。

兹据委员候补同知吕烈嘉、巴县知县李玉宣等禀称：遵即提集犯证，逐加审讯。缘该县附生杨万象，会遇该县在逃之贡生李渊树，谈及司铎余克林、教士戴明卿、张紫兰来县置买房屋，建堂传教，心不甘愿。杨万象起意将余克林痛殴一顿，使知畏惧，不敢再来。李渊树允从，纠约陈宗发、谢家俸、蔡从憘、郑双荃，同往帮殴。陈宗发、谢家俸各将余克林、戴明卿殴毙，蔡从憘、郑双荃均在场，各有殴伤。再三研诘，矢口不移。并非预谋致死及起衅别故。将陈宗发照故杀律，拟斩监候，业已畏罪自尽，应无庸议。谢家俸按照下手致命伤重律，拟绞监候。附生杨万象谋同贡生李渊树，纠殴致毙二命，一斗一故，情节较重，应请量加问拟，革去附生，按照原谋满流上量加一等，拟发附近充军。据供亲老丁单，请饬该县查明取结，另文详办。李渊树不候解审，在途潜逃，将来拿获，应照原谋律满流上，加逃罪二等，拟发近边充军。蔡徒憘、郑双荃均依余人律，拟仗一百。其余无干人证，应请省释。两造人等均皆悦服，具结完案，禀乞核转等情。该道多文、姚觐元覆核无异，并由川东道覆提招犯谢家俸、杨万象，亲讯咨解臬司审转前来。

臣等当即亲提覆讯，与原供相符，应即照所拟办理。惟黔江县知县桂衢亨，于民教交涉事件，并不细心筹画，以致酿成巨案，实属办理乖谬。相应请旨，将摘顶撤任黔江县知县桂衢亨革职，永不叙用。仍勒令回籍，不准逗留川省，以示惩儆。除将全案供招咨呈总理衙门暨咨刑部外，所有黔江教案现已筹商定拟、恳恩准予议结缘由，谨合词恭折具陈，伏乞皇太后、皇上圣鉴训示。谨奏。

光绪元年八月初七日，军机大臣奉旨：依议。该衙门知道。钦此。①

〇九五　咨送黔江县教案陈悰发中途自尽解役甘结由

光绪元年十月初一日（1875年10月29日）

十月初一日，四川总督吴棠文称：据署按察使傅庆贻详称：案准川东道姚觐元转据署黔江县知县盖绍曾申称：查该犯陈悰发、谢家俸等，听从纠殴法国司铎余克林、四川教士戴明卿各身死，并陈悰发中途畏罪自尽一案，取具解役、目兵甘结，由道核移到司。本署司覆核无异。理合将移到各结具折呈请查核补咨等情。据此，相应咨呈，为此咨呈贵衙门，谨请查照施行。

照录甘结：具甘结：解役谢溃、马玉，今于与甘结为禀明事。实结得管解招犯陈悰发，于同治十三年四月初九日在途畏罪服食葱蜜，毒发身死，实系一时失于检点，并无凌虐情事。甘结是实。光绪元年七月日。具甘结：解役谢溃、马玉。

具甘结：目兵李定国、简家声，今于与甘结为禀明事。实结得

① 台北中研院近代史所藏：外交档案，馆藏号：01-12-131-01-031。

管解招犯陈悰发，于同治十三年四月初九日在途畏罪服食葱蜜，毒发身死，实系一时失于检点，并无凌虐情事。甘结是实。光绪元年七月日。具甘结：目兵李定国、简家声。[①]

○九六 函报具奏黔江教案办理一折恭录谕旨知照由

光绪元年十月初一日(1875年10月29日)

十月初一日，四川总督吴棠文称：照得本将军、部堂于光绪元年七月十九日由驿具奏，黔江教案现已筹商定拟，恳恩准予议结，并请旨将办理乖谬业经摘顶撤任之知县革职，永不叙用一折，当将折稿抄录咨呈在案。兹于本年八月二十五日，准兵部火票递回原折，后开军机大臣奉旨：依议。该衙门知道。钦此。相应恭录咨呈，为此咨呈贵衙门，谨请钦遵查照施行。[②]

○九七 函报杨万象所供亲老丁单已饬该县确查由

光绪元年十月二十三日(1875年11月20日)

十月二十三日，四川总督吴棠函称：九月十六、二十八日，接奉川字一百九号、十号钧函，祗承一一。黔江教案内附生杨万象所供亲老丁单，遵又行文川东道督饬黔江县，确切查明，勿得任其捏饰，

① 台北中研院近代史所藏：外交档案，馆藏号：01-12-131-01-036。

② 台北中研院近代史所藏：外交档案，馆藏号：01-12-131-01-037。

致启猜疑。并谕令地方官，此后遇有民教交涉事件，务须持平办理，以免滋事端。[①]

○九八 咨报民人范洸佶被害一案现办完结由

光绪元年十月二十七日(1875年11月24日)

十月二十七日，四川总督吴棠文称：据署按察使傅庆贻详：据潼川府知府李德良转据署遂宁县知县田秀栗详称：同治十三年四月二十四日，前署县童沛霖任内，据民妇范夏氏报称：氏夫范洸佶与邻人胡有绿素习天主教。本月二十日，氏夫与胡有绿出外，在花岩场外不知被何人将氏夫及胡有绿殴伤身死，凶犯脱逃，报乞验缉等情。并据胡有绿胞兄胡有蕻及约邻赵吉堂等报同前由。童沛霖因查该处距县窎远，照例移请代办梓潼镇县丞靳谦，就近诣验。旋准该县丞牒称：遵即带领刑仵前诣尸所，饬将各尸舁放平地，如法相验。

据仵作曹俊成验报：已死范洸佶，年四十岁，仰面致命，偏左一伤，斜长一寸一分，宽三分，皮破抵骨，骨微损。胸膛近左一伤，斜长一寸一分，宽三分，红色。俱系木器伤，合面不致命。左臂膊相连三伤，右臂膊一伤，各斜长一寸一分，各宽三分，均皮破抵骨，骨微损，致命。左腰眼一伤，斜长七分，宽二分，红色，俱系木器伤，余无故。实系受伤身死。又验得胡有绿，问年三十岁，仰面致命，顶心近右一伤，斜长九分，宽二分，红色。右额角一伤，斜长一寸一分，宽三分，皮破抵骨，骨微损，不致命。左腮颊一伤，长一寸一分，宽三分。右

① 台北中研院近代史所藏：外交档案，馆藏号：01-12-131-01-038。

肋一伤，斜长一寸一分，宽三分，均皮破抵骨，骨微损。左右臁肋各相连二伤，各斜长一寸一分，均红色，俱系木器伤，合面不致命。左右臂膊各一伤，左右后肋各一伤，各斜长一寸一分，各宽三分，均红色，俱系木器伤，余无故。实系受伤身死。报毕，各加亲验无异，饬取凶器。犯逃无从起比，填格取结，尸各棺殓，牒请讯详。当经童沛霖具文通报，一面饬差查缉。旋于六月初二日，据缉役拿获梁是方到案，查验左臂膊，有木器伤一处。又于是月十九日将范洸前拿获，讯供禀报。旋即交卸。该署县到任接交，随提犯证研讯。

据范夏氏供：范洸佶是丈夫，素习天主教。范洸前是丈夫无服族弟。同治十三年四月二十二日，丈夫同邻人胡有绿出外，傍晚时听说在场外被人打伤的话，小妇人忙拢查看，见丈夫与胡有绿都受伤在地，俱不能言语，不一会，都各因伤身死。小妇人投知约邻看明，赴案报验，缉获梁是方、范洸前到案审讯。

据胡有蕡供：胡有绿是胞弟，素习天主教。同治十三年四月二十二日，胞弟出外。傍晚时，听说胞弟在场外被人打伤的话，小的忙拢查看，见胞弟与范洸佶受伤在地，不能言语，不一会，都各因伤身死。小的投知约邻看明，赴案报验，缉获梁是方、范洸前，审讯才知胞弟是被梁是方殴伤死的。求究办。

据约邻赵吉堂、赵树辉同供：同治十三年四月二十二日傍晚时，范夏氏、胡有蕡来向小的们投说范夏氏的丈夫范洸佶、胡有蕡的胞弟胡有绿，不知被何人殴伤俱各身死的话。小的们忙拢看明，一同赴案报验的是实。

据杨益山供：小的与范洸佶、胡有绿都素来认识。同治十三年四月二十二日午后，小的路过花岩场外，见范洸佶倒卧地上，胡有绿与梁是方正在打架，忙拢解劝，胡有绿已受伤倒地。梁是方当即跑逃。小的随向查问，范洸佶、胡有绿说，他们因见赵洸辉住宅门外石板上画有十字，疑是欺辱天主教，他们抓扭赵洸辉理论，范洸前拢劝争角，把他范洸佶打伤，梁是方又把他胡有绿殴伤的话。小的因有事各自出外，后来听闻范洸佶、胡有绿都因伤身死，报案差缉。小的遇见缉役，告知前情，把梁是方、范洸前拿获，小的到案备质的，救阻不及是实。

据赵洸辉供：小的在花岩场乡间居住，与范洸佶、胡有绿素来认识。同治十三年四月二十二日下午，小的探亲转回，走至花岩场外，遇见范洸佶、胡有绿走来，把小的挡住，说小的不该在住宅门外路旁石板上画一十字，欺辱他天主教，要小的备酒与他们赔礼。小的斥说不该混疑。范洸佶抓住小的，投凭约保讲理。范洸前、梁是方路过看见，范洸前拢前劝解，范洸佶斥骂帮护，范洸前回骂。范洸佶把小的松放，扑向范洸前殴打，小的就乘空跑走。后来范洸前们怎样把范洸佶们打伤身死，小的并不知道。石板上十字也不是小的画的是实各等供。质之该犯范洸前、梁是方，各据供认不讳。具文通报。

旋据禁卒禀报：该犯范洸前于八月初八日在监染患痢疾，拨医调治，至九月初八日治痊等情。先后禀奉批饬审解等因。遵提犯证覆鞫，除各供同前不叙外，据范洸前供：遂宁县人，年四十四岁，父母都在，并没弟兄，娶妻张氏，没生子女。范洸佶是无服族兄弟，素好没仇。胡有绿素来认识。同治十三年四月二十二日午后，小的同邻人梁是方赶集转回，走到花岩场外，见范洸佶抓住赵洸辉，说赵洸辉不该在门外路边石板上画一十字，欺辱他天主教，要投邻约保讲理。小的拢前劝解，范洸佶斥骂小的帮护，小的回骂。范洸佶把赵洸辉松放，用拳扑向小的打来，小的闪侧，顺用手内木扁担打他左腰一下。范洸佶向夺扁担，小的又连打他右臂膊一下、左臂膊三下。范洸佶碰头拼命，小的一时情急，用扁担吓打一下，不料伤着他偏左倒地。小的丢弃扁担，正要跑走，胡有绿赶拢向小的抓扭。梁是方上前拦阻，小的就乘空跑逃。梁是方怎样把胡有绿打伤身死，小的不知道。后闻范洸佶因伤身死，小的逃往各处躲避，后被缉役拿获到案的。并不是有心致死，也没起衅别故，逃后也没行凶不法与知情容留的人是实。

据梁是方供：遂宁县人，年二十五岁，父故母在，弟兄二人，小的行大，没娶妻室，与胡有绿素识没仇。同治十三年四月二十二日午后，小的同邻人范洸前赶集转回，走至花岩场外，见范洸佶抓住赵洸辉，说赵洸辉不该在门外路边石板上画一十字，欺辱他天主教，要投邻约保讲理。范洸前拢前劝解，范洸佶斥骂范洸前帮护，两下争闹。范洸前用手内扁担把范洸佶殴伤倒地。范洸前丢去扁担，正要跑走，胡有绿赶拢向范洸前抓扭，小的怕范洸前吃亏，上前拦阻。范洸前就各自跑逃。胡有绿斥说小的不该把范洸前放走，拾起地上柴块，打伤小的左臂膊，小的闪侧，夺过柴块，打他左右臂膊、左右后肋各一下。胡有绿转身，举脚轮踢。小的又用柴块打了他左右臁肋各两下。胡有绿扑向抓扭，小的又打他右肋、左腮颊各一下。胡有绿弯身拾石，小的怕他拾起行凶，用柴块连向吓打两下，不料伤着他顶心、右额角倒地。小的丢弃柴块跑走。后闻胡有绿因伤身死，逃往各处躲避，被缉役拿获到案的。并不是有心致死，也没起衅别故，逃后也没行凶不法与知情容留的人是实等供。经署遂宁县田秀栗将犯范洸前、梁是方各依律定拟，由府审解到司。该署按察使傅庆贻审看相同，解候讯题等情到臣。据此，随提犯亲讯无异。除供单不复重叙外，该臣审看得遂宁县民人范洸前殴伤无服族兄范洸佶、梁是方殴伤胡有绿各身死一案，缘范洸前、梁是方均籍隶该县，范洸佶系范洸前无服族兄，梁是方与胡有绿素识，均无仇隙。范洸佶、胡有绿俱素习天主教。

同治十三年四月二十二日，花岩场乡间居住之赵洸辉门首路旁有石板一方，不知被何人画一十字，范洸佶、胡有绿路过瞥见，疑系赵洸辉所画，欺辱其教。午后，范洸佶、胡有绿在场外遇见赵洸辉，范洸佶等声言赵洸辉不应画字辱教，令赵洸辉备酒赔礼，赵洸辉斥其不应混疑，范洸佶抓扭赵洸辉，称欲投凭约保理论。范洸前、梁是方路过瞥见，拢前解劝。范洸佶斥骂帮护，范洸前回骂。范洸佶将赵洸辉松放，举拳扑向范洸前殴打，范洸前闪侧，顺用木扁担殴伤范洸佶左腰眼。范洸佶向夺扁担，范洸前后用扁担连殴，伤其左右臂膊、胸膛近左。范洸佶碰头拼命，范洸前一时情急，用扁担吓殴，适伤其偏左倒地。范洸前丢弃扁担欲走，胡有绿赶拢，向范洸前抓扭。梁是方恐范洸前受亏，上前拦阻，范洸前当即跑逃。胡有绿声言梁是方不应将范洸前放走，拾起柴块殴伤梁是方左臂膊。梁是方闪侧，夺过柴块，殴伤胡有绿左右臂膊、左右后肋。胡有绿转身举脚轮踢，梁是方又用柴块殴伤其左右臁肋。胡有绿扑向抓扭，梁是方又殴伤其右肋、左腮颊。胡有绿转身拾石，梁是方虑恐拾起行凶，用柴块连向吓殴，适伤顶心、右额角倒地。梁是方丢弃柴块跑逃，适杨益山走至，趋劝无及，向范洸佶等问明情由，因有事各自出外。下午，范洸佶之妻范夏氏、胡有绿之兄胡有萸查知往视，范洸佶等均不能言。一时，范洸佶、胡有绿均因伤殒命。报验获犯，讯详拟解，审认不讳。诘非有心致死，亦无起衅别故。众供佥同，案无遁饰。

查律载：斗殴杀人者，不问手足、他物、金刃，并绞监候。又，同姓亲属相殴服尽者至死以凡论各等语。此案范洸前等因范洸佶等见赵洸辉门外石板上画有十字，心疑赵洸辉欺辱天主教，抓扭理论，拢劝被斥争闹。范洸前与梁是方各将范洸佶、胡有绿殴伤致毙。该犯等系各毙各命，自应各科各罪。范洸佶系范洸前无服族兄至死，应同凡论。范洸前、梁是方均合依斗殴杀人者不问手足、他物、金刃并绞律，拟绞监候。该犯等到官羁禁虽在同治十三年十一月十五日钦奉恩旨以前、招解在后，毋庸查办。复逢光绪元年正月二十日恩诏，核其情罪，系在准免之列。范洸前、梁是方所得各绞罪均请援免，后再犯法，照例加一等治罪，仍各追埋葬银二十两，给属具领。杨益山救阻不及，赵洸辉并无画字辱教情事，毋庸议。无干省释。各尸棺饬埋，凶器扁担、柴块，供弃免追。臣谨具题，伏祈皇上圣鉴，敕下法司核覆施行。再。此案应以同治十三年六月初二获犯之日起限，前署县童沛霖于八月初二日交卸，计承审一个月零二十九日。该署县田秀栗即于是日到任，前官历审一个月以上，例得加展一个月，并扣前官剩限。该犯范洸前在监患病，例扣病限一个月，遵照通行十月内不理刑名，展限一个月。自县由府至省程限十六日，该县府依县解司提讯，犯供翻异，行提要证杨益山质讯，已先期赴酉阳州贸易，经该县专差关传，于光绪元年六月十四日关获解省，质明犯原供，例扣提解限二十日，往返程限九十六日。臣于八月初六日入闱监临，至二十二日出闱，例得计日扣展，除去封印日期，扣至八月二十九日，统限届满，合并陈明。为此除具题外，理合具揭。须至揭帖者。①

① 台北中研院近代史所藏：外交档案，馆藏号：01-12-131-01-039。

下编：望三益斋诗文钞

同治甲戌镂于成都
使署

叙

制军仲仙吴公都其诗文曰《望三益斋集》，命其属吏黄云鹄叙。云鹄迂拙不晓事，由部郎出守，海内知不知皆惜且忧之。比入蜀，谒公，一见即深器许。尝从容语鹄曰："若未来，人惮若有圭角，不谓心气和平乃尔！"拟留鹄省垣，鹄以朝命乞之雅。雅瘠郡，且僻，念无繇报上恩，日夕亲民，与蕃汉士女宣说孝义为娱乐，志甚安之。京洛、会垣故人书至，皆不答，亦无一字仰干大府。公廉得实，益器之。每公牍批答，时时有"以德化民"及"保赤诚求"等语。会首郡乏员，以鹄充。奏牍考词，多至五十八言，实近今所罕。比莅事，日承公训，幸无大戾。每语及时势艰难，民生疾苦，辄相对泣下。甫逾年，奉命分巡建南，还驻雅。公惜别之情，屡形词色。

去年冬，公以鹄文字为海内所不弃，出示此集，命弁一言。首郡促促，久未报命，今不可无言矣。公以淮右宿儒，起家大令，爱民忠国之诚，迄今如一日，丰功伟伐，载在策书，不待以诗文蕲不朽。即以诗文论，蕴抱宏深，宅衷悱恻，爱民忠国之本怀，时流露于意言之表。盖惟不徒从事诗与文，兹诗与文所以可传也。久阅世艰者，应然鄙言。

同治十年秋七月，黄云鹄谨叙。

题　识

性情遭际，皆近浣花翁，故诗亦不求肖而自合。客途中有此奇遇，吾道真不孤也。

咸丰戊午仲冬廿五日，瑞安孙衣言谨跋于毗陵舟中。

以沉郁跌宕之怀，处家国艰难之际，由中之言，伫兴而就，故非徒以词采声律见长可比。

咸丰九年己未人日，鲁一同识。

同治乙丑春，公督漕河时，毓棻从事于清淮善后局，从李采臣廉访处得读公文，熔经铸史，博大昌明，久深私淑。戊辰夏间，公由闽浙入朝，毓棻随节西来，暇日读《烬余》、《公余》诗编，一片忠君爱民之心，时流露于墨中简外。手钞未竟，适将北行，谨缀篇末，以志钦仰。

同治己巳仲春，年侄彭毓棻谨识。

诗以理性，情得其性，情之所近，而品于是定焉。唐人之诗，思沉力厚，后人无能企及。握月担风，亦多佳句，而初无关系，不足动人。盥诵《吟草》两册，上念君国，下顾闾阎，语语从肺腑流出，吐属不凡，可以追踪诗史，故虽听雨闻蛩，亦关心于民瘼。想见大臣胸怀、人品与诗品，皆必传者也。

同治庚午夏四月，吴为楫谨识。

题　词

读《望三益斋烬余诗集》　　瑞安孙衣言(琴西)

腹笥兵书万里侯，谁知诗句妙千秋。
流离世已同天宝，戈甲心犹壮陆游。
翠鸟鸣风嗟铩羽，玉虹贯月喜随舟。
他年会有升平乐，滁水滁山待唱酬。

仲仙制帅由闽过浙，出望三益斋大稿命题，谨赋长古一章，即送旌麾莅蜀　　全椒薛时雨(慰农)

吴公治行天下知，周历守令跻兼圻。
长淮千里作保障，扫荡枭獍平鲸鲵。
八闽两浙困兵燹，星轺一到甘雨随。
三月大治境内辑，临疆嫌隙生睚眦。
陈生伯舆各争政，子朱叔向将拂衣。
诏公远涉论曲直，天子所左臣左之。
调和平勃睦廉蔺，封章上达天颜怡。
羊城返旆席未暖，去思旋勒南台碑。
湖山花柳近妍好，津亭摇曳迎襜帷。

去年迎公浙民喜，今年迎公浙民嘻。
攀辕卧辙苦惜别，三春风雨停骖骓。
武林旧吏弃簪组，翛然遁迹甘朝饥。
莱公折节礼魏野，鹓鸾有意鸥忘机。
采莼剪韭预雅宴，酒酣谈笑拈吟髭。
自言疆寄责重大，雕虫小技久不为。
频年行役逾万里，蛮烟蜑雨亲驱驰。
炎荒所见骇心目，艰难时势堪嗟咨。
明珠翡翠遍岛市，宝贵无补民疮痍。
花田万顷白成雪，东阡西陌荒锄犁。
犬羊骄纵虺蝎毒，腥膻海气凌黔黎。
孙卢遗孽铲不尽，常恐伏莽惊边陲。
忠君爱国出肺腑，忧思轸结宣之诗。
其余旧作半散佚，东阁补缀供吟披。
吉光片羽自珍惜，要我退笔标新题。
撞钟那可持寸莛，测海未免嗤铜蠡。
生平知己窃感激，长歌聊尔扬清徽。
公今节钺建西蜀，三巴父老瞻旌旗。
成都自古称富庶，胜国以后嗟流离。
贱子家世隶蜀籍，水源木本分宗支。
拾遗未克侍仆射，锦江迢递空萦思。
愿公勋业迈晚近，堂堂巾扇名同垂。
文翁化俗只循吏，司马发难多厄词。
韦皋威望足坐镇，豪华声色当时讥。
方今秉节重边徼，川疆往往参纶扉。

政成入告直三殿，休明鼓吹陈彤墀。
浣花剑南集何慕，赓歌上媲皋与夔。

受读诗集谨成俚句　　山阴陈尔幹（柏堂）

希文作秀才，忧乐关域中。
司马登枢轴，情与寒素同。
古人重行己，所异非穷通。
居彼则顾此，循环无始终。
斯理近不远，诵此肆好风。

杜陵当天宝，家国遭仳离。
惟无救世权，一一宣之诗。
所以千百篇，反覆重赍咨。
君子民攸暨，阽厄则拯之。
偶为感慨语，难解心亦夷。
琐琐较多寡，将毋识者嗤。

社栎木不材，复生大道边。
人或屏剔之，亦不全其天。
愧非爨下桐，乃受中郎怜。
终异清庙瑟，不足施朱弦。
桃李幸春风，蒿蔚怀高年。
读公至性诗，中夜心芒然。

奉题《烬余》、《公余吟草》二册　　钱塘吴为楫(啸云)

徐庾风流笔几枝，裁云镂月亦何奇。
论文即是论人法，一卷忠君爱国诗。

故园兵燹骇吟魂，积善能邀再造恩。
画到枌榆依旧绿，可能耕读老江村。

浣花溪上驻彤驺，犹为筹边几倚楼。
自昔蜀公能镇静，几人风雅作遨头？

左台而后竹洲前，富体平称世系传。
今日吾宗诗更健，梦中画日笔如椽。

敬题粤游诗卷后　　薛时雨

星轺遥向五羊移，万里炎荒迓节麾。
粤秀山前供吊古，皇华使者例陈诗。
老臣虑远忧增杞，盛世筹边守在夷。
荔浦花田空自好，锦囊曾不贮妍词。

封圻何事苦相妨，棨戟巍巍各抗行。
海国苍茫多变幻，疆臣争执费平章。
论功百战推樊哙，不学千秋惜霍光。

物议允孚宸听惬，清风一路拂归装。

闽峤重临恺泽敷，东西川合又分符。
圣恩稠叠邻封忌，新政严明黠吏逋。
尽有苍蝇能玷璧，断无薏苡可成珠。
扶桑日出浮云散，公正从知德不孤。

衮衣萝薜记前缘，长啸湖山手擘笺。①
卿月至今明蜀道，客星长此老江天。
亦思肝胆酬知己，自顾头颅感暮年。
从桂淮南公忆否？心香遥爇锦城边。

敬题使粤纪游诗后　　石屏朱在勤（次民）

海色苍茫大笔收，读公诗若侍公游。
儒臣风化行闽峤，邻国星轺入广州。
错杂夷言诸岛静，销沉霸气一台秋。
锦囊归贮匡时策，不侈皇华拥入驺。

---

① 原文此处小字注（以下简称“原注”）：戊辰春，仲公驻节杭州，陪宴西湖累日，出望三益斋诗稿命题，即席赋长古一章，公极许可。

烬余吟（二卷，附《词草》一卷）

叙

仲仙漕帅洞视万古，博极群籍，文学饰治，雅歌临戎，间发为诗，不欲自炫。洊经劫火，半沦坠简。酒诰俄空，三箧谁补。偶事摭拾，益之近作，名曰《烬余吟》。公余之吟稀矣，烬余抑更鲜矣。当夫道腴，自悦奇抱孤，寄南楼之兴，助以豪宕春陵之行，将之悱恻，缩龙成寸，写骏遗颡，名心不存，深蕴莫掩，厚积薄发，亶其然乎！振伦猥以齐年，永佩幽赞，窥比一斑，得匪空鳌。独念公方廓雅道，搜逸文，说士犹肉，好贤若渴，是册片石自语，碎金偶传，公诚抑然示冲，吾终存乎见少，买菜乎求益也。

同治癸亥十月，归安钱振伦谨叙。

望三益斋烬余吟草卷一

〇一　寄怀傅梧生（桐）排律四十韵　丙申

朔雪明虚牖，寒飙飒远天。

感时心惝恍，怀友意缠绵。
赠缟惭吴札，论诗想傅元。
停云分百里，旧雨已三年。
记订兰盟日，相逢琐院前。①
心知同握手，齿长愿随肩。②
昆季才华富，③朋交意兴翩。④
性情敦劝勉，文字重因缘。
各抱青冥志，频乘白下船。
长干秋看塔，短烛夜题笺。
射策才原大，联镳蹇竟先。
豨苓偏入药，龙鼎尚潜渊。
璞待千金市，诗兼五色妍。
赠言劳茧纸，勉我到花砖。⑤
傍水先看月，餐霞竟得仙。
春明开詄荡，夏屋总英贤。
地阻强台上，舟难弱水沿。
凤城回首远，雁塔几人镌？
乐未闻英濩，归还理椠铅。
磨人空惜墨，坐我只偕毡。
忆昨来山县，邀从过辋川。

① 原注：甲午春试始识君。
② 原注：君长予五岁。
③ 原注：谓仲鲁、仲文诸君。
④ 原注：谓沈瑟舫、张少卿、王石生诸同志。
⑤ 原注：今春北上，承以长歌相赠。

等身增著述，洗眼对清莲。
红树双溪合，湖光一镜圆。
残碑荒藓剔，峭壁土花缠。①
蜡屐青山讨，词坛赤帜悬。
春风问程子，秋水访成连。②
诗笔穷能健，交情久益坚。
还家仍契阔，远道又绵延。
苔异岑原合，萍逢浪易旋。
君能弹古调，我独抱残编。
蜗舍书盈几，龙衣屋数椽。
梅花香郁郁，修竹影娟娟。
意钓鱼无网，躬耕砚是田。
激昂雷焕剑，羞涩阮孚钱。
风雨鸣鸡冷，江湖宿鹭拳。
美人隔淮浦，瑶瑟黯朱弦。
共喜天伦乐，同期德性全。
感多穷谷士，清励在山泉。
四角吟成未，千秋业勉旃。
骊黄腾达志，莫懈祖生鞭。

○二　励志

澄波容易变狂澜，始信人生立脚难。

---

① 原注：时同访瑞岩石刻。

② 原注：谓君学诗于秝芗、味兰两先生。

安得一渠清白水，出山还作在山看。

〇三　题王味兰学博《玭卢诗集》　丁酉

杜陵逝后千余载，崛起雄才接浣花。
独惜风尘淹骨相，争传诗卷到天涯。
唾壶感慨骚人老，舞剑苍凉壮士嗟。
绿鬓银鞍回首认，[①]奇情郁郁吐青霞。

〇四　元日　戊戌

万象欣欣在早春，东皇肃驾展朱轮。
冈陵愿祝君亲寿，草木都欣天地仁。
老辈过谈风自古，[②]贫家得乐味弥真。
轮蹄且莫催游子，留恋庭晖爱未伸。

〇五　计偕至高良涧，望洪泽湖，同戴二铁夫、秦二竹人作

柔丝不断柳毵毵，揽辔澄清此驻骖。
蜃气百重连昼夜，虹堤一线障东南。
力驱沙石河流顺，气约鱼龙泽国酣。

① 原注：用集中自题投笔图诗意。
② 原注：邵屏山师、程瑞轩母舅师与家大人最相投契。

为道圣人明德远，支祁安稳伏深潭。

○六　徐州晚眺

大彭冈下树槺槮，杖策登临气倍豪。
东去河声环郭走，南来山色出城高。
歌风帝子乡园古，戏马英雄霸业劳。
寂寞黄楼斜照晚，怒雷惊起吕梁涛。

○七　留别味兰学博　辛丑

饥乌堕水寒雁飞，雪花冻涩游子衣。
主人有约留十日，消寒高会红炉围。
我思寒士之寒消不得，广厦何处遮荆扉？
高堂已极倚闾望，债帅况有旁人讥。
猪肝那屑累安邑，湖风猎猎催人归。
我归我贫岂能逐，菽水为乐亲心怡。
男儿抑郁困乡里，有泪不肯穷途挥。
高歌一曲谢知己，萧然襆被行骖騑。

附录　味兰次和原韵　盱眙王荫槐

同云作花雪乱飞，朔风栗冽吹蓑衣。
渔翁一竿钓淮上，哀鸿叫天冰四围。
荒矶三日绝人迹，冲寒有客敲柴扉。

填膺满把穷途泪，欲说似畏常人讥。
男儿万钟谋禄养，长安下第空来归。
触我春明廿年恨，九原安得亲颜怡。
将母不逮谂王事，鲁阳反日戈徒挥。
嗟君负米且勿泣，他年四牡歌騑騑。

○八　题堂兄萃贤遗像

吾宗商山初发源，孝敬遗泽千春延。
世德忠厚著前哲，后之起者思承先。
伯兄高谊重族党，诸父昆弟无间言。
艰难少壮阅荼苦，风饕雪虐经迍邅。
牵车服贾四方去，辛勤货殖追计然。
门楣手创堂构启，衣食粗足欣安便。
间骑款段出乡里，少游心事偿暮年。
平生伉侠出天性，与人坦率无周旋。
解纷排难片言决，济危扶颠众口传。
释嫌顿使乱丝理，待泽常使枯鱼鲜。
友爱尤征至性笃，读书奖励频殷拳。
忆昔同泛白门棹，乌篷一叶悬秋烟。
采石矶边共吊古，寺楼风雨床相连。
脊令急难重辅助，孔怀此念时悁悁。
去年里门揖兄去，云霄厚望期飞骞。
神山风引不易到，长安米贵居维艰。
鱼书几次询近状，康强犹说同从前。

岂期此别竟千古，曷禁涕泗挥涟涟。
披图音容只仿佛，謦欬那复重随肩。
所冀后嗣识勤俭，先业克守其勉旃。
创者实难守不易，谨承自可安重泉。
我受兄训复训侄，亢宗总愿酬前贤。
濡毫叙述代碑志，颠末纪实何诬焉。
凡今人孰如兄弟，令我垂涕常华篇。

○九　堂堂　壬寅

堂堂白日去如何，搔首西风客感多。
尺地寸天今版籍，披荆斩棘古关河。
雪山轻重关严武，粤国兴衰问赵佗。
莫漫请缨谈壮志，登坛三十已蹉跎。

一○　赠王芾南　癸卯

千古大文章，六经乃根柢。
因文见道源，自非夸浮靡。
之子特英妙，骐骥可千里。
今兹捷芹宫，发轫亦足喜。
所期高明资，柔克为要旨。
修名惧不立，岂必才华侈。
我观江河源，其始滥觞耳。
汪洋汇百川，沧海无涯涘。

勉哉令德崇，勿为吾党耻。
分阴宜自爱，近思前哲理。[1]

一一　古郅峄阳书院端阳分赋艾人　乙巳

居然小草寄相思，几艾云云仿佛之。
暂现道装裁锦细，为苏民困出山迟。
怀人一日深连岁，蓄药三年作上医。
留取清冰同照映，此心惟有日华知。

青袍绿鬓忆生平，漫作劳薪感慨声。
解厄天教留侠骨，却邪地为毓灵茎。
针砭别佐君臣治，痛痒先关手足情。
烈火丛中看一现，清凉毕竟起芸生。

一二　有感　丙午

厌作繁华梦，难平磊块胸。
深堂安燕雀，大泽隐蛇龙。
眯目风沙苦，薰心醉饱浓。
应知幽壑底，松柏耐残冬。

---

① 原注：癸卯四月，芾南获捷芹宫。芾南天资甚高，所相期者不止是也。闻其入书肆，首取《五子近思录》贯之，志趣可谓正矣。书此冀勉其后也。

一三　袁浦中秋对月

屏翳驱除开帝阍，平看碧海涌冰轮。
山河自昔涵清影，天地何曾有俗尘。
皓魄任淘千古浪，灵台谁证百年身。
琼楼玉宇高寒处，渺渺烟波忆美人。

一四　吴门题刘眉士师《莎厅课经图》　己酉

记从郊湜瞻韩日，欣值书声达鲤庭。
一十五年如梦过，不堪往事话莎厅。

架插芸编院锁苔，寓公门第重徘徊。
应知灯影机声里，一样欢颜慰夜台。

夫子循声教养兼，至今濑水颂穷檐。
一编治谱从头读，[①]感触师恩涕泪沾。

玉树芝标味可熏，传家经术喜缤纷。
木天他日簪豪处，再读泷冈至性文。

① 原注：时泖生以吾师治溧官书见赠。

一五　龙潭道中和张船山太史《驿柳》元韵

驿路鞭丝喜放晴，况饶官柳客途迎。
古今郡县留名处，风雨关河送别声。
三弄不须悲玉笛，十围未免感金城。
将军大树多遮荫，灞上休寻汉将营。

染遍风尘京洛衣，长途枨触损腰围。
绿随芳草天涯去，春共梅花江上归。
宝马香车看冉冉，北鸿南燕任飞飞。
登楼极目柔丝绾，王粲荆州孰共依？

多谢长条挂夕阳，常年送客总他乡。
晓腾万马春如雾，夜点千鸦秋欲霜。
不厌红尘绿暍荫，特留青眼慰名场。
劳劳送客亭边路，莫怨盐车上太行。

隋堤寂寞问扬州，一片苍茫万古愁。
风雪多情严斥堠，旌旗何意识王侯。
几多摇落劳薪感，无限缠绵逝水流。
何似五株陶令宅，抚松采菊共吟秋。

一六　桃源仓家集勘灾　庚戌

长堤一线界湖河，竟截蛟龙不敢过。
谁遣平原成泽国？徒令沃壤卷层波。
民寒更苦秋风早，地下偏逢苦雨多。
求牧求刍惭负负，距心其奈负心何。

一七　十二月二十四日喜雪分韵得之字　癸丑

蜚鸿四海惊何之，鸱啼猿啸愁猖披。
炎荒火炽燔昆玉，乾坤坐见生疮痍。
三冬苦旱风燥烈，如焚日念忧心滋。
省躬自知下吏罪，回天妄冀明神慈。
一祷再祷若有应，彤云渐布回祥飔。
膏雨无声彻昼夜，已见喜色生茅茨。
天心仁爱尤未足，滕六屏翳供驱驰。
原田高下尽沾溉，此贶岂止琼瑶施。
连云宿麦根蒂固，更无羽孽烦诛夷。
天地为炉铸万物，栽培倾覆恩无私。
服妖官邪召萌蘖，祥和变厉生貔罴。
苦心肃杀寓长养，大造岂不伤仳离。
矧今圣主警宵旰，洪钧转运尊纲维。
万象但期返淳朴，一气定见消瑕疵。
挟纩共慰士卒志，含哺遍洽齐民思。

作诗志喜还志诚，要令郅治追轩耆。

一八　王石生（锡麟）大令将之官甘肃，枉过敝庐，即和见赠元韵送之　丁巳

南经吴越北辕辕，云梦胸中八九吞。
早见掣鲸追杜老，欣看叱驭学王尊。
一家兰玉风流擅，卅载枌榆往事谕。
老辈雕零同辈远，怆怀春梦去无痕。

兵气曾缠大角芒，顿丘蚁贼接都梁。
频忧里闬添鸠鹊，尚喜山林狎虎狼。
避地眼前皆乐土，救时肘后少奇方。
惠风习习清流映，执热欣从一濯凉。

壮游跃马宝刀横，缱绻弥深渭涘情。
竹箭东南资利矢，榆兰西北倚长城。
清时察吏廉为本，故旧关心宦早成。
经术文章关治谱，从来茂宰重书生。

揽辔澄清愿肯违，暂令游子拂征衣。
平情总觉民风好，努力谁云世事非？
大海蛟龙思致雨，长空鸿鹄任高飞。
康庄险道同珍重，天马休轻脱羁靮。

望三益斋烬余吟草卷二

○一　戊午七月，家毁于贼，万卷顿尽，犹子炳言拾取旧读《昭明文选》一部，阅之增感

万轴牙签付劫灰，一编犹幸出蒿莱。
似从秦火摧残地，独剩萧梁崪屼台。
汗简载余嫌宧橐，焦桐爨竟写余哀。
青灯好续儿曹读，恢复书城望后来。

○二　落叶

荒戍西风起暮笳，无边摇落感天涯。
夕阳瑟瑟翻鸦背，古驿萧萧杂马楇。
四序早知归代谢，三春何苦擅荣华。
枯棕病柏伤颜色，肠断江头杜浣花。

洞庭波起雁声哀，宛转辞柯首重回。
为感商声作风雨，记多浓绿护楼台。
云霄力倦翔还下，芘荫恩深福是灾。
漂泊中流休怨似，须知砥柱有根荄。

附录　傅味琴和作　　泗州傅桐

大树风声近若何，却怜生意暂婆娑。
荒林秋老仍寒雨，古社根深自旧柯。
一夕辞枝惊物换，万家举火赖君多。
春姿行见回溪壑，起舞休嗤鬓影皤。

〇三　和李少荃观察《丙辰明光题壁》元韵

眼看沧海竟成尘，同此乡关潦倒身。
击楫原期涉风浪，取禾甘让擅廛囷。
可怜战哭多新鬼，无那穷途半故人。
望切天戈勤扫荡，莫教困郁损心神。

那是扁舟泛五湖，中原委贼误偏隅。
恬熙同作处堂燕，纵逸谁觇集幕乌。
但愿旌麾劳大帅，何妨耕钓隐吾徒。
故乡回首他乡远，欲别频教足重蹰。

〇四　再叠前韵

白羽难麾庾亮尘，关山漂泊转蓬身。
孤军苦忆禽填海，疲卒饥同雀噪囷。
衮衮诸公谁拨乱？茫茫浩劫悔生人。

青莲喜晤长安市，结契文章尚有神。

狂澜仿佛倒河湖，全皖苍生哭向隅。
我是氍毹当座鹤，君多眷恋哺林乌。
田横本自多奇客，剧孟还应访博徒。
闻说义团能杀贼，官军何事重踟蹰。

附录　李少荃观察题壁原作　　合肥李鸿章

四年牛马走风尘，浩劫茫茫剩此身。
杯酒借浇胸磊块，枕戈试放胆轮囷。
愁弹短铗成何事，力挽狂澜定有人。
绿鬓渐雕旄节落，关河徙倚独伤神。

巢湖看尽又洪湖，乐土东南此一隅。
我是无家失群雁，谁能有屋稳栖乌？
袖携淮海新诗卷，归访烟波旧钓徒。
遍地枯苗待霖雨，闲云欲去又踟蹰。

附录　少荃观察戊午七月庐垣再陷重过明光追步原韵见示

猿鹤虫沙迹已尘，见几悔不早抽身。
破家奚恤周嫠纬，赠策多惭鲁子囷。
蜀岫愁云自终古，梁园咏雪又何人。
愤来快草陈琳檄，鼙鼓无声暗怆神。

单衫短剑走江湖，飘泊王孙泣路隅。
大漠风高秋纵马，故山月黑夜啼乌。
治军今有孙吴略，筹饷谁为管葛徒。
闭口莫谈天下事，乡关回首重踌蹰。

附录　少荃观察再叠前韵见赠

江吕诸公骨作尘，乡邦扶义仗君身。
危畺赤手支三载，饥岁仁恩赈百困。①
天子知名淮海吏，苍生属望涧阿人。
眼前成败皆关数，留取丹心质鬼神。

浮生萍梗泛江湖，望断乡园天一隅。
心欲奋飞随塞雁，力难返哺恋慈乌。
河山破碎新军纪，②书剑飘零旧酒徒。
国难未除家未复，此身虽去也踟蹰。

附录　傅味琴戊午赠和三首，志患难交也

来归荒忽款宁陈，作好中军卧两甄。
不谓质言犹在耳，翻然焚掠又亡唇。

① 原注：丙辰大旱，君倡捐赈，活乡人甚多。
② 原注：翁帅新接抚篆，胜帅授钦差大臣，皆庐郡陷后事也。

滁淝失策无完壁，淮泗横流要此人。
五载索居悲浩劫，却欣意外奉英尘。

纷然誉贼有人言，消息传来却恩真。
忍看长蛇凌上国，谁怜饥雀噪空囷。
人烟比屋青郊断，兵火雄城白骨新。
我阻东行亦从众，君留岂止弩千钧。

河山风景本无殊，壮志从来愿执殳。
路入八公无横草，营连三帅有栖乌。
包胥痛哭援应至，精卫填冤海或枯。
磨剑玻璃泉水上，荡氛先请自枌榆。

○五　题刘玉叔《郎峰耕钓图》[①]

万壑抱孤径，翛然何处村。
枌榆怀祖德，梁木重师门。
归思久逾切，先畴古所敦。
钓篷山下路，宰树荫常存。[②]

险绝山霞岭，由来古战场。
熊罴酣卧榻，狐鼠纵跳梁。

① 原注：玉叔，名观藻，为眉士师次子。
② 原注：钓鱼篷山系吾师读书处。

惨淡愁荆棘,劬劳念稻粱。
披图好山水,八百许载桑。

卜兆依滁水,先庐买薄田。
何辜值兵燹,无福占林泉。
共此乡关念,偏悭丘壑缘。
几时洗兵马,耕凿戴尧天。

○六　潘孝妇、蒋孺人孝行令子麟生茂才索题

一编凄绝泷冈表,孝义千秋至性存。
古井波澜澄月魄,女贞生死托金萱。
泉台毕至仍随侍,病榻关心只报恩。
自是从容成慷慨,清芬啧啧重吴门。

○七　题王拙生(叔钊)诗集

天风吹浩浩,海上此听琴。
百感入幽思,雄才托苦吟。
秋纫香草佩,泪满浣花襟。
优乐虀盐寄,毋忘利济心。

附录　王拙生见赠原作　　长洲王叔钊

樽酒论欢夕,追陪忝绮筵。

久传毛氏学，[1]早识隐之贤。
世事方荆棘，公才赖转旋。
自惭犹末学，无路着先鞭。

大雅已难作，风骚谁可亲。
虫雕徒自苦，蝉噪等斯人。
夫子今词伯，相逢契夙因。
愿从刘子骥，一问往来津。

○八　题潘子绣词集

别具琼瑶思，青天唳鹤同。
灵均遗响远，平子写愁工。
禅谛云生水，仙心絮袅空。
莫深秋士感，梅阁已东风。

○九　题朱韫山司马诗集

全凭道力缚长鲸，赤手能完斗大城。
岂独朝歌重虞诩，早从魏阙问真卿。
吟坛七字欃枪落，祠庙千春树石清。
浚水伾山遗泽在，本来忠孝是家声。

---

① 原注：谓君所著《读诗一得》。

一〇 题朱伯韩观察(琦)诗集

独从正始追风雅,感事忧时白发增。
王业艰难新乐府,民依凄恻古春陵。
峥嵘谏草推三直,光焰文章续一灯。
我拟籍翱拜韩子,可容山斗仰师承。

附录 朱伯韩观察次和原韵 临桂朱琦

五十我犹未闻道,风尘鼎鼎岁华增。
每思归去如元亮,岂有光芒逼少陵。
乱后相逢成白首,雨余深友话青灯。
平淮再建安吴策,落落南天一柱承。

一一 挽温伯平方伯

痛说长城坏,惊摧烈士肠。
万人同日死,[1]一炁动星芒。[2]
大节天真悯,孤忠帝特彰。[3]

---

① 原注:六合男妇同时及难,无一降者,为忠义最。
② 原注:九月初旬,星芒竟天,实六合义气所感。
③ 原注:事上,天子震悼,诏以布政使议恤。

龙池余战血，太息比睢阳。[①]

滁泗江淮接，同仇喜共君。
苍头腾壮旅，掎角扼孤军。[②]
痛哭包胥泪，怜才北海文。[③]
戎旃惟一面，[④]奇气郁风云。
急递都梁至，开函泪满襟。[⑤]
悲风余战马，衔石怆冤禽。
义烈千秋史，艰危六载心。
凄凉旧部曲，死状剧哀音。[⑥]

如昔严公母，[⑦]同归卞壸儿。[⑧]
铮铮忠孝传，惨惨棣棠诗。[⑨]
马革原无悔，龙骧莫再迟。
英雄长涕泗，待展太真祠。

---

① 原注：同殉者李次生刺史、罗镇军玉斌、夏都戎定邦、俞守戎承恩，比之张、许、南、雷，亦公论也。

② 原注：癸丑军兴，袁浦集练与六合相倚。丙辰剿办棚匪，首功尤推六合。今夏乞师江北，君尤代劝进剿焉。

③ 原注：去秋蒙荐帮办浦、六防务，实深荐祢之感。

④ 原注：神交六年，惟施管大营一面耳。

⑤ 原注：本年九月十三日，专勇目叶福缒城，白绢细书，告急各帅。十六日至盱，急为发递，心甚怆然。逾二日，已及难矣。

⑥ 原注：武生马元科、勇目孔昭纲，皆能云赴义时状。

⑦ 原注：君母已九旬。

⑧ 原注：德配王夫人、公子辅材同及难。

⑨ 原注：君弟敷五明府陈情各宪。

一二　听雨

兵燹西南唤奈何，东南画舫自笙歌。
金闾篷背萧萧雨，不及江淮涕泪多。

一三　赠孙琴西（依言）太守[①]

报国文章重讲筵，清班鹓鹭望真仙。
朅来玉佩琼裾客，忽赋金戈铁马篇。
烽燧未消千里戍，疮痍亲问九重天。[②]
横流泱漭思援手，我亦苍生盼解悬。

附录　孙琴西太守寄和原韵[③]

慷慨忧时动四筵，李膺舟楫逐登仙。
每思坐论求奇士，况复投诗得隽篇。
旅泊依然同浦溆，风潮偏似隔江天。
夜阑独启篷窗望，河汉横斜斗柄悬。

① 原注：时以侍从出守安庆。
② 原注：召见时，天语极念皖民疾苦。
③ 原注：时均在舟次。

一四　毗陵舟次，薛华亭明府、马石樵明经话旧，次夏日华亭见赠元韵

干戈满地客魂惊，怒发犹思一剑横。
极目总怜无乐土，同心何处是坚城。
乡园独树荒村梦，风雪扁舟故旧情。
衰鬓他乡凭慰藉，几人患难重平生。

附录　薛华亭见赠原作　　江浦薛荣

知君无恙喜还惊，一笑翻教老泪横。
江表万家安夜枕，淮壖千里重长城。
天留特辅中兴盛，我念非惟旧友情。
三十登坛有张帅，两人生本为苍生。

一五　题刘玉叔《人淡如菊图》

诸葛卧南阳，淡泊志高尚。
采采东篱花，复有陶元亮。
出处虽不同，雅致足相况。
泥蟠寄隐逸，勋业出淡荡。
我友刘文房，神清齿则壮。
陋彼桃李姿，春秾逞骀宕。
会意得秋心，忘言无我相。

持此冲逸情，可以涵万象。
秋英顾我笑，知音比牙旷。

一六　次孙琴西太守吴门喜晤见赠元韵

冠盖京华仰令仪，孤篷江上慰心期。
冻云朔雁横沙塞，冷日神鸦黯古祠。
冰雪渐知春欲转，车书谁遣路多歧。
乾坤整顿须筹策，后汉今周燕翼贻。

附录　琴西太守见赠原作

州来人望久心仪，客路相逢却未期。
弓箭郭纶思猛士，奉尝朱邑有生祠。
民危亡命今尤甚，吏选高资道益歧。
回首庐舒乡国近，可无条教试相贻。

一七　又次赠题《烬余吟草》元韵[①]

帷幄来参李邺侯，照人冰鉴冷于秋。
几多鸿雁哀中泽，会看蛟龙起上游。
正直且携桃竹杖，澄清早订木兰舟。
书生跃马君恩重，管取凌烟志愿酬。

---

① 原注：原作录存卷首。

一八　京口望金焦二山

一山青翠如螺旋，一山突兀撑苍烟。
江流千古只如此，烽火五载偏凄然。
中原岂轮北府劲，半壁绝深南朝怜。
渔子不知尘海事，袅袅一竿理钓舷。

一九　望皖

四战岩疆任陆沉，瞢腾谁识彼苍心。
烝黎苦说无家别，庸稚徒嗟上堵吟。
迢递乡愁西日尽，缠绵杀气阵云深。
吞声欲哭增呜咽，凄绝哀猿岭上音。

望三益斋词草

○一　题刘玉叔词集次集中《贺新凉》元韵

华发催人急。瞥十年、胥江一棹，荻枫瑟瑟。忆到莎厅勤课读，[①]回首已非畴昔。喜入眼、花腾五色。二陆双丁争炫映，[②]谱云和、幸有江郎笔。休惆怅，桓伊笛。　　飘零我是无家客。问故

① 原注：己酉曾题吾师《莎厅课经图》。
② 原注：谓令兄泖生主政。

庐、而今安在？劫灰凄恻。[1] 猿鹤虫沙成幻梦，填海冤禽何益？叹窈渺、天心莫必。起舞中宵鸡腷膊，拨铜琶、呜咽江声涩。缄愁思，素书尺。

附录　刘玉叔冬日曲宴用前《贺新凉》调并倒叠原韵

楼阁高千尺。喜重听、笙歌缭绕，珠喉腔涩。草草杯盘成底事，领略闲情堪必。叹尘世、繁华增益。五彩迷离灯灿烂，觉此时、顿减心凄恻。相拍手，座中客。　　风流未许寻钿笛。数古来、悲欢离合，尽多文笔。艳曲吴姬应如此，输了者般颜色。空谈论、是非今昔。莫道喧哗能永夜，只酒阑、一样添萧瑟。人散矣，漏声急。

○二　题《飞鸿图》

咸丰戊午，家居，集练御寇。粤匪环逼，家毁于寇。内子黄夫人率家属渡淮而东。余戎马仓皇，莫之顾也。嘱李小淮鹾尹作《飞鸿图》，以志乱离，欲后人无忘患难也。

呜咽悲笳，蓦惊起、飞鸿满野。痛一炬、柴桑旧宅，枌榆古社。匝地惊风家似叶，漫天劫火山成赭。记仓皇、相倚脱危机，嘶悲马。　　倾欲尽，鸬鹚斝。飘欲堕，鸳鸯瓦。问醉翁亭北，环滁山下，拯溺谁为援手侣？衔碑我是伤心者。听怒涛、犹作不平鸣。哀

① 原注：秋杪，遭粤逆之难，万卷荡然。

湍写。[1]

○三　题《归鸿图》

同治甲子，皖寇荡平，乡人渐能归耕。内子率子侄辈归，垦荒莱，理耕读旧业。复作《归鸿图》，欣幸之余，亦增悲慨已。

璧合珠联，甲子昌期，海内休嘉。看乾坤整顿，功成貔虎，川原底定，孽靖龙蛇。结苇成庐，依山作屋，更借千重云树遮。相将去，须山深林密，访问烟霞。　　者番痛定嗟呀。最难忘，兵燹相寻患难加。记青山分手，儿能拥树，黄尘扑面，女不簪花。幸赖天恩，兼蒙祖德，还我都梁处士家。勤耕读，有一庭诗礼，千亩桑麻。[2]

附录　魏笏堂（大缙）明府《飞鸿图词》

今夫阴雨赋诗，拮据以劳贤哲。云雷筮易，经纶以显英豪。仲宣澧帅力靖烽烟，勋隆柱石，而乡园残破，志憾于当年；家室流离，怆怀夫昔日。此《飞鸿图》所为作也。盖自粤氛东下，皖境先沦，由顿丘之不支，遂都梁之告警。时也市兴毒雾，遍地豺牙；天厌欃云，全家虎口。公则驰驱戎马，搘拄艰危，正宣外御之劳，奚遑内顾之计！赖德配黄夫人提携幼稚，纠率宗亲，持铁笼以宵奔，载籧篨而夜走。长途削踵，既阽于焦原；中流借帆，复出于破冢，其境可谓极

① 原注：调寄《满江红》。
② 原注：调寄《沁园春》。

危矣。厥后，角城作寓，射阳移居，又复屡骇沙虫，频惊风鹤。

迨公洊阶徐道，晋秩江藩，既任旬宣之司，遂崇节钺之寄。垂天展翅，声爰戢夫鸱鸮；横海舒鳞，浪乃平乎鲸鳄。然回思患难，追话播迁，情又乌能已乎！嗟嗟，青犊纵横，里闾劫惨，黄巾扰攘，汤火魂飞，祝盗之方不灵，辟兵之符空佩。困鱼失水，将投何处之波；飞燕离巢，欲傍谁家之垒！徒见门惊飞牡，关莫封泥，千里蓬飘，一家萍泊。栖栖税驾，并乏兰单；惨惨瞻乌，同悲艽野。既将荼之辛苦，尤拥树之仓皇，诚不免图绘流民，歌赓劳者也。夫崎岖之历，歧更有歧；忧患之遭，痛定思痛。

此一图也，哓音瘏口，裂胆摧肠。即兹鼙鼓收声，尚觉涕洟满纸。大缙桑梓异处，兵燹同经，因隶牙幢，蒙示尺幅。公怀履虎，难忘劫火于里中；走亦哀鸿，幸托仁人之宇下！

又《归鸿图》题词

仲仙漕帅既作《飞鸿图》，述慬然后免之情，示安不忘危之旨，继之以《归鸿图》，盖又苟完记幸无逸明怀焉。窃惟公自移淮郡，开府袁江，际泰阶之昌期，辅上元之景运。吹笳既息，击楫益雄，遂以北靖兰郯，西收蒙宿。越疆而行，师旅畛域无分。邻境之奉声威，疮痍并起。今者归，邪星见洗兵雨飞。凡流亡之返其田园，皆康济之，劳其夙夜，即以公惠于盱眙者论，义浆载于衢，仁粟储于路。佩犊未解，买牛以助耕；芒种及时，给谷以劝播，则邑之农归。宫墙修其制，黉序复其初，贲饰栋梁，聚菰叶为俎。鼎新廊庑，使茅索习仪，则邑之士归。而且歌不闻蔽樗，谊不忘庇葛，义庄作记，仿范文正之规；族谱有亭，师苏明允之法，则邑之亲族皆归。是皆以雁户之栖皇，复蜗庐之生聚，无不拜公之赐矣。乃公犹以落叶取其粪本，流水贵夫还乡，复将命妻孥返耕读，作为此图。夫翟茀从官，羊车随宦，此固骨肉之所乐，抑亦乡里之所荣。

公独淡泊盟衷，宴安惕志，若谓王良之妇可使曳柴，少陵之儿无妨树栅，总欲俾知稼穑，勿替菑畬，则以视昔之宗少文永嘉屋邑、毛惠秀剡中村墟，徒托丹青，自高泉石，其意更有深且远者。南阳之宅，八百栽桑；东皋之田，十双课稻。他日人过公之庐，或例以韩公昼锦，李氏平泉，犹为未知公之志也。

○四　漳浦东门外，谒黄忠端公讲舍并拜公像，作《沁园春》词以志景仰

四围山翠，一角孤亭，讲舍仍留。溯周易宵编，玑图静绘，孝经晨写，泪血横流。读圣贤书，完仁义事，有朱文山与匹俦。钦公节，比华峰西峙，海日东浮。　　我来凭吊荒陬，看支拄乾坤土一丘。慨剑津柄失，势分蛟鳄，霞关旅弱，士女貔貅。陵拜高皇，恩酬隆武，薄暮东皋郁古愁。来游者，记纲常万古，节义千秋。①

① 原注：陈卧子诗带血，晨兴写《孝经》，裹疮夜读，编《周易》，为公咏也。东皋，公讲舍名。纲常八字，公绝命句，见《蔡文勤集》公传。

公余吟二卷

望三益斋公余吟草卷一

○一　元日喜晴 己未

斡转阳和律，昭苏草木萌。
熙春觇气象，爱日愿光明。
物性通葵藿，天心厌甲兵。
恩深诸将帅，努力致升平。

○二　新正二日赴淮城赠丁俭卿封翁

论文说剑几经过，尘海帆收水不波。
晚岁诗书资睟盎，古春颜色喜婆娑。
庭森兰玉扬芬远，社入枌榆被泽多。
旧里仲车欣咫尺，愧无佳什媲东坡。

〇三　翟坝闻雁

北向闻南雁，依然结阵飞。
初春横塞冷，晓月入云微。
粱稻谋原悔，关山路岂违。
莫嫌中泽苦，羡尔有家归。

〇四　正月晦日雪

自阻兵戈日，多愆雨雪期。
麦苗滋已迫，羽孽杀何迟。
寒觉客裘薄，晴看岸柳移。
终资调燮力，大造本无私。

〇五　赠左伯先

枞阳望族久知名，漂泊江淮阅战争。
幕府驰驱愁羽檄，家山破碎苦心旌。
欣看才思生花艳，预卜官声饮水清。①
不信中原长寇盗，故乡南望剧关情。

① 原注：时方以县尹候铨。

○六　灵璧道中书愤

燎原烽火万家惊，听诉疮痍涕泗横。
天醉乾坤余战搏，市荒人鬼不分明。
橐囊已罄犹征税，盗贼才过又苦兵。
闻道征南诸将帅，红旗昼卷自专城。

○七　铜山道中阻雨感事叠前韵

戎行宦海怒涛惊，浩荡扁舟一叶横。
到处民风怜脆弱，几人师律重严明。
筹糈还是农储粟，杀贼终须将练兵。
二百年来恩泽厚，请缨不信少长城。

○八　彭城过张濂渠大令故宅[①]

使君门巷几经过，十载重来怆若何。
烈士徇名生气凛，[②]奇儿荡寇战功多。[③]
森森乔木思高节，漭漭黄流感逝波。
屈指知交半零落，澄清何日鬓先皤。

---

① 《望三益斋存稿》题作：彭城过张濂渠志周大令故宅。
② 原注：大令名志周，密县人。甲寅三月守丰县，殉难。
③ 原注：公子汝梅，昔来问字。近随袁太仆破贼草沟，首著奇捷。

〇九　汪致轩太守、陈醴泉、黄筱艾两司马、谭东湖二尹招高在午刺史同游云龙山[①]

黄流北去无河患，又见纵横战伐来。
时事难凭杯酒遣，旷怀特为故人开。
中原俯视资雄镇，霸国深谋仗异才。
欲起苏公捍灾难，青天一鹤几徘徊。

一〇　钟吾赞化宫假宿

仙坛暂栖止，顿觉道心生。
树色连云合，钟声带雨清。
高斋忘积暑，尘网累浮名。
欲叩丹砂诀，遥遥隔玉京。

一一　钟吾阻雨

几年天苦旱，三日雨为霖。
续命田夫愿，扶危大造心。
群邪资荡涤，四野苦呻吟。
尚恐伤禾稼，遥山积雾深。

---

① 《望三益斋存稿》题作：汪致轩（尧辰）太守、陈醴泉（际春）、黄筱艾（海安）两司马、谭东湖（祖庆）二尹招高在午（丙谟）刺史同游云龙山。

一二　雨后钟吾舟次

云容漠漠水潆洄，天际层阴郁不开。
知道河流添几尺，布帆高出大堤来。

一三　题周仞千茂才（凤翔）《蜗庐小隐图》

得隐且云隐，翩然归草庐。
我能知豹雾，人自笑蜗居。
达士一枝寄，高风五柳疏。
故乡西望处，烽火渺愁余。

忆昔莅袁浦，感君相爱深。
嵚崎壮士志，患难故人心。
沸鼎忧沧海，披图惬素襟。
斩蛟复射虎，且为孝侯吟。

一四　正月三日萧县阅圩　庚申

野日昏昏下大荒，平沙一白阵云黄。
眼前白骨新流血，不是伤心古战场。

一五 赴海道任留别彭城士民示浦、李两茂才

攀辕洒涕满彭城，百转千回感至诚。
小补何堪言治术，[1]奢心总望拯群生。
疮痍满地家何在，烽火连天恨未平。
寄语云龙诸父老，苍山片石尚关情。

一六 题王雨山漕帅《彭城去思图》

狂澜漭漭障东流，保护功成惠泽周。
只手经营擎万户，十年心事足千秋。
烽烟靖后知遗爱，父老闲来说壮猷。
我愧曹参继萧相，[2]步趋情更切攀留。

一七 仲冬月督兵朱家湾圩寄内 辛酉

匝野烽烟恨未平，忘私忧国矢吾生。
壶浆馈送民依我，[3]亲戚提携家累卿。[4]
幸与苍黎维砦堡，敢忘忠赤报庥明。
严寒莫念从戎客，早典钗环为犒兵。

---

① 原注：莅徐甫三月。
② 原注：予莅海道甫两月，复往代徐道。
③ 原注：逆首刘平据汴塘圩，予督师围攻邳、铜，各圩俱送豆麦。
④ 原注：时族亲在徐相依者数百口。

一八　寄和鲍小山(桂生)观察见赠　壬戌

一篇珍重抵球琳，肆好清风寄托深。
自古名臣重畿辅，况兼国士出淮阴。
十年旧雨情如许，千里停云思不禁。
先我着鞭推祖逖，渡江击楫盼同心。

附录　小山观察见赠原作　山阳鲍桂生

开府南徐拥节旄，中原锁钥自今牢。
清淮月照千家静，芒砀云盘八阵高。
放鹤自成孤致远，燃犀那使众形逃。
南来愿报平安火，好脱征衣换锦袍。

一九　题黄庆云总戎《得胜图》[1]

天戈西北压贼垒，[2]东窜剧寇纷骚然。
英雄少年怒马出，十荡十决旌旗翩。
诏书褒嘉为民喜，勋名万口喧淮壖。
丈夫功业不止此，图成麟阁其勉旃。

---

① 《望三益斋存稿》题作：题黄庆云(国瑞)总戎《得胜图》。
② 原注：僧邸剿贼沂、曹、归、陈一带。

二〇　壬戌闰秋，荷芳书院感事叠随园原韵，刘泖生农部、王芾南观察、魏蓉塘、汤慎台两大令同赋[①]

未许蚩尤抗阪泉，且从墟里集人烟。
貔貅刁斗千军外，歌舞楼台十载前。
民困剧如垂老别，君恩深是中兴年。
诵弦旧地新寻取，幸剩灵光殿岿然。[②]

扶持榆柳两三行，竹有清阴菊有芳。
早定波澜盟止水，勤思伛偻懔循墙。
宦情老入秋云淡，诗思清于夜月凉。
莫涉寒蛩衰草怨，近闻鸣凤在朝阳。[③]

郊居沈约记开杸，绕屋扶疏绿满庭。
浩劫谁教千里赤，荒城空见四山青。[④]
风云北极欣常护，丝竹东山莫漫听。
击楫渡江看壮士，何须流涕对新亭。

---

① 《望三益斋存稿》题作：壬戌闰秋，荷芳书院感事叠随园原韵，刘泖生(履芬)农部、王芾南(荫棠)观察、魏蓉塘(邦庆)、汤慎台(佶昭)两大令同赋。

② 原注：署毁于火，惟书院楹额独存。

③ 原注：时读倭协揆陈豫省吏治奏章。

④ 原注：盱眙故里榛莽已五载矣。

早梅渐欲放南枝，座引群贤为集思。
三载已逾求艾日，七年还盼豫章期。
凉宵风定乌栖稳，中泽霜多雁到迟。①
西北天戈近乘胜，濡毫好续黍苗诗。②

二一　题关忠节公《延龄瑞菊图》③　癸亥

璀璨奇花寿北堂，千春瑞结九秋芳。
地疑瑶岛慈云护，天为金萱爱日长。
一自大星沉粤海，常留庙貌肃清霜。
传家忠孝君恩重，欲酌寒泉荐晚香。

二二　闻蛩

消息无端触不平，方园旷野共秋清。
长宵歌泣何人识，此是咨寒怨雨声。

二三　五十有一初度

儿女欢呼说寿辰，默寻往事几酸辛。
隆恩万叠难酬主，厚禄千钟不逮亲。
每愧分甘同士卒，况多举火待姻邻。

① 原注：清江流亡，仍未尽归。
② 原注：僧邸于八月二十日大捷于金、鱼间。
③ 《望三益斋存稿》题作：题关忠节公（天培）《延龄瑞菊图》。

寸阴炳烛难抛弃，只有青编启后人。

二四　题徐巽斋先生纨扇[①]

一毡十余载，[②]橐笔只江淮。
世事老谋熟，乡心稚子偕。[③]
文章深恺悌，患难识情怀。[④]
治狱于公最，相期手植槐。

二五　和李实夫邑侯留别盱眙士民原韵[⑤]

淮山烽火荡无余，几见贫民有絮袽。
欣说使君新税驾，渐闻故老认空庐。
蓬飘谁识流离苦，草昧真同开辟锄。
古有循良今再见，攀辕涕泪信非虚。

论治群推黄霸宽，沉疴着手识医难。
无心出岫云常荫，有口成碑字不刊。
伏窟蛟螭愁未靖，[⑥]绕枝乌鹊苦求安。
倒悬饥渴何人解，尚累苍生梦饮餐。

① 《望三益斋存稿》题作：题徐巽斋（以森）先生纨扇。
② 原注：计道光己酉订交，阅今十五年矣。
③ 原注：晚得诸郎皆佳。
④ 原注：浙、绍被难者多依之。
⑤ 《望三益斋存稿》题作：和李实夫（金庚）邑侯留别盱眙士民原韵。
⑥ 原注：时苗匪未平。

闽海鳌峰诉昔贤，安溪宗派善陶埏。
残黎恇怯婴依母，老吏精诚石补天。
壤近鲁邾闻击柝，讼平虞芮罢争田。
翩翩凫舄南飞去，凄绝空山泠蕨拳。

作楫良材仗济川，关心雕瘵意肫然。
敝庐莫问陶潜柳，[1]祖道难随晏子鞭。
颂遍万人应作佛，润分一勺岂能贤。[2]
旁求汲汲须良牧，即见丝纶贲九天。

附录　李实夫邑侯留别原作　　侯官李金庚[3]

捧檄盱山一载余，兢兢夙夜懔衣裥。
地经烽火无完土，民尽流亡少结庐。
满目荒烟谁补葺，伤心蔓草孰耕锄。
江南浩劫斯为甚，搔首频思叩太虚。

吏治孰论猛与宽，存心惟恐矢诚难。
民虽愚贱彝咸秉，世有隆污道不刊。
好恶苟同胥自得，利名能淡即相安。
读书所学成何事，循省年来愧素餐。

---

① 原注：敝里荡析，莫赋归来，今君到后，渐有耕者。
② 原注：去冬分廉助赈，过蒙垂奖。
③ 《望三益斋存稿》题作：附录实夫邑侯留别原作。

此邦申甫本名贤，一念恫瘝遍八埏。
岂为维桑私故里，多因浓樾荫参天。
赈饥屡散刘公镪，赡族频分范氏田。
愧我备员还受德，抚心何以答拳拳。[①]

骊歌一曲赴桐川，四望湖山欲怆然。
父老有情勤挽驾，使君肯忍速扬鞭。
深惭安辑无长策，幸得勷襄有众贤。[②]
他日河阳兰讯到，[③]欣看比户乐尧天。

二六　喜李实夫邑侯仍留盱眙署任再叠前韵

中兴云汉悯周余，[④]欣睹成都赋袴襦。
五色纶音来魏阙，一峰真面见匡庐。
春回瘠土梅先放，地辟荒原草渐锄。
从此将军增揖客，盛名副实岂云虚。

---

① 原注：余于壬戌六月履任，秋冬之间，盱民困苦弥甚，道馑相望，苦无补救。幸蒙漕帅吴公助种劝耕，给粮赈济，直至癸亥春末方止。民赖以活者，数千余家。又置田官山，以赡族人。庚备位盱山，亦以经费支绌，蒙不时体恤。真盛德君子也。

② 原注：时同在事者，县城则有张西亭、傅翼廷、朱薪之、郑子安，蒋坝则有徐应笙、盛书农、吴敬亭、李大章、章小园、唐烛垣诸君子，匡予不逮。

③ 原注：时新任乃山阴潘公也。

④ 原注：同治二年九月十五日，荆州富治安将军奉寄谕：富明阿奏，行抵盱眙，该邑士民环递禀呈，请留知县刘金庚暂缓调任等语。盱眙屡遭兵燹，民不聊生，有此深得民心之地方官，自宜仍留该处，以顺舆情。钦此。

江海汪洋帝德宽，如闻蔀屋诉艰难。
借恂誉是云台重，荐祢章随露布刊。
陋巷万家齐颂祝，岩疆一著视危安。
只愁民瘼关情甚，星月增劳勉劝餐。

汉室循良重举贤，推恩沛泽遍垓埏。
环观感泣三千士，[①]切近聪明尺五天。
父母亲民歌善道，[②]儿孙造福在心田。
慈云莫怨来何暮，早识轻装石一拳。

蒲帆回指望晴川，再到阳春倍蔼然。
并部真堪迎竹马，昌平原不试蒲鞭。
十奇歌咏应侔古，万福威名自礼贤。
我是部民同感德，暮云乡树认湖天。

二七　傅味琴自关东归叠韵奉赠

卅载文坛万字倾，时申古语寄今情。
关河同结家山梦，幽蓟偏尊老将名。
薄宦欲归思靖节，初交见许是州平。
刘郎自有长城在，却敌休令羽檄惊。[③]

---

① 原注：富将军统师过盱眙时，邑父老焚香吁留，将军为之挥涕，环观将士并泣下。

② 原注：盱眙在春秋时为善道。

③ 原注：时与泖生叠韵。

鲁连渐解魏秦纷，况复戈铤竟彗云。
玉敦主宾双管协，铙歌南北一朝闻。[①]
蜚鸿戢羽思安宅，鸥鸟忘机只恋群。
宿麦关心勤祷祝，祥霙待洗伏波军。

附录　味琴见赠原作

当头不放月西倾，美满金尊倍有情。
关塞风尘劳慰我，江淮草木尽知名。
六鳌晓策新光景，万雉云连翼太平。
刁斗声沉兵卫肃，树鸦睡稳总无惊。

霜阶竹扫白纷纷，茶话围炉煮绿云。
霄举千秋争不朽，泥蟠五十尚无闻。
睛窗素纸嫌蝇钝，归路晴天羡雁群。
貂珥中兴期翊运，不徒办贼张吾军。

二八　感旧叠韵再呈味琴

白头交比盖初倾，风雅缘兼道义情。
过眼乱离余老友，拄胸文字薄浮名。
鸡林集重唐长庆，虎观经承汉永平。

① 原注：苏郡克复，蒙城歼苗，同日捷音上达黼座。

回首玻璃泉下水，磨刀犹记怒涛惊。①

缀学深缘志不纷，欣从并世睹渊云。
玭庐觞咏思陈迹，②鳣舍弦歌怅旧闻。③
东去江流空感逝，南飞鹤影莫离群。
耦耕倘遂湖山愿，共事犁锄罢饷军。

二九　幸际良时，追思往事，叠韵再呈味琴

屯难逢亨否自倾，昭苏万汇喜心情。
劫穷盗贼皆无力，时至英雄易得名。
虎子扫除河已渡，蚕丛开辟道俱平。
须知宵旰忧勤甚，按堵穷檐夜不惊。

如砺中央局势纷，白衣苍狗叹浮云。
八公草木谁阶厉，千里荆榛古未闻。
巨鹿何尝忘每饭，塞鸿终是爱同群。
沾巾喜极成呜咽，钗钏春醪犒万军。

---

① 原注：用戊午盱眙赠句意。
② 原注：谓王味兰学博。
③ 原注：谓夏蠊庐学师。

三〇　题陈庆云总戎《长城克捷图》[①]

腊月出师风雪里，春初二月喜功成。
试看柳暗花明处，笳鼓无喧肃旆旌。

东境兰郯接邳海，长城蕞尔亦雄哉。
壶浆士女扶携望，出境元戎杀贼来。

谁遣良民成盗贼，须知盗贼本良民。
水火衽席反掌耳，只在戎行多苦辛。

两千余众敌数万，以少击众成固然。
从此白莲池并捷，铭功合在凤凰山。

三一　题黄小艾司马《听秋图》

与君初结契，同托邢谭私。
择妇得黄家，又附玉树枝。
稚子倚冰清，丈人峰嶷嶷。
姻娅叠恩谊，骨肉情何疑。
所嫌天一方，南北忧路歧。
结庐课耕读，我思淮之湄。

---

① 《望三益斋存稿》题作：题陈庆云（国瑞）总戎《长城克捷图》。

春晴抚竹树，冬暖依茅茨。
长为朱陈村，子孙相娱嬉。
亲戚情话申，试咏招隐诗。

三二　十二月十六日喜雪　癸亥

忆昔癸丑冬，喜雪吟长篇。
断断聊城公，[①]谓我祈祷虔。
今年纪癸亥，十载弹指间。
春夏雨旸时，大有书丰年。
又值有苗除，获保危城坚。
上元庆甲子，休息期解悬。
秋冬不雨雪，望泽心忧煎。
焚香告明神，默祷通幽元。
负乘履崇高，何以副仔肩。
或因塞耳目，遗佚讥蔽贤。
或因急诛求，竭泽及市廛。
痛痒赵下民，怨恫达上天。
诟詈隔不闻，亢旱胡尤焉。
吏罪固有归，民穷殊可怜。
中夜起徘徊，就枕难安眠。
讵期彼苍慈，大惠来无边。
东风橐钥司，寒谷回温泉。

① 原注：谓杨志堂河帅。

即看宿麦根，灿若琪花鲜。
始知天心仁，民命可复延。
始知天听卑，降鉴非偶然。
绿章奏通明，神格耳目前。
灵贶奚以酬，晨夕思风愆。

附录　傅味琴和作

夜来知有雪，枕席寒先受。
清曙飒回风，一白皓虚牖。
初时冬苦干，枯旱入三九。
颇疑阴阳错，骄蹇气不偶。
未雪已先云，无雪云空厚。
峨峨通天台，此理安可叩。
积诚感造化，时运斡其手。
果然飘祥霙，天花拂仙帚。
热恼谢婴干，血腥洗淮右。
麦陇萋已青，秋登年庶有。
祈福福同民，仆射犹父母。
讵知功不居，退然方引咎。
安得长者言，遍喻到珪绶。
宜乎淮海交，说帅尝在口。
我苦肺病燥，嚼雪降饥吼。
载咏风人篇，条枚义斯取。

三三　赠梧生用东坡岁晚三首韵

兔首乐宾客，醇醪饮寮佐。
筐篚礼以将，岂曰无处货。
今年天人怡，如掌雪花大。
洛阳穷巷中，知有袁安卧。
珍薄东野箪，客满北海座。
乡里忆贫交，生计困马磨。①
窃禄圣明朝，得此无乃过。
新诗比脍炙，相要倡余和。②

少年喜得岁，望望嫌来迟。
老人感岁暮，事往胡可追。
俯仰已陈迹，所隔非天涯。
来日虽堂堂，可惜殊曩时。
贫贱困饥寒，富贵误轻肥。
体貌更日月，菀枯随欣悲。
所以古志士，矻矻穷无辞。
驻景在简编，好学期不衰。③

流光去一瞥，电影掣金蛇。

① 原注：予家旧以马磨为业。
② 原注：馈岁。
③ 原注：别岁。

又似百斛舟，下濑无敢遮。
少壮数酸辛，岁月曾几何。
滔滔大江流，东下声无哗。
戈能向日挥，鼓且回帆挝。
涉水怜瞿塘，登山虞褒斜。
良时不须臾，归计无蹉跎。
相将寻旧扉，州宅新勿夸。①

附录　梧生和作

旨酒既盈罍，况有佳肴佐。
承筐惠好我，于礼可以货。
丹灶挹流珠，腹捧穷措大。
饮隽旨且多，未放瓶便卧。
窗外红梅花，一枝春照座。
人颂杜元凯，济时另八磨。
我感故人贤，佳节醉里过。
迁乔下呼友，用效嘤鸣和。②

欲顿六龙辔，天衢行倭迟。
岂知纵即逝，如驷言难追。
临歧惜分背，有涯随无涯。

① 原注：守岁。
② 原注：馈岁。

不如付一醉，行乐犹及时。
客舍减礼数，春盘萃甘肥。
飞腾暮景入，任化将奚悲。
胶牙饧先劝，蓝尾盏莫辞。
赠言试斟酌，醇饮良扶衰。①

人寿倘千年，骨绿同松蛇。
健身但矍铄，情话从周遮。
况是遗华胜，高咏联羊何。
冬氛箭虬恋，列炬林乌哗。
更鼓留旧岁，缓急一任挝。
白日少根株，谁援不使斜。
堂堂去行尽，何方补蹉跎。
老至较安闲，蔗味差可夸。②

三四　冬初奉命抚吴，留别崇实书院诸生，即次和钱楞仙司成见赠韵　甲子

斯邦冲要区，繁富争耀夸。
舳舻衔尾来，欢声腾迩遐。
劳臣昔经营，金堤岁增加。
损上以益下，岂为荣高牙。

① 原注：别岁。
② 原注：守岁。

列圣筹万年，迹近理则赊。
握要控八极，天下同书车。
潢池一弄兵，烝黎愁无家。
一纪始就安，思痛还叹嗟。

昔贤宏教泽，①弦诵留遗响。
春水抱湾环，夏屋开轩敞。
榛莽忽芜杂，无复理旧壤。
吾宗老季重，②拳拳极宏奖。
流亡借招集，青衿与修讲。
废圃黉舍开，隙地数弓广。
鹿洞与鹅湖，前哲孰依仿？
清凉阒寂中，辄作振兴想。

汉儒重经师，太学遗型留。
方领及矩步，要使文行优。
司成吾齐年，笃古力阐幽。
兰臭欣同心，杕杜歌道周。
负笈萃英髦，请业欣来游。
所惜去金阊，分散池上沤。
官府如传舍，置驿驰星邮。
枝头好鸟鸣，友声犹相求。

① 原注：谓李湛亭河帅。
② 原注：谓稼轩比部。

李斯学荀卿，太息对鼠厕。
束发尊孔孟，试问学何事？
太上贵达节，守节甘其次。
春冰与虎尾，履蹈谈何易。
穷达自有命，守身同一致。
立品多瑕疵，奚取五经笥。
勤勤懔德业，安能策所至。
所以至圣言，称德在良骥。

忆从田间来，我是耕读氓。
幸邀特达知，辁材愧时清。
斯土旧宰官，守御农为兵。
墨绖痛艰虞，金革匪宦成。
十载扰烽烟，怆怀市肆更。
宦海多风涛，蚕丛犹坦平。
陋巷仍疮痍，难博安乂名。
何以期休息，相与还朴诚。

良友赠言章，前贤期牧仲。
东南财赋区，今成雕瘵众。
高位忌满盈，沃壤忧侈纵。
大弦与小弦，良琴戒巧弄。
康庄有坦道，飞骑虞轻鞚。
惓惓旧桐乡，莫遽一帆送。
留连弦诵地，辛苦风雨共。

贻诗勖诸生，胸次扩云梦。

附录　楞仙司成见赠原作

大江亘南北，形胜东南夸。
或议画江守，鞭长难控遐。
国家设官制，襟带宜交加。
公拥清淮节，将建吴阊牙。
钤辖同一区，犹觉道路赊。
公自北而南，甘雨方随车。
我南转留北，归去亦无家。
何况旧部民，卧辙长咨嗟。

淮甸经烽烟，弦诵久绝响。
投戈急讲艺，黉舍辟闳敞。
眷此章缝游，昔为歌舞壤。
大雅得扶轮，风流事提奖。
贱子若谀闻，靦颜作都讲。
尊师愧礼隆，好贤钦道广。
善作宜善成，模型后贤仿。
非独为身谋，孤寒代设想。

蚤达数齐年，落落晨星留。
军门谈旧事，略分情逾优。

平原称好古，[①]时慰空谷幽。
其余二三子，过从犹难周。
楚元设醴意，梁园赋雪游。
人生非鹿豕，聚散如浮沤。
故人颇念我，[②]因公作书邮。
送老恋祠禄，此外复何求！

平生本懵学，词曹曾滥厕。
闲效骈俪文，樊南所师事。
搜遗作补编，笺注稍鳞次。
文澜慨浩劫，[③]借书今不易。
选楼多坠编，借公为罗致。
因公富曹仓，容我实边笥。
高斋刊丛书，相如偏后至。
一息苟尚存，千秋思附骥。

吴楚虽接境，嗜好殊编氓。
本无壁可坚，抑亦野难清。
当年纵横士，挟策纷谈兵。
荒台慨麋鹿，责效竟何成？
胶柱音难调，改弦化斯更。
抚此雕残众，还朴歌升平。

---

① 原注：颜夏廷观察。
② 原注：曾侯系振伦戊戌同年，李伯亦世谊也。
③ 原注：文澜阁《四库全书》，振伦主讲杭州时，恒得借观。

大贤以类聚，不负青天名。[1]
庶几商丘公，与民安拙诚。

潇洒刘文房，[2]沉雄傅武仲。[3]
学诗数十年，出语自惊众。
幕府各题襟，下走偶追从。
聊以破岑寂，斧敢班门弄。
即今朔风严，貔貅拥飞鞚。
何用叙离怀，长谣以相送。
杨云守空宇，谈元谁与共？
迢迢双鲤鱼，迟此慰幽梦。

三五　奉旨回籍省墓，望盱山志感　丙寅

十年望断家山路，瞥尔峰峦到眼开。
兵燹劫完稀井里，田园力垦尚蒿莱。
柴桑窈窕寻三径，同谷悲歌忆七哀。
差胜玉关班定远，天恩廿日许归来。

三六　抵里门

里门重到最伤神，呜咽难忘百感身。

---

① 原注：方伯刘公与公并有青天之名。
② 原注：泖生。
③ 原注：梧生。

父老恍寻前世友，儿童似看异乡人。
剧怜洽比街廛旧，转痛峥嵘第宅新。
为道耕桑安业好，宦游何苦说津津！

三七　嘉兴舟次和答吴淡泉先生见赠原韵　丁卯[①]

三年稚子坐春风，[②]乐育亲随杖履中。
击钵催诗欣快睹，问奇载酒许相从。
文雄端合尊韩子，律细还能匹杜公。
更喜才名符子建，[③]扬舲觞咏两心同。

淮阴回望渺江天，廿载浮沉岂曰贤。
鲁削宋斤愁地隔，越山闽峤想天然。
随身书卷娱春昼，满目疮痍愧俸钱。
安得道州元刺史，舂陵为赋活民篇。

---

① 《望三益斋存稿》题作：嘉兴舟次和答吴淡泉（兆登）先生见赠原韵，丁卯。
② 原注：儿子炳和从游已逾三载。
③ 原注：谓西园明经。

望三益斋公余吟草卷二

○一　奉命使粤往还泉漳道中杂诗　丁卯

简书郑重速星邮，敢诩乘槎汗漫游。
海角溪山多负险，天南草木不成秋。
城荒薄宦愁终窭，[1]地瘠穷黎绌远谋。[2]
一卷图经检蓝氏，希文怀抱独先忧。[3]

落落疏棂短短檐，儒宗家法守清严。
剧怜兵燹摧残后，犹挂朱公一桁帘。[4]

蛩声惨泣半闲堂，一角湖山侈富强。
苍莽木棉庵下路，弄潮手段费平章。[5]

寒云冷雨幂层冈，岭转常思路倍长。
莫羡神仙居上界，人寰俯视总茫茫。[6]

---

① 原注：多清贫自守之吏。
② 原注：民间多以地瓜充食。
③ 原注：鹿舟山人《图经》言闽最切。
④ 原注：泉、漳居民当门多蔽以竹帘，朱文公旧制也。大贤过化，经久不变，感而赋此。
⑤ 原注：木棉庵。
⑥ 原注：雨过常思岭，一名尚书岭。

竟岁大游览，舟舆闽粤便。
地穷山截海，岭极树擎天。
民力宜休息，尘劳任往旋。
廿年淮海上，感旧意茫然。[①]

○二　即事

声教何曾隔海隅，南辕北辙倏分途。
解纷且学鲁连子，辨口休夸陆大夫。
铤鹿从容防折角，睡骊安稳许探珠。
扶桑晓日分明现，莫向鲛宫问有无。

五岭风烟入杳冥，翰藩重寄系门庭。
讵缘蜗角争蛮触，何苦蛾眉斗尹邢。
寰海喁于都向日，庶民好尚只从星。
高牙大纛蒙恩泽，珍重书名在御屏。

○三　述粤

粤江汇水别南条，沙坦成田海祲消。
丹荔黄蕉晨入市，乌衣赤脚夜乘潮。[②]
冠裳被泽迟三古，珠玉盈装始六朝。

① 原注：岁杪抵闽。
② 原注：粤人多衣黑色，舟行趁潮以夜。

前赵后刘都歇绝，大忠祠宇郁岧峣。[1]

谁遣灵洲锁钥开，恬嬉日久福生灾。
魅魑铸鼎原殊族，鲛蚌成珠是祸胎。
握算岛夷工互市，探丸山贼睨多财。
尺波竟作滔天患，我为东南战骨哀。

○四　河源赖弼侯同年（以平）话旧

丹纶曾许莅羊城，烽火淮阴阻旆旌。
持节询谋隆简命，班荆缱绻说舆情。[2]
一江白水知心迹，千里青山管送迎。
咫尺瀛洲原缥缈，雪泥鸿爪任平生。

○五　龙川

赵佗一令起龙川，窃号蛮夷亦自贤。
礼教迟闻黄屋后，霸图早启赤乌前。
请缨异世羞樛吕，投袂同仇逊芮钼。
何似窦融知顺逆，功收横海亦凄然。

---

① 原注：指宋文、陆、张三公大忠祠。
② 原注：弼侯极道粤人相爱之意。

○六　潮阳吊林文忠公

南天当日仗公扶，力疾兼程卧笋舆。
山泽再持龙虎节，风云常护鸟蛇图。
大星堕地长城坏，巨浸稽天半壁孤。
余劫中原腾战马，征尘北望渺愁予。

○七　书愤

哲人睹未著，履霜知冰坚。
中士鉴已往，覆辙惩车前。
两粤古蛮荒，秦塞通人烟。
魋结仍尉佗，冠裳烦楼船。
六朝已膏腴，贤者嗤贪泉。
李唐召番舶，祸始垂千年。
丘海暨陈湛，岂曰无仁贤。
华夷既杂处，海气腾腥膻。
虺蛇蕴蓄久，一飞儿冲天。
匹夫起萑苻，天下为骚然。
所过财赋区，白骨堆连阡。
虽告肃清烈，功不补患焉。
简书一来往，问俗心拳拳。
似闻伏莽者，多在江海边。
疆吏切勤思，守令胡安便？

作诗纾昔愤，聊拟春陵篇。

○八　岭东舟行杂诗

高台朝汉指嵯峨，士女迎銮极笑歌。
毕竟英雄识时务，称臣大长老夫佗。

南土丰饶说不休，吾宗饮水足清流。
城门一过三千万，多事何人启广州？①

天水相连指五羊，清华秋色在炎方。
携将粤海书千卷，不是明珠陆贾装。

仙禽五色解啁啾，华首台高草不秋。
四百二峰应笑我，轻帆三日过罗浮。

春梦荣华漫感吁，惠州遗爱在西湖。
如来叶叶成金粟，画遍坡仙笠屐图。

危冈歌舞日纷纷，霸业消沉剩夕曛。
越女如花都不见，六如亭上吊朝云。

青裙不袜本天然，火种刀耕馌饷便。

---

① 原注：《南史·王琨传》。

匼匝山深林密处，有人耕凿乐尧天。

疮痍劫后幸时和，今岁丰收再熟禾。
人影衣香城郭里，花田争说素馨多。

周包大地仗环瀛，污渎清流息竞争。
毕竟溪滩惭褊狭，逢人苦作不平声。

耸翠松岩接竹林，河源[1]东入万山深。
涓涓并作江流去，要识名山利济心。

朝来拥卷夜吟诗，买得乌篷号总宜。
更喜维舟小村落，万山苍翠夕阳时。

黑白纵横方罫间，道人观奕自闲闲。
水流花放春如许，淡荡行云自往还。[2]

片帆才卸又层峦，侵晓征衣露未干。
偏是多情岐岭月，照人来去总团圞。[3]

六篷宛转荡轻桡，一日归程百日遥。

① 原注：县名。
② 原注：时读《阅微草堂》，感近事附此。
③ 原注：九月十六日过此，归时十一月十六日也。

记得来时风雨夜，怒号万木海天骄。[①]

梅州旧俗重诗书，明瑟林泉画不如。
雅称幽人耽啸咏，山村多半是楼居。

海风吹过岭东头，也似江天阻石尤。
两岸老渔齐拍手，芦花滩浅且停舟。

操舟人老畏风波，猝遇风波唤奈何。
羡煞山农足生计，白头曳杖只岩阿。[②]

当年吏部谪潮阳，百世仍瞻日月光。
韩水韩山在人口，休将仙佛付荒唐。[③]

青莲山志文丞相，南澳洲传陆侍郎。
万古不磨光岳气，麻姑惟解说沧桑。

去年今日别淮阴，父老攀辕感不禁。
天运一周人万里，关怀只是旧园林。[④]

---

① 原注：来时泊舟隰隍，大风雨，滩河陡涨二丈余，时九月初四日也。

② 原注：十一月二十一日，麒麟寨阻风，住半日。

③ 原注：指湘子及大颠事。

④ 原注：丙寅十一月二十二日，由淮回籍。今春，由浙入闽。秋冬，粤闽往返。几万里余矣。丁卯十一月二十日，大埔三河坝记。

○九　奉命调任四川留别闽中诸君子　戊辰

景物三山信足夸，皇恩特许建高牙。
风云海上神仙岛，旗鼓天南将相家。
岁稔远收千舰粟，[①]春多常看四时花。
及民自忖无功德，道左耆英尚叹嗟。[②]

风雪扁舟忆浙西，霞关历历数山溪。
上游形胜争鳌顶，仄岭倾攲蹩马蹄。
呿掷无波看展镜，平安有火不惊鼙。[③]
曹参醇酒真堪醉，清净家风本相齐。

邹鲁真传在海滨，遗编正谊综天人。
汉唐文胜儒归宋，濂洛功高道寄闽。
一代典谟崇旧学，[④]千秋礼乐重名臣。[⑤]
瓣香私淑吾何敢，珍重瓶庵八录新。[⑥]

廿年淮海愧虚声，半载兼圻政未成。

---

① 原注：省城仰给台湾米。

② 原注：濒行，与沈幼丹中丞周历船政各厂，款留竟日。林勿村中丞，林可舟、郑虞臣两山长，陈观夫、梁敬叔两观察，杨子恂庶常，均出郊远送。

③ 原注：李与吾、罗景山两军门勤于巡阅，洋面、内地俱肃靖。

④ 原注：谓蔡文勤。

⑤ 原注：谓张清恪。

⑥ 原注：得闽中先贤书数十种，尤服膺孟氏八录。

龙节才回朝汉岭，蚕丛又问锦官城。
绿榕丹荔来时路，白叟黄童去后情。
持赠片言千万祝，家家弦诵答升平。

附录　林勿村中丞和作　侯官林鸿年

归从峨下得雄夸，①却送元戎往驻牙。
自古筹边资将相，即今贡饷慰官家。②
武侯祠古春生草，工部溪深旧浣花。
也好读书也为政，③福星到处动称嗟。

舟过西陵更向西，他邦无此险山溪。
云开巫峡迎龙节，月朗巴台引马蹄。
但使书香闻石室，④莫教灯影照金鼙。⑤
长庚星采彰明里，逢着宣城首自低。

师门怅望大湖滨，⑥泗上从来有哲人。⑦
坡老埙篪都爱皖，⑧晦翁桥梓亦游闽。⑨

① 原注：甲子冬，待饷寓蜀。丙寅季春，自滇放归，复经蜀道。
② 原注：川省奉筹京饷，并协济邻疆。
③ 原注：公久任淮海，颂声载道，平日喜诵儒先语录。
④ 原注：锦江书院为文翁石室故址。
⑤ 原注：川、黔边界尚有青莲教余风，对灯礼拜，名曰灯花会。
⑥ 原注：天长戴湘圃学士，戊子座师也。与公同隶泗州。
⑦ 原注：公曾谈其师杨叠云漕帅，与年同典山东乡试事。叠云前辈亦泗产。
⑧ 原注：苏长、次公，四川眉州人。
⑨ 原注：朱子本徽籍，生于尤溪。

休休容物真仁者，懋懋和衷是大臣。①
叱驭忆曾逢节度，白头何事乃如新。

骊驹阒咽郭门声，无计攀留报政成。②
乍奉简书驰穗石，③又移旌节指蓉城。
甫田雨迓随车泽，④大海风舒击楫情。⑤
生佛垂慈如问我，⑥为言小草本平平。

一〇　山行杂诗

闽南正月春光早，桃杏嫣红已满林。
一路菜花开过岭，方知岭北未春深。

山农箬笠欣宵雨，行子篮舆盼晓晴。
晴雨岂缘祈祷遂，天公着意为持平。

---

① 原注：公与李星衢中丞同城共事，一意同心，封圻中罕见。

② 原注：圣言“三年有成”，公莅闽尚未及期月。

③ 原注：公于役粤东，以丁卯仲秋往，四匝月而归，时已嘉平矣。

④ 原注：公下车，雨旸时若，米价平减，为二十余年来所未有。

⑤ 原注：公课正谊书院举贡，手自校阅，各予优奖。启行时，举子已赴春闱。海舶之举，公与中丞嘉惠也。

⑥ 原注：谓崇朴山将军。

一一　汉顺平侯赵子龙洗马池遗址，旧为觉罗容斋(恒保)观察寓宅，绘图嘱题　庚午

贤侯在昔风云佐，上相于今俎豆光。[①]
池馆主人无限意，画楼修竹忆斜阳。

一二　题觉罗容斋观察《重龙课士图》

石室文翁教泽殚，投戈讲艺近今难。
由来茂宰须经术，如此名山称好官。
翠嶂重龙贻惠爱，青天一鹤极高寒。
廿年我亦弦歌吏，回首淮云路百盘。

一三　庚午科监临川省文闱

岷峨耸出万峰高，毓秀钟灵在誉髦。
士气百年丰羽翮，军储十万悯脂膏。[②]
连翩丹诏酬庸厚，[③]迢递青天转饷劳。
上德下情维属久，承流深愧主恩叨。

---

① 原注：洗马池宅，今为骆文忠祠。

② 原注：川人急公好义，军兴以来，助饷以千万计。

③ 原注：川中解额向六十名。乙卯至丁卯，以连年捐资助饷，叠奉恩旨加增至八十名，本科复带存留广额十五名，共九十五名。

渐销戈戟庆升平，圣泽涵濡俗易成。
天为锦城增藻缋，人传石室有书声。
星轺北盼秦关稳，[1]秋色西澄蜀日晴。[2]
卅六年来思往事，白袍鹄立未忘情。

老泉遗论最堪思，化蜀知惟礼法宜。
漫诩鱼龙游月夜，要驯鹓鹭步天墀。
纡徐本极行文乐，节制方为克敌师。
自待莫如齐鲁好，彬彬雅俗重西陲。[3]

崇墉旧溯大藩开，[4]广厦频年更庀材。[5]
拔地楩楠森百尺，当天奎壁耀三台。
似闻月殿飘香蕊，毕竟风檐炼异才。
报国文章须奋勉，即看摛藻到蓬莱。

一四　送崇朴山(实)将军入觐　辛未

家事韦平久著名，熟闻茨岸颂歌声。[6]

---

① 原注：上届两科，主试以道梗，均由夔渝东路。本科秦栈通行，仍由北路。

② 原注：三场点名，皆系晴天。

③ 原注：士子入闱者，本科万四千三百余人，甚患拥挤，因分中、东、西三路，自寅逮未，六时十二起。司、道、府、县，申明约束，诸生均就范围，彬雅可观，甚足羡也。

④ 原注：贡院为明蜀藩故址。

⑤ 原注：旧号舍七千余间，叠增至一万三千余间，本科又增千间。

⑥ 原注：道光甲辰，棠篮仕南河，吏民犹争颂尊人见亭河帅遗爱。

岩疆近悉筹边略，旷海欣联击楫情。[①]
鸾鹤九霄翱健羽，莺花三月送征程。
兰亭曲水刚修禊，宛转流觞别绪萦。

慈祥心性薄申韩，凫藻欢腾上将坛。
泰岱大云千里润，峨眉古雪十年看。
中朝旧说威仪盛，下士都惊礼数宽。
入告西戎新即叙，年来烽火报平安。[②]

承明当日值清卢，列戟依然水竹居。
介弟新翻瀛海志，[③]郎君仍续玉堂书。[④]
情同仙佛原无量，乐到门庭自有余。
昼接康侯恩泽厚，不须南仲赋征车。

樗材考绩已三年，驽马应惭勉着鞭。
万灶糗粮欣渐减，[⑤]七襄杼柚剧堪怜。[⑥]
拊循兼愧麟符绾，[⑦]关塞遥看鸟道连。
剑阁风清秦栈稳，随君梦绕五云边。

---

① 原注：莅川以来，会办军务，多倚胜谋。
② 原注：宁远大道不通者数年，将军剿抚兼施，猓夷遂靖。
③ 原注：地山侍郎奉使外洋将归。
④ 原注：犊山庶常近将留馆。
⑤ 原注：连岁同将军商减勇营近三万人。
⑥ 原注：蜀民连年捐输踊跃，幸与将军画筹，民困将渐纾矣。
⑦ 原注：蒙恩旨兼署将军。

一五　林远村(之望)方伯自陕来蜀，以游草堂五古见示，依原韵赠别

杜陵忠爱心，一一托于诗。
热肠忧黎元，千载想见之。
今人与古人，岂必生同时。
元气亘世宙，妙会通牙期。
朅来谪仙人，怀古深嗟咨。
清凉寂寞滨，快睹琳瑯辞。

惠爱播陇西，伏波其等伦。
道力驭猛虎，鸷性驯于人。
潢池本蚩蚩，芟薙无乃嗔。
火炎熸昆玉，煎迫何所因。
赤手扶颠危，栖皇非为身。
孳孳活民心，所思天地仁。

平原十日留，清风领习习。
知名遍海内，仍复慎结纳。
老将历行阵，所重在纪律。
落落神明交，把臂契自密。
玉山自西来，皎然欣爽挹。
直谅兼多闻，信哉古三益。

故乡兵燹余，十不存四五。
离披榛莽中，归人失衡宇。
劫火拨残灰，凄凉读书墅。
两家滨淮屋，清流自吞吐。
何时返故庐，买棹互宾主。
耕读贻后人，远念乡风古。

一六　题杨艮岩（士恒）刺史《绩灯课读图》

滨淮数间屋，旧有诵弦声。
故里久兵燹，中原几战争。
皇天怜苦节，令子宝荣名。
滇海需贤切，慈云慰众生。

一七　题家春海（鸿恩）侍御《骢马导舆图》

词臣本忠孝，德礼著家声。①
谏草崇苍佩，安舆问锦城。
鸾台声誉重，燕喜起居荣。
珂里资矜式，纯修宝令名。

① 原注：君家以“德礼”颜堂，昔曾为跋。

一八　题左恭人《孤舟入蜀图》并序

吟村太守为乙未乡榜同年，由农部出守吉安，正值军兴，驰驱戎马。壬戌，在皖南军营积劳身故。其配左恭人为仲甫中丞女孙，绘《孤舟入蜀图》纪其事。家太史春海属题。远念同袍，益钦苦节，爰赋俚言，略志梗概云尔。

古木千崖秃，长江一叶浮。
烽烟归旅榇，风雪载孤舟。
寡鹄传凄调，哀猿动暮愁。
不堪回首处，京雒忆前游。

共咏霓裳曲，俄经四十年。
循声留荐牍，壮志付戎旃。
遗恨随波逝，贞心比石坚。
方徽彤管纪，谱入柏舟篇。

一九　题魁时若(玉)将军《纪梦图》

东坡游雪堂，羽士梦鹤氅。
当是只顾笑，未与谈既往。
将军文武资，健翮扶摇上。
昔年镇北固，壁垒森甲仗。
当关卧老罴，鲸波靖泱漭。

饶吹江风清，渔歌海月朗。
高怀动仙灵，结习感精爽。
由来间世英，多挟出尘想。
良觌锦官城，旧事话尘鞅。
江淮老戎马，迥忆境惝恍。
兹会似前因，今昔一俯仰。
吹篪聊应和，[①]请君为抚掌。

二〇　奉命校阅川北、川东山行杂咏

秋谷初登四野宽，雪山到眼剧清寒。[②]
屏将驺从循阡陌，我是亲民旧宰官。

水竹家家远俗尘，[③]高低原隰接龙鳞。
察眉略识苍生意，荷锸农人似士人。

桂湖一曲镜光含，忠愍英姿照碧潭。
三辅河山支析木，一龛香火配升庵。[④]

郪县分途又梓州，[⑤]依然城郭抱江流。

① 原注：新订兰谱。
② 原注：出郭，雪山皎洁，心胸豁然。
③ 原注：新都沿河种竹。
④ 原注：桂湖在新都城隅，明杨升庵先生旧宅，祠祀升庵。谢忠愍公子澄，癸丑，天津县御发贼殉节，功在社稷，县人附祀焉。
⑤ 原注：中江分路赴潼川。

采风颇近山枢俗，不是繁华锦水头。

廿年杼柚困难支，鹄面鹑衣夹道随。
西蜀富饶天下羡，那知山县久啼饥。①

市无华屋知民困，野有饥民愧岁丰。
生齿众多生计少，只应旸雨仗天公。②

锦屏讲舍锁荒苔，手择松株着意栽。
如此江山拟蓬岛，岂无豪杰出蒿莱。③

泥深没髁役夫嗟，鸟道盘空石磴斜。
岭上湿云溪上雨，青蓑黄犊羡山家。④

溪环花石水潺潺，⑤小住征轺得暂闲。
吏不烦苛民气静，武陵源只在深山。⑥

东趋巴峡山容壮，西束嘉陵水力降。
云树苍茫峰匼匝，教人错认子陵江。⑦

---

① 原注：盐亭县凋瘠可悯，为免捐输。
② 原注：南部富村大桥道中。
③ 原注：前人谓阆郡有五城十二楼之胜概，锦屏书院弦诵寥寥，为筹生童膏火。
④ 原注：南充道上连日雨。
⑤ 原注：花石溪为定远入江路。
⑥ 原注：九月初六日，竟夜雨。定远姜大令由范留住兴隆场一日。
⑦ 原注：合州舟行至土沱。

佛图岚翠肃清秋，[①]太仆当年扼蔺酋。
自古征兵逊召募，莫将设险忽襟喉。

兵燹摧残旧敌楼，[②]一城斗大卧山陬。
使君共有忧时泪，不独伤心元道州。[③]

蜀土争夸蓄水田，秋冬备豫待来年。
芳畴叠叠开明镜，大似江淮布谷天。[④]

岫分远树宵将晓，雾散遥天雨欲晴。
怪底烟岚满襟袖，老夫匝月总山行。

杀贼珠江率健儿，[⑤]资中一范更堪师。[⑥]
弹丸粮竭能完固，[⑦]应拜贤劳太守祠。[⑧]

去年荒歉今年熟，痛定归来尚带忧。
正似早春原上草，生机虽转烧痕留。[⑨]

---

① 原注：佛图关在重庆西去五里，明刘太仆时俊扼蔺酋于此。
② 原注：庚申，滇逆陷永川，沈令耀章殉难。
③ 原注：署邑令周丞岐源，循吏也，极道川民疾苦。
④ 原注：永川、荣昌、隆昌等县均重蓄水田。
⑤ 原注：滇匪围井研五阅月，资州董牧贻清率五州县团勇御贼。
⑥ 原注：资阳范令涞清为《连横御难章程》却敌。
⑦ 原注：井研刘令棣威守城，功甚大。
⑧ 原注：时议为董故守立祠。
⑨ 原注：资阳民窘复似川北。

淮徐圩寨如林立，十载乡团阅战争。
看到巴渝农荷戟，普天众志果成城。[①]

秦陇滇黔转饷频，四邻未靖蜀疆贫。
征求莫解齐民困，蠲助勤思列圣仁。[②]

湖湘健卒定三巴，饱助归装士不哗。[③]
今日岷峨稀斥堠，持筹下策欲量沙。

经旬历碌卸征鞍，梓阆渝资路百盘。
怨雨咨寒萦寤寐，肯将鸿爪等闲看。

附录　朱次民观察赠和　　石屏朱在勤

归来诗句与秋清，渝水巴山管送迎。
匝月使车凌鸟道，廿年边将见蜺旌。
苔荒讲舍怜才意，桂老平湖吊古情。
莫作好词黄绢看，忧民泪向此中倾。

① 原注：二千余里，乡练皆出迎，感触淮、徐旧事。
② 原注：国朝蠲免川省钱粮共二十二次。
③ 原注：凡裁勇三万余人，均找足欠饷。

二一　题劳文毅公(崇光)《补经图》

公立台阁，补衮垂烈。
公兼封圻，金瓯补缺。
补天之手，暇而补经。
范韩著绩，郑孔留型。
粤海汪洋，堂开学海。
肇经补经，光耀千载。
我瞻遗像，再拜彷徨。
勋猷钟鼎，世业缥缃！

二二　顺庆道中寄内

环滁山下旧荆扉，竟岁思量未拂衣。
一曲骊歌听不得，大江东去鹤南飞。①

二三　校阅松建营伍纪行杂咏　癸酉

轻装小队问南陲，正值清和麦熟时。
蕃汉相安疆事靖，瓣香先祝武侯祠。

堰水回环绕陌阡，黄云深处绿云连。

① 原注：时赴川东校阅。

衢歌鼓腹伊谁力，须念秦时太守贤。[①]

野竹村村曲径通，小春畅茂话年丰。
欲知舜日尧天乐，只在夫耕妇馌中。

临邛艳侣擅风流，负弩高车愿竟酬。
光岳不磨心向往，鹤山祠宇自千秋。[②]

三年不见黄江夏，握手相看怆鬓丝。
救旱救荒余涕泪，勤民心事有天知。[③]

邛蒲坦衍总平畴，忽尔云连大幕周。[④]
山气萧森民俗俭，边城初夏冷于秋。

龙观山头凭石阑，青衣桥下走惊湍。
居人莫惮江山险，平易宜民恃长官。

关心民物知何补，过眼云山总有情。
转饷未纾边土累，教人惭诵雅州行。[⑤]

---

① 原注：秦太守李冰开离堆，二千年来，蜀民食福。
② 原注：南宋魏鹤山先生，蒲江人。
③ 原注：翔云观察守成都，值旱荒，抚恤备至。
④ 原注：大幕，名山山名。
⑤ 原注：雅安民瘠，尚困捐输，今秋拟裁。《雅州行》，翔云守雅时所作。

卓荦英姿缵父风，千秋庙食重酬庸。
要知利济非常事，下手先看锁孽龙。[①]

富媪生生岂有私，天心农事若相期。
山灵百道齐飞乳，正是群婴待哺时。[②]

奔腾战马走江流，萧飒边荒五月秋。
羌笛一声人仰首，万山青锁古威州。[③]

共传大禹产西羌，明德千秋颂莫忘。
江水发源神肇迹，休将石纽比荒唐。[④]

赞皇硕画重筹边，蕃诏西南势结连。
白雪三城遗戍在，后人成法倚前贤。[⑤]

穷荒安得置长城，浑噩氐羌亦近情。
妙选沿边安静吏，伐谋胜算在心兵。[⑥]

四时积雪隐云端，晓日晴烘路百盘。

---

① 原注：灌口谒二王庙，秦太守李公及其子二郎也。
② 原注：成、绵、资、邛等三十余州县均借江流灌溉。
③ 原注：新保关为古威州地。
④ 原注：石纽启圣祠在汶川县东。
⑤ 原注：李卫公经画吐蕃，茂、汶多有遗址。
⑥ 原注：沿途土司迎谒，蕃情皆极恭顺。

玉宇琼楼天咫尺，果然高处不胜寒。[1]

蹙额终年垦石田，茂汶[2]生计太萧然。
边民竟似流民苦，敢怨苍苍覆载偏。[3]

中枢诏许练精兵，四镇飞腾上将营。
常得武臣同敌忾，自消反侧致升平。[4]

四山云合毓龙池，茂宰经营为置祠。
一瓣心香遥膜拜，浥尘朝雨想灵旗。[5]

江流远送高还下，山路重经险渐平。
万顷鳞原开画本，又看繁庶锦官城。[6]

周匝边陬问俗回，黄童白叟笑颜开。
不因天语教巡阅，疾苦何从到眼来。

---

① 原注：茂州两宿夜雨，四山忽添积雪，山高寒重，山下雨，山巅乃雪也。

② 原注：读岷。

③ 原注：茂民虑津贴累，已批准永远停止。

④ 原注：川东、北、松、建四镇奏准各练精兵，皆矫健可用。

⑤ 原注：龙池在汶川之尤溪，夙著灵感。辛未大旱，祈雨辄应，因檄柳大令宗芳亲往相度，为置龙神祠于潭上。

⑥ 灌县以西，江山磅礴郁积，至灌口以东，豁然开朗，内外江分流千支万派，各收栽插之利，则天然图画矣。

附录　黄翔云观察和建南纪行十咏及灌口二绝蕲州黄云鹄

传闻蜺节指西陲，僰女邛男待泽时。
几度青衣桥畔望，台星光射卧龙祠。

羌水分流润万阡，蔡蒙遥峙彩云连。
离堆是否何须辨，[1]千古民情只爱贤。

隐曲人人得自通，县官供张不须丰。
欲筹大府无穷惠，只在民安吏静中。

远思先随郫水流，[2]三年饥渴愿今酬。
鹤山祠下容长揖，[3]饮泪回思锦里秋。[4]

才难济世肠空热，梦亦忧民鬓易丝。
劳瘁难酬恩似海，苦衷天外有公知。

按部从容览沃畴，邛黎瘠俭荷恩周。

---

① 原注：志载离堆凡三。《水经注》云：蔡、蒙二山下开上合，为离堆故迹。未审然否。

② 原注：迎至辖境之邛州。

③ 原注：行馆在魏靖公祠侧。

④ 原注：辛未，成都旱荒，平粜役竣，八月之任建南。

西南万里狼烟息，蕃汉连年报有秋。

金鸡关上雨声阑，[1]跨渡桥成水不湍。[2]
百万山氓齐矫首，争看造福活民官。[3]

已看士众欢心洽，却对边黎无限情。
瘠土蠲除深爱养，[4]不关元结道州行。[5]

全川一例仰仁风，不论羌髳与蜀庸。
灌口神祠心向往，曾驰汗马唤痴龙。[6]

宝鉴空明物自私，群情通豫惬心期。
杜微许靖归容纳，雅量深衷切救时。

二四　题程玉才(兆梗)先生家传后

志士平生愿，安危矢不渝。
救时无尺柄，报国仗微躯。
绝笔千秋炳，投缳八口俱。
芜城凭吊处，夜夜泣啼乌。

---

① 原注：蒲江遇雨，抵名山，晴。
② 原注：雅州平羌渡极险，春末水涨，桥即坼。制军至，桥复成。
③ 原注：制军谓雅州繁庶乃尔。鹄云：城郭人少，盖山中男妇争出瞻仰耳。
④ 原注：制军以雅民瘠苦，拟除今岁捐输。
⑤ 原注：鹄前有《雅州行》，制军诗道及，故云。
⑥ 原注：辛未四月，匹马日行百三十里，至伏龙观，祈水者再。

姓氏宸聪达，褒忠典具陈。
乡邦尊砥柱，俎豆肃明禋。
大节从容见，遗文光焰新。
清芬常弗替，负荷有传人。①

二五　癸酉科再莅文闱

琐院沉沉问旧庐，礼贤重整进贤车。
人材久历觇涵养，条教新商补阔疏。②
已倦长途惭老骥，还看大壑舞神鱼。
蚕丛更赋康庄易，经训菑畬要耨锄。

当阳共睹五云新，寰宇澄清起秀民。
秋水马蹄劳使节，③春冰虎尾懔疆臣。
山多杞梓资搜采，海有珊瑚历苦辛。
底事怜才肠倍热，缠绵香火定前因。

高楼画角奏清商，风雨萧萧作夜凉。
每念庇寒增广厦，不因逢闰已重阳。④
岩花掩映葵倾日，圃卉离披菊带霜。

① 原注：谓哲嗣荀叔。
② 原注：傅哲生、尹殷儒两观察同襄闱务，规画较严。
③ 原注：两主试为钟荏山、张香涛先生，途值大雨，单骑就道，以应试期。
④ 原注：是岁六月，逢闰。

顿豁阴霾开朗月，坐看星彩动文昌。①

蜀江千里走奔湍，水动云飞气郁盘。
此日文澜鳌背稳，去年秋色马头看。②
琴音海上谁移棹，桂树淮南正倚栏。③
高厚未酬仍窃禄，惟期俊乂贡朝端。

① 原注：阴雨兼旬，中秋晴霁。
② 原注：壬申秋仲，校阅川东北营伍。
③ 原注：子侄辈应江南省试。

归田诗草一卷

题词　南皮张之洞

覆读尊诗，风味清深，视文笔之醇实闳达、有裨世用者，正自各造其胜，益叹贤者之不可测如此，佩服无量！读《别诸生诗》，仁心善教，情见乎词，已令诸生奉和，窃比王新桃令弟子歌“客毋庸归”之义。

○一　自题《抱经图》　丙子

卅年宦辙苦奔驰，蠹简陈编是我师。
安顿此心无别法，一经手到去官时。

○二　别泛月舫[1]

绕郭江流走白沙，一航安稳出三巴。
朱鱼孔翠增留恋，何况穷檐十万家。

① 原注：辛未，辟小圃，构泛月舫三楹，公余小憩。兹已解组，未能恝然。

〇三　同乡芮少海明经，张建侯上舍，沈吟樵孝廉，顾幼耕寺正，缪仲英、叶燮生两太守，公饯于柽园志别

足迹半天下，无如故乡亲。
交游及四海，无如故乡人。
乡人岂殊异，所契情话真。
窃禄来锦城，八阅天涯春。
民瘼未云瘳，贻兹衰病身。
主恩许归田，恻恻增酸辛。
良朋药石言，益我逾常珍。①
道遐心则迩，岂忘香火因！

成都东北隅，柽园手自创。
征君隐举人，②乐道足相况。
棣萼笃友于，③家学在廉让。
修竹列左右，庭宇和气鬯。
梅花三百株，春风一齐放。
昔偕将军来，小队谢甲仗。④
岁月去如流，门外骊歌唱。

---

① 原注：吟樵佐军书八年，诸君并多规益。
② 原注：吟樵有小印曰“隐于举人”，用孙征君语也。
③ 原注：吟樵弟鹤樵太守，极敦友爱。
④ 原注：谓朴山将军。

老怀畏离别，康强祝天相。

老学如老医，视病洞症结。
闾阎郁疾苦，谁与达喉舌。
西蜀著富庶，杼柚实空竭。
手遣八十营，唱筹空激烈。[①]
邻饷迫转输，积羽轴愁折。
幕府资远谋，临几仗断决。[②]
兢兢负乘差，内省时面热。
所期素心人，为我补遗阙。

东南苦兵燹，两皖尤不支。
我家江淮间，发捻纷交驰。
天戈扫荡后，邻里只孑遗。
榛莽失门巷，族邻相扶持。
世平豺虎驯，乱后民易治。
归来读且耕，青山犹旧时。
迢迢一江水，尺素应远贻。
尺素亦何言，只道长相思。

① 原注：遣楚军四万人，多吟樵襄赞。
② 原注：少海、吟樵皆留襄幕府。

○四　留别书院诸生[1]

君平教忠孝，大义先君亲。
简册千万言，要在学为人。
碔砆混良玉，惧以伪乱真。
往哲惜寸阴，令名垂千春。
下走学殖荒，愧兹宰官身。
差喜说士甘，白屋知艰辛。
每遇劬学辈，如获希世珍。
或者文字缘，都关宿昔因。

峨峨汉石室，文翁昔首创。
受业达京师，齐鲁相等况。
里巷闻诵声，闾阎崇揖让。
廊庙需贤才，宝爱若圭瓒。
三蜀多英流，受材实宏放。
期为文阵雄，须储武库仗。
南皮及河东，乐育为先唱。[2]
通经乃致用，韩傅服董相。

---

① 原注：川省会垣向有锦江书院，余署军篆时，增建少城书院，专课八旗生童。尊经书院新建甫一稔耳，奉命回籍养疴，行有日矣。惓惓诸生，不能已于言，用《柽园志别》原韵留赠，以志敦勉云。

② 原注：张香涛学使、薛覲堂侍郎首议建尊经书院，由甲戌至乙亥落成，鄙人与赞助焉。

我爱鸤鸠诗，仪一心如结。
由来周孔情，不假苏张舌。
悟自一灯传，问以两端竭。
汉儒逮宋儒，表章同骏烈。
说经自纷纷，何须五鹿折。
修途期邈远，褊识戒刚决。
止水虚生明，精庐静胜热。
愿言爱景光，岂徒守残缺。

敝庐介江淮，滁山分一支。
蚤岁手陈编，孳矻无纷驰。
自涉簿领烦，时恐芳馨遗。
所期善人多，世道相维持。
修齐门内事，乃及邦国治。
令德苟不渝，显扬会有时。
临歧与赠言，聊当琼瑶贻。
勉为天下士，慰我千里思。

〇五　步张香涛学使见赠原韵并以志别

鸿宝奇文发秘枕，衣被手制天孙锦。
风雪穷檐裋褐寒，正似饥人仰高廪。
南皮学使人望归，九苞彩凤横霄飞。
玉皇仙吏不度世，斯文命脉将畴依。

蜀土古来钟俊杰，西京艳说相如节。
两宋人文殿鹤山，坤维支拄赖前哲。
馈贫何处煮琼糜，况复兵燹滋伤痍。
修竹翠袖冷空谷，蒹葭秋水凄江湄。

廊庙构厦待杞梓，振兴无自将陵夷。
使节并持蜀士喜，[①]立见泮林风化美。
铎能惊世箎牖民，娓娓万言纾妙理。[②]
张叔受业民争荣，赵德为师衰共起。[③]
碧海求珠光照乘，龙门声价精评定。
委它矩步满百人，文学掌故斯为盛。
疏言恭进奉恩纶，[④]翘材筑馆储儒珍。
信芳兰茝原同臭，结契文章似有神。
岂为欢颜开广厦，总期坠绪得传人。
衰羸案牍苦难了，用赵未能廉颇老。
苦忆当年誓墓文，何日闭门希却扫。
归田诏下带炉香，先庐余荫思槐堂。
壮年戎马老稼穑，天假樗散容相徉。
考槃岂必咏迈轴，烽烟往事重枨触。
故里荆榛倍怆神，残年图史仍娱目。
佳什赠我如荆璆，阳春曲高巴人羞。

① 原注：癸酉主试，即简学政。
② 原注：刊《輶轩语》、《书目答问》，遍示士林。
③ 原注：按试拔尤，送入书院，聘委钱宝宣、钱保塘两大令教授。
④ 原注：同奏建尊经书院，蒙恩准。

严公诗篇编杜老，南丰道义敦陆游。
我行暮春好风日，数椽已筑盘蜗室。
更从墟里问桑麻，春赛社神秋报稷。
江淮尘梦几经过，年年战马愁防河。
不因扫荡劳将帅，那得耕凿安岩阿。
险道蚕丛忆入蜀，养疴衡泌甘虀粥。
捧日难忘白发心，丰年但祝苍生福。
蔚然深秀指琅琊，野人家在鱼公谷。
羡君努力圣明时，经术治术真堪师。
四海比邻入寤寐，何必双鲤言相思。
金石交深玉琢磨，优闲岁月山中多。
翘思帝世皋夔侣，喜听卿云纠缦歌。

附录　香涛学使见赠原韵　　南皮张之洞

梁州八载人安枕，巴江三月花如锦。
军府熙熙好为乐，却念园芜厌官廪。
时艰不归时泰归，清流关前渚鸿飞。[1]
墨敕温言挽不得，蚩氓辕下徒攀依。
西蜀安危仗才杰，花县相公曾持节。
武功才竟未修文，前哲遗憾待来哲。
譬如病后须淖糜，公以宽大苏疮痍。

① 原注：将寓滁州。

流马饷军箕谷口，绳桥度士泸江湄。[①]
灌瓜善邻真古谊，遂平河陇西南夷。[②]
四封无警草木喜，公谓教行方俗美。
黄龙清酒无桀骜，[③]白狼槃木解文理。[④]
衿佩青青附景来，杰阁隆隆切云起。[⑤]
自发琅环三十乘，善本流传亲勘定。[⑥]
经例远沿金陀坊，[⑦]史阙重补汪文盛。[⑧]
其余秘帙何纷纶，都是昭裔传家珍。[⑨]
已赍刀布遗博士，[⑩]更荐犬酒祀经神。[⑪]
石室礼壂没春草，安知继起非今人！
清时卧治亦易了，何况神观未衰老。
忽忆家园万牙签，蛛丝蠹迹无人扫。[⑫]
滁山深蔚滁泉香，中有尚书读书堂。
宋椠明钞四罗列，朱履白发中徜徉。
不惜饼金购一轴，充栋都曾经手触。

---

① 原注：援秦援黔，防陇防滇。

② 原注：秦、陇、滇、黔，比年以次底定，均仰川饷，秦、黔并仰川军。

③ 原注：四厅五屯群土司蕃夷帖伏。

④ 原注：松潘所辖夷寨十八请内附，为请增学额。

⑤ 原注：创尊经书院，建经阁。

⑥ 原注：设书局刊书，取坊行《说文》，为之校正。

⑦ 原注：刊岳本五经。

⑧ 原注：刊四史。明汪文盛刊三史，号善本。

⑨ 原注：刊《文选》、诸子集之属。

⑩ 原注：捐巨金增广锦江书院膏火。

⑪ 原注：尊经书院制木主，祀蜀中先贤经师。

⑫ 原注：藏书甚富，率皆旧椠善本。

狨坐牙旗十五年，长物止此堪夸目。
我亦癖书如琳璆，享帚寒乞良足羞。
履道园林老裴度，刘郎恨不相从游。
犹忆徐方驿骚日，万家大县剩十室。
不有艰难百战人，谁翦荆榛换黍稷。
老罴在镇孰敢过，东至于海西于河。
淮泗口塞七国败，功侔条侯当非阿。[①]
功在江淮德在蜀，年年仰俯饱餐粥。
巨人长德非空言，岁星所躔国有福。
去年德音罢露台，片疏回天赦穷谷。
春水方生公去时，万民恋母士恋师。
即今说尹不去口，何时去后方见思。
去思勒碑深不磨，功成身退能几多。
请张祖帐青门画，遣唱骊驹王式歌。[②]

〇六　出成都留别士民

竟谢旌麾返故林，飞鸿一曲有遗音。
环观脉脉无言众，寸结依依不舍心。
宦久共知怜我老，才疏何自感人深？
闲云入岫无恩泽，属望群公遍作霖！

① 原注：淮泗口即今清江浦。
② 原注：有诗留别书院诸生，诸生人有和章。

○七　罗江拜庞靖侯祠

大厦全凭众力扶，龙姿凤采启雄图。
悲凉铩翮青山后，只手秋风五丈孤。

○八　山行谣

谽谺诘曲转不休，居人憔悴行人愁。
青山无情自终古，看人来往成白头。

○九　沔县谒武侯祠

南阳三顾起岩阿，雨水君臣幸若何？
后主任贤犹勿贰，先生报国总无他。
木牛迢递朝天岭，铁马铮鏦落日戈。
成败彼苍难逆睹，精诚留得汉山河。

一○　紫柏山谒留侯庙

五世韩臣已复仇，翩然欣与赤松游。
奋椎早夺三秦险，借箸潜消六国谋。
黄石书函终覆楚，青宫羽翼亦安刘。
帝师王佐神仙骨，衡岳希踪只邺侯。

一一 出山至宝鸡

岷嶓高耸指天门，矗立坤方气势尊。
陡豁层峦开坦道，连云麦陇接中原。

一二 马嵬咏太真事

芙蓉帐暖海棠眠，听彻霓裳帝亦仙。
一树梨花千点泪，六宫应悔受恩偏。

恩幸由来福祸关，丽人唱出好容颜。
若教翦发辞青琐，何至伤心泣玉环。

兄为丞相姊夫人，生女门楣簇簇新。
缟布濯龙门上望，汉家明德耀千春。

连枝比翼语分明，一夕痴生万古情。
乞巧尚轮天上巧，银河隔处是长生。

一三 华州谒郭汾阳祠

有唐再造战功多，崛起奇勋焕武科。
支拄乾坤标华岳，延长富贵拜银河。
客防蓝面帷中笑，欢动花门塞上歌。

诚至格天猜忌泯，唐虞喜起比无讹。

一四　途次潼关见黄河

怕恋繁华锦水滨，归来蜀道极嶙峋。
旁经太白喜积雪，瞥见黄河如故人。
华岳回瞻仙掌影，玉门快醉酒泉春。
秦关宛洛新游遍，应属津梁未了因。

一五　洛阳吊故令秦竹人同年

前经叶县询遗爱，共道前无后亦无。
今过洛阳寻宦迹，荷锄田叟为长吁。
秦弹单父徽原古，笛听山阳调已孤。
良吏爱民民爱吏，斯民直道信非诬。

一六　咏史

留侯托解谷，武侯矢鞠躬。
两侯迹虽异，两贤心则同。
阿衡将告归，宠利垂大诫。
是曰审进退，非以睹利害。
草庐感三顾，六出心皇皇。
假令定中原，岂不归南阳！
时艰宜致身，世平宜知止。

高尚固不矜，苟禄亦深耻。
贪鼠叹李斯，骖乘祸霍光。
澒洞致倾覆，盈满生危亡。
昭然成败几，历历载青史。
深山手一编，我思古君子。

一七　至砀山

三十年前旧使君，扃门玉尺记论文。
少年弟子今华发，古柳青青尚覆云。

一八　喜归

三十年来久宦客，五千里外远归人。
干戈久靖犹萦梦，故旧无多只怆神。
绿野耕桑询地力，白头兄姊乐天伦。[1]
告归永念君恩重，赢得衰年自在身。

道光丁未春，借署砀山县丞，随河帅阅工，时岁饥，殷然有忧世之志，得五律云：

昔闻古芒砀，于役此经过。
大泽虹堤绕，饥民鹄面多。

---

① 原注：伯兄逾七旬，仲姊亦近七帙。

草芜怜野旷，麦熟盼时和。
吴豫岩疆接，持权在斧柯。

此作已忘过半，旧时小吏万炳来谒述此，喜志之，附录于后。

一九　彭城谒前漕帅王公雨山祠

忆从下邑垂青日，直到危疆保赤时。
荐鹗孔融劳志愿，闻鸡祖逖共心期。
残黎命续沟中瘠，坚壁功收枕上师。
只恐乂安忘患难，为公濡泪志崇祠。

道光丁未秋，棠摄砀事，值公勘灾来砀，遂蒙赏识，屡邀推荐。嗣监司徐海，督师漕河，圩寨经营，军储筹画，一守萧规。光绪丙子，由蜀归来，道出彭城，适五月二十二日为公生日，偕家紫楣观察，拜奠公祠，追思时事之艰，枨触知己之感，率成小诗，以志梗概云。

望三益斋杂体文

卷一

○一　皇清敕封文林郎晋赠光禄大夫兵部尚书兼都察院右都御史闽浙总督北山吴公墓表

赐进士出身诰授奉政大夫国子监司业前翰林院编修
归安钱振伦撰文
诰授奉直大夫江苏候补知县加知州衔大兴王宗幹书丹并篆额

夫大云覆宇，基于触石之区；长江洒流，导自滥觞之派。厚积而发，自古已然。漕运总督盱眙吴公，以民慈父，为国重臣，江淮草木知名，天下治平第一。人知其疆猷之著，罕知其庭训之严也。兹奉恩命补授闽浙总督，爰纡荡节，归扫松阡，幽穸已扃，弗容埋志，俾述徽行，表诸墓门。按状赠公讳洹，字圣基，号北山，系出延陵，迁自新安，世居盱邑之三界市。曾祖承璧，妣氏柴。祖连，妣氏程。考钘，妣氏汪，并以督部贵诰赠光禄大夫及一品夫人。公代袭清芬，幼敦内行，毁瘠形于大故，友悌笃于诸昆。原宪高歌，环堵作室；陈平大志，敝席为门。尝于冬夜结衣，以畀冻人。贫而好施，其天性也。既娶于程，攻苦食淡，方赁舂于皋庑，举案必虔；媲采药于鹿门，把锄亦乐。谕蒙为业，遗子惟经，课督部兄弟，先授以朱子《小学》，尤服膺陈文恭公《五种遗规》，采古训以为铭，延文人而折节。石奋不言惟谨，则肃若朝仪；程氏分年读书，则密于吏课。䜣䜣然无求自足，落落然任天而行。学尧夫击壤之吟，不拘声病；得少文图山之趣，取适卧游。儋石无储，雅爱艺菊，盖以伴贞栖征晚节焉。督部既通仕籍，就养官斋，则又深念民依，周知政体，匪夸理县之谱，惟阐活人之书。咸丰四年正月二十四日未时，程夫人殁于清河官舍。时烽燧频惊，椎埋接迹。河督奉廷寄有"知县吴棠，闻其团练乡勇甚得民心，若令其带勇击贼，必当得力"之谕。父老闻将受代，环吁奏留，督部拒之，相率就公乞命。公曰："晋襄墨绖，安敢顾私？武穆夺情，未闻伤孝。"命返葬。百日，强起视事。逾年，逆氛稍靖，故里遄归，中寿已臻，大期俄及。咸丰六年二月朔日未时，寝疾，终于里第，距生于乾隆四十一年四月九日亥时，春秋八十有一。

敕封文林郎晋赠光禄大夫夫人，定远武庠生夔光女，生于乾隆四十二年二月十一日子时，春秋七十有七。敕封孺人，晋赠一品夫人。戴畚习勤，折葼敦诲，施惠而钗镮弗惜，示俭而罗绮弗萦。乳哺拯婴，平反问狱。每板舆迎侍，则夹道纵观。及丹旐既悬，则万家垂泣，信乎百年偕老，五福全归者矣。

子二：长检，太学生，封资政大夫，出嗣公兄求为后。次即督部，邑庠生，道光乙未恩科举人，大挑一等，江苏桃源县知县，署邳州知州，调清河县知县，赏戴花翎，升淮徐扬海道，兼署徐州府知府，升江宁布政使，兼署漕运总督，帮办徐宿剿匪，督办江北团练，节制江北镇道，管理江北粮台，兼管河务。旋即实授，赐头品顶戴，命署江苏巡抚、两广总督，俱未赴，洊授今职。生前色养历秩与同，事后迁阶，追荣必及，并为公伯兄礼、仲兄求貤赠如例，承先志也。女二，嫁韦聚华，太学生邵宝。孙七：炳麒，候选直隶州知州；炳仁，附贡生，候选郎中；炳寿、炳康，并检出。炳采，早卒；炳祥，邑廪生；炳和，邑庠生，并棠出。孙女四。曾孙三：增徐，炳麒出。增阜、增春，炳仁出。

振伦曾叨史职，忝列齐年，转徙相逢，疏芜已甚，徒以性不虚饰，辱诿为文，敢扬积庆之芬，用阐潜修之德。於戏！汾阳家庙，议茂绪之必昌；泷岗崇阡，溯显名之有自。昭垂来世，盖无愧辞！是为表。

同治五年，岁在甲寅，季冬之月，吉日立石。

○二　诰封光禄大夫北山吴公传

始云鹄出守雅州，谒制府吴公，即索观近文。时方从事公牍，未暇呈。明年，奏调成都。公暇述封公及太夫人生平艰苦事，辄饮泣。又明年，奏巡建南。解任前数日，制军踵署，再拜乞言，辞不获。计封公下世十有七年，制军所交多天下士，顾久未立传，盖慎之也。云鹄受制府殊知，逾年未报命，亦慎之也。既念后人景仰封公，与信吾言与否，其故不耑在文，乃次生平立传，俟来者论定焉。

公名洹，字圣基；北山，其号也。先世自休宁徙盱眙，遂家焉。公年十一，考钫公没。二十一，妣汪太君没。贫苦无以为生，矢志力学。冬夜出，遇冻者，顾解所衣予之。自髫年迄没齿，行事多此类。夫人贤淑，能茹苦。舅夔光先生，有道士，日以古谊勖公。由是益有志古人之学。公三兄并蚤世，医药丧葬，恭且慎。叔无子，以长君检子之。字其孤女如己出，念诸孤幼，不能馆外，授徒于家并课子。不给，则命长君懋迁佐次君今制府棠读。程课严密，寒暑皆随鸡声起。其教以朱子《小学》及陈文恭公《五种遗规》为宗，录前贤名言，黏窗壁皆遍，曰："子弟少时以此浇溉，胸次满则善根固，仕与否，皆有所成。"维时，滁、盱间多耆宿，若邵屏山、程瑞轩及其家卫川、戟门、次山、辟之诸先生，并有文行，时与公过从。公折节礼之，令二子侍受教，冀薰其德。未几，次君补博士子弟，举于乡，分发南河，补桃源令，调清河。公与夫人就养，每视事，移两床屏后，有所平反则喜，有兴利除弊、实政及民则尤喜。会邳州大水，盗麇聚，大府檄次君往权事。公曰："盗亦赤子，积恶者必锄，胁从宜解散也！"至则盗戢，收养遗婴二千有奇。公闻大喜，曰："吾今食得饱，寝得安矣！"

咸丰三年春，江南告警，调还清河。时河北剽夺四起，民恟惧。公促次君曰："汝速往，朝廷命官，民戴官，正为此日。今寇在五百里外，民恟惧如此，吾夫妇当即入署，以安民心。"即日，盛威仪入署，观者如堵，民乃定。比三日，扬州失守，次君攖城部署，间归问安。公曰："凡人休咎必有征兆，今大警日至，而吾二老眠食自若，当无他患，汝勿怖，务安民心可也。"民闻此语，益大定。是年冬，扬城克复。公从容欲作归计。会河帅奉廷寄，有"知县吴棠，团练乡勇甚得民心，令其带勇，必当得力"之谕。公曰："尔小臣，上达天听，当何如感奋！吾不忍言归矣。"

四年春，程夫人没。公以夫人少同孤苦，老同经寇，难恸之甚，决计归。而粤贼复由徐犯淮，兵民闻令以忧当去，人人自危，父老遮大府乞留。大府定计入告，使公所厚淮阳鲁一同孝廉见公，具述天子圣明、廷奖之优且渥，与士民攀留号诉之出于至诚。公俯首良久，叹曰："吾亦知之，顾于礼不可。虽然，吾闻为国者不顾家，吾策吾儿起矣。"年余，贼氛少息，吁请终制，大府允之。去之日，自衢及郊十余里，饯送不绝。公挥涕久之。洪泽湖者，淮、扬间巨浸也。航此湖时，会积雨新霁，波涛浩淼，弥望无际。次君恐公意不适，公曰："吾少孤苦，老逮禄养，知足是吾本志，岂以外至者为欣戚哉?"抵里，优游。年余，卒。卒后不十年，而次君由令牧洊陟大府。今总制四川五年，孳孳为国爱民之意，一出至诚，皆公教也。

黄云鹄曰："《记》有之：士先志。"又曰："善教者使人继其志。"观公生平所自立及教子之方，与制军之终身率公训不替，益信公真有道士矣。世士以荣利为得志，君子以得行其道为得志。公及身虽未行，抑所行多矣。志之所被，顾不广且远哉？制军为予言公生平，他善行甚多，予敬听久之，曰："是固难，吾尤难公乘寇警，盛威仪，率夫人就养危城中也。"

大清同治十一年夏六月既望，赐进士出身诰授通奉大夫三品衔分巡四川建昌等处兵备道黄云鹄撰并书。

○三　皇清诰封通议大夫显考北山府君行述

府君姓吴氏，讳洹，字圣基，号北山，安徽盱眙县人。曾祖考讳承璧，曾祖妣氏柴。祖考讳连，贻赠通议大夫；祖妣氏程，诰赠淑人。考讳钛，诰赠通议大夫；妣氏汪，诰赠淑人。兄三人：长讳礼，贻赠文林郎、清河县知县；次讳恭，次讳求。府君年十一岁，居先大父丧，哀毁如成人。家贫攻苦。二十一岁，先大父母去世，老屋数椽，萧然四壁，常无儋石储，意泊如也。尝以冬夜解衣以畀冻人，盖少时天性好施已如此。嘉庆五年，先妣程太淑人来归。外祖夔光公赒恤倍至，益以古谊敦勖。府君尝谓"知命安贫之义"得力于外舅为多也。厥后三年之中，两伯父相继殁，医药殡殓，必亲必慎。十一年，不孝检生。十八年，不孝棠生。时府君就馆于外，家事惟三伯父是赖。道光元年，三伯父殁，府君尤哀恸。三伯父无子，命不孝检嗣。遗孤女，字汪氏，爱如己出。府君以不孝等渐长，授徒于家，并课不孝兄弟。不给，则命不孝检懋迁，以助膏火。顾于族子弟之贫者，犹兼教之。不孝棠始受书，即授以朱子《小学》，尤服膺陈文恭公《五种遗规》，以为处世居家之要；采择先贤名言，书窗楹几榻皆满，谓子弟少时以善言善事浇灌其胸，为先入之主，则不劳而成。冬夏夜，皆鸡鸣即起，程课严密。尝曰："吾家有读书声，不为贫也。"里中旧多耆彦，邵屏山先生、母舅程瑞轩暨从叔父卫川、从兄戟门、次山、辟之、凝芳诸先生，皆时相过从，府君折节敬礼，使不孝兄弟受薰陶之益焉。暇工绘事，兴会所至，淋漓满纸。尤爱莳菊，秋凉佳夕，繁英满篱，吟玩不置，谓爱其晚节也。

不孝棠既补弟子员，复举于乡。府君愀然曰："吾族蕃衍，贡成均、列胶庠者，常数十人，而吾本支未显，及汝乃以浅学成名，汝其善承之！"不孝棠之分发南河也，迎府君及太淑人就养。亲党相率饯于里门，府君揖别曰："七十年朝夕聚处，今当暂辞，然桑梓谊重，可归即归，必不以宦游忘故乡也！"

不孝棠补桃源，调清河，每视事，府君与太淑人移床坐观，时以平反无枉为训。其于寒素子弟，必谕以厚加培植。闻地方农田水利，尤欣然劝成之。会邳州水灾，群盗啸聚。咸丰二年秋，大府檄不孝棠往权州事，留眷属于袁公浦，单车到官，征兵募勇，逐寇郯、兰、宿、峄间。府君戒曰："寇盗皆赤子，其积恶者必锄，其胁从者宜解散也！"会天子发粟赈济，盗贼屏迹，收养遗弃子女，得二千余口。府君闻而色喜，为加餐焉。明年春，江南寇警日至，河帅檄不孝棠回任清江。是时，大河以北剽夺日起，居民岌岌。不孝棠至浦起居。府君饬曰："汝即往视事，朝廷分职及百姓之戴官为此日耳！今寇在五百里外，而民情恟惧如此，吾夫妇当入公署，以定民心！"即日具威仪，驺从入署，市人观者如堵。比三日，而扬州失守，淮海震动。不孝棠日夜巡防，漏三四下，始得一问安。府君谓曰："凡人休咎俱有征兆，今大警日至，而吾二老眠食自若，当无他患，汝勿惧，务安民心可也！"由是城乡团练民勇万计，人情大定。是年冬，扬州克复。府君从容言曰："吾其归乎！"会河帅奉廷寄，有"知县吴棠，闻其团练乡勇甚得民心，若令其带勇击贼，必当得力"之谕。府君训不孝棠曰："尔以小臣，上达天听，当何如感奋！吾不忍言归矣。"

四年春，太淑人弃养。府君怆痛之余，归计始决。是时，粤贼复由徐州北窜清淮，兵民猝闻不孝棠当大故，行将去职，奔走号告，街衢人人自危。是日，缙绅父老数百人相率具牒大府请留。大府既定计入告，而虑不孝棠义不可强留，于是淮海道梁公、管河库道娄公以下五六君者，介鲁孝廉一同致语府君。鲁君入拜床下，具述天子明圣，廷寄嘉奖，德音之厚且渥，与缙绅兵民攀留呼号之不忍重违。府君良久叹曰："吾岂为其私，顾于礼不可。然幸为我告，诸公勿以我故挠大计也！"大府既入告，奉旨准给百日治丧。不孝棠忍痛返葬。百日，复以墨绖视事。府君强自排遣，每暇日，出乘肩舆，扶杖优游旗亭山寺间，或竟日乃返，而神明渐衰，步履迟滞，又素不喜服药，虽口不言归计，默坐时复神伤矣！

不孝棠视事年余，会高塘、连镇相继克复，逆氛渐平。哀吁陈情，乞请终制，大府允准。五年十月，买舟回里。去之日，自署外街衢达于近郊十余里，饯送不绝，府君为之挥涕。既登舟，风雨累日。过洪泽湖，风色恬霁，而波涛浩渺，弥望无际。不孝棠恐府君意不适，因问心绪安否。府君曰："吾少历窭贫，老逮禄养，知足知福，是吾本念，岂以外至者为欣戚哉？"逾旬，抵里，亲族环集，争来问视，惟知交零落，感逝怆怀。方冀林泉暇豫，侍养方长，不意本年正月初旬，偶感风寒，兼患呃逆，延医进以温解之剂，渐已就痊。方瞑眩时，神气湛然，亲族来视者，犹温言酬答。奈脾胃久虚，饮食骤减，延至二月初一日未时，竟弃不孝等而长逝矣。呜呼痛哉！

府君至性纯固，岁时祭祀，必欷歔涕泗，展墓必徒步往，至晚岁犹然，与先妣太淑人白首相庄，族党比之梁孟。里中有水旱灾，必劝导赈济。性不喜宰杀，途遇片纸只字，必拾以归。家居，戒食牛犬肉。遇里党争竞，片言而释。尝修宗祠谱系，纂辑先世言行可师法者，垂训子孙。性喜吟咏，不拘拘声律，而原本性情，辄令人感发。族亲来公署，必敬礼之。去之日，必命分廉以赠。呜呼，府君早岁多艰，备尝辛苦，七旬以外，始及禄养。又值世故殷繁，甫返林泉，遽尔弃养，皆由不孝等不孝不忠，天降罪戾，不殒灭其身而及其亲！呜呼痛哉！

府君终于咸丰六年二月初一日未时，距生于乾隆四十一年四月初九日亥时，享年八十有一。道光三十年，恭遇覃恩，诰封文林郎、桃源县知县。咸丰元年，恭遇覃恩，诰封文林郎、清河县知县。咸丰四年，遵筹饷例加三品衔，诰封通议大夫。配先妣程太淑人，诰封太淑人，生不孝昆弟二人、女二人，孙六人、孙女二人，详太淑人述略中。不孝等苫块昏迷，何能叙述万一？谨就所及知者茹痛具状，伏冀大人先生锡之铭诔，则不孝等世世子孙感且不朽！

降服子吴检、孤哀子吴棠谨述。知府衔前山安同知姻愚侄谭祖同填讳。

○四　皇清诰封宜人晋封恭人先妣程太恭人述略

太恭人姓程氏，考夔光公，定远武庠生，豪毅有节，乐与知名士谈宴，故太恭人习闻古史事。妣氏吴，慈惠治其家。伯兄以壎、仲兄以篪，力农贾以养亲，世居滁、定、盱之三界市。自明之中叶，程宗由徽之歙，吴宗由徽之休宁，迁居于是。两家累世为婚姻。

太恭人年二十三岁来归，时王父母俱弃养，每忌日，虽贫必具豚酒，佐家君展礼，必哀必恪。家君性恬淡，不治生产，太恭人亲操井臼，制酒浆、醯醢、女红，以佐生计。丙寅，不孝检生。癸酉，不孝棠生。数逢歉岁，家益贫。家君馆于外戚胡氏，常假得升米，以糜粥哺不孝兄弟，而自啖藜藿，时讽“性定菜根香”之语，谓吾实甘之不苦也。家有老屋数椽，直百余金，有觊此者，怂恿售之可活凶岁。太恭人曰：“祖宗数世之产，后人宜光大之，今易而供子孙安坐之食，会有尽耳。吾誓守之。”不孝等就外傅，家无书，太恭人以针黹所积易纸笔，俾钞读焉。不孝检稍长，教之懋迁，曰：“使长儿坚苦自力于衣食，以佐次儿读。汝父馆谷所入，吾经营之，虽贫可不匮矣。”尝冬雪时，不孝检粜米归，漏三下，甫及里门，手足皲瘃，僵不能语，不孝棠夜读犹未辍。太恭人抱火熨之，语不孝等曰：“尔兄弟无忘此日也！”夏时苦旱，不孝兄弟晨汲，久不盈瓮，命携书就井甃读之，曰：“时暂毋废学！”

不孝检初娶太恭人从侄女，能佐太恭人勤苦。时居积渐余一月粮，稍置马磨，日可得百钱，举宋儒王禹偁咏磨诗曰："'但存心里正，何愁眼下迟。'谓古贤之业此者，而居心如是，小子志之！"不孝棠历从从叔父卫川、从兄凝芳、辟之、族母舅程瑞轩诸先生游，越数日，必馈以家酿，曰："吾家不能致束脩，聊以将敬先生之意也。"庚寅后，家君馆于家，文学士多集谈，太恭人皆恭礼之，日使不孝棠薰陶，益励于学。辛卯，不孝棠就县试，襆被策一蹇，命不孝棠乘，而不孝检步从。太恭人送之门，意甚喜。是年，补弟子员。明年，不孝棠馆于外戚李氏，太恭人训曰："尔为人师矣。未有不力学而可以课弟子者，自误即误人，勿徒为脩脯计也！"

乙未，不孝棠举于乡。太恭人愀然曰："吾见亲族中力学者多也，汝学浅而成名，非幸事，且将来与仕途近，吾惧汝以不学之身而轻世事也！"是年，不孝棠娶妇李氏。甲辰，不孝棠大挑一等，分发南河，奉旨以知县用。捧檄回里，太恭人曰："吾闻古之君子不以仕而废学，汝宜以学治，万勿以官自居。且朝廷设官以为民也，常记吾家之辛苦，则百姓之疾苦可知矣！吾与汝父犹健，当就禄养，以慰汝也。"

丙午，不孝棠妇李氏殁。戊申二月，家君偕太恭人就养于清江浦。是岁，为不孝棠续娶南丰谭氏。己酉，不孝棠补桃源县知县。秋九月，迎养公署。桃源滨河，故瘠苦，人伉直易讼。每决庶事，太恭人往听焉，曰："此可驯而化也。"桃有淮滨书院，命不孝棠益膏火，增课程，曰："汝爱士，士即知自爱；士自爱，民俗变矣。"不数月，讼渐少，如太恭人言。庚戌秋八月，黄水盛长，于工溃堤。于工者，南岸险工也。堤溃则河入湖，湖涨则城没。太恭人曰："天灾当以人力回之，亟往无他顾！"即促率民夫堵御，获保固焉。今天子之元年，岁次辛亥，不孝棠奏调清河，桃源士女多相率以送太恭人。太恭人坐肩舆中，往往召与絮语，若不忍别。壬子夏，不孝棠妇谭氏以娩难卒，遗男甫六日。不孝棠方以星使按临，晨夜供顿请谒，义不顾私哀。太恭人尤以为深痛，时抱呱呱，指而谓不孝棠曰："当官分故尔，独奈何忍割如是？"且语且泣。自是神明少衰矣。

秋八月，前制军檄署邳州。邳方大水，群盗啸聚。不孝棠单车赴任，留家属侍奉，居浦寓。会天子发粟赈济，群盗解散，而遗弃子女盈路。家君暨太恭人寓书教以收哺，得二千余口。邳人士多遣人问二老起居，欲迎养焉。太恭人是冬卧病连月，不孝棠心焦灼。癸酉二月初旬，因公赴浦，至则太恭人扶病初起。适金陵寇警，河帅檄令回任清河。未视事，而瓜、扬警日至。于时粮艘水手集浦者以万计，而河北剽夺日夥。太恭人与家君筹谓宜早入公署，以定民心。及视事甫三日，而扬州失守，清淮震动。不孝棠日夜巡防，夜深时始得询太恭人起居。谓曰："勿惧，凡事有天数，以汝父与吾眠食觇之，当无恙！犹忆吾来归后，汝外祖勉吾曰：'士穷见节义，家贫何患？'吾二人守此言五十余年矣。汝为守土官，惟宜自定！"是时，民间或传闻太恭人言，乃皆踊跃，不旬日，城乡团练民勇万计。不孝棠奔走公事，定省亦废，间日一侍食耳，而太恭人步履转健。五月，复为不孝棠续娶北平黄氏。冬十一月，扬城收复。家君语太恭人曰："可以归矣。"太恭人曰："俟来春可乎？"

甲寅春正月初旬，时觉手足冷，以为冱寒未解，又不喜服药。二十二日晚饭，不孝棠侍饭毕，未逾时，忽患痰厥，急扶掖起，稍苏犹能语，延医诊治，百药无效，至二十四日未刻，竟弃不孝等而逝矣！呜呼痛哉！不孝棠侍疾无状，不孝检远隔数百里外，不能亲视含殓，抢地呼天，百身莫赎！呜呼！不孝等长为无母人矣！

太恭人天性慈惠，亲党无间言。先是，三伯父求公殁而无子，命不孝检承嗣。求公遗一女，字汪氏，经理嫁奁如己出，汪氏姊亦侍养如母焉。邻里有贫者，虽处困，必出所余，佐家君施与。亲族来公署，必命分廉以赠，行日必亲送之，虽屡至亦如之。奴婢有小过失，辄宽解，不加扑责。每岁寒，必煮粥以给狱囚。署左居民不戒于火，命孙辈持钱散给，予蔬食焉。殁之日，巷陌男妇往往聚语悲泣。三日内，百余里士民奔赴，桃源人咸来吊唁；募勇持素缅叩头，皆蹙额垂涕。呜呼！太恭人德化入人之深，一至此耶！何不孝等不孝不忠，自积罪戾，不能延太恭人之年！俯仰高厚，何心人世？呜呼痛哉！

太恭人殁于咸丰四年正月二十四日未时，距生于乾隆四十二年二月十一日子时，享寿七十有七。生不孝降服男检，娶程氏以恭公女，续娶程氏履安公女，又续娶李氏长泰公女；不孝棠娶李氏同邑庠生世锜公女，续娶谭氏保庆府知府光祜公女，又续娶黄氏两淮伍佑场大使宗寿公女，侧室史氏；女二，长适定远韦，名聚华；次适定远国学生邵，名宝。孙男炳麒，娶凤阳万名邦治女；炳仁，娶定远程名致庆女；炳寿，未聘；孙女一，不孝检出；炳采，娶句容县知县王名会图女；炳祥，聘定远同知衔胡名清女；炳和，未聘；孙女二，长适河南叶县知县秦名茂林公子尔熙；次未字，不孝棠出。

不孝等奉太恭人教，素不力于学，又昏迷无状，不能述太恭人懿行于万一，谨就太恭人之所著于族党而传于闾阎者，敬陈始末，伏祈矜鉴而表扬焉，则不孝等世世子孙感且不朽。不孝降服子吴检、哀子吴棠泣血稽颡。

卷二

○一　敌忾同仇八约　癸丑

升直隶州府同知知清河县事吴棠，敬约凤、颍、滁、泗、淮、徐、扬、海八府州属官绅、军民：狂寇稽天讨之日久矣。自正月以来，两省不戒，蔓延江北。维扬士庶怵于邪说，开门揖盗，坐受残辱。皇上赫然震怒，大军徂征，毁其土壕，烧其船只，胁从而来归者，日以千计。贼势穷蹙，婴城自守，节镇大臣方为百全之谋，环攻而制其命。乃三月中旬，有贼数千，豕突江浦，蜂扰六合。义民操白梃而踣之，杀贼千余，烧船数百。贼负残创，掠滁、来，走凤、濠。此皆惊丧之余孽、迸散之丑徒，非有器械之坚利、旗队之整肃也。然而清流之险不守，临淮之关不闭，俾贼游魂假息，荡漾中土。夫徐方古多英杰，凤、颍风气劲快，岂今昔之势殊而勇怯之情异与？备预不素而久安之民易摇，联络不坚而自孤之心多危也。

棠，泗产也。官于淮楚，南当广陵之冲，西承洪泽之委，地散民庞，众情岌岌，回任三月，幸不辱命，每当简众誓师，聆江介之悲风，望淮西之烽火，何尝不按剑冲冠、抚弦流涕！嗟夫，猘犬狂噬，久而自毙，天厚其毒，于斯极矣！淮右吾桑梓，缘河尽股肱，绵地千里，二渎如带，形胜都要，遮蔽中原，齐乃心力，何寇不殄！守乃险隘，何锋不遏！自取奔迸，何如拒其来！坐受残毁，何如折其势！至于贼情，可得而言。夫贼无征调之繁，无文法之密，行无纪律，居无部次，千里不赍粮，发掘掳掠，去则委弃，走如飘风，聚如蚊蚁，此其所长也。至于两阵相敌，炮火齐发，则贼之藤牌、布障不能当也。平原善地，戈矛进退，则贼之短刀、竹竿不能支也。马步并进，更番休息，贼之芒屩走足不能敌也。村堡自守，野无所掠，贼之饥困不能给也。连城犄角，远近相救，贼之徒众弗能应也。由是言之，贼之长在剽疾，遇坚则退；贼之情在恫喝，能必则全。岂有八属之义众不及六合一隅之民？岂有八属之精勇竟无六合一战之效？窃为士大夫羞之。敬陈约言，各勉忠义！

一、约心。有惟恐见贼之心，贼斯至矣。有惟恐不见贼之心，贼斯去矣。譬如十人同居密室，忽疑鬼至，则左右皆鬼矣。使十人操戈而逐鬼，则无鬼矣。奉约八属官绅、军民，各自磨砺，时存恐不见贼之心，胆气自倍。贼有不来，来则歼旃。

一、约耳。闻急报而不惊，恐以惊我众也。闻捷音而不喜，恐以懈我志也。其言自贼中来者，安知非妄语？其言不自贼中来者，安知非妄传？奉约八属官绅、军民，塞耳不闻，以止煽惑。

一、约足。足用之立，奈何乎徒行？足用之进，奈何乎徒退？能行而不能立，终无立足之地矣。能退而不能进，终无可退之地矣。奉约八属官绅、军民，思进有不死而退无十全，何必纷纷迁徙，自蹈危亡！

一、约力。人各用其力则勇生，一人倡而众人从则勇生，知众进之不能俱死则勇生。奉约八属官绅、军民，齐心同奋，如左右手，则前无强寇矣。

一、约财。窖金藏币，为盗守也。戴囊负橐，为盗馈也。盗不有之，人得而有之矣。下智守财，散十之一。中智守财，散三之一。上智守财，全散之。十之一者可以守，三之一者可以战，全散者百战而百胜。奉约八属殷富之家，散财养士，以卫厚资。

一、约官民。官非民何卫？民非官何与卫？弃其民而思苟免者，是匹夫也。出城一步，童子制其命矣。弃其官而思逃亡者，是鸟散也。出乡一步，豺狼食其肉矣。奉约八属官民，相爱相结，如父兄子弟，虽有黠寇，不敢正视。

一、约城镇。城镇之民，主客各半，其情必贰，贰者，盗之乘也。客财多浮，思卷而趋，主人弗恤，与客龃龉，虽有秦越之人不亲于盗贼乎？虽有仇郤之人不恩于盗贼乎？奉约八属城镇之人，破除彼此之怀，庶得同舟之济。

一、约村野。小村并大村，堑而守之。小堡并大堡，堑而守之。五里一小聚，十里一大聚，聚少百家，多及千户，昼获于野，暮藏于室，丁壮处外，妇子处内，警至鸣鼓，连聚必集，不集者罚。聚必有长，苦乐必均，饥饱必恤，出入必察，恩分相得，贼之散而之乡，必非大众也，四面而攻之，无噍类矣。

以上八约备矣。尤有请者，国家休养二百年，朝廷旰食近三载，自粤贼盘踞桂管，残破湖湘，走九江，下皖桐，陷金陵，虏维扬，前后兴师十万，屡经创艾，而其锋未熸者，节镇有追剿之师，郡县无堵截之力，逐西则走东，攻南则窜北，掎角之势未备，而守令之权散也。计贼大众不过数千，并其裹胁不过数万。计其数不能敌一大县，江宁分其一，镇江分其一，扬州分其一，临淮又分其一，其势已散，其力已孤。今向大臣围金陵，战江南；琦、慧大臣围广陵，战江北，漏而出者，仅数千人。诚使郡县各守其疆，连城相应，则立时散破。迁延日久，滋蔓可忧。棠不自揆，敬与八属官绅、军民遥申歃血之盟，共指天日之誓：贼至一县，则四县应之；贼至一府，则府属诸县应之。其或不应，鬼神降鉴！上不以忧贻君父，而下以安其民业，流福子孙，不亦美乎！

此山阳同年生鲁通甫(一同)代作。癸丑，发贼陷江宁，镇、扬、淮南北震动。棠由邳州仓遽回清河任。其时内抚外攘，一切规画，得鲁君力居多。告以敌忾同仇，人心同然，请为八约，飞布诸郡，幸措危局。癸亥，鲁君归道山，为挽联云：患难笃交情，列郡记飞诛贼檄；文章憎运命，空山竟老著书才！盖纪良朋急难也。

○二　上袁大臣书　庚申

窃卑署府随田副帅集团助剿，仕睢为后路声势，并田副帅追贼赴宿，两次具禀在案。查前月二十七日，田副帅追贼洋河，未能得手，嗣又折回宿迁觅渡，而宿迁北岸练勇恐贼马乘机抢船，吁求不渡北岸。田副帅又于本月初二日折回洋河，赴桃追贼。现闻贼窜清河湖滩，就高家堰小河浅水觅渡，清淮势甚岌岌，脱有疏虞，关系大局非浅。道路舆论以及在事弁勇佥云，此次追贼如系伊副都护复出，必能截击，迫切之情，若出一口。卑署府前禀徐宿士民公呈，业蒙大帅批准，会两江总督部堂核办。连旬接见伊副都统四次，知其人负气任性，刚果自用，且深知大帅昔年苦心调停，既虑共事之无人，又虑兵单之难拨，公忠之诚，天下共见！惟现今道路之言，仰企伊都护，万口同声，况值贼势鸱张，折衡御侮之材，实难多睹。卑署府目击生灵涂炭，觉伊都护优游养疴，转负未睹实效之盛名，而愚民无知，或转疑大帅别有成见。卑署府受知既深，不敢不以狂瞽之言上渎左右，敬恳大帅速为奏请，俾伊都护剿办此股捻贼，以慰民望，以息浮言。不胜惶悚待命之至！

○三　上袁大臣书　庚申

初五日，专马勇二名投呈寸禀，言伊都护事，计登钧鉴。初六日，闻后起白旗折回老巢，棠即由睢至宿，晚间接田副帅札宿迁公文，知清江初一日失陷的耗，钞呈宪鉴。往事历历，均在大帅深筹熟计之中。棠日抱愚忧，亦不幸而所言皆验。清、桃系棠旧莅，兼以家乡亲友避难数百口，荡析离居，惨何有极！清、桃北岸土匪肆起，抢典抢车，仇杀相寻，渐成蒙、亳之象。棠悲愤填膺，形诸梦寐。窃以为皖北百姓得大帅出，而杀劫从此止；清淮百姓伊都护不出，而清淮杀劫从此始也。伊公治军，民心、兵心久所折服，并贼心亦素所畏惧，而一种刚毅之情，尤令人望而生畏。盖干将、莫铘有摧陷之能，而触手亦即伤人，往往然也。宪台广收文武材，任贤任能，何人不归陶铸？忘嫌忘怨，何事不极涵容！尺地一民，何处不关痛痒！街谈巷议，何言不入采择！伊都护昔赴海、沭剿匪，迅即收功，且此次马队几及二千，必可一击，务请迅赐奏请出而击贼，但蒙宪台允准，棠即匍匐辕门，愿甘斧锧！临禀涕泣，不知所云。

○四　覆袁大臣书

本月初八日，接到前月二十日钧札，饬令卑署府亲诣伊副都统处，查看病体果否实已全愈，将来奏请督兵后能否不再以患病推诿，并询明该副都统究竟愿在何路督兵，归何人节制，立即据实明白禀覆，以凭酌核具奏，毋稍含糊等因。查伊都护病体，由卑署府于正月初八日发禀之前，持禀稿将该副都统病体渐次就痊之语向读时，有凤阳王守在座，见卑署府以大义诤折，伊都护已为首肯。嗣于正月二十二日，由督部堂何递交卑署府转投该副都统信函，当即送交。函中所言，慰其前勋，勉以复出。该副都护喜见颜色，有乐为知己用之意。如大帅奏请，俾事权专一，必不致以患病推诿。至愿归何路督兵、何人节制，应在圣天子烛照万里之明，与大帅以人事君之位置，似非可由卑署府往询，亦非该副都统所能自便。历观往事，伊都护专将则有功，牵制则有咎。现今捻贼鸱张，已成为滔滔江河之势；中原巨患，畿辅深忧，将在目下，应请大帅奏明，添请该副都护，统带此次赴浦各路马队，遇贼即剿，帮办傅帅军务，实为恩便！

○五　上袁大臣书

本月初二日回徐，敬接钧函，并恭读寄旨，知伊都护仍归宪营带兵剿贼。恭绎旨内“伊兴阿未必肯听田在田调度，并非田在田等所能胜任”等语，仰见圣明烛照，实由宪台推荐至公，在伊都护自当感服，卑署府亦必遵照宪谕，苦口剖析，力为劝驾。惟徐宿士民苦贼太深，望伊倍切。前闻大帅奏请，徐宿莫不鼓舞。嗣闻所请未成，莫不短气。卑署府又奉淮海道之委，即将去徐，而民生之蹙、民情之郁，竟系于伊都护之一身，不敢不为大帅陈之。伊之性情，无烦再渎，但其一往莫御，实为豪杰之气，而宪台百计调剂，实为圣贤之心。自古豪杰时或不能折服圣贤，而自古圣贤必能陶铸豪杰。卑署府管见，敢求宪台勿过督迫赴营，或饬令即住徐州，予以向日所部马队作为游兵，或临警多拨兵马，何处有贼，即于何处截剿，必可得力。卑署府再四言及，实属确有见地，诚见督队无人，生民困极，如甘缄默，尸素宜诛。此行赴浦，疮痍满地，补救无从，又留恋徐属民圩，三月以来，已见草偃风行，恝然舍去，尤多不忍。天心阴郁，人事乖违，惟宪台鉴此苦衷，在大局不堪设想，知而不言，上负恩遇！

○六　劝谕徐属各圩坚壁清野示

照得捻逆肆横，神人共愤。我士民受其残虐，无不切齿，迭经各大宪谕令筑圩团练，互相保卫。有几处公正绅董办好了的，便能坚守圩寨，救了无数难民。有些地方人心不齐，便东走西逃，可怜万状！你们现在总该明白是守的好，是跑的不好。你们耕田的农民，叫你们与贼打仗，自然不惯。但你们不能遽然言战，总可言守。只要圩寨墙子筑得高，濠挑的宽而又深，粮食全搬入圩寨，贼到之处，粮也掳不着，人也掳不着，牛马牲畜也掳不着。多一处守圩的人，即少一处被裹的人。我们守的人多，中间挑三四成精壮，平日练习技艺，预备各圩联络，贼来时，迎头不必打，尾后打他；白日不必打，黑夜打他。目前只是讲守，日后自可言战。在前本道宪王与本署府会禀集马入练，许以功名之途，邳、睢、宿集得马练甚多，踊跃杀贼，他县大可仿照办理。我们八属百姓只要听本署府的话，大家合力齐心，先将各圩各练预备齐整，本署府亲到各处，会合校阅，面授兵机，将来圩子守好，粮也有了，人也有了，马也有了。现在我们虽然受贼的气，日后总有报仇雪恨的日子。为此晓谕八属圩练人等，各振精神，实力整顿，以副厚望。毋忽！此示。

○七　分委员董督令四乡力行清野札谕

照得捻逆肆窜，就民之粮，攻民之圩，为患最巨。本道暨本府斟酌机宜，力行坚壁清野之策，近城五六十里内村庄，概不许堆积粮食，以绝贼念。为此札仰谕到该员弁董，即日前赴东西南北乡各庄，沿村沿户稽查，但有存粮，限日内就近搬运，或入府城，或入圩寨；并谕以官绅乡董不准科派分毫，如有观望之家，定将粮食入公，并治该户以接济盗粮之罪！该员弁董等务必亲诣周历，如有遗漏，经本道暨本府查出，并干未便！切切！

○八　劝谕徐属各圩挑沟以陷贼马示

照得徐州八属民圩，旧筑新挑，计有二百余处，多属深沟高垒，堪资保卫。铜、萧之郝寨、唐寨、魏博寺寨，邳、睢之王家林、胡江圩、岠山、花山、石碑、丰山，宿迁之蔡、戚诸圩，各出击贼，实收众志成城之用。现今尔士民均知盖屋运粮之益，无烦劝谕，惟麦收之际，仍防西匪出扰。兹本道府想到挑沟之举，采访舆论，以为良法，合亟举行。为此晓谕各圩练总，即行传知练长、练丁，凡有田地之家，各就本界挑沟，宽以四尺为度，深以六尺为度；凡有地之人，即系挑沟之户，接连挑筑，不准一户不挑。如此办法，遍地有沟，贼马万难驰骤，可保收成安稳。如有懒惰之人，不遵示谕，即由该练总指明，到麦熟之时，罚其粮食作为本圩团练之用。我徐属逼近贼氛，尔等皆愁麦收作践，趁此天长日暖，一鼓作气，必能办成。如今虽受勤劳，行得此法，可保贼马永远不敢横冲竖撞。此系保全民食第一要件，尔等切速办理毋违！特示。

○九　上各大府请通行坚壁清野书

窃查捻逆肆横，连年累月，始自蒙、亳，继自永、宿，扰东扰豫，阑及清淮，实属人神共愤！各路兵单，无以痛剿，计惟力行坚壁清野之法，始可保乂民生。查徐属萧、铜、丰、砀，受害已深，人心知奋，计萧县圩寨三十余处，铜山圩寨二十余处。职道等亲诣阅勘，俱系深沟高垒，多容数万人，少容万人，并力守御，时出击贼。本年正月初二日，即由职道暨卑署府委员押令运粮入城入圩，贼至无食，即行窜去。邳、睢二属民圩亦有四十余处，壁未甚坚，野亦不清，贼始得饱。宿、桃未经受害，不知民圩之利，被扰最深，贼亦得以从容饱扬。合无仰恳宫保大人、大人，通饬淮、海、徐各府州县亟办民圩，以民圩之多寡课州县之勤惰，以守圩之多寡定州县之优劣，总以无不入圩之民、无不入圩之粮，为州县课最之举。州县不惮亲往相度劝励，民间断无不遵行之事，且州县自为料理，选择公正绅董经理，则官与民亲，亦断无抗粮拒捕之流弊。徐属民圩虽多，细察均皆向义。在大宪责成力办，则属员必能奉行。所有职道等管窥之见，是否有当，伏乞采择。

一○　赴淮海道任慰徐民攀留示

示尔徐民，俾知我意。我去尔留，至再至四，既尽私情，须识大义。设官分职，自有位置，士民保留，本属违例。日夜守候，失尔生计，贼烽逼近，不应远离。各人早归，时时预备。几句好言，赠尔须记:存心靠天,养生靠地,富莫贪财,贵莫恃势。根本所在,父母兄弟,谦和取福,骄亢致戾。贼骑窜扰,留心保卫,守可万全,战防失利。指日大兵,扫清丑类,凿井耕田,即还元气。他日好逢,莫劳记忆!绅董明理,一一指示,毋得阻违,致贻后累!

一一　劝谕淮海各属筑圩保卫示(并章程十二条)

照得团练之举,原为御匪而设。近年捻逆东来,百姓望风披靡,妻离子散,惨不忍言。其有敌忾同仇、誓志杀贼者,虽以久练之众,一战即溃。非真战者之过也。不能言守,焉能言战?且我士民,出自田间,或耕或读,非久历戎行者比。故与之言守则易为力,与之言战则难为功。今特示以筑圩之法,为我士民筹守之计。为此谕仰各属团练人等知悉,自示之后,务宜照依后开章程十二条,赶紧兴筑,以期固守,合众力以卫身家,杜野掠以穷贼技。我士民务宜众志成城,切勿各存意见。毋违!

一、筑圩之处,先于周围数里内外约定各练,按户造册出丁,公同兴筑。团练之勇即筑圩之丁,领队之人即督工之董。圩基宜小不宜大,圩隍宜宽不宜窄,圩墙宜高不宜矮,圩垛宜密不宜疏,圩之外坂宜陡峭不宜平颇。圩外有濠,濠宜宽深不宜浅狭,圩之四面宜出角,每角安设枪炮,盘旋施击,则角之正面、左面、右面皆可兼顾。内濠既成,再挑外濠,尤为得力。

一、圩既筑成,宜多备枪炮、子药、旗帜,若皆由圩长置备,固属急公好义,但所费甚巨,特恐独力难支,或由某某分备,或由同圩众练公捐制造,俱无不可。惟圩长及练董等捐办宜公,不可以偏袒科派，致失人心而伤和气。

一、筑圩所以坚壁，第坚壁而不清野，壁虽坚无益也。或于无事之先，或于有警之日，同圩者将所有粮草、牛驴、锅碗一切等件，全行搬运入圩。野无所掠，则贼难久住。圩多积聚，则守者有固心。至于各家粮草入圩，毋许圩长科派，违者许本户鸣官理直。

一、守圩宜静。垒既高，沟既深，野亦无所掠，贼至时，果能已乎？势必多方以诱之曰："济我粮草，我必去。"又多方以恐之曰："不济必攻，攻破必杀之且尽。"须知此时以主待客，以逸待劳，远者以枪炮击，近者以矛刺，爬圩者以刀砍，十拿九稳，万无一失，如何能攻？又如何能破？若于此时见贼喧哗，交头接耳，不能静以待动，致贼乘虚而入，直是自破其垒！合圩性命在一静字，务须着意！至于妇女孩童，尤不许上墙眺望，恐胆小见贼，必致大惊小怪，扰乱人心。

一、圩内除守墙之人，各按各方站立，向外不动，仍宜添立游兵，或二三百名，或数百名，以防何处吃紧，即往何处策应。

一、守墙之人脚根宜定，务必各守各方，片刻不离。贼情诡诈，往往声东击西。如东面有警，有东面人防守，更有游兵为之策应，何难抵御？若见东面吃紧，其余三面不得轻举妄动赴东面救援，使贼不至乘虚而入，最为紧要。

一、守圩时，讹言惑众，误事不小。贼之攻圩，三日、五日、十日、半月，原难预定，此时除大家齐心誓志死守外，别无良策。若不知利害，恐吓谣言，必致败坏大局，即由圩长查明，如出以无心，则随时公同棍责；如别有他故，则事后送官严办，以儆其余。

一、筑圩所以御匪，内匪不除，外匪即勾结为患。自示之后，倘有素不安分者，及早回头，本道等自当予以自新，勿追既往。若终始不悛，甘心为匪，并希图勾结外匪乘机劫夺者，该董等随时指名禀送，定按军法不贷。如因素有嫌怨，诬良为匪，以图报复，一并治以诬良之罪。

一、圩内于无事时，凡在事各家须先在圩内苫盖草屋，以备粮草屯积、妻小居住。屋顶及四围一概俱用泥墁，以防贼火。

一、守圩时，圩内除守墙壮丁及游兵外，宜另设火夫数十名，专司救火。贼之火球、火弹固宜严防，圩内遗火尤须预为防范，恐守圩时适值遗火延烧，若无人专司救护，则大众必致惊溃，所误更属不浅。

一、圩内务须多挖土井，以资饮吸。恐贼围日久，圩内缺水，虽有粮草，亦为大患。

一、圩已成，守已备，务宜各圩联络，以资策应。如贼攻一圩，

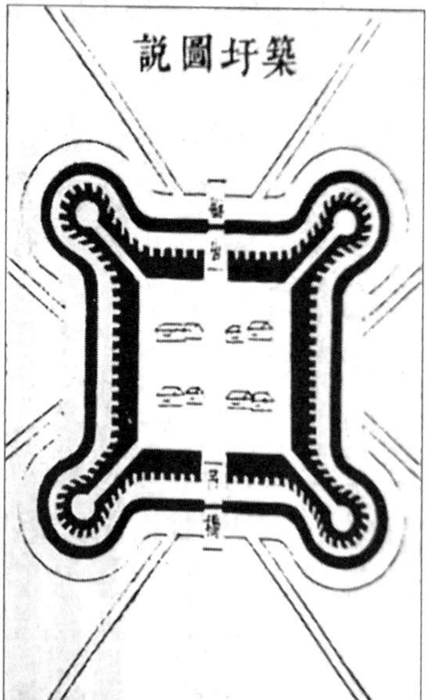

筑圩图说

其余相近各圩，各出二三成队，分路救援，或牵制其后，或牵制其左右，俾贼不得一意进攻，则守者有所恃以无恐，更属得力。若贼向救援之练接战，则各队即抱住队伍，缓缓退入本圩，被围之圩再行拨队尾追其后。如此往来反覆，互相控制，各圩皆然，则不战而贼智自穷，贼力自乏矣。

圩大不过四里，小以二三里为度，门留二处，须安吊桥，枪炮宜二百根。圩基宜就集镇、大村庄，挖废地亩，大户捐办，中户给半价，下户给全价。安设炮台，定须出角，可打三面。圩墙底挖濠，土上用泥墙作垛，高宜丈许；圩隍宽宜三四尺，垛口约五尺一个，濠深如之。外濠宽宜一丈五六尺，深一丈，底宽丈许。萧、铜濠有三道、四道者。直沟谓之线沟，挑成令贼马不能绕圩，挑宽四尺，深六尺，其长处愈远愈妙。圩内盖屋，宜用泥墁防火，积粮。挑井，尤为紧要。善守者有生无死。此保民良法，万勿错误。

一二　禀单地山夫子书　壬戌

敬再禀者，棠庚子秋送吾师赴粤，时甫二十八岁，今年已五十矣。清江需次及令桃源时，曾一再肃禀，在桃并得吾师覆函。此后清河五年，回籍守制四年，崎岖戎马，又不知吾师在何处。九年后出山，在徐州府道经营圩寨，于秦同门来信时得知吾师垂念之恩，[1]知吾师在豫章。又以军冗，未暇致禀。去腊，蒙恩命不次拔擢，升江宁藩司，兼署漕督，仍帮办徐宿军务，才轻任重，兢业时深！饮水思源，于师恩毫无报称。念棠父母俱已弃养，所依恃者，吾师

① 原注：秦同门长子为棠婿，赘于徐，已生子矣。

以外，无知棠少壮艰苦者矣。

棠受圣人特达之知，命驻扎清江，于岁首即移驻浦上，五日后即闻警信，今廿余日，残破之余，幸文武官民彻夜扼守，捻贼五六万，盘扰清淮十五六日，竟已勉强支持，诚万幸也！仰托庇荫，可冀无事。此处圩工未成者千余丈，日夜赶做，至此方有六七成把握也。捻势虽盛，而邸帅声威可了此事；粤焰未息，而曾帅军力可以制之，况新政清明，中外翘首；棠勉竭驽骀，上报恩遇，并报师门，时求远赐训言，以资遵守，实为企祷也！

棠长子读书，已十八岁，去夏夭逝。次、三子俱十岁外，俱可读书。家在盱眙山中，已成丘墟，亲友避难相从者千余人。吾师世兄几位？想多成名，并希示及。军中匆匆，仅此肃禀。敬请钧安！吴棠谨禀。

一三　致李少荃中丞书

顷接邸抄，欣悉执事于十月十三日上邀宸眷，开府即真，以节钺之所至廓清，卜师干之即隆宠畀，下风逖听，欣忭难名！皖乡当剥极之余，自去秋省会复完，气机始转。松沪处险危之地，及今夏旌麾莅止，壁垒乃新。众人知大吏勋高，天子识疆臣心苦，酬庸未已，树绩方新。执事文武兼资，东南重寄，从此澄清列郡，襄赞纶扉，举凡盛满不居之心、集思广益之用，早经酝蓄，何待琐陈？惟弟旧托下交，益增光宠，知谰言之无谓，希土壤之增高。不以颂而忘规，实由悦而兼服。但冀大名，诸葛常思幼宰；殷勤晚节，魏公益嘉希文。诤议胜而知惧，符前哲之深心。高而不危，敦至圣之切论，则将欣盛时之得名世，又非独幸吾乡之有伟人矣。昔人云：“言之不惭，恃惠子之知我。”我公倘亦欣然首肯，而许其尽言乎？临颖神驰，不胜忭舞惶悚之至！即贺大禧，并颂曼福！

附录　少荃中丞覆书

二十四日，接展手书，具征古谊，回环雒诵，愧感交并！时惟冱寒，从公劳止，体中何如，愿闻康胜！弟忝膺重寄，遽荷真除，拜命以来，悚迫无地。乃承藻饰之下，颁袭以箴言之重贶，书绅铭带，谨矢勿谖！窃念壮岁驰驱，更历险阻，每有见闻，参诸载籍，深知得失相倚伏，荣辱如转圜。是以受宠若惊，乃道德之微旨；盛名难副，斯厨俊之客气。而况学不追前修，才不逾中人，地处尾闾，军同孤注，援应无率然之势，眈视有实逼之虞。兹之险危，诚如来教，是故夙夕虑其颠越，冰蘖励其初忱。惟冀邪许得力于同泽，攻错受益于他山。然而识谢宏通，则诵吉祥而忘法语；性非直谅，则有美疢而无药言。幸获断金之利，加以如玉之磨，谆谆之诲，本于匪躬之蹇蹇；偲偲之诚，绝其非度之师师！当十倍之君才，固已大名愿让；惟二人之有合，敢不晚节追随？庶几共厉寅恭，时躬躬以如畏；仍冀频颁申儆，益拳拳而服膺！

一四　重建崇实书院谕期考课示　癸亥

照得士习为民风所系，教育首重师儒；武备与文事相须，弦歌能消戎马。考昔王彦方里中讲学，盗畏知名；郑康成车下横经，寇皆罗拜。盖鸮林之音能革，实鳣堂之望是资矣！袁江旧有崇实书院，自咸丰十年毁于兵火，多士久失肄业之所。问甘罗遗城，孰工献策？访枚皋旧宅，谁擅飞书！本署部堂今拥节于连城，昔牵丝于兹土，闾阎遗老，曾识生平；里巷群贤，相关休戚，敢不于蒐军之暇，兼筹造士之方乎？用特就运河北复建书院一区，基则另辟其新，额则仍循其旧。度平原以开广舍，冀复前规；取秋实而弃春华，不忘遗意。并敦请钱少司成主讲，以为多士楷模，苏湖在望，分成均钟鼓之声；槐市敷阴，表太学冠裳之范。盖不特弓戈櫜戢冀导诗书，且将雅颂承平思储制作也。

兹择于同治二年正月十八日，甄别文生。十九日，甄别文童。凡近在一方之萃处，固宜橐笔而来，或远为五郡之分居，亦许怀铅而集。且即他乡流寓，何妨一体观光？凡兹同视之怀，亟合先期以示。为此示仰附近各属及寄寓生童知悉，至期报名赴点，领题构思，凭文字之瑕瑜，定权衡之去取。其有词传丽藻，名列前茅，并当捐备花红，酬挥毫素。非第学觇麟角，搜艺苑之清才，实期馘献虎臣，佐泮宫之教泽。愿从此文辉既朗，兵气都消，弦缦操时，赓昭代铙歌之曲；欃枪扫处，焕盛朝云汉之章！

一五　刊发《广惠编》札　乙丑

照得江北各州县去岁秋冬，米价昂贵，叠经札饬各州县劝行赈恤在案。查核各州县禀报，实力举办者固多，玩泄从事者亦所不免。腊杪，阅《朱文端公集》，内载《广惠编》一册，相应摘录刊刻札发，为此札仰该州县，并传谕绅董，现值春初，各处待哺者尚众，务即努力为善，已举行者勉思有终，未举行者及时赶办，务各勉力毋忽！

一六　重刊《周易》、《尚书》与高伯平书　乙丑

伯平先生阁下：弟之欲留先生者屡矣。觌面时又不忍言留。故土之思，人情所同也。惟现闻浙省数郡大水，故又可以留先生。而先生之留又不可徒留，因思先生旧友伊先生旧校《周易传义音训》、《书传音释》二书，足以嘉惠后学，兹特检出送呈，敬希饬写官书样。能得此二书蒇事，则先生之留不虚，且伊先生前校之书可以广布，于先生所以待伊先生之心亦少慰矣。鄙见如斯，已托稼兄面达，恐不尽意，复布区区，伏希垂听为荷。弟以驻淮，总近安闲，匆匆赴浦，七月中浣仍当来淮，再叙一切。

一七　与高伯平书　丁卯

再，此间正谊局书已刊就，不久即由官局刷印，所藏杭省籍版，及此刷送甚便。浦城祝君刊《易》、《书》版居然完全，现存闽中，其侄孙近送各一部，将来南北各有。此书版亦伊君暨先生先后校刊之苦心也。弟意《尚书》版仍留尊处，将来俟《周易》刻成，寄滁州可耳。

一八　恭刊《朱子全书》札　己巳

案准礼部咨开：同治六年五月初六日，内阁奉上谕：鲍源深奏，请刊刻书籍，颁发各学一折。着各直省督抚转饬所属，将列圣御纂钦定经史各书，先行敬谨重刊，颁发各学，并准书肆刷印，以广流

传，俾各省士子得所研求，同敦实学等因。钦此。钦遵在案。川省前经恭刊《御纂周易折中》等书，版存书院，以便刷印流传，通经之士，得所讲习。恭查《御纂朱子全书》，康熙朝经原任大学士熊、李等奉敕编辑，为门一十有九，为卷六十有六，使朱子一家之言存真削伪，既博且精，洵为入圣之阶梯，可得穷经之指要。本部堂与该司道等酌议捐廉，敬谨重刊，广为流传，以端趋向。除倡捐省平银若干两先行给发，即日开雕，并派候补县丞顾复初恭校。

一九　刊前后《汉书》札　庚午

照得本部堂上年与在省司道等捐刊钦定《朱子全书》，现经刷印分给通省府厅州县各书院，以广诵习在案。因思培植士林之道，既有经学以养其心性，尤须有史学以增其识力。查殿本前后《汉书》，考核精详，洵为士林圭臬。兹由在籍薛侍郎宅借到原本，亟应摹刊，借广分给。惟卷帙既多，工费约需银五千两，必资集腋，始易蒇功。该道即便酌劝通省各地方官，量力捐资，解存盐茶道库，陆续转发江苏举人缪荃荪、贵州举人张人瑞等，俾得迅速梓行。人之欲善，谁不如我？有志斯道者，谅必乐于襄助也！

二〇　庚午科四川乡试分起点名示

照得点名拥挤，盖由于士子争先，而所以争先之故，由于不知唱点早迟，惟恐应名有误也，以致名次在后之人或占于前，名次在前之人转落于后，是因挤而愈误，亦因误而愈挤。必应重整旧章，俾共知迟速先后，确有一定之时，按时而至，断不至于误点，而后可免于争先拥挤也。川省本科乡试人数至一万四千余之多，本部堂深恐点名拥挤，转致迟误，因仿照江南乡试章程，分为三路，按照学分派定时刻点进，复照所派各学点进时辰，加以第一起、第二起字样。但各自认定时刻、起数，自然迟早有准，届时于头门外及中、东、西栅栏口并各处总路口，委员悬挂大字灯旗，书明时辰、起数，自寅初第一起始至未正第十二起止，约计隔半个时辰放炮一声，同时换旗。其旗上书字，犹恐远望不清，并于旗上悬灯，每一起悬红灯一个，至十二起悬灯十二个，如此则虽送考不识字之人亦易辨认。仍每学发给刻印某起、某学大字票若干张，俾入场诸生各给一张，粘贴卷袋上面，至栅栏口听委员查验放进。其学分在后未点到者，不得搀进。若该学起数未到，亦万无先点之理，尽可在寓歇息，依时而往，循序而入，庶期彬雅可观，本部堂有厚望焉。

二一　改建少城书院札　辛未

照得成都驻防八旗子弟向有官学二所，分为上下四旗，延师教读清文。其文章生童系附学肄业，并无专设书院、延订山长，复无经费，后学难期启迪。本年二月，奉命兼署成都将军，进诸生课之，其中人材多可造就。惟必得肄业之所，朝夕观摩，庶可日有进境。除上四旗向设官学，仍令八旗子弟就学，肄业清文、学习翻译外，其下四旗官学据报已就荒废，因谕协领相度地势，移官学旧屋材料，并由本兼署将军捐廉八百两，为建少城书院。又以山长束脩无出，诸生月课膏火无资，乃与司道府厅州县各官公捐银五千二百两，作为书院经费。为此札仰成都府即将发下省平银五千二百两，交在省典商领收，取具该典商领状，按月一分生息。同治十年九月份起，每月将息银五十余两移送固、札两协领收支，仍将各典商姓名、领银数目先行详请立案，永远遵行。

二二　刊《史记》、《三国志》札

照得上年捐刊前后《汉书》，现在刊校将竣。本部堂拟接刊《史记》、《三国志》两书，合成四史，俾潜心史学之士于蜀汉以前治乱始末得以周览无遗。惟所需刊刷工费为数亦巨，未便再令各属捐廉，不得不另行筹画。除校刊二员薪水每月七十两仍由本部堂捐给外，该司道即便在于司、盐两库酌筹不报部闲款，如盐厘、公费等项，共凑拨银四千两，自四月起至十一月止，分作八个月申解，以便转发局员钱令宝宣等接续梓行。

二三　筹捐锦屏书院膏火札　壬申

照得保宁郡城民风勤朴，士习端良。本部堂巡阅至此，得自目睹，不胜爱羡。惟查该郡城锦屏书院膏火无资，应课士子寥寥，亟应加意鼓励。兹由本部堂筹捐银一千两，解交保宁府张署守，发交典商生息，每月一分行息，每岁可得银一百二十两，闰月照算。该书院旧章每月道府县课试，仍照旧遵行。所有新增膏火，每月增课一次，由道府县按月轮试，分别等第，发增奖银十两，计每岁十课，用银一百两。余银二十两，作为山长增添脩金之用。如该典商等好义急公，能将行息按照二分或一分五厘，保郡士子更可从优奖励，酌量增添。该道等务各妥筹经理，认真督课，以期士习、文风蒸蒸日上，无负本部堂期望之意！

二四　谕锦江书院诸生牌示

照得书院作育人材，既贵品学兼优，并宜衣冠整肃。当书院应课之日，官长以礼待诸生，诸生岂可不以礼自待！合行牌示，为此示仰应课诸生知悉，此后书院点名，无论官课、院课，如有不衣冠而来、科头便服应名者，即是自外名教，应由监院将该生名次扣除，以示儆戒。诸生其各勉旃！

二五　批汶川书院各绅禀　癸酉

据禀书院膏火无出，自系实情。查该处地方瘠苦，筹措维艰，以致书院经费时形掣肘，殊不足以振兴学校、鼓励人材。本督部堂巡阅所经，访察民艰，良深恻念。兹捐廉银若干两发交该县，一俟该绅等置买田亩克有定议，即行具领取用；仍将各田界址确切注明，申详本部堂衙门备案。至所称书院从前置有崇、灌等处田亩，仰该县察看，应拨归书院者，即妥为拨还，以资实用，无得有名无实。此后经费如有不敷，该县仍当督饬该绅等悉心筹画，以补不足。此次所捐经费永为书院膏火、束脩之资，概不准借辞别项，轻行挪移，致干查究。丕振儒风，永垂久远，本部堂有厚望焉。勉之慎之！

二六　重刊《诂经精舍文续集》叙

南海罗萝村先生，阮文达督粤时学海堂所拔士，视学两浙，循文达遗规，手订《诂经精舍文续集》八卷，各体具备，艺林传诵。棠轺车莅浙，复奉命赴粤，彼都人士犹乐道先生评骘之精、撰述之富。迨移节来蜀，六载于兹，岁课锦江书院，率以制艺。诸生有志学古，爰为重刊此集，俾见一斑。蜀中山水雄秀甲天下，风会先开，人文郁起。相如、子云导于前，眉山苏氏继于后。学者能自得师，进而益上，穷原竟委，求诸先民，著作之林又非此帙足以限其所至也。萝村先生曾以《落叶赋》上邀宸赏，擢列高等，并刊登简首，为多士南车之示焉！

卷三

○一　重修《清河县志》叙　甲寅

《清河县志》创始明嘉靖中浮梁吴侯宗吉，其书久缺佚，存者疆域一图，郡人胡应嘉一叙而已。叙之言曰："清河地瘠民鲜，潦水一至，编氓流离，议者至欲徙民而空其地。壬戌之夏，浮梁吴公来尹是邑，还定而安戢之，不遗余力。初求邑志，将欲厘正。芜陋之邑，莫从得之。叹曰：'邑而无志，非惟不见古今，即赋役何所准乎？'居数月，而民渐安之。期年，而民益归。乃因政事之暇，稍事编摩，据文献之仅存，采风土之共习，日删月削，三年政成而志适告竣。始建置讫，词翰粲然，一邑之完书。"又言曰："凋敝之邑，政多简略。赋役之际，率以意成。上无定则下靡适从，里胥豪猾持钱谷征徭之成数，以上下其手。是故法令无统，则赋役无经；赋役无经，则困累无所控诉。今皆详核而曲处之，赋者以时，役者不病。至于学社、廒仓、风土、人物，皆与兹邑相终始，恐其久而无纪，故因志以附之。”其书大约承二百年废缺之后，颛一条举章程，修定品式，创始之盛业也。后百有七年，当康熙壬子之岁，朝廷议修统志，檄下天下郡国州县采进志书，而博罗邹侯兴相实纂修。邹君之言曰：“予自壬子季夏受事清河，逾月即有修志之檄。因取邑之旧志阅之，百余年矣。考其川原而陵谷易，履其疆域而佤离乖。稽其户籍、土田，而耗蚀悬绝，察其风政、人文，而荒落已甚。嗟乎！是恶足以为志哉！夫一邑之志，非国人不核，非掌故不详，苟非其人，其言不信。况乎缀一统之王会、副考文之国典者哉？予乃访诸荐绅博士而得其人，采诸远乡僻聚而广其听，聘而馆之以重其事，校诸先达、长老以公其是非。自春徂秋，迄有成帙。凡四卷，为凡例者八，为图者三，为义类者三十有二，事之原委有序，名实错出有按，利害凭者有论，纲不悉举者有分，注事之疑者有考辨，秩官有年表，人物有列传。其书推本旧文，折衷郡乘，所以备统志之采择，继事之美也。”书成而未刊布。

又二十余年，而临川管侯在职，于时统志尚未蒇功，复议修纂。管侯之言曰：“邑志之成，将以上之郡，郡将以上诸省，而统志取衷焉。他邑志远或百年，近数十年一修。其山川、土田亘古不易，人物、风俗之变，积久后移，故其修弗数数然。若清河则河流迁徙，挽漕开塞，不数年辄变，变则流峙易形，四封殊堠，而户口、钱谷数与俱更失。数年不修，即疆域、形胜无所准，土田、户口稽核无所凭。余适承其任，当其时，其敢以弗娴于文、姑俟能者辞乎？”其书因缘近事，而于赋役、河防尤加详密，统志所取征也。三书皆以无存。

后五十余年，为乾隆戊辰，太守卫公哲治新修《淮安郡志》成，而桐乡朱侯元丰政成多暇，于是援据郡志，取旧志而厘定之，为卷十有四，为目三十有六。疆域有图，沿革有表。凡越四月而成书。朱侯之言曰："一书告成，议者纷起，后人必拾前人之短，未有以为尽善者。因是而修志家多畏其难，不敢操简，因循退避，使一方之土地、人民、政事湮没不彰，岂不过欤？"

《清河县志》始于嘉靖己丑，国朝一修于康熙壬子，再修于乙亥。今幅员惟旧，人事聿新。河防、水利、赋税、蠲赈，五十年中，纲纪之政，浩荡之恩，不容不纪。余与邑中贤士参互稽考于旧志，当存者仍之，不敢妄加窜改，以蹈转相訾謷之习。其书贯串三家，即近所因也。故志莫难于浮梁，莫简于博罗，莫切于临川，莫备于桐乡。更历二代上下百八十年间，贤尹、耆士、英儒，博识之所综贯而切劘然。且考疆域而沿革不尽明，征人物而登载不尽允，叙官师而不及宋齐之代，考川渎而未详疏蓄之宜。其他复见错出，殆难以疏举。甚矣，其难也。自桐乡之后十余年，县圮于水。乾隆二十七年，而县治迁于清江浦。初，清江浦为山阳重镇，总河驻节之地，官省吏舍阛阓万家。自割隶以来，户口增十之三，田亩十之二，征科十之二。学额惟旧而士籍增，驿传惟旧而廪粮增。丞簿有增设，营有增伍，关有增口，坛庙有增祀，河防有增工，日益繁夥。乾隆三十九年以后，河变益多，决老坝，开陶庄。及嘉庆中，而北有李工减坝之启放，南有余坝云昙口之漫溢。高下异形，曲直异势，通塞异宜，爰于道光丁亥、辛卯之交，漕运改为灌塘，盐政改为票贩。于是，国家大政若河、若漕、若盐课关税，毕萃于此矣。而程式典章久而紊黩，无所承禀。官书之所载，吏册之所存，数更水患，积渐漫灭。虽复世承职守，或杳冥而莫究其原。猝有大事，转相眴眙，上下交诿，黠者为奸，弊不可极。

道光二十九年，前知县事南昌刘君始有修志之议，整齐散佚，访求耆俊，未几去职，萌芽复辍。棠时视事桃源，闻而韪之，而惜其不果。今天子御极之元年冬，奉命来尹兹土。拨烦理剧，日不暇给。明年夏，而同岁生鲁君一同修《邳州志》成，观其义法精严，殆非苟作。因与邑之士谋，咸以为百年废坠以有待于今日，失而弗图，后将何望？于是，具牒大府，延访荐绅，询谋耆老，编纂之工谓鲁君宜。事始有绪，遽有邳州之役。其明年二月，粤贼东窜，江淮震惊，复奉简书来视事，而新志已属草。方与邑之人士谋所以练兵、集饷、诘奸、御寇之方，于是大兵围贼于扬州，贼复分众窜临淮，涉豫入晋，假息畿辅，南北羽书旁午，戈鋋耀于道，考订之事，有所未遑。是冬寇去，扬州、淮上小安。治军听讼之暇，窃以为事有似迂而实切，功有垂成而易隳。夫辨疑定讹，文人学士之业也。咨于故实，垂于典训，服官临民之事也。整一法令，综核名实，驭众定变之方也。志有疆理，知险知易。志有户口，知众知寡。志有土田，知熟知荒。志有兵籍，知弱知强。通川大泽，知其要害。街衢道路，知其经纬。风土物产，知所生；忠孝节义，知所以生。志盖迂乎哉！昔之明贤良吏，处从容暇豫可以兴举之时，而逊谢不遑，故废缺以至于今。

棠不幸处废缺之后，而亦既搜之辑之矣，更不与编述之，可乎？再属鲁君多求博通之士，往复商确，以成定本。棠复不吊，慈亲见背。既返葬于都梁，迫于朝廷严命，命以成礼百日，缞绖视事。呜呼！棠以中材，处凋敝之严疆，当南北之冲要，奉耄耋之严亲，上无以报国，下不能顾其私，何尝不中夜抚心，临民流涕！既而思之，上知我矣，民与我矣，进不获杀贼立功，雪多垒之耻，则退而益治其政，而是书，政之符也，于是字勘句校，以付诸梓人。自四月至于九月，剞劂既成，爰推古昔作者撰述之大指，淹坠之久而继续之难，明予小臣载历忧患惴惴之苦心，而嘉与士大夫乐成之意，以冠其编云。

〇二　重修族谱叙

吾宗盛于新安。唐少微公举进士，中兴初，以荐拜右台御史，与武功富嘉谟友善，属词并以经典为本，时号“富吴体”。新安本宗衍天下，而皆祖少微公。宋又有友贤公宅于休宁之商山村，与朱文公友善。文公颜其堂曰“孝敬”。明中叶，四世祖万公由徽迁滁，始卜居于滁、定、盱之三界市。三百年来，世以耕读相守，虽处山野，而宗祠礼秩井然，岁时祭祀必丰洁，祠田租以赡老疾贫幼。盖高曾规矩贻留者远，亦涵煦于盛朝之深仁厚泽，而日用不知也。先大夫于道光甲午、乙未间纂家谱四卷，未及刊刻。

军兴以来，江淮逼处捻逆之间，棠以咸丰丁巳、戊午间奉讳山居，伯叔昆弟辈偕乡邻集团杀贼，而力孤援少，保卫不终，乡井荡析。己未、庚申，族人来依于淮、徐间者数百，询及族谱，已毁于火，爰属族侄炳经与群兄弟侄辈，各疏本支。属草未定，会捻匪东下，疆圉日蹙。棠奉特旨，由淮徐监司擢任江藩，兼摄漕河篆，日驰驱于戎马之间，欲谋修葺而未遑也。壬戌秋，军务稍暇，族侄焘以续修宗谱来请，爰出炳经手录稿本，属其条理而损益之，敬付剞劂。视前谱仅得十之六七，盖掇拾于兵燹之余者，不能备也。伤祸乱之迭经，喜宗祧之未坠，犹幸近年天戈所指，痛扫逆氛，吾宗族赖祖宗庇荫，渐能芟夷荆棘，修复祠墓，理耕读旧业，则又棠之所深为吾宗庆幸者也。

同治纪元岁次壬戌九月望日，十二世孙棠谨序于清江节署。

○三　重刊《汪龙庄先生遗书》叙　壬戌

棠为诸生时，先大夫馆于胡心斋姻伯家，得左仲甫中丞所刊《汪龙庄先生治说汇纂》一书，授棠曰："小子识之，非独做官宜然，做人亦宜若是！"棠谨受之，不敢忘。甲辰，大挑南河，初摄砀山篆，即以汪先生之书试之，甫三十五日而去。迨补桃源令，赴会垣谒徐稚兰观察，云："有《学治臆说》，君见之乎？汪先生吾太岳也，今之州县大半养尊处优，不知亲民为何事，君年方壮，其勉为之！"棠并谨识之，不敢忘。嗣为牧令，日以此编为课程，于汪先生所言不能尽其万一，然幸不为百姓所怨恶。久欲刊行此书，辄不果。后家毁于火，并此书失之。兹于清河龚式之茂才家得汪先生《治说》并《梦痕录》、《双节堂庸训》，亟为锓板，以公同好。天下牧令皆能清心实心遵汪先生之书，积德造福，何有既极！方今圣天子殷殷求治，日以救民水火为念。棠以菲材受特达深恩，罔知报称，惟仗诸寅僚共相砥砺濯磨，以补不逮，俾无辱先大夫之命，则区区寸心所深望于贤牧令朝夕共勉者也。

○四　《小学集注》跋

陈氏选《小学集注》六卷，四库采列，原刻鲜传。曩得南丰谭祖同所藏万历间李多见刻本，亟欲重刊，广征雠对，仅有扬州坊刻，讹舛尤多。近所通行之高氏愈纂注本，摭陈注而自衍其说，俱无借于勘证。仪征张丙炎自都下寄示雍正五年所刊陈注殿本，视万历本微有不同，一一校核，谨于首卷恭刊《四库全书总目·小学提要》、世宗宪皇帝御制叙，暨朱子原叙、题辞为一卷，内外篇依旧分为六卷。凡卷中所引经子史籍各名目，据丹徒张仕可直解本、山阳丁晏校读本，补列于每章注下。卷末录刊先儒论小学语及原刻各叙、朱子传及陈氏传，附校勘记。首列雍正本、万历本之异，次及字体、字音，偶有所疑，辄就隅举，冀裨初学。又闻陆氏三鱼堂刻吴氏讷集解本极精赡。按《明史》本传，吴氏集解成于陈氏之先，傥续得校勘，必有足资补记者。至于是书之要，圣训煌煌，昭若日月，不敢复赞一辞矣。

〇五　《康伯山文集》叙

腊鼓始催，岁籥云转，兵事稍暇，游目有得，庭抚新绿，几溢古香。海陵康君邮书远质，郑重一编，属以元晏。夫文之始作，述意为先，偏宕者多乖，诡异者鲜实，指事善喻，是谓良能。君之为文，不拘常格，莞尔独笑，泠然以善。单词瑰语，有类齐梁骈俪之作，尤极瑰伟，缇锦十重，与元黄错采；翚翟百步，将鹰隼齐翱。抽厥芬芳，足耀霄汉。海陵固多隐者，前有陋轩，后有伯山，二百年来，风流不沫。流水怡情，名山卒业，纵辔骋节，造辙闭门。方将叶朱鹭之歌，吐丹凤之彩，尘霾不扞，云霞可思。仆既折岭梅以寄，将君毋忘借疏麻以告慰也。

〇六　隋大令《辽海志略》叙　癸亥

我国家抚乘景运，发祥长白，式廓土疆，远逾丰镐。地跨幽营，星联箕尾，遂以龙兴创启鸿业，文德武功，聿昭来许。山川雄厚，原隰沃衍，紫蒙度野，九州所以具瞻；朱果锡厘，列圣于焉受命。辉煌典册，跂望黎蒸，通志一编，窃闻崖略。赣榆隋大令汝龄生长辽左，宦游江南，眷念桑梓，谨削楮笔，推阐凡例，综览前朝，凡墨胎之旧绪、元菟之故迹、辽金之掌故、胜国之兵事，拾渖集唾，萅录成书。至于写皇图之壮丽，伟上都之经营，人材郁生，典谟灿著，又皆询之史官、征自耆硕。此则纷纶六籍未能罄其词，纵横九有未足语其壮矣！夫吉甫之志郡县，致嫌简略；乐史之记寰宇，亦病繁芜。作志之难，闻诸往哲！大令网罗散佚，经纬富有，宪章攸萃，循讽无涯。出名山之籍，既富编排；窥帝业之隆，难名懿铄！此皆由我圣朝晏清著绩，帱覆无垠，沐浴涵濡，文明庥盛。大令生逢昌运，地近留都，掌撮手书，历年二十，於以翼赞承平，昭垂谟烈！例虽等乎别录，功实迈于土诵，敢矢一辞，俾附巨帙，请付梨枣，以待輶轩！

○七　补刊《清河县志》跋

《清河县志》，棠宰清河时，延同岁生鲁君一同所撰，始于咸丰壬子冬，迨甲寅始成书刊焉。庚申春，捻寇入清江，中旨裁河督，改河营为淮扬镇，归漕督节制。于时营制未定，居民播徙，志板藏学舍，遗失半矣。同治壬戌，皇上以清江为南北咽喉，寇氛肆炽，视此一隅为关键，特旨命棠以江宁布政使司署漕运总督，驻扎清江，筑圩御寇。招集遗黎，民渐来归。暇辄网罗散失，得志书存板，补刊若干页，仍为完书。计时不及十年，而盛衰之变、兴废之故，以一人之身阅之，今昔曾几时而已为陈迹，展卷俯仰，益用愀然！鲁君近又以老病归道山，续志之举，一时难其人。略书梗概，以俟来者！

〇八　谢叠山先生《注解选唐诗》跋

同治壬戌秋，军事稍暇，购得谢文节公所注唐诗，为仪征阮氏文选楼钞本。复检《揅经室集》，知为阮文达经进之书。《宋史》论公以嵚崎全忠节，又称其卖卜建阳，市中人多延至家，使为弟子论学。意其遭遇坎壈，寄意笺释，千岁以下，读是编者，犹得于微言绪论中，想其大节懔然，而自得性情之正，又非独为说诗津筏也。文节公传书甚少，亟付梓人，以广流传。恭读《钦定全唐诗》，与此本多有异同，及一人分见两卷，悉仍其旧，读者当自得之。

〇九　崇实书院课艺叙

崇实书院，江南督河使者课士之地也。乾隆三十二年，创于湛亭李公，嗣后各河督踵行不废。方河工盛时，清淮人士与夫远方文学橐笔游斯土者，均得与课于此。书院旧在玉带河西偏，林木丛蔚，河流环抱。其时物力丰厚，孤寒肄业者借资饘粥，弦诵不衰，诚盛事也。咸丰十年春，宿、永捻寇窜扰，浦垣、书院并毁于火。同治元年，棠奉天子命署理漕运总督，驻扎清江浦。于时居民流离，人文寥寂，心窃悯之，爰偕清河吴稼轩比部筹购运河北黄氏废宅，仍旧额为崇实，延归安钱楞仙少司成主讲，复偕府厅县分课，规模粗具。司成勤于启迪，士之来归者日多。自同治二年正月至岁杪，已得佳艺若干篇，刊之以为倡焉。以今况昔，时地之盛衰兴废与人事之枯菀，较然殊矣！而榛莽繁复，畹兰自馨；冰雪凄厉，孤芳乃见。诸生于清凉寂寞之中，郁鼓舞振兴之志，务崇实学，励实行，以答盛世，作人雅化，则鄙人之所日夜冀幸者也。是为序。

一〇 《钓渔篷山馆制义》叙 甲子

《钓渔篷制义》，吾师刘眉士先生遗文也。先生浙江江山人，以嘉庆戊辰恩科魁其乡。道光甲申谒选，得江南奉贤令，调溧水，十有五年，治一以所学，溧水人敬之如师，爱之如父母。乙酉、戊子、壬辰、乙未、丁酉、己亥，分校乡闱，江南大吏及典校使者无不尊礼之。棠以乙未恩科出先生门下，谒先生于白门僧寺，旋又谒于溧水官舍，敬忆先生之训曰："凡学人无论出处，当以敦品为第一义，敦品则自重，人不能轻也。"询棠先代，答以累世务耕读。先生曰："自来寒畯崛起，非一己之才力所及，其先世坚苦郁积，人不能知，而天往往有以报之。勤思先德，无自恃也！"

棠侍教于先生不过一二日，所闻于先生亦止此数语。数十年来，懔懔不敢忘，诚恐陨越负吾师也。先生在官廿年，储书数万卷。辛丑后，乞病寓吴门，犹手自丹黄，教其二子。咸丰庚申，吴门兵燹，遗稿散失。先生长子履芬辑先生制义若干篇，乞归安钱楞仙司成校定。棠以文字受知于先生，义当叙先生之文。而溯所闻于先生与先生所自见于世者，不专在文字也。读先生之文者，知先生所以自重，不徒在文字；而学先生之文，即想见先生之为人，其亦可以兴起矣。

一一 孙琴西《逊学斋诗钞》叙

咸丰戊午之岁，与孙君琴西遇于毗陵道中，君方以侍从出守安庆,连夜雨之舟,击渡江之楫,慷慨形于颜色,篇什戢于巾箱,伟其言论,笃申契好。维时红羊劫重,青犊氛狂,东南数州震飙尤厉。君既策杖以从戎,仆亦枕戈以待旦,疮痍载路,嗟流涕以何言;烽火亘空,几望远而目断。戎马仓皇,音书阔别,盖六载于兹矣!君之摄庐凤监司也,承凋瘵之余,集流亡之族,蠲缓关榷,辑录孤忠,驭吏首廉,治民不扰。时余督师袁浦,击柝相闻,抽毫可纪,邮书所达,惠政常流。适缘巨憝就歼,生民欢庆。公余多暇,裁理旧编,望玉堂而留梦,只在人间;挽银河而洗兵,又逢今日!郑重以远征元晏,检校以重付手民,写山川之胜概,未倦轮蹄;溯京洛之清游,难忘尊俎。寥寥往昔,历历前尘,辄以小言附缀简末。至其词句之工、风骨之古,匪俟言传,是望读者。

一二 《近思录》跋后 乙丑

《近思录》通行淳祐间叶氏采《集解本》,江氏集注成于乾隆七年,刊本辄未易得。山阳丁俭卿晏好蓄书,而所有亦仅《集解》。往岁秋,俭卿长子寿昌出守严州,箧中携有王文恪公刻本,出以见示。读之恍接寒泉纂论謦欬,怡然涣然。命工重刻,延秀水高伯平均儒校订,凡七月而毕。溯注成之始,今已一百二十四年。文恪视学江西,嘉庆十九年刊是本,序云:"廿年前,得江氏注本,甚完善。十年前,又得大兴朱文正公与徽人之官京师者新刻本,合而校之,刊示学官弟子。"婺源李承端跋云:"相国石君师出《近思录集注》钞本,语端曰:'江先生辑朱子之语,以注朱子之书,至为精切,裨益于世道人心不浅。'按文恪叙,廿年前所得完善本,合徽人新刻本校之,则即李跋所谓文正钞本。"可见是书刻本无多,得故不易,而寻绎文正所谓辑注精切，裨益于世道人心不浅之意，其难在读而循之，以敦厥行，而不可沾沾以得是本为足喜也。愿与读者共勉之。

一三 《邵位西遗文》叙

武林邵位西先生与余友秀水高君伯平为读书深友，前于伯平砚席读先生《礼经通论》，上卷已为刊布矣。复见邵先生遗文一册，知为先生殉难后其友人方存之、张铭斋所辑录者。其文浩乎沛然如百斛泉不择地涌出，而笔力之峭折、气息之古茂，又不待言，善乎！邵先生之言曰："经者，天地之心；史者，天地间簿籍也。宋儒者言道理之书，乃经之支流，亦天地之心所寄。韩、欧以来之述作，乃释经作史之准的。"又曰："所守至精而用心不杂，则清虚之地与天地精神相往来，而古人之心亦时来会于吾心，而书不至徒多而无益。"由此观之，可以知先生之所得矣。文凡三十五篇，亟付刊行。先生他著述甚富，《忱行录》一编，伯平择其精粹者九十余条，钱塘丁竹舟松生已为镌板行世。此外尚有《尚书通义》、《孝经通论》，兵燹后盖不易搜访矣。

一四 《清河县附志》叙

同治癸亥九月，补刊《清河县志》成，余既跋其后矣。阅二年，清河筑城之役毕，版筑既竣，人民渐归。邑人吴比部昆田感于十年之间斯土兴废之故，延山阳鲁茂才蕡，商订为《清河县附志》。吴比部之言曰："《清河志》往事备矣，然以今视昔，河流之迁变，城市、圩寨之增易，与夫营制、屯田之改造，学宫、书院之修置，忠臣、孝子、义民、节妇之表彰，皆斯邑之大端，不可以不志于是，证诸公牍，兼采见闻，为《清河附志》二卷。"持示不佞，嘱为弁言，披阅再三，掩卷太息。余以不才蒙圣恩拔擢，由牧令逮总漕，待罪十年于兹矣！前宰斯邑，不能预筹防卫，致遭荡析。今则水潦时至，河流之保障无术也。寇氛肆横，城寨之守卫多疏也。营屯之需饷未充，学校之士气未振，忠孝节义之湮没且多也。附志之举，殆将滋余咎乎！比部曰："事不敝不更，不创不继，意量无可满，事业无可竟，人之欲善，谁不如我？留此以遗来者，不亦可乎！"姑从其请而为弁言，以志余愧。茂才为同岁生鲁君子，盖能世其家学者也。

一五　重刊《文章轨范》跋　丙寅

右叠山先生编《文章轨范》七卷，计文六十九篇。先生忠孝大节，照耀寰宇，卓然足以立百世之懦。此编特为举业津逮，而原本至性，屏黜浮辞，用意深微，绝非苟作。其门人王渊济谓："《前出师表》、《归去来辞》独无评点，以为致意于汉丞相、晋处士之大节。"按此二篇外，尚有《表忠观碑》一篇，止有总评而无圈点，盖愍前王之废坠，悲黍离于南国，其拳拳之意，尤有不可尽言者，又不仅如王氏云云已也。旧有戴氏刊行本，板没已久。余既刊先生所注唐诗，因并梓是编，庶后之读是书者不欲仅以举业目之也。

一六　《樊南文集补编》叙

同年生钱楞仙少司成，少跻通显，壮年勇退，覃精博洽，海内宗之。同治壬戌，余承乏漕河，延君主讲崇实书院。君循循善诱，条晰其良楛而殿最之。不及期年，士风丕变。公余之暇，朝夕过从，饫闻绪论，益叹君之才有不尽于是者，而夷然冲淡，奖掖后学，为尤不可及也。君于书无所不窥，随手笺记皆成条理，尤好樊南李氏之学，尝以冯氏采本未尽赅备，因手录《全唐文》所收二百三篇，与哲弟笣仙广文分任笺注之役。既有成书，闲以示余，博而不杂，简而能该，参伍钩校，绝非苟作。讽玩再四，爱不去手，爰付手民，以广流布，使士林读之，知精能于艺文者，必根柢乎经史，其亦知所向往矣。

一七　重刊《客山堂稿》叙　丁卯

制义自有明以来千蹊万派，国朝桐城方侍郎奉命选文，颁在学官，而途辙始归于一。吾盱去桐城不远，相传乾隆中，郭侯起元令吾邑延贺进士鸣谐为主讲，时侍郎方里居，贻书贺进士曰："诸生宜人置《通鉴》一编，课时相讲习之，异日必有人材出乎其中。"自是文学蔚兴，而俟园毛先生为最著，既举于乡，赴南宫试，以两主司争选首见夺，遂息意进取，就校官金陵，所交多当代文人。其《客山堂时文》尤脍炙人口者也。大率先生之文理脉清真，一宗先辈，而句锤字炼，声光烂然，又非枯拙陈腐者比，故承学之士效之者众。自西捻之变，版毁无存，而故家尚有藏其稿者，惜佚其原叙，为补述大略如此。先是重刊岱云李先生《近譬堂稿》，文有散佚而篇数尚多，因取方侍郎所评者刊之，并冠以侍郎之叙。今兹所刊，犹为完帙，悉仍其旧。岱云先生殁在侍郎之前，毛先生稍晚出，犹及丐其余论。综述旧闻，渊源莫二，冀流播士林，用以存制义之正轨，又不仅为吾乡先哲表章著作已也。

一八　重刊《教谕语》叙　戊辰

侯官谢退谷先生《教谕语》一书，读书作文篇第一，立身行己篇第二，居官致用篇第三，教学著述篇第四，体与用兼赅，出处之道备矣。予为诸生时，曾得林文忠公刊本，置案头，时时诵习。嗣作牧令，于先生谕亲民之旨尤服膺焉。窃叹官民情通，事乃易理，凡诣乡遇父老，访问疾苦，与之道家常日用事，使人忘长吏之尊，而蔼然有父母之亲，岂虑下情之难上达哉？信乎，只一“亲”字，则内外、上下诸弊自绝。先生之言真不予欺也！先生不务为高论，指事类情，亲切近人，无论质之高下，皆可勉行。兹来治先生之乡，推先生之训以训官、训士，冀吏治士习之益进也，于是乎重刊而为之叙。

一九　重刊《泉漳治法论》叙

谢退谷先生《泉漳治法论》，武陵赵文恪公刊行之，用以治其吏，以教士与民之书也。余初莅闽，时人有言泉、漳民素悍，号难治，治法详于谢先生书。觅之久而得旧本。丁卯秋，奉命使粤东，来往泉、漳间。兵燹之后，民困弥甚，昔之械斗、掳禁之风稍衰息矣。虑其习染久而官不之省，士与民之或激而逞也。复刊是书，布之于官、于士、于民。窃以为先生之言治法，如良医之治病，其论察由知难，则诊视之审也。任役用耻，则攻治之善也。至械斗、掳禁、抗官诸论，则又各视其证而投药饵。亲民重士，则更以培其本原也。循此则生，不循此则危且殆，以至于毙。善乎先生之言曰："学皆为己者也。虽谋及天下国家之远，曲折而必尽其情。凡以尽己之性以全其不忍人之良，及其仕也，则皆为人者也。生民之疾苦，风俗之弊坏，气运之相推相荡，蒿然者在目，愀然者在心，食之不下咽也。"何其言之深切而沉痛耶？余不敏，承乏是邦，求前贤之书，与同官斯土者共勉之，并望与同生盛世之士与民共勉之，庶几乎化竞争、崇仁让而跻仁寿之寓也，岂独泉、漳之民厚幸已哉！

二〇　重刊《孝友堂家规》叙　己巳

容城孙征君钟元先生，为国朝理学之冠。所著备载《夏峰全集》，《孝友堂家规》特一斑耳。藏诸行箧，久谋授梓。戊辰秋，移节蜀江，授华阳洪孝廉锡爵仿录一通，畀诸手民，以勖川邦人士。诚能家置一编，父诏兄勉，学必求诸心得，事必本诸躬行，以治身者治家，以教士者教民，讵不成善俗欤？汉文翁治蜀比于齐鲁，宋张公方平以齐鲁待蜀，今岂异于古所云耶？将于是编乎企之。是为序。

二一　重印《图民录》叙

长安蒋少园观察若采，蜀中故循吏也。其子菊潭比部善谟来蜀，延入幕府，昕夕论吏治，出其尊人所刊丰城袁易斋先生《图民录》一编，再四披读，拳拳不释！韩子所谓"仁义之人，其言蔼如也"。先生书开章首言为民，云："为外吏无能补于君德，只有为民一途。”又云：“竭力为民，即是效忠。”又引申《卷阿》媚于庶人之义，以为媚庶人即是媚天子，真得为外吏之命脉焉。先生言治，大都以宽为本，其云：“断讼案，宽一步则易结，深求一步则难结。”又于祥刑之意、判讼息讼之要，再三申言之。其于杖决之不可作威致凶，酷吏不可为，又长言之。复言循吏、酷吏之分途，在刚柔异用。至于荒政之周晰、狱囚之体恤、敬老、礼士、保富、扶持伦纪之道，尤加意焉。先生之诲人也，曰诚，曰敬，曰勤俭，曰安静，曰廉忍，曰耐烦，要其终则曰：“在官不可废学。”又曰：“学则闻道。”其论天人之感应，则曰：“精诚之至，天且随之。”非诚求保赤心乎为民者，不能言之如此亲切有味也。棠不敏，忝为川省外吏表率，亟思与寮属共勉循良，仰酬高厚。前刊印汪龙庄先生吏治书，分致各属，今得易斋先生书，尤幸与汪先生书相印证也。爰制弁言，并印千部，以公同好，且以广少园观察乐善之意云尔。

二二 《古文约选》跋

同治戊辰三月，由榕城北上，道过武林，于城东讲舍晤高伯平明经均儒，出《古文约选》谓棠曰：“此果亲王府刻本，方望溪先生奉教所选订也。其凡例已经桐城戴孝廉均衡编入《望溪文集》，均儒旧得之淮安，携归武林，后经兵燹，幸友人检拾收藏，由江、浙转徙楚、鄂间。乱定寄还，孤本流传，竟未坠失，疑有神物呵护之者，惟重刊以惠士林为幸！”棠莅蜀半年，簿书鲜暇。夏仲，始延张孝廉人瑞、缪孝廉荃孙刊校，至冬仲工蒇。独惜伯平今春已归道山，不及见此书之成也！谨书数言，以志缘起。至此选大旨，具见凡例，不复赘云。

二三　家熙台广文族谱叙

同治戊辰秋九月，棠奉命移节来蜀。甫至，即延归安家熙台广文襄理幕府事，昕夕把晤如旧识，重以宗谊，益相得也。今春，出族谱见示，将有修葺之役，为棠言曰："吾宗自元季由严州迁归安之前丘，历年五百有奇，历世二十有四。族谱之作，肇于明洪武壬子，迄本朝嘉庆丁巳，中经修葺，越七十余年矣。其间登贤书、捷南宫者甚众，小匏公以名进士，牧畿辅有声；雪村公历任安徽知县，偕江忠烈公殉庐郡最烈。咸丰之季，湖郡遭粤匪祸，村里为墟，宗支流离，男妇死难者以数十计，皆家乘所宜纪者。惟弱冠后游蜀，乱后乡里情形未悉其详。自兹以往，时愈远则事愈湮，搜讨网罗，葺旧谱而新之，皆小子责矣！"於戏！熙台可不谓敦笃肫挚、力能亢宗者欤！考谱叙，由桂屏公上推，宣教郎翦仕后周，为唐季山阴讳顼公子。棠宗支则衍于新安少微公，公于唐中兴初拜左台御史。吴氏居江南北者，大抵多旧籍新安，严州与新安壤相接，其为同宗当无疑，第派别支分，莫能稽矣。忆咸丰戊午，棠居忧在籍，遭发逆之乱，谱系毁失，谋于族众重刊，然残缺多矣。熙台于兵燹之后，为族谱之续溯支派于本始，重孝义之家风，慨其遭时之相同，而尤欣其品学之正、心术之厚，有以培根本、启后昆，为吾宗光也！因乐为之叙。

二四　《张敬堂太史遗书》叙　庚午

张敬堂太史，吾皖凤阳灵璧人也。灵璧与泗接壤，太史官京师，棠为牧令于淮，耳其名，未获识面。同治乙丑，太史繇湘乡曾侯特保，治军濠上。棠驻防袁浦上下游，屡通函牍，亦憾未能晤也。丙寅冬，太史以淮军援陕，抵陕即解省围，转战益力，孤军无继，遂至殉难。棠是冬入闽浙，闻太史耗，以为乡里神交，不获一把臂吐胸中之奇，此恨茫茫终古矣！长安蒋菊潭比部为太史庚申分校礼闱所得士，游于蜀，延授儿辈经，暇出太史所著《孝经章句读》、《朱〈子〉就正录》、《孝经问答》见示，公余敬读之，益想见其人，因属牛雪樵廉访校正，付诸手民。忆同乡旧游京师者云，太史未第时，坚忍力学，辄数日不举火。今观其书，学求心得，不苟异同，其豪杰特立卓绝之士欤？善乎宋儒盱江李觏之言曰："天下治则谈礼乐，以陶吾民，一有不幸，尤当仗大节，为臣死忠，为子死孝，使人有所赖且有所法。"如太史者，其不愧斯旨欤！剞劂既成，谨志简端，俾读者知忠孝之学有本云。

二五　黄翔云文集叙　辛未

黄君翔云，官戎曹时，以好学能文名噪京师。比出守雅郡来川后，获罄其素所蕴蓄，深快得人与图治也。及莅雅，政声日起。考其得民之由，则又平易近人，无赫赫之功，肫挚诚恳，与民相感，蛮夷之讼十数年不结者，皆相说以解。逾年，移调成都，专意民事，一如治雅时。今秋奉天子命，观察建南，成都士民眷念之，一如雅人。居尝念海宇之大、亿兆之众、治乱之原，系于大小百官，庶司奉法承流，比比皆可称职，而深识远虑有以逆睹于未然，而豫防其所未备，则非学识深邃、苦心劳思于常人耳目不及之地，未有以善其后也。然则吏治岂不恃平素所蕴蓄哉！翔云之文，根柢深厚，世自有能言之者述其吏治之勤，与其为文之相表里也。知学人之有关于吏治之重如此。

二六　杨叠云师诗集叙　壬申

右古近体诗若干首，咏梅诗若干首，吾师叠云杨先生所著也。杂体诗多云南学使时作，咏梅诗则在京华任漕督时题赠之作。先生诗甚富，遗失存什二三耳。犹忆庚子、辛丑计偕时，棠襆被入都，先生招留京邸，饮食教诲，日课诗文，并勖以远大之学。先生多藏书，指示切要，以真西山《大学衍义》、王伯厚《困学纪闻》、顾亭林《日知录》为宗，由是于学稍知准的。迨甲辰筮仕南河，先生丙午冬督漕淮安，招入节署，习吏事。己酉至壬子，棠任桃源、清河、邳州。先生漕舟过境，闻民间说牧令事，辄喜动颜色。是时，先君迎养在署，年八旬。先生长先君三岁，两老人话故里湖山事，观者以为耆英复见。戊午，南北军事方亟，每谒先生，辄勉以驰驱报国。己未，先生归道山，自是瞀昧之身不闻师教矣！哲嗣仲禾太守为纪群交，重以婚姻，文孙味春茂才为次婿，味春今又生子，则四世交也。先生写梅赠诗云："无心云正出山时，有脚春多到处知。记得京华风云里，一窗疏影伴吟诗。"往事卅年，依依如昨，师恩未报，三复遗编，不禁泪涔涔下也！味春回淮，将刊先生诗集，谨叙颠末归之，以志向往云。

二七　崇豹君赋稿重刊叙

天长与盱眙同隶泗州，督学使按试察院则在盱眙，天长习诗古者众，往时若戴、若邱、若薛、若宣，多知名士，崇氏则尤著者。

棠所及交为有堂太史、琴川广文、策六大令、右春孝廉，至念陔明经，则道光甲午科试同以诗古受知于沈鼎甫先生。今读稿中“眠琴绿阴赋”，犹忆风檐角艺时也。庚戌，豹君得选贡入都，棠已为桃源令。迨咸丰壬子令清河，则右春挈豹君遗榇归矣。有才无命，曷胜悼惜！先是，崇君乔梓赋稿刊于都中，阅廿年，板毁无存。宣驾部子严拟为复刊代校，并收原稿寄川，属一言为叙。窃惟癸丑皖省军兴后，江淮间发、捻交讧，蹂躏尤甚。十余年来，老师宿儒转徙兵燹，积学藏书之家，无片纸只字之存。遗文零落，时用慨然。每思搜辑乡先生与近时俊彦之文，启迪后学，幸得斯本，益征珠光剑气不可磨灭。今江淮肃清将十载矣，乡人士皆蒸蒸向学，踵武前贤，得此编以分惠吾乡，私幸《广陵散》犹在人间也。

重刊《杜诗镜铨》叙

《杜诗镜铨》二十卷，杨西龢先生撮各家笺注，爬罗抉剔，博采而得所折衷，俾杜公惓惓忠爱之隐，节解章疏，洗发呈露，秋帆尚书以为少陵功臣，洵非虚语。余诵之，心折久矣。戊辰，奉命承乏两川。公余之暇，过城南草堂，瞻拜遗像，慨想流风，恍一一于诗遇之。今年春，校刊四史蒇事，念东南兵燹以后公集板毁无存，爰觅善本付梓，并取张上若先生《工部文集注解》二卷附后。读诗者息众说之纷拏，仰光焰之万丈，而杜公真切深厚之旨益昭然若揭焉。工既竣，遂以是书藏之草堂，用广流传；并集公“吏情更觉沧洲远，诗卷长留天地间”二语为联，悬庑下以志钦企云。

卷四

○一　清河安涉桥记　甲寅

昔先王之治天下也，有司险以达其道路，有遂师以巡其道修，有候人以掌其方之道治，故其诗曰："周道如砥，其直如矢。"言王道荡平而无所底滞也。故水潦既降而无淫淖之患，轻车重马而无顿踣之忧；泽有陂障，川有舟梁，岁十一月徒杠成，十二月舆梁成，寒不病涉，行旅如归，此先王之所以不费财贿而广施德于天下也。王政缺微，官典失叙，于是火觌而道茀，水涸而桥梁未成。而单子至，以是卜陈之将亡。其关于兴废之重如此。其在后世，则赵充国治湟中以西至于鲜水，为桥七十，所过师枕席之上，遂至西戎。五代时，定州桥坏，覆民租车。节度使王周曰："桥梁不修，刺史责也。"乃偿民粟，为治其桥。由是观之，周公大圣，而单子贤卿，充国名将，王周良牧。其于兴教图治、守边牧民，皆以兢兢矣。今乃涂潦横于通馗，津梁阻于郊甸，嘉宾回车而不前，行人释担以太息，岂非有司之责而诗人所为眷焉出涕者乎？

余之复莅南清河也，当东南厌兵之际，百废纷如，未遑修举。治以北有孔道焉，盖自南来朝京师者，以斯为登陆之首途。雍正六年，建石马头十有八丈。嘉庆中，引而长之，厥功未竟，轮僱踣陷，行者劳苦。又其上游兵六堡迤下，道光中疏为小河，横贯而东，木柱之梁于是乎建，日月崩阤，弗坚弗任，顾以方隅之未乂安，岁事之不稔，自大府、百执事以迨邑之人，讴往吟来，怀而有待。释子广达，结庵河上，悯斯道之崎岖，慨焉奋其愿力，袒臂大呼，手口俱瘁。

自道光二十九年至咸丰二年，凡建石路若干丈。又自咸丰三年至五年，续建石路若干丈，已而改建木柱之梁，以为石桥。既砻既锻，栏盾翼如。工既成，乃谒余而名以命之。

夫平治险阻，缮葺津济，有司守土之事也。至于偫畚挶、具木石，又将率其民，庶以期于司里。今有司实不能厥职，而伏莽在郊，我疲畂又弗堪于鼛鼓，用是恤焉。营建之不时，道路之若塞，夫当官不能以动其众，而游乎方之外者，顾乃颇能毕数年之宏愿，以普济于艰难，岂佛力之恢闳，有非征发期会所能逮乎！书之，其毋乃滋余之愧也！抑民之愚有时不愿效其财与其力于长上，而福善利益之事，诱以彼法则勇为之者，以是佐王政之所不及，而弥缝天地之缺憾，不亦美乎！余故乐著其事，以告后之君子有所纪循焉。

○二　伊壮愍公事略　辛酉

咸丰己未冬，余权篆彭城，下车之日，徐宿士民数百呈请伊都护复出剿贼，词旨危激，俨如望岁。余思箕毕殊情，欢心难洽，都护得民，乃遽至此。即为剀切详请，至再至三，然事与心违，议竟寝。嗣是谒君，见君状貌修伟，目光炯炯逼人，论天下事，深中痼弊。其大端尤以爱民为第一义，实心折焉。因得悉生平。君姓何，原名伊清阿，字松坪，吉林正白旗人也。少孤，家贫，饶勇力，以打牲为业。年十七，补旗甲，从征回逆张嚩咇凯旋，补骁骑校。有回民马二横行乡里，多不法。一日，马掠妇人，途遇君。君素任侠，直前呵斥。马愤斗，君掠杀之，被议入狱。长官廉得其情，置不论。会选侍卫，君入京，充羽林。从猎，射虎。召对，谕以原名不合清语，改名伊兴额。旋擢三等侍卫，乾清门行走。君暇，与燕京贤士大夫游，折节为学，兼工书画。道光二十一年，暎夷逆命，君从军，两浙和议成，旋京。既与当道龃龉，乞病归，闲居七年，林泉自娱，志甘恬退。

咸丰二年，粤西盗起，武昌、金陵不守，征兵吉林，君感国家厚恩，又悯中原多故，慨请从军。时大军驻维扬，贼另股窜江浦，琦帅授君偏师，讨江浦贼。君至，示弱不战，贼益骄。君夜厉兵薄贼，斫营入，斩杀过当，沿江贼垒悉平。事闻，擢二等侍卫，又以功擢头等侍卫。贼围和州甚急，皖军远在庐郡，莫能救。君议赴援，或谓无帅命，不宜轻举。斥曰："均是王土，敢分畛域耶？"悉军进击，贼败围解。君驻江浦三年，贼不敢犯。咸丰六年，捻匪围宿州。君由江浦率千骑援宿，四战四捷，围解，贼奔颍上。是君驻师徐宿之始。时颍、亳、蒙、宿捻匪蜂起，每股数万，穷肆焚掠，民不聊生。君至，择要筑营，力扼妖氛，徐宿数百里得安耕，屡获丰年，感人是以深也！其战功最奇者，咸丰六年冬，贼首王广爰、梁振贵聚匪张七家楼，众数万，议北窜。君闻报，曰："贼众我寡，宜乘初集急击之！"时君骑调赴维扬七百，只存二百余骑，配得步勇二千。君夜选精兵，衔枚疾驰，掩入贼垒，立获王、梁二逆。余贼来救，君率骑持鸟枪，横突贼阵，贼匪遁。事闻，旋授正红旗蒙古副都统。咸丰七年夏，贼首李月由三河尖北窜，李素慓悍善斗，君坚守不与战，第断其掠粮之路。先是，君每败贼，贼中妇女悉不究问，故贼避君而眷属不避也。李党陈保元事母最孝，君稔知陈母居里，招至营，使谕陈降。陈犹疑惧，君即单骑往受五千人降。陈感泣，愿效死。李月势孤，宵遁，君追至大陈集，获之，余贼平。计十日而巨寇歼焉。事闻，赐额图浑巴图鲁勇号。余绩如破龙山燕家坊等贼圩，解颍州、蒙城围，不胜枚举。贼中相戒不与伊都护遇。尔时浍北悉定。咸丰八年，贼首刘添祥等由六安北窜，众数万。君以孤军无援少挫，退屯萧县，贼不敢逼也。会丰邑陷，君被议削职。贼遂窜入山东，蹂躏徐宿殆遍。

咸丰九年春，君复起，贼窜豫疆，君率骑千三百援豫，至商水，与贼遇。贼数倍我，列车阵以拒。君分兵绕贼后，贼拒前则后击，拒后则前击。贼殊死斗。鏖战间，贼忽呼曰："伊都护兵至矣！"盖始不知为君也。贼遂溃。公谓诸将曰："予废斥半载，贼众至数十万，披猖极矣，如天之福，幸战胜，当痛剿以振军威！"于是穷追三昼夜，历沈丘、项城，至太和县境，杀贼二万余。诸贼闻风，剃发逃散。巨魁赵浩然等议投诚受降有日矣，然君之战商水也，总兵邱联恩同日在舞阳战殁，时豫境遍贼，而舞阳去商水二百里，及君战胜，舞阳贼亦遁。当事以联恩故劾君，又解兵柄，距君复起三月耳。自此，贼益肆扰掠无间日，君亦蒿目时艰，积忧成疾。咸丰十年夏乞休，罢归。抵京师，适唉夷北犯，留京助守。和议成，僧邸南征，奏请君随，赐六品顶戴，旋赐三品顶戴，敕办徐宿团练。

初，君充羽林时，最嗜《孟子》，每藏卷摩抚，折其四角。十年十一月，君自济宁南下，道经邹县，谒孟子庙，并呼诸将罗拜曰："予平生服膺'彼，丈夫也，我，丈夫也'数语，朗诵一过，便可启发志气。"十二月朔，君抵徐。时予任徐州道，相见谓予曰："今日兵单饷绌，贼势鸱张，大非昔比。予满洲世仆，受恩深重，惟有勉竭心力，以济时艰，或人定胜天耳！"君旧部曲或殁或迁，多不隶麾下，所将五百骑未经战阵，增募骑勇尚需训练。君意俟僧邸军至，厚积劲旅，且抚且剿。贼闻君来，亦有议纳款者。使天假之年，以君威望素著，从容筹办，乱讵难戡哉？乃贼窜曹、单，东境近接畿辅，北路为重。君于咸丰十一年二月一日与徐州滕镇统骑二千，裹五日粮北援。初七日，追贼至东平。我军虽饥困，战犹迭胜。贼另股扰后，我军稍却。滕镇前督师，马蹶殁。滕镇名家胜，亦君旧部曲，屡立战功者。君闻滕镇被围，疾挥百余骑，冲入贼中，屡索不得，突围复出，从骑溃随者十余人耳。贼麇聚，复围君数匝。君往来冲突，斩杀无算，矢尽力穷，竟战殁焉！徐宿绅民招魂野祭，不期而会者数万人，相向而哭，泪血模糊。每道及君，虽妇孺亦吞声。君与士卒共甘苦，而军律最严，有取民间一芥者斩，故民尤感焉。天子笃念勋勤，复君原官，敕部议恤，谕允在江东、皖、豫建立专祠，以妥忠魂。旋奉特旨，赐谥壮愍。噫，君之志未终，君之名万古矣！盗贼充斥，疮痍满目，孰是继君而起者，跂予望之！

〇三　祭江北忠义节烈文武各员文　壬戌

同治元年五月二十三日，署漕运总督江宁布政使吴棠率属前淮扬道朱善张、淮安同知唐翰、题署淮安通判黄伦秩、署清河县知县查祥考，谨以牲帛醴酒致祭于江、淮、徐、扬、海阵亡文武各员以及殉难绅练、义烈妇女之灵曰：窃维治乱循环虽关天道，而纲常支柱实表人伦，惟死事者有挺特不易之操，斯敌忾者有深固不摇之气。自粤匪肆扰，捻逆纵横，江北一隅，寇氛十载，或婴城授命，或阖户捐躯，或慷慨临危，或从容赴义。上自缙绅学士，下逮草野愚氓，但节义之无亏，自精灵之不灭，屡奉特旨饬下褒忠。每因军冗未遑，致令血食有缺，正气湮遏，亢厉为灾。谨率僚属以省愆，恭洁牲觞而致祭，但愿普消疵疠，早化祥和，甘雨随来，英风如在！呜呼，九原可作，益励精忠报国之忱；万古不磨，永享正直为神之报！尚飨！

○四　题《流民图》

咸丰八年三月二十八日，滁州既陷，三界震动，举家迁徙。五月，又惊徙。七月二十五日，贼众大至。内子挈家仓皇徒步夜走，至津里始得船，而湖中风狂浪涌，船小人众，几濒于死，乃达清河。至九月，三河告警，复迁阜宁海岸。九年三月，回清河。十年正月晦，又遭捻匪之难，幸先得信，二十七日，内子已携亲众同回海岸，人多家窘，谷价昂贵，艰苦几于不支。五月，履徐道任，乃由浦挈亲眷赴徐。十一年，荐升江藩，摄漕督，复由徐来淮。今春，匪陷阜宁，淮海艰险更不堪言。忆自八年贼突至三界，亲族骤失所依，茹苦相投，家虽窘，不忍不顾也！同苦数年，幸俱存活，究莫告慰。迨履藩任，各谋位置，而时世亦甚艰矣。噫，五年之中，流离转徙，固无日不心摧胆裂也！此图于流离之苦千百仅形一二，然果触目惊心。不忘艰难，奢侈之见，庶不敢萌。中人之质，大都安乐则自恣，忧危则自惕。留示后之览者，知出万死而幸一生，有不惕然自警者，岂人情哉！即以此帧为座右之箴可也。

○五　诰授建威将军伊壮愍公专祠碑文　癸亥

盖闻虎臣诞岳者，社稷之灵；马革裹尸者，俎豆之耀，是以国家气钟长白。奇材多产于三韩，烈士志在汗青，伟绩长垂于百战。生秉雷精之异，殁感星陨之征。干城炳一代英名，鼎钟不泐；榱桷肃千秋祀典，剑舄常留。若今伊壮愍公，诚其选矣。公姓何图哩氏，名伊兴额，字松坪，吉林正白旗人也。初由旗甲应选入京，擢三等侍卫。

道光间，从军者再，征回逆于西，备嘆夷于北，已能拔身兰锜，建绩柳营。会与当道龃龉，乞病归者七年。包老本阎罗，岂知关节；萧育是男子，不解诣曹。黑稍罢持，顿欲貌更儒者；蓝田归猎，自忘身是将军，几几乎邵平种瓜、庆之徒步矣。咸丰二年，粤寇出岳州，下鄂渚，既踞建业，延扰维扬。朝廷征兵吉林，公感激国恩，叹息疆事，于是再出。时琦帅大军驻维扬，授公偏师，讨江浦别贼。公行兵犹处女，先偃鼓以示羸；从天下，将军突挥戈而薄险，衔枚夜出，旗卜枭鸣，扫箨风驰，垒平虺伏。以兹首捷，允著先声。嗣徽省和州围急，不俟帅令，即从江浦赴援。将在外，君命不受，偏裨可推。天之下，王土皆同，越疆何害！爪牙自奋，竟用便宜，唇齿相扶，不分畛域！遂以功施邻境，名慑虏营。公既积勋，擢头等待卫，益加感奋，不惮驰驱。

六年，捻匪起蒙、宿，既解宿围，遂移队驻徐。时跳梁小丑多若蜂屯，揭竿狂氛，奔如豕突。公以孤单一旅，揞拄数州，其中如解颍、亳围，破龙山燕家坊等贼圩，猛虎踞山，百兽尽恐，老罴卧道，群貉皆潜，威可怖儿，功难更仆。所尤奇者，六年冬，贼首王广爱、梁振贵聚众至数万，时公大队奉调赴扬，以二百骑夜袭其垒，虒弥拔戟，一队自成；兴霸劫营，百人足用。列三头火炬，蚁穴直穷；射百尺井栏，鼠胆尽落。竟使二酋生缚，一鼓成功。又七年夏，贼首李月由三河尖北窜，公以计降其党陈保元，即于是日轻骑擒李，张婴垒下，刚赴单车，元济帐中，忽临大纛，望马头而拜，降卒犹罗，取虎子以归，渠魁已执。盖计歼兹巨寇，事止周旬，以是两次大功，授正红旗蒙古副都统，赐额图浑巴图鲁勇号。当是时，威名所到，草木皆知；鞭弭之临，壶箪迎迓。贼中相戒毋与伊都护遇，盖假以岁时，而众寇可灭矣。

八年，会有丰邑之陷，被议削职。九年，复起援豫，商水之战，贼始列长万之车以拒，力作螳撑，继见顺昌之帜，而呼骇如鸟散。公穷追数百里，剿杀二万余。梅录识丰州，既闻声而自伏；杨钦遇武穆，已弃杖而甘降。会与当事不合，以公战商水之日总兵邱联恩在舞阳战殁劾公，又解兵柄。军门免胄，方欣总管之来；驿路传符，已报仲升之代。大功不就，众论深嗟！

十年，僧邸南征，奏请随行办徐宿团练。时旧部无多，新军未习，兵非组甲，饷又呼庚。公意欲深沟高垒，徐图胜算，不愿沉舟破釜，轻蹈危机。乃贼窜东省，曹、单势不能须臾缓救。于是卷甲疾趋，拚为孤注，歌虞径出，不望生还。师至东平，前军滕公家胜战殁，公驰救不及，遂被围。援郤克之鼓，中矢不停；张颜高之弓，仆地犹射。拳殴见骨，血积溺骖，遂以投袂之行，竟成死绥之节，时在咸丰十一年二月七日，再起才三月耳！惜者桑怿既陨，任福亦偕；愈纵先亡，桓彝遂继。盖滕镇本故部曲，公资若左右手，是以三入三出，探丑父之信而亲行；再合再开，冲张辽之围而不已。以视约伏谷口，杨业至而潘美已归；列阵岭前，师中进而姚古不继，其不可同年而语明矣！事闻，天子复公原官，谕所在建立专祠。一柱告倾，九重生悼，痛深鼙鼓，恩赍丞尝！同治元年，又蒙特旨赐祭一坛，赐谥壮愍。五祀核死事之例，既饬太常；两字崇定论之褒，复书宗伯。公之志未毕于生前，公之名益光于死后矣！

公束发从军，捐躯殉国，其生平所至，不遑安处，而惟驻徐为稍久。余由徐州守历徐州道，适与公相值，因得悉公之详。公貌伟若神，目烂如电，性秉弦直，声铿钟洪，崔悛到门，令客噤语；顾雍在座，使人不欢。未免瓦石常含，丰棱太露，其屡起屡蹶，皆由此也。然而雷电正气，讵有雌声；松柏贞心，原无曲节。不脂韦以谐俗，终慷慨以捐生。赴义之雄，颓风生劲；成仁之烈，皦日争明！其可以泄泄者之仅知保身，议峣峣者之不善处世乎？

公性嗜《孟子》，尝携自随。道经邹县庙，率诸将罗拜，谓曰：“余最服膺‘彼，丈夫也’数语。每读一过，可激发志气。”则是羽林之《孝经》一篇，允为佳话；宰相之《论语》半部，宛有同心。不独雅歌习征虏之《诗》，呓语通吕蒙之《易》，为可征名将之高风、武人之雅抱也。徐之人感公抚士之诚、驭军之肃、保民之切、御寇之勤，于其去也，争割耳以鸣冤；于其亡也，竞剺面以设祭。追怀大树，久而不忘；眷念长城，言之辄涕。今于某年月日于徐州某地，遵旨建祠落成，既饰栋梁，宜加碑碣。念余与公同当倥偬，共事艰难，话到论兵，窃喜针磁之合；志期灭寇，曾叨骖靳之从，用就见闻，谨为诠述，俾刻元石，永镇黄楼。固知灵动，弓刀共识，何逢战马，象留裘带，无惭叔子。遗碑铭曰：

徐之城郭，公固其钥。徐之旄婴，公卫其生。自公来徐，民气欢愉。自公去徐，民心悲吁。公生北漠，徐乃公托。公殁东平，徐实公营。民安徐宅，感公之泽。我来徐疆，悉公之良。煌煌祠宇，光奉天语。公勿他往，享此徐土！

〇六　诰封一品太夫人黄母曾太夫人八十寿叙　癸亥

方今圣天子之御宇也，训奉两宫，疆安九圉，徽音太姒，赞成武烈之扬；懿范宣仁，戢弭边方之警。固宜有女宗承化，范备鱼轩，地道能成，福崇翟茀，而况躬诞龙骧之佐实应昌期，膝盈麟阁之臣相乘景运者乎！如我黄老伯母曾太夫人，系自南丰归于江夏，家传武爵，族既著于沙渠；世习戎韬，义早明夫板屋。使第观仪娴筐筥，典习羹汤，椎布经营，甘守牛衣之困；糟糠黾勉，克修鸿案之庄。犹寻常桓孟之闺型，非推极婴陵之母范。盖自赠公允春守戎，荫承门子，籍隶羽林，千夫推作长之才，一障展乘边之略。防分贡水，境当苗犵丛居；任重亭州，地是巴荆交会。时太夫人屡援枹鼓，亲制旌旗，积杼柚之余资，以供飨士；省钗鋜之闲费，为佐犒军。固已织婢耕奴，咸奉约束，为部伍左箴右励，悉征布置之韬钤。迨粤寇尘扬，楚援火急，我殿臣军门奋身伍籍，效命戎行，衫披绛衲以行，裤缚黄皮而出。太夫人勉其忠勇，勖以驰驱，用能蝥弧先登，马槊独着。虎头相贵，共传百保威名；猿臂心雄，屡缚五幡狂孽。由是留征建业，助剿维扬，追贼燕、齐，回师襄、汉，鞭棰所到，鸣镝无声，壁垒之临，张弧戢影。复以调更皖、豫，交倚长城。迨兹经历淮、徐，遂膺专阃。凡夫陆则崎岖铁骑，水则横荡戈船，行则辛苦采蘖，止则森严屯柳，皆由太夫人气雄巾帼，志胜须眉，内不牵临别之裾，外不寄当归之药，故能身经百战，习杜育之胆而无忧；手握一军，安元直之心而不乱也。尝考古之贤母，或潜窥草檄，决计勤王；或力助筑城，审几御敌；或倚闾责义，督为袒臂之呼；或报国教忠，留以涅背之字，以至虞母之佩环给饷，冼氏之车幰承恩，莫不志感风云，谊明家国。若太夫人者，诚可青史配烈，彤管追芳，封石窌而无惭，比延乡而不愧矣！

太夫人盖生五子，军门其第四，余亦棱棱犀角，无非马氏之良；灿灿凤毛，总是窦家之彦。试观长君袭恩带砺，堂构相承。次公守素丘园，衮萝分映。叔兮副阃，足匹玠璘济美之隆。季也栽花，更非绛灌无文之比。孙枝竞秀，宅相尤贤，韩擒虎可语有甥，何无忌酷似其舅。一室半南阳，杰将色耀荆枝；外家亦北府，雄才名高齑臼。可知乳五百道，惯育健儿；筹九百枚，难量后辈。匪特家门之瑞，抑诚宇宙之奇！且棠尤有异者，虎豹同生，固皆飞将；螟蛉善负，更出冠军。军门选曳落河之才，募僧腾客之众，鸦军矫矫，遂有狮儿；虎旅桓桓，聿闻彪子。得异姓以授兵法，俨绍箕裘；遴外宅而获将材，足雄旗鼓。此固汾阳度广，能升马燧于偏裨，亦由漂母识高善，察淮阴为国士也。同治二年十月初七日为太夫人八十寿辰，军门队领银刀，任劳玉帐，方勉中流之击楫，不遑远道以称觞。兹幸南戒渐安，北堂无恙，捷音既告，颂祝宜申。江北文武僚念骖靳之相从，喜干城之是赖，请摛芜制以庆萱龄，礼也。棠同岑幸联，升堂未拜，瞻皓齿石龙之座，运辅尧门；仰庞眉兴庆之班，福分姜幄。既钦岳岳岑冯之杰，敢袭陈陈钟郝之辞，述薇芑勤劳，足方桃实；写刁斗声响，亦胜云璈。用是借荀盾余煤，作鲁宫新颂，固知欃枪焰扫，同欣宝婺之辉；笳鼓欢腾，即是寿人之曲！

〇七　重修清河县文庙碑记　乙丑

清河新县文庙建于道光四年，外南同知万承纪有记甚详。时黎襄勤公为河督，河工方盛而众议纷纭，仅而集事，盖创始若斯之难也。自后失修。咸丰十年，捻匪窜浦垣，大成殿毁焉。逾年，同治改元，棠以江宁布政使署漕运总督，奉命驻浦督师。下车见此，愍然弗敢安。百废待举，莫此为先。原建规制宏敞，弗容省啬以改其旧。兵燹之余，访求大木，良久始得之。乃克期鸠工，百堵偕作，就其址重建大成殿九楹、左右回廊八间，并补两庑之敝漏者。殿之前为大成门，为棂星门，为左右二坊，为映壁。其东为奎星阁，殿之后为东西斋，为明伦堂，为崇圣祠，为尊经阁，为两校官宅，并因其旧而重葺之。惟棂星门前东西增为缭垣，围奎星阁于内，并于两坊之中树栅以止行者，匪惟惧亵，亦兼采形家言也。

经始于二年之春，再阅岁而工竣，凡靡白金　万　千两有奇。棠谨率僚属，鞠躬揭虔，释奠于先圣，乃进邑诸生而告之曰："从来物力之兴耗有若循环，而人材之盛衰不与焉！以今日视河工盛时，凋瘵甚矣，而创痍甫起，弦诵不绝。国家以邑绅捐资助饷，推广文武学额各三名，士益奋发砥砺，举于乡者渐以多。管子云：'使士就闲旷。'敬姜云：'瘠土之民向义。'其斯之谓欤！昔曾子固作宜黄、筠州诸学记，类能推明孔子之道，示学者以从事之途，棠则安能哉？惟是起家寒素，于勖廉隅而远声利，盖尝兢兢自持，曩宰是邑，常以重士者冀士自重。比年军书旁午，犹校勘朱子《小学》、《近思录》，公诸士林，诚知无所心得，庶几取先贤成矩以为作圣之阶梯，而异时成就则视其所自为焉！至于毁闲裂检，其必免矣。此固圣天子崇儒重道，所望于凡为士类者也。"诸生悚然退。遂书是语以为记。其捐资姓氏则别选石刊焉。是役也，督修者淮安府知府章仪林，署淮安府通判黄伦秩，署清河县知县查祥考、龙寅绶。监修者候选知州王锡龄，候选游击吴璜。综理微密，无间寒暑，有足嘉者，例得附书。

〇八　新建清河县城碑记

咸丰元年，棠宰清河。三年，再任清河。修《清河县志》，于新县之无城，盖尝窃窃然虑之。而非常之原，黎民所惧，且必有以无戎而城尼之者，噤莫敢先发。十年，捻寇东窜，浦垣失守，披猖不可制。同治纪元，棠以江宁布政使兼署漕运总督，奉命驻浦督师，痛定思痛，为坚壁清野之议。维时，邑绅先筑土圩，北因汰黄堤，南临玉带河，有绪未成，乃相度地势，缩而小之，葺而完之。又于其中筑砖圩，北临运河，东、西与南各就洼下之地浚为濠。适兵火之后，瓦砾满途，即以烬余之完者为之，盖略仿古人罗城、子城之意，而未敢信其足恃否也。未几，流亡渐集，人心大定，始毅然创石城之议，大致依砖圩之旧，而东、南稍廓焉。昔时，河湖堤岸旧有砖石，自形势变迁，无关修守，奏请以为工用，并燔其石以为灰。其桩木之不甚朽坏者，亦搜取之，以承其址，庶几化无用为有用。邪许板筑，靡间寒暑，经始于三年之春，至四年秋而工竣。计长一千三百余丈，为门四，曰安澜，曰迎薰，曰登稼，曰拱宸。凡用白金十一万两有奇，皆于清淮军需及饷盐变价啬缩得之也。於戏！浦垣盛时，岁縻帑金数百万，稍撙节焉以为城，其可也，忽焉不图，今乃图之于兵燹流离之后、度支匮乏之余，晚矣！

棠起家县令，以迄今日，盖与清民为缘者最久。自维艰危备历，无奇谋秘计为民悍患，而滥膺天奖，洊跻崇秩，惟此与民相守之谊，差足以自信者共信，故不惮约言卑论，而详述其缘起如此。若夫民保于城，城保于德，有不专恃楼堞之坚完者，此尤后之君子所当深维而熟计者也。是役也，督修者淮扬河务兵备道吴世熊，淮安府知府章仪林。监修者候补知县师长乐，前署县事者龙寅绶，今知县事者玉亮，例得备书。

〇九　滁州新建忠义祠碑铭

咸丰八年春三月，捻贼突陷五河。时棠奉讳里居。定远县横山集练总李贯、马芝等以三百人请会各练赴五河。捻众闻义练起，即望风遁。四月初旬，发贼南来，全椒、滁州、来安相继失陷，盱、定、滁、来练众以寇氛逼近，共矢讨贼。四月初八日，棠集各练于张八岭，旋进沙河集。义友清河千总张一鹏、安东文汉升由清淮来总练事，时练丁数千人皆裹粮而从，势不能持久。值按察使张公光第派水勇三百名至滁，练气益振，亟思一战。

四月二十一日，战于滁州北门外，千总张一鹏、水勇营把总刘万福率先入阵，李贯、马芝燃大炮轰骑马贼数十名，毙之。文汉升手刃执旗红衣贼酋一人，李贯复率众齐进，歼贼共三百余名。贼不支，遁回城内。方约收队，滁西忽出贼，绕截各练之后，五人者复率众穷追，身受重伤。张、刘没于阵，余亦同时，计亡练勇八十余名、水勇三十余名。巡抚福济公上其事，千总张一鹏、把总刘万福蒙恤如例。

同治元年，棠奉督漕之命，驻浦筹防。三年冬，复以文汉升、李贯、马芝等人奏，得旨：均照千总阵亡例优叙，伤亡各勇并咨部议恤。呜呼！练众死事距今八年矣！寇氛既平，江淮底定，滁、盱、来数百里荆榛瓦砾，墟无人焉。流亡归来，存者百仅数人。昔时相从转战，贷粟乡邻，日不及一餐，徒以闾里情好，捍难御灾，矢死勿贰，并命强敌，可谓壮哉！然浩劫所在，究非数百人力之所能挽，可悲也已！棠与诸义练誓同杀贼，屡濒于死，幸生窃禄，又忝高位，每念奋戈跃马之侣，英风烈气，神为黯然！会滁诸生侯甸构屋滁城，循例设位，以祀同时死义之士，复延刺史饶公家琦致祭，甚盛举也！既悲相从患难之无人，又感吾乡风俗好义，能杀贼以卫乡里，凛凛乎有生气焉！因洒泪而为之记。铭曰：

环滁山，崇祠辟，集义练，同毅魄。气吐虹，血化碧，灵之栖，此其宅。肃明禋，荐牲帛，永千秋，视兹石。

一〇　太子太师闽浙总督孙文靖公祠碑记

国朝中外官有善政及民者，准入祀名宦祠，盖即《周官》祭于太常，司勋诏之之义。其去任已久，民感其德，立祠奉祀者弗禁，顺民情也。嘉庆间，海氛不靖，闽疆吏严海防，禁外省人购木造船。浙商之贩闽木者困闽，材木积朽无用，民亦困。事平，禁如故。迨文靖孙公为闽藩，请弛禁，商民胥裕。未几，由藩抚皖，浙商感念公去，设禄位于向建之安澜会馆。岁值公诞辰，作乐称觞，罗拜于庭下，阅今垂五十年不替。近复于馆右建祠三楹，名以“崇德”，将以永祀，事识不忘。祠成，乞言于余。余惟公之为此，直以政体宜尔，非欲浙商感颂，而即此一事推之，则凡利济之事，知无不为，可意决也。

公名尔准，字平叔，金匮人，嘉庆乙丑翰林，外出为汀州守，累升闽浙总督，先后宦闽二十年，施德于民，难以悉数。其荦荦大者，靖台郡逆民之乱，修福州小西湖及兴化木兰陂水利，建义仓，拓贡院，复书院，皆当有以报功隆祀。其弛船禁，政之一端耳。浙商之报公如此，三代直道，于兹益见。余生也晚，未获见公颜色。然与公居隔一江，且曾为公部民。惜莅闽甫五月，奉勾当粤事之命；旋任二旬，又调任蜀中，倚装待发，不及胪公政绩闻于朝，列诸岁祀，爰述其梗概，书以为记，俾刊诸丽牲之石。

一一　游溪龙潭祈雨文　辛未

维年月日，四川总督吴棠遣官致祭于汶川县游溪龙潭之神曰：

惟天生民，粒食攸赖；惟神佑民，农功不废。西蜀幅员，于地最广；民物殷稠，实为浩穰。十载军兴，竭力捐输；秦陇滇黔，恃赡军储。两年以来，营兵裁汰；岁减百万，冀纾民力。不图弥月，竟值旱干；望泽农人，辍耒而叹。设坛祈祷，虽降微雨；精诚不至，于农何补！僭差之咎，不在农夫；守土不职，宜任厥辜。洁诚遴员，致祭神潭；敬求瓶水，沛泽汪涵。赫赫明神，哀哀下民；呼吸可通，降鉴斯真。百祷千祈，慈云甘雨；天心之仁，神功之溥。尚飨！

一二　游溪龙潭谢雨文

维年月日，四川总督吴棠遣官致祭于汶川县游溪龙潭之神曰：神威赫濯，龙德正中；无边功德，具大灵通。春夏之交，适际亢旱；嗟我农夫，几罹灾难。坛壝遍设，昕夕皇然；载歌云汉，五内如煎。咨询故老，指说游溪；灵湫幽邃，神宅于兹。爰遣官僚，爰赍祝帛；微忱达神，冀或来格。罄瓶乞水，神贶竟符；潮头一线，绕潭萦纡。一瓣心香，再祷辄应；风伯扬尘，雨师听命。既优既渥，湇湇祁祁；建祠报赛，礼亦宜之。帝德怀柔，神功周遍；疆吏何能，为民舞抃。尚飨！

一三　恭建游溪龙神祠碑文　壬申

古昔圣王之秩群神也，凡名山大川能兴云雨、育万物者，罔不垂诸祀典。其能见灵爽为征验、御水旱之灾者，亦秩而祀之，凡以为民而已。川省之游溪有龙池，周围数十里，在深山中，为灌、汶两邑接壤处，水清无滓，投物毕浮，每遭旱魃为虐，用净瓶收盛池水，虔行祷祝，雨即随至，历昭灵应。岁辛未，自春徂夏不雨，人心皇皇，屡经设坛虔求，虽洒润有时，未获泛布，爰亟遴员前诣，祈祷如礼。未几，甘霖叠沛，农田沾足，良苗遍插，市野腾欢。神鉴式凭，捷于影响，吁！可感亦可畏也！川中自军兴以来，十载转输，重疲民力，苟因以饥馑，外患甫平，内忧将作，官斯土者，其何恃以抚辑？幸赖神庥，覃敷渥泽，匝月之间，人情安谧；报功崇德，礼亦宜之。因捐廉饬属于潭之左近恭建龙神祠一所。为门三楹，东西有厢，为楹凡六。正殿三楹，供奉神位，择吉落成。观者抃舞相告，知神之默佑川人，而不知我皇上震叠怀柔，百灵效命，虽山陬僻壤，神鉴不遗。从此风雨和甘，丰穰永庆。其所以感荷眷佑、图报国家者，奋勉又当何如耶！爰泐之庙石，用志灵感而申诚敬云尔。

读诗一得(同治三年六月,高行笃署)

序

《传》曰:“诵诗三百,授之以政。”诗也者,政事之书也。汉儒之言诗者,莫古于大毛公传。《匪风·传》云:“亨鱼烦则碎,治国烦则乱,知亨鱼,则知治民矣。”《采薇·传》云:“君子能尽人之情,故人忘其死。”《大东·传》云:“如砥,贡赋平均也,如矢,赏罚不偏也。”学者肄业《风》、《雅》,罙精故训,余独取毛公之言政者,紬绎读之,通经致用之书,未有如毛诗之平实者也。清河大令吴君仲宣,今之循吏,其惠政实孚于民,妇孺走卒皆知感之。尝出所著《读诗一得》以示余。余忆去春之初,贼氛逼近,仲宣勤劳捍卫,一方晏然。观是书之言曰:“必比闾族党州乡不失其业,而伍两卒旅师军之众乃给也。必井邑郊甸县都各安其居,而戎马甲士步卒之赋乃充也。”又曰:“天下初定之后,则重偃武,民久苦兵,宜与之休息。天下太平之久,则重讲武,民不知兵,宜振其玩弛。”其于保民御寇之道,盖拳拳三致意焉!信夫,仲宣以得于心者施于政。而其说之平实,诚所谓通经致用者也。余少好章句之学,然训诂琐碎,义理空虚,二者皆无益实用。仲宣是编,可以为学,可以为政,就其所得,万事万理，一以贯之矣。余学殖荒退，息影衡门，蒙仲宣以是书相质，故不辞而为之序。

咸丰四年夏，山阳丁晏。

国风

〇一　周南

君子、淑女，行侔天地，故曰大哉关雎，天地之基也。

葛覃首二章见后妃之勤俭，末章见后妃之敬且孝，盖贫贱而勤俭，幼小而孝敬，犹人所能，后妃之德，则不以始终渝矣。吁，此其所以为淑欤！

日昃之勤，卑服之俭，宫庙之敬，寝门之孝，文王之德也。后妃符文王之德，故曰君子好逑。不稼穑，不知农事之艰；不刈濩，不知女功之苦。故常习奢侈，即华靡而未餍骄情。常悉辛勤，虽纤悉而必思物力。

卷耳之采，当文王忧患之日，故其情哀。芣苢之采，当文王成化之日，故其情乐。

樛木乐只君子，朱子以为指后妃，盖后妃有君子之德，故称君子，犹之庄姜有硕人之德，亦称硕人。

两间之气和，则万物昌而疵疠不生。一家之气和，则群情协而祯祥咸集。后妃以淑德溢为和气，所以致螽斯之福也。

积家室而成一国，家室咸宜，国之隆平不外是矣。然宜之者，始于之子之归，所谓化始于闺门，教起于微渺欤！

赳赳之勇，本于肃肃之敬，可知庄敬者日强。

君子好逑，夫妇之得善匹。公侯好仇，[1]君臣之得善匹。治内治外裕如耳。

樛木下曲，喻后妃之恩可旁推。乔木上竦，喻游女之义能自守。

圣人之心犹日月也，日月容光必照，故幽隐之地无不知日月之明。圣人至公无私，故愚贱之俦无不见圣人之心。兔罝言公侯，汝坟念王室，文王服事之心昭然也。

桃夭之女子化，则男子可知。罝兔之野人化，则朝士可知。江汉之游女化，则深闺之处女可知。汝坟行役之妇人化，则安居之家室可知。化被于所难化，易化者者，固不待言尔。

物有麟麟一而已，人而麟，则公子、公姓、公族皆麟也，是何麟之盛也！

〇二　召南

雎鸠兴后妃，取其挚有别也。鸤鸠兴夫人，取其拙而安也。德不如雎鸠，则佩玉有晏鸣之叹。德不如鸤鸠，则内廷有干政之嫌。二南所以起万世宫闱之教欤。

被之僮僮，敬也。祁祁，敬之余也。不明言夫人之敬，而特于一被传之，则妇容也，而妇德寓矣。盖修公侯之事于公侯之宫，自有不敢不敬者尔。

采蕨采薇，思君子于行役者，情之正也。采蘋采藻，助君子于祭祀者，礼之正也。

---

① 原注：同逑。

草虫感时物，悯君子行役之久。殷靁感阴雨，恤君子行役之劳。

中林之肃肃，不以幽隐而忘敬也。宵征之肃肃，不以卑微而忘敬也。幽隐不忘敬，则天下无不敬之地。卑微不忘敬，则天下无不敬之人。文王敬止之化也。

江汜始虽不我以，继乃悔而迎之，所谓不远复无只悔也。人情一念之差，终身不悔，则迷复之凶矣。

雀鼠之讼弗从，不为威惕也。麇鹿之包难诱，不为利疚也。士之守身如处女，庶免非礼矣。

谓行多露，己不可犯，非礼而往也。无使尨吠，人不可犯，非礼而来也。以礼处己，以礼处人，女子所以为贞欤。

公子仁厚，王姬敬和，文王后妃之泽长矣！

周南之麟，召南之驺虞，皆以于嗟言之，盖以此麟也、驺虞也皆非世所常有者也，故咨嗟叹息以道之耳。

○三　邶风

正风首关雎，而文王之仁遂及江汉。变风首柏舟，而庄公之暴不能庇妻子。信乎，妃匹之际，生民之始，万福之原也。

不能奋飞，邶风之柏舟守义也。之死靡慝，鄘风之柏舟守节也。妇人处穷，犹能以节义自矢，士穷而失节义，愧巾帼矣。

我思古人庄姜之自处善矣，先君之思戴妫之相勖尤善也，自处善，而相勖者亦善。深宫之中有交修之美，先王之泽长矣。

《易》曰："说以先民，民忘其劳。说以犯难，民忘其死。"盖忘劳、忘死，则畏葸之念不生，而果毅之气可用。击鼓之诗，忧其不我归，嗟其不我活，不说孰甚焉？序以为怨州吁、传所谓未能和其民者此类。

吕氏新吾曰："'臣罪当诛，天王圣明'，忠臣不可不知。'母氏圣善，我无令人'，孝子不可不知。"盖负罪引慝之心实见有获咎君亲处，非第以自责解免也。

雄雉，妇人勉君子以不忮不求。朱氏善以为孔门克己求仁之方，妇人乃能言之。按魏羊琇从钟会入蜀，其母辛宪英戒之曰："军旅之间可以济者，其惟仁恕乎？"吁！能仁恕，则忮害贪求尽泯矣。妇人守先圣之教而有以勖夫训子，贤矣哉！

恐惧合而安乐睽，邶之谷风与小雅之谷风同，然朋友以义和，故弃予之责其词简，夫妇则恩难遽绝，故历叙平日之勤劳，以冀夫之悔悟也。情迫而意婉，流连不尽。

行道迟迟，中心有违，依恋之情如见。不远伊迩，薄送我畿，决绝之情如见。

比贤妇于毒憎，而不知其善者也；美淫女以静爱，而不知其恶者也，皆所谓无是非之心。

叔兮伯兮，靡所与同，伤卫臣不闵黎也。百尔所思，不如我所之，伤许臣不闵卫也。人当安全之时常不知危亡之苦，此兴灭继绝之所以王、救灾恤邻之所以霸欤！

勤王事，劳国事，而不敢恤家事，此天理也，故曰天实为之，全身家、保妻子者，安知此哉？

赤狐、黑乌，与天津桥鹃声同一太息。

携手同行，见几而作也。既亟只且，不俟终日也。

卫宣烝，夷姜要，宣姜人道绝矣。新台刺，墙茨辱，父子至亲而相杀，天道祸淫不可逭也，岂独女戎肇衅远兆野处渡河之戚哉？

《史记》谓"与骊姬之乱同"，信夫。

〇四 鄘风

卫之淫乱极矣。共姜之节，砥柱狂澜，是亦剥之硕果也。

有终风而谷风应之，有新台而桑中应之，风俗系于上者如此。

无良之人，不如鹑鹊。无礼之人，不如相鼠。皆深恶痛绝之辞。

美卫武者，及切磋之功。美卫文者，表塞渊之学。所谓歌其政事，则并其道德而传之也。

《易》言："君子进德修业，欲及时。"孟子曰："鸡鸣而起，孳孳为善者，舜之徒也。"朱子释"星言夙驾"之意，谓古人戴星而出、戴星而入，必是身耐劳苦，方能率人。按诗之所载，贤夫妇以昧旦明星为警，贤妃以虫飞月出为疑，贤王问庭燎而视朝，贤昆弟以夙兴无忝所生，免祸息偃在床者，读诗可以兴矣。

国当新造，莫急于训农，莫先于求贤，桑田税驾，良马在郊，中兴之根本具矣。

控于大邦，即成风请鲁封须句意。

〇五 卫风

淇澳之终不可谖，君子之德入于人也。考槃之永矢弗谖，硕人之德裕诸己也。

硕人诗盛陈族类之贵、容服之美、媵送之众，然章守冠以硕人，则德为主，而铺陈者皆其易见者也。范氏处义曰："硕人，男子、妇人有德者之通称。”

朱子云:“士君子立身一败,万事瓦裂。”是士之自守,亦宜鉴于女之耽也。雄仕莽、融附冀、邕从卓,贻千古儒林之耻,殆辨之不早辨也夫!

夙兴夜寐,靡有朝矣,与谷风黾勉求之同一操作,然合不以正,虽至于放逐而人不悯之也。君友之间,择所处者,亦宜鉴此。

泉水以父母之终而义不可归,载驰以宗国之亡而义不可归,河广以母子之思而义不可往,义之裁制固严,而卫女之守义者,亦可谓贤已。

伯兮之妇人言其夫为王前驱,与汝坟闵王室之妇人何异?

采虻疗郁,树萱忘忧,皆忧思无聊之意。

曹咏下泉,知晋文谲而不正。卫咏木瓜,知齐桓正而不谲。

卫俗多淫靡,先儒以为地沃人浮之故,而其间忠臣、孝子、知士、仁人与夫淑姬、贤媛之迭出者,则先王、先公之教泽长也。富而加之以教,庶几一变至道焉。

○六　王风

天下大势,西北足以控制东南,东南不足以临驭西北。周公营洛邑为朝会之所,非以是可立国也。镐京如堂奥,洛邑如门户,弃堂奥,与人门户,其可安乎?苏子曰:“周之失计,未有如东迁之谬者也。”悠悠苍天,此何人哉?大夫盖怨平王而不敢言耳。

锡文侯之命,则处忧患为安乐之时。遣戍申之师,则视仇敌如腹心之爱。周之平王不殊宋之高宗。

人君建国,莫不兴于忧劳而败于安逸。卫文勤民,故渡河之余犹能造卫。平王苟安，故东迁之后不能造周。

君子之役不知其期，则君臣之情不通矣。戍者之归不知曷月，则君民之情不通矣。出车劳帅，杕杜劳卒，岂有此哉？雅不降为风，不可得也。

由敖之乐，贫贱之夫妇犹可安也。仳离之叹，饥馑之夫妇遂不相保矣。风之降而愈下，不益可伤哉？

王衍之三窟，兔之狡也。卞壸之一家，雉之介也。小人贪荣而苟免，君子守义而轻生，千古同慨。

大车之政行而民知畏，见东周之民犹可治也。故望子嗟、子国之贤出而共理，庶几乱者可以治欤。

〇七　郑风

衣则予改为，食则予授粲，三章六予字，传出中心悦服、倾写无已之神。方颂其宜，又虑其敝，方适其馆，又计其还，婉转回翔，深情若溢，故《记》曰："好贤如缁衣。"又曰："缁衣见好贤之至。"

发乎情、止乎礼义者，无所畏而不为不善者也。王风之畏子不奔，郑风畏人之多言，岂知以礼义自范哉？然稍胜于无忌惮者矣。

美叔段曰："美且仁。"与庐令所云"美且仁"者，皆以田猎言之。大抵轻儇少年相阿比者所为。

磬而能控，御之所以良也。纵而复送，射之所以善也。极称其长而所短自见，与猗嗟舞则选、射则贯同意。

叔在薮，则兄不能教其弟；清人在彭，则君不能驭其臣。纲纪失于上，风俗安得不敝于下哉？

羔羊之大夫赞襄盛世，故乐其委蛇。羔裘之大夫扶持弱国，故美其孔武。

郑风淫靡，而女有鸡鸣之好德，男有东门之好义，所谓“风雨如晦，鸡鸣不已”也。

采唐曰：“美孟姜。”同车亦曰：“美孟姜。”不必指为忽所辞之齐女也。

士曰既且，是往观之事，士倡之也。士不修其业而淫于观，遂不能禁其家人，刑于之道失矣。家人之卦：初九，闲有家。防其始也。上九，象传终之以反身之谓。身不行，道未有能行于妻子者也。

卫之淫者，乐于淇上。郑之淫者，游于溱洧。狂澜既倒，江永、汉广之风荡然矣。

〇八　齐风

鸡鸣以夙兴之时心常恐晚，而终之以虑人之憎，盖识得乾以惕无咎、震以恐致福之义。

私豵献豜为美俗，从狼逐牡为弊俗。俗之美恶，视上所化耳。

南山称齐子者二，敝笱称齐子者三，载驱称齐子者四，明斥其人，以见众所共嫉。书法之严，与麟经并著矣。

鲁道有荡，齐子归止，自齐归鲁也。鲁道有荡，齐子发夕，自鲁发齐也。道为鲁道，非齐子所当任意行者，故载驰咏而许不敢至卫，纪妇人之守礼也。载驱咏而鲁可以发齐，刺妇人之蔑礼也。

河上翱翔，无戒惧之心。汶水翱翔 ，无愧耻之心。

童子而佩觿欲速者，无成也。总角而突弁循序者，渐至也。得失之分，静与躁耳。

齐子岂弟，以淫奔为乐易安舒，所谓安其危而利其菑，乐其所以亡也。

称鲁庄威仪技艺之美，皆以猗嗟出之，深味之，句句有嗟叹之意，谓其可长太息也！以四矢御乱望鲁庄，又诗人之忠厚矣。

○九　魏风

君心之广狭，国祚之长短系焉。宽则舒，迫则促，自然之理也。褊心是刺，知魏祚之不永矣。

魏以葛屦始，以硕鼠终，何也？盖以大人而与细民同行，则亦以大人而与细民争利矣。俭太过，则惟货财是重，其流必贪。

采蕢于汾曲，公族宜尊而卑也。置檀于河干，君子宜用而舍也。

尚慎旃哉，慎字即曾子临深履薄之心。

行役者，夙夜之劳，惟其父母兄知之，上不恤民可见。

十亩之还，犹在境内。至乐郊之适，则转徙他邦，魏其何以国哉？

硕鼠食麦食黍，即不稼不穑者之取禾三百也。

一○　唐风

敬姜曰："民劳则思，思则善心生。逸则淫，淫则忘善。忘善则恶心生。"唐、魏无淫诗，瘠土民劳，故向义也。郑、卫多淫诗，沃土民逸，故不材也。

唐风之勤俭可训，勤俭近中道者也。魏风之勤俭不可训，勤俭之不近人情者也。缝裳、采蕢与蟋蟀、山枢自别。

一椒聊耳，实蕃矣，条远矣，毫末不折，将寻斧柯。诗人其有强干弱枝之念欤？

束薪之夫妇，喜其幸合。葛生之夫妇，伤其终离。束薪之喜在意外，故动于喜者深。葛生之伤在意中，故言其伤者切。

有国者使从役之民忧其父母何食、何尝，不仁甚矣！然行役者犹念王事，是固孝且忠者也。

夜半之泣，六日之毒，信谗者如相酬矣。采苓之舍旃舍旃，正为惑于谮诉者下针砭也，晋献其未闻是与！

一一　秦风

未见君子，寺人之令，美请谒之得通也。而商鞅由景监进，李斯与赵高党，秦之亡卒以寺人。

车邻三称君子，驷驖三称公，皆秦始为诸侯，国人创建鼓舞之意，秦人尊君亲上之情可想。

秦非子事周孝王，马大繁息，著养马汧、渭之功，故秦风首咏白颠，次咏驷驖，及出师之日，则驾我骐馵，而孔阜、孔群皆骐駵、騧骊之选，盖兴国之气象未有不讲马政者，当与卫之騋牝、鲁之駉马同美。

小戎之收浅于大车者，取其便。小戎之毂长于大车者，取其坚。

鋈续、鋈觼軜、鋈錞，器之精也。龙盾之合，复载蒙伐，虎韔镂膺，复云交韔，器之备也。兵法云："器械不利，以其卒予敌也。"观小戎之诗，岂有将不省兵之患哉？

三良之歼，康公歼之也。国人不敢斥其君，故托言于天耳。观陈尊己、魏颗之贤，则康公成父之乱命，不能无罪矣。

伯也执殳，为王前驱，卫之人犹知尊王也。王于兴师，修我戈矛，秦之民犹知尊王也。文武之德，入人者深，故后世之民见周室之削弱，而思敌王所忾与！

康公送舅而思其母，仁也。杀臣以殉其父，不仁甚矣。能推爱母之仁以及其舅，不能推爱父之仁以恤其臣，惜其有仁心而无以继之也。

一二　陈风

大无信也，不知命也，法言也。洵有情兮，而无望兮，巽言也。

人各勤于职业，则心有所系而无玩日愒时之患。陈之男女游荡淫泆，皆无职业者也，故值鹭羽者，无冬无夏。谷旦于差者，不绩其麻。思有美者，寤寐无为。呜呼！男女效绩，愆则有辟，所以为古之制与。

郑之东门，寡欲之贤也。陈之衡门，知足之贤也。人能洁以持身而淡以观世，庶乎无染于污俗已。

劳心于理者，心劳而得其乐。劳心于欲者，心劳而至于惨。然则邪正之几，欣戚之券也。

硕大且俨，宜其人之端庄矣。然自相悦者言之，则犹女曰静女、姬曰淑姬耳。

一三　桧风

羔裘之劳心，欲忠之鉴于君也。素冠之劳心，欲孝之尽于友也。期忠孝获伸而至于忧劳，诗人之厚也。

德足称其服，则衮衣绣裳，寓欣慕之意焉。德不称其服，则羔裘狐白，增忧悼之思焉。

夭之沃沃，草木被雨露之膏也。政烦赋重，则君之膏泽不降，而且朘民之膏矣。所以叹其不如草木也。

羔裘为国忧，匪风为王室忧，究之，忧王室正深忧其国也。周室不东，郑武何得遽迁虢、桧乎？

一四　曹风

桧之与子同归，喜人之善洽于己也。曹之于我归处，思己之善及于人也。皆与人为善之念。

陈录株林，纪女子之祸。曹录候人，纪小人之祸。一以女子召楚师，一以小人召晋师，当女子、小人在侧，未尝不快心一时，乌知危亡之祸踵其后哉？

赤芾至三百之多，小人类进，其由来者渐矣。人君始则昵比一二人，而小人之相汲引者，遂不可遏。此姤之初六所以为乱萌与！

南山朝隮，浮云蔽日之咏本此。季女斯饥，空谷佳人之咏本此。

鹈在梁，小人据非所据也。鸠在桑，君子止得所止也。

匪风顾周道，思西周也。下泉念周京，忾东周也。民之思周殷矣，安得不以豳风继之？

一五　豳风

周公作诗而陈豳风，冀治世可以不乱也。孔子删诗而终豳风，谓乱世可以复治也。

蚕事详于春而略于秋，始求柔桑，继取条桑，而采蘩、鬻蘩之事毕集，至于载绩朱阳，及秋日而蚕事已成耳。农事详于秋而略于春，由其获至获稻，由筑场至涤场，而烹葵、剥枣、采荼之类至繁。若夫于耜、举趾，当春日而农事甫兴耳。

八月载绩，麻之缕可衣也。九月叔苴，麻之实可佐食也。物之两用如此。

介眉寿而为春酒，祝万寿而称兕觥，因君亲始用酒，即《酒诰》“尔大克羞耇惟君，尔乃饮食醉饱”之义。

同我妇子，馌彼南亩，家长虑家人之饥也。嗟我妇子，入此室处，家长虑家人之寒也，皆慈也。归公子而心悲，女子之爱其亲也。养老人于眉寿，男子之爱其亲也，皆孝也。一时慈孝之风洽于老幼，真光天化日气象。

为公子裳，为公子裘，衣供于上也。献豜于公，飨羊于公，食供于上也。民之衣食自上谋之，上之衣食自民供之，豳之君民一体可以想见。

贵家大族之女亦复采蘩求桑，此周南之后妃所以歌葛覃、召南之夫人所以美采蘩也。

二之日其同，载缵武功，亦井田寓兵之意。

曰侮予，曰予手，曰予羽，公以君之事即己之事也。曰我室，曰室家，曰予室，公以国之事即家之事也。

未阴雨而绸缪，风雨犹或漂摇，正以见致太平之难而蹈危亡之易！

东山写归士之情入微。首章制裳衣、屏行枚、宿车下，在途之情如见。次章忆室庐、感荒废，怀归之情如见。三章叹鹳鸣、勤洒扫，妇望归士之情如见。四章婚嫁时礼仪备，归士新昏之情如见。盖惟圣人之情至广大，又至精密。至广大则天下人之身家皆其身家也，至精密则天下人之情思皆其情思也。

周公东征至三年之久，何也？盖流言煽惑一时，殷民皆从之，徐俟至三年，则是非既明，而从武庚者自涣矣。四国是吪，周公之久道化成也，岂第以斧斨之威临之哉？

我觏之子，笾豆有践，惟斯人足当此礼也。我觏之子，衮衣绣裳，惟斯人足当此服也。

有客宿宿，有客信信，喜其留至信宿也。于女信处，于女信宿，惜其居止信宿也，皆爱慕无已之意。

周公遭管、蔡之变，公之心伤矣。然流言之起，内省不疚，赤舄之几几自，不失其常也。故读常棣之诗，知周公闵变之情。读狼跋之诗，知周公处变之德。

小雅

一六　鹿鸣之什

示我周行，冀格君者之底于正也。视民不恌，冀化民者之臻于厚也。必如是，始不愧嘉宾，望之实勉之尔。

示我周行而谓之好我，所谓君子爱人以德。

苹蒿生于陆，芩生于泽，见所采之广也。琴瑟在堂上，笙在堂下，见相应之和也。

嘉宾式燕以敖，神暇则示我者，得尽其言之理矣。燕乐嘉宾之心，情愉则示我者，得畅其言之旨矣。所以获嘉宾之益也。

王事靡盬，不遑将父母者，非家事轻而王事重也。盖既委贽为臣，苟以偾绩贻君之忧，必以负乘贻亲之辱。古人求忠臣于孝子之门，亦此意。

四牡代宣使臣之情，东山代宣归士之情，本人情为王道也。

鵻鸟孝谨，脊令友弟，物之天性全也。人不如鸟，曷谓人哉？

不遑养亲者，已不遑自养耳，非如后世从役者有黍稷稻粱之虑也。

常棣有华而承以鄂，光之所以韡也，兴安乐之兄弟也。脊令宜水而在于原，鸣之所以急也，兴患难之兄弟也。

常棣一篇，八言兄弟，勉友于敦，式好者至矣。

急难则思兄弟，御侮则思兄弟，向之所谓良朋者，第付之永叹，曾未有以相助也，盖兄弟本一气之亲，手足痛痒，自相关切。杕杜言岂无他人，不如同父，常棣言凡今之人，莫如兄弟，可以辨亲疏之谊矣。

兄弟既具，孔疏以为推之同姓宗族，非独同怀兄弟也。盖和其兄弟自有以推及同姓之兄弟，善乎李安溪之说曰："人以天地之心为心，无不亲之伦类。以祖宗之心为心，无不亲之宗族。以父母之心为心，无不亲之兄弟。"旨哉！

同姓而亦曰朋友，道德之相资也。异姓而亦曰兄弟，气谊之相洽也。

周室东迁，王灵不振，桓、文起而以尊周为名，天下犹知有王室，先王敦诸父、诸舅之遗泽也。

纵我不往，子宁不来，学校之义也。宁适不来，微我有咎，朝廷之恩也。

朋友之际，始以诚信合者，终或以猜忌乖，和平而要于终，可以质之神矣。

洪范之言福也，曰攸好德。天保之言福也，曰遍德。德者获福之本。德足格天，而天降遐福。德足享神，而神贻多福。德足感群黎百姓，而庶民遍为尔德，则被德者深而集福益广矣。

猃狁、西戎世为周患，以其互相犄角也。成周之盛，力足以制之，故南仲一举，而猃狁、西戎俱定。厥后，厉迫于猃狁，幽弑于西戎，则威德不足也。立政曰：“诘尔戎兵。”康王之诰曰：“张皇六师。”孰谓兵可一日不备哉？

受王命而忧心，临事而惧也。城朔方而襄狄，好谋而成也。

靡家因猃狁之故，则国之患即民之患也，而敌忾奋矣。出车自天子之所，则帅之命即王之命也，而行谋专矣。

我行不来，士之坚于杀敌也。人人有奋不顾身之锐，则敌可计日平矣。此一月三捷所以不难预决欤。

采薇之忧心，士忧王事，勇于义也。杕杜之忧心，女忧征夫，深于情也。而出于遣役、劳役者之口，则忧人之忧，人亦忧其忧矣。

一七　白华之什

潜之诗，取多鱼以祭鱼，丽之诗，取多鱼以燕宾。祭之重，独取于鱼。范氏处义以为阴阳和而后多鱼，故梦鱼为丰年之兆，则物产可以觇王政也。

天保之祝君者，曰万寿无疆。南山之祝宾者，亦曰万寿无疆。不嫌于同辞者，君臣俱臻耆寿，天下国家之福也。

南山曰遐不眉寿，德音是茂，谓德与寿进也。蓼萧曰其德不爽，寿考不忘，谓寿由德进也。

显明允信，蕴于中者也，故曰令德。岂乐弟易，发于外者也，故曰令仪。

夜饮醉归，天子之恩也。令德令仪，诸侯之礼也。上示以恩，下守以礼，君臣之道得矣。

一八　彤弓之什

鹿鸣之嘉宾，嘉其德也。彤弓之嘉宾，嘉其功也。鹿鸣之燕礼行，彤弓之飨礼行，而崇德报功者至矣。

彤弓旌武功，知征伐本朝廷所出。菁莪乐文教，知人材由学校而兴。正小雅以二诗终，殆成周所以致太平之本欤？

莪之在沚，深育材之功也。杨之为舟，收育材之用也。

常武之师既敬既戒，六月之师有严有翼，君臣可称同德。

戎车既饬既安，四牡既佶且闲，皆先为不可胜以待敌之可胜。

镐，刘向以为千里之镐，师行日三十里，则自王国至镐计一月余矣，故曰我行永久。

有文武之吉甫，始友孝友之张仲，文武之德忠于国，孝友之德全于家，良臣令子德自符也。

《三略》曰：“能扶天下之危者，则据天下之安；能除天下之忧者，则享天下之乐；能救天下之祸者，则获天下之福。”吉甫燕喜，既多受祉，可谓安乐而集福矣。然非六月栖栖，以匡王国，安能至此哉？

北伐之元戎十乘，以寡制胜也。南征之其车三千，以多制胜也。盖猃狁内侵，其势迫，故简精锐以击之，多则征调繁而失机矣。蛮荆外叛，其势张，故盛师旅以威之，少则兵力薄而示弱矣。然非文武之吉甫不能用寡，非壮犹之方叔不能用多。

旅与师对举，则鞠旅为五百人，旅专言则振旅统车之三千。

钲人伐鼓，将战也。伐鼓渊渊，方战也。鼓声阗阗，罢战也。进退之节，一视鼓音，所谓兵识将意，将识士情，投之而往，如手使指也。

中兴之主必有武功，乃足以振积弱之形而慑强侯之志，故南征北伐之后行狩东都，中兴之治成矣。

车马徒御之盛最可以觇治象，盖必比闾族党州乡不失其业，而伍两卒旅师军之众乃给也。必井邑丘甸县都各安其居，而戎马甲士步卒之赋乃充也。外攘之功成，内修之政可想，序所以谓宣王复古欤！

以燕天子，臣爱君也。以御宾客，君爱臣也。泰交之盛，见于田猎。

不必处劬劳之境，自知劬劳之苦，心与民通，故曰哲人。目睹劬劳之状，不识劬劳之情，心与民隔，故曰愚人。

讹言之起，自谗言召之，好恶紊于上，则是非淆于下也。惩讹言必自弭谗言始，以敬弭谗，所谓一正敌百邪，一诚消百伪也。

六月以下五诗，中兴之治盛矣。至庭燎以下三诗，《序》则以为箴王、规王、诲王之作，盖乾之上九，亢龙有悔，“泰”之上六，城复于隍，国家隆盛之时，稍有志得意满之情，则大业隳矣。使宣王悟三诗之旨，何至千亩之败哉？

毛、郑以鹤鸣为求贤之诗，亦自可味。盖鸣皋闻野，名实相副也。潜渊在渚，出处有时也。上檀下萚，贤否必辨也。他山攻错，远迩不遗也。上四句主贤者言，下四句主求贤者言，与诲王之说为近。

一九　祈父之什

危者使之安，鸿雁之民所以乐。守者使之战，爪牙之士所以忧。

爪牙不可离身，故宿卫不可离王。

王得爪牙，士所由效忠。母不尸饔，士所由尽孝。使予士远君亲而歉于忠孝，祈父之咎也，所以为转予于恤。

公侯之爵不足縻，所以明君臣之义。金玉之音毋容闷，所以通朋友之情。

昏姻之故，言就尔居，谊本亲也。不思旧姻，求尔新特，情则恝矣。挟甚亲之谊，而遭甚恝之情，乃一以平情之言处之，故观"尔不我畜，复我邦族"之言，可以长斯人廉耻之心。观"诚不以富，亦只以异"之言，可以消委巷争竞之习。

序以祈父以下四诗为刺宣王，盖祈父咏则视六月采芑之师远矣，白驹咏则视车攻之会同远矣，黄鸟、行野咏则视鸿雁之安宅远矣。忧劳成业而满假败之，宣王之贤犹若是，惜哉！

斯干首言兄弟，欲当时兄弟共保此室也。末言男女，欲后世子孙常守此室也。颂不忘规之意。

斯干考室，一身获安，而四海之获安可知也。无羊考牧，庶物遂生，而兆人之遂生可知也。

观吉日之伯祷，知用马之重。观无羊之考牧，知用牛羊之重。盖国之大事在祀与戎，三者尤祀戎所必备也。

录祈父、白驹，推中兴所由衰。录斯干、无羊，推中兴所由盛。

召公之后有召虎，宣借之以兴焉。吉甫之后有尹氏，幽因之以替焉。人材殆与国祚相终始乎？

福善祸淫，天道也。赏善罚恶，君道也。小人罔君子，姻亚致膴仕，君与天道相违，所以降鞠讻大戾欤。

尹氏之罪至于天怒人怨，不惩其心，复怨其正，无所望其悔也。

故式夷式已，如届如夷，惟冀王之畜万邦尔。

沔水之讹言，讹言之始也。正月之讹言，孔将则患方大矣。履霜致坚冰，可弗戒哉？

正月之诗，写忧最深。忧心京京，念宗社之重而忧之大也。忧心殷殷，念菑害之近而忧之亟也。然我独忧而人不忧，故忧心愈愈而反见不忧者之侮，亦孰知念国而忧心惨惨，自伤而忧心茕茕哉？

旨酒嘉肴，有屋有谷者乐之，茕独者夭椓，谁复惜哉？杜子美诗“朱门酒肉臭，路有冻死骨”，意与此同。

乌止屋，为民忧也。鱼在沼，为贤人忧也。忧民而期其得所，忧贤人而期其在位，使若人秉国钧，周宗安得灭哉？

朔月辛卯，何义门云：近刻月作日，非。案《学斋占毕》云：注云：朔日也，而乃谓之朔月，盖月朔之反辞，犹之月正元日，乃正月元日也。魏了翁《正朔考》云：夫十月之交，则十一月矣，是周人朔月也，故曰朔月辛卯。正朔日食，古人所忌，故曰亦孔之丑。周人以十一月为朔月，未尝改为正月也。蔡文勤公云：朔月辛卯，宋本朱传犹然，元板乃误为日。

日食电震，天道之变。川沸山崩，地道之变。嬖宠艳妻，人道之变。为幽王危者切矣。

凡百君子，莫肯用讯，原其情不过恐其躬之瘁耳。然一身之利害轻，君之安危重，所以探其惧祸之情而责以效忠之术也。

节南山以下四诗，皆痛西周君臣致乱之由。雨无正，责去国之臣，义尤正大，盖君臣之义无所逃于天地之间，无事则承其休，有事则避其难。佞者巧言，而忠者又不能言而去，则民之疾苦，政之紊乱，国之颠危，终不得入于王之耳也。冀大夫之复位而尽言于王，庶几匡既灭之周宗耳。

二〇　小旻之什

谋夫孔多，臧不臧几无从辨，准以先民、大犹而听，言之道得矣。盖先民是程，则非二帝三王之法不用也。大犹是经，则非诗书六艺之道必惩也。回遹之谋，犹安得用哉？

各敬尔身，僚友相勖以敬。各敬尔仪，兄弟相勖以敬。敬之一言，家国同之。

敬之心，萌于明发，矢以日月，警于夙夜，终日乾乾之君子似之。

兄弟敬仪而上怀二人，下诲其子。盖国不治而家不可不治，天下不治而身不可以不治也。

遇乱世则祸患之来有不可以常理测者，然必自反无致祸之由，而后免于岩墙之咎，盖君子履冰临谷，与小人之趋利避害自别。

作小弁者言及瞻父母之至情，非独感动幽王，亦惧宜臼以废弃之故怼其亲也，厥后宜臼奔申，致申侯构犬戎之难，所谓瞻依之念安在哉？

脱兔墐人，以恻隐之心动之。析薪伐木，以义理之心动之。

采苓之言拒谗也，曰舍旃。小弁之言察谗也，曰舒究。盖谗言而舍置之，则决于几先而无狐疑之祸。谗言而舒究之，则详于事后而无暴发之虞。虽浸润之谮，肤受之诉，皆有所不行矣。

谗言之兴，由人君怒善言而喜盗言，故喜怒反而乱生，喜怒正而乱止。

谗人之止共，所谓小忠小信也。然盗人主之柄而害及国家，故曰惟王之邛。

巧言以下三诗，皆为刺谗而发。自古国家之变未有不自谗言始者，是以舜之命官曰堲谗，孔子之为邦曰远佞。

巧言曰：尔居徒几何？何人斯曰：谁为此祸？巷伯曰：谁适与谋？盖蟊贼内讧必盛其党与，若晋二五，楚鄢费，汉恭、显之类。

苏公嫉谗而望其来，巷伯嫉谗而教以慎，诗人忠厚之至！

谓尔不信，则尔之诈有时穷。既其女迁，则尔之罪无可遁。可为千古谗人之鉴。

顾周道而涕，心乎王也。睹公子而疚，心乎国也。念惮人而哀，心乎民也。谭大夫之贤可知。

忧伤之情以逸乐者，形之愈甚，故葛屦履霜，睹裘服之豪华更戚。公子行路，视舟私之坐享弥悲。

酒不以为浆，佩璲不以为长，取之尽锱铢，用之如泥沙，物力安得不绌哉？

光天化日，治世之象。飘风凄日，乱世之象。人事变于下，则天道变于上。

栗梅之兴，人不如草木全其质也。杞薇之兴，人不如草木遂其生也。

二一　北山之什

国家之事以众而集，以独而隳，正月之大夫忧而独，北山之大夫劳而独，国事其不可挽乎？

劳者多忧，逸者多乐，故经营鞅掌，深惨怀畏咎之情。饮酒偃床，肆风议栖迟之志。忧劳者固不屑为逸乐，正恐逸乐者多而王事废耳。此贤劳之所以咏也。

怀归之情不敢告于君，呼上天以鉴之，仰不愧也。念共人而诉之，俯不怍也。

靖则不欺，共则不苟，靖共者必正直，故能正直是与，好是正直。

神，聪明正直而壹者也，正直是与则尽力者殷，好是正直则倾心者挚，所以获神之福禄欤。

今乐同民，亦足为治。古乐不同民，无裨于乱，鼓钟犹是，而德则非，诗人所以思淑人君子也。

周家以农事开基，故读七月之诗，知天子重农于国。读楚茨诸诗，知卿大夫重农于家。

祭则曰孝孙，言禋享之诚也。田则曰曾孙，言缵承之远也。

楚茨之燔炙苾芬，祭如在也。甫田之琴瑟牺羊，祭神如神在也。

楚茨一诗，言祭礼极备，昔茨棘，今仓庾，溯祭之原也。艺黍稷为酒食，预祭之具也。择烝尝，重其时也。洁牛羊，虔其物也。孝孙君妇，主祭之专也。宾客兄弟，助祭之众也。剥烹燔炙，祭之品各详也。齐稷匡敕，祭之仪必肃也。君妇莫莫，执爨踖踖，贵贱无不敬也。式礼莫愆，废彻不迟，始终无不敬也。祝祭于祊，祀事孔明，祝以孝告也。孝孙徂位，工祝致告，嘏以慈告也。神饮食，人醉饱，幽明同也。锡尔极，绥后禄，感应捷也。祭之为物大矣，其教之本欤。

食我农人，则君之富藏于民。烝我髦士，则家之教成于国。可见上下一体。

我田既臧，曰农夫之庆，黍稷稻粱，亦曰农夫之庆，一以见田之善归功于农，一以见谷之多归美于农，皆得鼓舞之意。

遗秉、滞穗，寡妇之利，所谓菽粟如水火而民无不仁也。

天下初定之后，则重偃武，民久苦兵，宜与之休息也。天下承平之久，则重讲武，民不知兵，宜振其玩弛也。君子靺韐之服、鞞琫之饰，中兴之气象见焉。

君子保室保邦，之子有誉有庆，君臣休戚与同也。

二二　桑扈之什

戢则凛王章而守侯度，请隧问鼎之奸，无有也。难则奉祖制而贻孙谋，好鹤观鱼之侈，无有也。故足以宪百辟而受福。

頍弁之兄弟甥舅，与伐木之诸父诸舅同，周之得天下，兄弟甥舅之力多，故其宴同姓异姓者常挚，封建之泽，绵祚八百，有以夫。

兄弟匪他，兄弟具来，专言之，兄弟甥舅兼言之，周之宗盟，异姓为后，有自来矣。

式燕且喜，德有以悦其心也。式燕且誉，德有以成其身也。夫妇之间以德，取性情正矣。

趯趯毚兔，状谗人之狡。营营青蝇，刺谗人之浊。

宾筵首二章举射祭之饮，所以为法。后三章举饮酒之乱，所以为戒。

祈尔爵乃饮，奏尔能乃饮，酒以成礼，不继以淫，所以无伐德之乱。

世道有治乱，人身亦有治乱。世之乱，正不胜邪也。身之乱，理不胜欲也。助欲之害，惟酒为甚。初筵秩秩，既醉，不知秩，理为欲昏。朱传所谓始乎治、卒乎乱也。

酣身燕丧威仪，纣之所以狂。饮酒维其令仪，武之所以圣。盖仪者所以定命也。

酒之为祸，常自怠气召之。酒能昏人之神明，人之神明昏，亦与酒为缘。邴原教学，终岁不饮，勤故也。

鸳鸯、鱼藻，皆无颂德之辞。然福禄者德之应也，岂乐者德之著也。故不言德，而德可见。

采菽一诗最见天子礼遇诸侯，情文交至，未见而筹其宠赉，方见而喜其车旗，既见而美其芾逼，既予其交际之敬，又申以福禄，既嘉其镇定之功，又奖其左右。至天子葵之，则君子德蕴，亦皆在天子鉴察中。此比象所以为亲诸侯也。

先言匪纾，后言优游，是谨恪中有雍和气象。

相怨一方，犹俗言一面理也。据一面言只见得人有怨于我，而不肯思及我之所以致怨，此于常人犹不可，况兄弟乎？

典午氏八王构难，卒兆五胡之祸，所谓受爵不让，至于己斯亡也。

兄弟昏姻之远，必由谗邪间之，疏者附则亲者隔矣，佞者进则贤者退矣。欲亲九族而教以去谗，此正本清源之论也。雪见日则盛阴消，王去谗则群邪沮。

尊之曰上帝，畏其威而不敢近，斥之曰彼人，厌其贪而不肯近。王心之仁暴，天下之向背系之。

二三　都人士之什

都人士容貌、辞气著于一身而表率万民，盖王化之行常始自士人，其衰也，亦先变自士人，故欲治民者，必以养士为务。

士而曰都人，国之光也。女而曰君子，家之范也。

狩䋣弓钓纶绳，犹爱贤者愿为执鞭意。

申伯封谢，所以蕃东洛而保南土也。东迁后戍申，则洛邑为都，而申尤为屏蔽，自楚灭申而后荆舒日炽矣。故召伯营谢而王心安，而采芑之师不烦再出。中兴规画可见。

任辇车牛，民之物也。徒御师旅，民之众也。皆以我统之，上下一体，故功易成。

君子德音孔胶，入人之心而固结不可解，心藏不忘，则感德者亦固结而不可解也。

黄者色之正，绿则冶矣。鹤者性之清，鹙则浊矣。嫡妾之不可紊如此。

饮之食之，养于家也。教之诲之，讲于学也。后车载之，升于朝也。

瓠叶、兔首，可以享宾，温公所谓会数而礼勤、物薄而情厚也。

菀柳而侯服怨，白华而中宫怨，渐石而将帅怨，苕华草黄而居者、役者皆怨，何待骊山之变始知周宗之灭哉？

盛世之仁及草木，葭蓬之咏是也。变风以苞稂之浸终，变小雅以苕草之黄终，可以观世道矣。

大雅

二四　文王之什

以形体言，谓之天神之所著，与天同，故曰昭。以主宰言，谓之地神之所依，与帝一，故曰在。

文王孙子，本支百世；商之孙子，亦其丽不亿也。周之士思皇，殷之士亦肤敏也，子孙臣庶犹是一则兴一则亡，视天命何如耳。周以缉熙之敬承天，纣以荒怠弗敬自绝于天，天命去留，视人心敬肆，宜鉴于殷。仪型文王二语，足蔽一篇大旨。

首章先文王而后言天，言求文王，当观天也。末章先上天而后言文王，言法天，仍效文王也。

伊尹戒太甲曰：天难谌，命靡常。周公戒成王曰：天难忱思，不易维王，大臣责难于君，先后同揆。

国之有適嗣，所以承天也。纣虽殷適而天心不属焉，无德故也。大任与王季同德而生文王，大姒与文王同德而生武王，天命在殷者移之周矣。盖大君者天之宗子，惟与天肖德，则天命归之。

详述一家之祖孙、父子、夫妇、妇姑而以伐商、清明终之，所谓正家而天下定也。

即有部家室，部民之始也，故曰厥初生民。俾立室家，岐民之始也，故曰民之初生。

疆理宣亩之后，乃及作庙。传曰：民，神之主也。是以圣王先成民，而后致力于神。

大邦畏力，故昆夷喙。小邦怀德，故虞芮成。

地中有水，师，而其德行险而顺。周王之六，师，所以取兴于烝徒之楫欤？

人云作者，人之情好逸，作之使怠者奋也。四方云纲纪者，四方之心不齐，纲纪之使散者聚。

旱麓六章，五章皆言神降福禄，惟三章独言作人，盖人者帝心所简，在《书》曰吁俊尊上帝，则作人为感神获福之本。

首言干禄岂弟，末言求福不回。其诸异乎封禅祠祷之干求欤。

曰文王之母，见育圣者为圣所由成。曰京室之妇，见配圣者为圣所由助。曰思齐。见母仪之立。曰嗣徽,见配德之修。曰媚周姜,则有以悦姑之心。曰嗣徽音,则有以继姑之范。百男之福,周之宫壶之德致之也。

不显亦临,无射亦保,敬之缉也。不闻亦式,不谏亦入,敬之熙也。

与宅、省山而承帝眷,可知天命有德。伐密、伐崇而因帝谓,可知天讨有罪。

古公得大姜而曰天立厥配,文王得大姒亦曰天作之合,天之眷周至矣。

因心则友,季之心即伯之心也。帝度其心,季之心即帝之心也。

伐密咏我陵、我阿、我泉、我池,疑于私而以无畔援、无歆羡始之。伐崇咏是我、是伐、是肆、是绝、是忽,疑于武而以不识不知始之。盖圣王之征伐皆顺乎天理人心之自然,如风雨虽驰骤、雷霆虽迅击,而太虚之体仍不动。

上帝求民之莫,监观四方而得周,木拔道通,民定于太王。长君顺比,民定于王季。遏密伐崇,民定于文王。故仇方者四方之仇也,为四方去仇雠而安定焉,孰得而侮之拂之哉。

《春秋》庄公筑台三,成、召、定筑囿各一,皆讥于君子。文王灵台、灵囿则美于诗人,得民心不得民心之分也。

灵台之子来,文以君道兼父道也。辟雍之於乐,文以君道兼师道也。

周世有哲王,王之哲以德故也。武王之配哲王,即配其世德也。三后在天,则三后配天也。武王配命,即配三后在天之命也。此所以为王之孚,所以为王之孝欤。

文王笃周祜，武王受天祜，惟有以笃之，斯有以受之。

因求宁而有武功，知武功所以安民也。武王曰：无畏，宁尔也，非敌百姓也，亦此意。

文遹追来孝，武永言孝思，文、武皆以孝治天下。

镐京辟雍所以别于灵台之辟雍也，定天下以学校为先，此万世帝王之法也。

二五　生民之什

自神农教民稼穑，上古固粒食矣。洪水昏垫，高原下隰，皆成泽国，民失其业，物乖其宜，上帝悯焉。后稷之出也非常，故其生也亦非常，盖就口食而知种殖，此天之默相后稷也。辨嘉种而粒烝民，又后稷之辅相天也。

百谷者，天地之精英。凡天地之所生以养人者，皆阴阳之气所凝也。升香居歆，气上达而仍以人之精诚将之，凡以告成功于天地耳。

天不能教民耕也，生先知先觉之圣人以教之，则后稷亦天也，故郊祀以稷配天。

周室开基，推原后稷教稼，正见得天下以养民为根本，兄弟具尔，燕之所以为本也。嘉肴酒醴，燕之所以为文也。无本不立，无文不行。

首曰兄弟，痛痒切则休戚同也。末曰寿考，阅历深则辅道笃也。

君子万年，介尔景福，五福首称寿也。君子万年，介尔昭明，大德必得寿也。

笾豆静嘉，物之洁可知人之诚也。朋友攸摄，助者之肃可知主者之敬也。

锡祚胤，所以承君子也。釐女士，所以助君子也。君子之福，莫大于是。

无有后艰，谓后克艰厥后，臣克艰厥臣，当时尽其艰不至贻后艰也，颂中之规可见。

君之令德，显而又显，故天之保佑，命而又申。

祖宗之法，贻于先不可更于后也，故旧章曰率由。贤才之德，耦乎君即可施于民也，故群匹亦曰率由。

夙夜匪懈，以事一人，臣之不懈，所以为君也。不懈于位，民之攸塈，君之不懈，所以为民也。

公刘之匪居匪康，诗中缕陈者，可想见积仓糇粮干戈弓矢，未迁之时，养民卫民者已具矣。启行以后，曰原、曰巘、曰泉、曰冈、曰阴阳、曰隰原，国之地形无不悉也。曰京师、曰豳、曰渭、曰皇涧、曰过涧，国之地名无不悉也。相土而曰胥、曰陟、曰降，苟可以宜民者不辞劳也。营邑而曰逝、曰瞻、曰陟、曰觏，苟可以安民者不辞劳也。授田而曰相、曰观、曰度，苟可以利民者不辞劳也。至于匏豕飨臣工，君宗垂家法，三单创军制，彻田定赋税，大典之举也如是。囊橐相资，筵几必备，玉瑶容刀昭其度，取厉取锻裕其材，小物之勤也又如是。由是而民戢而业光，皆起于匪居匪康之一念而已。

民之攸归，如子之瞻依其父母也。民之攸塈，如父母之安息其子也。辅氏所谓终首章父母之义也。

游观所以节劳佚，召公从王游，歌而广王心，以求贤大臣，引君当道，随在不忘规谏而已。

似先公、主百神、常纯嘏，皆以弥尔性言之，可见法祖、祀神、承天，必须方寸中无一毫欠阙。

以引以翼，进之以格致诚正之学也，故曰四方为则。令闻令望，成之以修齐治平之美也，故曰四方为纲。

成周之化行于家，而公子公姓皆麟也。成周之化行于国，而吉士吉人皆凤也。岂必在郊棷者为麟凤哉。

卷阿凡十言君子，君子之德既待贤而成，君子之民又待贤而治，君子之使命既足任用贤者，君子之车马又足礼遇贤者，其望君子者殷，而期君子求贤者挚矣。

诡随，阴欲有所逞于我而阳随之者也。王安石信吕惠卿，行青苗法，温公规之曰："巧言令色，鲜矣仁。忠信之人于公当路时，虽龃龉可憎，后必徐得其力。谄谀之人于今诚有顺适之快，一旦失势，必有卖公以自售者。"意指吕也。呜呼，福建子之诡随，固荆公纵之者也。

诡随之情甚纤，必早制之，以杜其萌，故曰无纵。寇虐之害将炽，必力绝之，以熄其焰，故曰式遏。

小人之诡随寇虐，要其始终之害而言也。其情态之由诡随生者，诗人尤致谨焉。无良者面若可恃，而善念已绝也。惛怓者词虽可悦，而主听已惑也。罔极者得君之心，即穷己之欲也。丑厉者盗国之柄，即滋民之害也。至是去之不能，诛之不可，惟相与牢固不解而已。所由以缱绻终也，可谓知小人之情状矣。

卷阿亲贤，而冯翼孝德备言之。民劳去不肖，而诡随之状备言之。所以告万世求贤察佞之法也，岂特为一时之黜陟用哉。

天方难而宪宪，豫上六之所谓冥豫也。天方蹶而泄泄，兑上六之所谓来兑也。

辞辑怿而民洽莫。唐陆宣公代德宗草诏书，后李节度来朝言：

"山东将士见诏感泣,臣于是知贼不足平也。"诗人之言,千古龟鉴。

《易》言:丈人吉,弟子凶。《诗》言:老夫灌灌,小子蹻蹻。国家之事,未有不以持重老成而得,喜事少年而失者也。

敬慎威仪,则能近有德。威仪卒迷,则善人载尸。君子之于人,常视礼貌盛衰为去留,卫灵公仰视蜚鸿而孔子去是也。

乃坏汝万里长城,即俾城坏意。

天心之去以不敬也,回天心仍敬天而已。天心爱人而怒,天道有常而渝,此必人事有以干之者。出王、游衍,皆知有天在而以敬承之则格天者至矣,此所以示其迁善之方而欲拨乱反之治也。

二六　荡之什

天生烝民,有物有则,人心继续乎天心,天之常也。天生烝民,其命匪谌,天心转移于人心,天之变也。

靡不有初,如恻隐之心、平旦之气,皆可以见天理之流行,而未尝一息或绝也。不保其初者,人不尽其力以扩充之耳,故曰鲜克有终。

流言止于智者,王德不明,故流言以对。

有觉德行,则四国顺之。回遹其德,则俾民大棘。所以示法戒者深矣。

讦谟定命,远犹辰告,治平之事也。敬仪慎话,寝兴洒扫,修齐之事也。尔室屋漏,神不可射,诚正之事也。除童角之惑,效柔木之质,与夫面命谆诲之详,格致之事也。寻流溯源,与大学八条目,节相表里。

弓矢戎兵,用戒戎作,安而不忘危也。如彼泉流,无沦胥以亡,存而不忘亡也。天方艰难，曰丧厥国，治而不忘乱也。

孔子曰“可以无大过”，不曰无过。魏武公曰“庶无大悔”，不曰无悔。圣人之虚衷若此，学者可不惧哉？

小人之坏乱人国，无非保身家之一念启之。究其敝坏之极，君子罹其害，小人亦不能私其身，如凿舟而灌之，身在舟中，无能自遁也，故曰载胥及溺。

君子进则治，退则乱，否泰之象，于君子小人之消长征之，君子而好是稼穑，小人而职竞用力，时事可知矣。

召穆公作荡之诗，芮伯作桑柔之诗，王虽不听，而君臣之大义、兴亡之明鉴昭然矣。宣王中兴，犹借老成人之力，此以知国有重臣，天命已去而可留，人心已离而可合也。

云汉写宣王修省之心最迫切，上呼天祖，中告先正，下勉臣工，无非爱民之一念所发，至诚可格天，所以回天心也。宣王恐惧弭灾，与大舜号泣感亲相似。

宣承厉，平承幽，乱一也。而宣以兴、平以替者，宣干蛊、平裕蛊也。封建之泽，明王在上，振作之，必以安中国、靖四夷为首务。先儒以申伯式南邦为制荆、楚，仲山甫城东方为制淮、徐，韩侯受北国为制玁狁，宣之驭天下，大纲举矣。平东迁以后，志在苟安，中国内溃，四夷窃发，戎伐命卿，荆食诸姬，狄伐邢、入卫，至后而淮夷且会申，故宣王得诸侯，一举而靖四海之患；平王失诸侯，且数百年贻子孙之患也。诗亡《春秋》作，所以予桓、文之功欤。

在周而王室靖，故曰维周之翰，于谢而南邦靖，故曰戎有良翰。

曰南国是式，曰登是南邦，曰南土是保，宣王之于南，致意者再三，其亦远见后世蛮荆之患欤？

诗言召伯城谢，仲山甫城齐，燕师城韩，政在天子也。《春秋》

书城邢、城楚丘、城缘陵、城杞，政在诸侯也；书城成周，政在大夫也。

才之大可以蕃国，此精英之所毓也，故申推岳降。德之粹可以格君，此灵淑之所钟也，故甫曰天生。

天子是若，欲君之顺乎德也，非阿徇之谓若也。王躬是保，欲君之养其德也，非安逸之谓保也。

知其身之不敢负乎王也，故曰保其身。知其心之不稍忘乎王也，故曰慰其心。

命仲山甫曰缵戎祖考，命韩侯曰缵戎祖考，命召虎曰召公是似，惟宣王能以祖宗之法为法，故欲其臣皆以祖宗之心为心。

述宜家之乐，所以生其报国之心。详生物之繁，所以励其保邦之计。观韩侯取妻二章，知非好为铺陈美盛也。

王锡韩侯者，车服之美如是。其饯之也，肴蔌之备又如是。侯之所献仅皮服耳，所谓厚往而薄来也。

始以武夫经营四方，终以文德洽此四国。拨乱之初，非武不能平。反治之后，非文不能教。马上得之不可以马上治之，信然。

召公日辟国百里，召虎式辟四方，所以勉以召公是似也。

君锡臣以祉，臣勉君以德，君之德，臣之福也。

岐周近玁狁，将营四方，恐玁狁议其后也，故北伐独先。南方蛮荆方横，失此不制，必将联合淮南北之夷以及徐戎，而东南骚然矣，故以元老帅大众征之。蛮荆既服，即用江汉之兵顺流而下，而淮南之夷定焉。江淮未通，势不可以及淮北，且恐久劳江汉之师。而淮夷之与徐戎合者，又非偏师所能制也。王亲出六师，皇父为主将，休父为副将，雷霆鸠虎之众出淮渍而陈，先有以夺徐方之心。天下之人于是知天子不惮勤劳，将帅皆能御侮，反侧者谁不惮王灵乎？故玁狁、蛮荆、淮南专其任，所以成一方之功。淮浦、徐方亲其事，所以靖天下之气。

山之苞，所谓守如处女也，川之流，所谓去如脱兔也。

敬戒则不伤财，不害民，所以惠南国也。允塞则无尔诈，无我虞，所以来徐方也，斯为王者之师。

谗邪进而贤路沮，则士其瘵矣。赋敛急而农业荒，则民其瘵矣。邦靡定而害先在士民，士民困而国随以亡矣。

纣用妇言为牝鸡之晨，幽用妇言为枭鸱之恶，怪异在人不在物，妖孽由己不由天。

君子识贾利紊公私之分，妇人预公事紊阴阳之分。

国家有女祸者，必有兵戎。艳妻宠之，介狄舍之，骊山之端见矣。

幽之昏乱极矣。诗人若曰：昊天犹能巩之，皇祖犹能救之。此大声疾呼以冀王之悔祸也。惜乎幽之终不悟也。

池竭不云自频，泉竭不云自中，小人擅权，其颠倒是非，常不顾理之所在也。

上篇言人之云亡，此言不尚有旧。宣王中兴，世臣之子孙多怀先德，虽经剥丧之余，犹必有如硕果之不食者，此以见文、武、周公之遗泽长也。

周颂

二七　清庙之什

文之德一敬而已。陟降在帝，文之敬昭于天也。对越在天，文之敬孚于人也。

兴王业者不得参一毫私意，故文王曰纯。守王业者不得萌一毫怠意，故曾孙曰笃。

国之祥瑞莫大于纪纲法度之修明，故文之典即周之祯，而乌集周社、凤鸣岐山不与焉。此可破后世谶纬之谬。

锡祉福，则天子保天下矣。戒封靡、念戎功，则诸侯保其国矣。而所以致此者，非本原于道德不能，故陈前王之道德，欲君臣相勉于无尽焉。成周之君臣一体，何等忠厚，汉世祖不以功臣任吏职，宋艺祖杯酒释藩镇兵权，犹未足语。此无论乎菹戮越、信者已。

高山之作，大王承天，文王承大王，周之子孙承文王，思天与祖宗之德而世守者，益凛然已。

夙夜基命宥密，敬天之渝也。夙夜畏天之威，敬天之怒也。必言夙夜者，昊天曰旦，昊天曰明，无一息敢与天间断也。

文王之典自后世修明之，曰清缉熙，如日月之光四方也。文王之典自后世恪守之，曰仪式刑，如天地之范万物也。

雷电之威，天不轻用，而人莫不畏天。兵刑之威，君不轻用，而人莫不畏君。盖威令既明，小人固小惩大诫，君子亦恐惧修省，所以薄言震之，莫不震叠。

肆德时夏，任德不任刑也。陈常时夏，能养且能教也。

汉高祖、唐太宗平秦、隋之乱，可谓勇矣，而衰暮则荒。唐肃、代之任李、郭，宪宗之任裴度，可谓知矣，而贤否终混，此武王之执竞，成、康之明所以为开创守文之式欤。

后稷以农事开万事世之利，而三代井田之法实基于此，故帝命率育，而陈常之理即在其中。秸秷粟米，君臣之义也。春酒眉寿，父子之恩也。主伯亚旅，长幼之序也。男耕女馌，夫妇之别也。合作均收朋友之信也。于此养即于此教，则所谓陈常者，岂待命契敬敷之后哉？

二八　臣工之什

臣工，序以为诸侯助祭遣于庙也，朱子以为戒农官。郝氏敬曰："戒农官何与于颂？宜从序说。"按周自有部播谷，公刘彻田，大王疆理宣亩，文王即康功田功，历世相承，未有不以农事为重务者，颂以告成功于神明。农功既成，则所以慰列祖之灵者，在是戒农官，何尝不宜于颂哉？

菽粟者生人之本，成法釐于王，咨度于臣工，董劝于保介，作苦于众人，朝野上下无不郑重于农事，庶几受上帝之明赐乎。

命众人而曰我，见王者以同体视兆民。置公田而言私，见王者以美利让四海。

颂我客者二，颂有客者一。客之贤必告于庙者，见夏、商之奉祀得人，而周先王之心亦慰已。

黍稌酒醴，何以降福？《传》有云："奉盛以告曰'洁粢丰盛'，谓其三时不害而民和年丰也。奉酒醴以告曰'嘉栗旨酒'，谓其上下皆有嘉德而无违心也。所谓馨香，无谗慝也。"降福之本固有在已。

绥予孝子，亲之安即子之安也。燕及皇天，人之安即天之安也。

朱子以皇考、烈考为一人，先儒多以皇考为武王、烈考为文王。东莱吕氏引闵予小子之颂曰："於乎皇考，永世克孝。明皇考者，武王之称。"然成王称武王为皇考，武王自亦称文王为皇考，无以定其非文王也。盖尊言之曰皇考，以功德对举言之则曰烈考。文母、皇考、烈考皆当指文王耳。

锡祉福曰烈文辟公，绥多福曰烈文辟公，诸侯助祭而以福祉归功者，盖诸侯多从先王底定天下，其精诚尤易接于神明。一则曰惠我无疆，一则曰俾缉熙于纯嘏，尊礼元勋，实以尊崇祖祢也。

惟十有三祀，王访于箕子，从商之正朔也。有客有客，亦白其马，从商之服色也。不忍伤贤人之心，周之盛德也。

殷不胜则纣之残害万姓未已也，故胜殷乃遏刘，征诛吊伐岂得已哉？

二九　闵予小子之什

皇祖陟降庭止，昭考陟降厥家，天陟降厥士。天与皇祖考之神无时不接于心目，而怠忽之念何自起哉。

访落慎始者无后灾，“大过”初六之借茅也。小毖谨小者无大患，“坤”初六之履霜也。

敬之监于天，小毖监于人，成王之于忧患深矣。

风雷彰周公之德，王出郊亲迎，天乃雨反风，天人之应，捷于影响，故言天维显、命不易也。

傅说戒高宗以学逊志、务时敏，后乃言式克钦承。成王学有缉熙于光明，后乃言佛时仔肩。人君力勤于学，是非邪正之界既明，然后受启沃之益，未有不格致而治平者也。

使蜂而求螫，权假于人，害贻于己也。桃虫而维鸟，势忽于微，患至于大也。

飶香光邦家，耕之教忠也。椒馨安胡考，耕之教孝也。

载芟、良耜二诗，见治象之成，不出乎家人妇子，王道之本，不离乎日用饮食。

胜殷遏刘，应乎人也。养晦用熙，顺乎天也。

保厥士则将帅之才皆道德之选也，定厥家则海宇之广皆户庭之内也。

时迈言河岳，般颂言河岳，盖五岳视三公，四渎视诸侯，天下大定之后，明则与群辟治之，幽则与百神治之，兴王之气象远矣。

鲁颂

牧马之盛由立心之远，故秦之小戎是霸者气象，鲁之駉马近王者气象，所以一变至道欤。

大夫谋乐，以怀安为乐也。群臣胥乐，以尽职为乐也。

无小无大，即成人有德、小子有造意。

棫朴曰寿考作人，泮水曰永锡难老，所谓久于其道而化成也。

僖在位三十三年，按《春秋》惟二十年春新作南门为讥，其余不城一邑，不筑一囿，十二公中爱民力、重农事，惟僖为最。至作泮宫以育才，作閟宫以享祖，皆先务之为急也。

荆舒是惩，说者以《春秋》僖四年会齐伐楚，盟召陵当之。然二十六年夏，公子遂如楚乞师；冬，公以楚师伐齐，取谷，导蛮夷以躏中夏，安见其能惩哉？

商颂

成汤圣敬日跻，汤孙温恭朝夕。正考父鼎铭云：一命而偻，再命而伛，三命而俯。则敬、恭者，殷商之家法也。

锡福于己，以绥我眉寿，黄耇无疆为辞，言一人受福之长也。锡福于人，以自天降康，丰年穰穰为辞，言兆人受福之广也。

契所敷五教为天下达道，故受小大国而皆达。

商之伐韦、顾、昆吾，与周之戡黎、伐崇、密，皆以除残暴、救一方之民耳。使桀、纣有悛心，何至有南巢、孟津之举哉。

田野不治，土地荒芜，则有让稼穑匪懈，所以勿予祸適。三代重农若此，此宜享国之长也。

荆楚之役，三年克之，近于劳师，罙入其阻，近于蹈险。不知殷都偃师，荆楚居国南乡，实为右臂，不示以威，大河以南将骚然矣。殷高宗、周宣王皆以武烈致中兴，故赫声濯灵，子氏所以复盛，南征北伐，姬宗所以再昌也。

跋

王伯厚《困学纪闻》说经诸条，文多俪偶，取两事之相类或相反者并论，而精义出焉。间举史事印证之。今观仲宣漕帅所著《读诗一得》，笔法绝与相似。其切于日用，吃紧为人，又微似吕叔简《呻吟语》，乃必传之作也。公数历外任，岂弟宜民，庶几诵诗而达政者。是书卷帙不多，幸重刊以惠艺林，盖初学即可问津，而通材亦堪睹奥耳！

同治三年三月，归安钱振伦跋尾。

望三益斋制艺（同治三年六月重刊）

序

吾乡自毛先生俟园工为制艺之文，越数十年，而吾师仲宣先生望三益斋四书文出。先生以名孝廉通经练事，体用卓然，斯文特绪余耳。平日读书淹贯，能见其大，又其立心制行，以古人为必可学，而至植根蹈矩，无纤毫荣利嗜欲之念动于中，而其用功之节目、教人之次序，则一主平实，故其为文不矜奇博，务归笃雅。荫棠从先生最久，粗循途辙，犹隔堂奥。今先生出宰且十年矣。于时逆氛未靖，袁江南北冲要，从容坐理，屹若长城。公余稍暇，不忘诲育。荫棠深惭暗弱，进不能磨盾横槊，退不能怀铅握椠，顾手此一编，素所服膺，虽曰少作，要其明政事，美文章，出处之际可以观矣。请付剞劂，莞尔许之。昔王文成身处戎行，与及门讲学，弦诵之音不辍，读是编者，亦恍然而得先生之用心乎！愿与同志共宝之。

咸丰四年十月，受业门人王荫棠谨撰。

○一　定而后能静，静而后能安

于定后验知止之功，静与安可递及也。夫定者志之所向，志定而心之静，身之安从之矣。于定后验知，静与安不兼有其能乎？且圣王天下大定之后，能静四海之心思而不使动，能安兆姓之身家而不使危，休哉！此大学之成也。然而大学之始，未定天下，先定一心。心定而先自处于不可动、不可危之地，志之所决，神与凝焉，理之所依，境为坦焉，知有以储其源也。知止有定，志定于至善矣。虽然，志有主，而当持之于心也，心有主，而当试之于身也，则更递验其能可乎！今夫天下之理之涵于吾心也，於穆之命，默验其盈虚。庶物之情，潜观其好恶。宰乎诚，不夺乎伪，守其公，不挠其私，则静尚焉，顾静之难能也。煦仁孑义之书与六经之文并著，诬于理者诬于心，信者不静，疑者亦不静矣。谋利计功之习与三代之治相淆，害于政者害于心，趋者不静，羡者亦不静矣。未定故也，定则确。观乎至善之则，而其志之密与循者，独大学有以范吾心而已。邪与正两判其途，定于正而邪者不淆，而后静观乎诗书礼乐之原，有以坚其是也。纯与杂各分其域，定于纯而杂者不乱，而后静契乎禹汤文武之心，有以执其中也。夫行旅有必赴之途，得归宿之区，而歧途不惑；工商有素执之业，安居肆之分，而艺事弥专，而何惑乎大学之由定以几静者哉！今夫天下之故之萃于吾身也，丰啬由于命，乐天者顺之。平陂关乎运，济世者承之。可集菀亦可集枯，与共忧亦与共乐，则安尚焉。顾安之难能也。困厄之乘或极于生人所难受，气为夺者神亦沮，逆之不安，顺之亦不安矣。蹇难之来或开于前圣所未经，心为震者力不胜，诿之不安，拯之亦不安矣。

不静故也。静则坚。守乎至善之归，而其心之隐相丽者，惟大学有以宅吾身而已。夷与险迭更其境，静处于夷以涉天下之险，而后安贞乎仁义忠信之道，有以还其天也。常与变各异其遭，静守其常以御天下之变，而后安处乎君臣父子之伦，有以完其人也。夫童子胜衣就傅而授书束发，毫毛犹且弗忘。农夫力穑先畴，虽有故出疆，耒耜必无或舍，而何疑乎大学之由静以几安者哉！至于虑与得之效，更可进言矣。

笔笔平实，字字清老，置之震川、荆川集中，几无以复辨。受业王荫棠谨识。

〇二　与国人交止于信

交深于在国之人，恃信之止以相与而已。夫文之有国人也久矣，亲之以交，深之以信，而所止不可与国人共见乎？且大学新民之事必言治国，夫国何以治，亦诚其意以与民相固结而已。袭祖宗之业而守根本之区，惟恃此一念之诚乃可维持于不敝，而尊严者或隔以分，反覆者或导以欺，则未知古圣王之虚怀相接而实意相孚者为独挚也。文之于国人更可观已，不窋失官，而国一变；庆节迁豳，而国再变；亶父徂岐，而国三变，周之国屡易矣。顾国易而人不易，士依妇媚之俦与瓞衍瓜绵而共永，则文与国人之谊匪疏也。咏陶穴而人与吾祖居，作程邑而人与吾父居，宅丰水而人与吾身居，国之人亦几易矣。顾人易而国不易，凿井耕田之业与岐阳渭涘而俱长，则文与国人之情尤切也。如是安得不言交乎？如是言交，安得不止于信乎？大抵人之分相敌者交易亲，人之分相悬者交易恝，友邦家君皆树屏藩以通玉帛，以此言信犹易也。至国人则寓贱简之意矣。文直以止信者俯而亲之。菁莪在中沚，信国人可作邦桢。钟鼓在辟雍，信国人堪登学校。至于罝兔兴歌野人，自信为公侯之用。鲂鱼悯役汝坟，共信为王室之忠，则感孚至矣。而文第以为人与人相接之常而已。抑凡人之数隘者交易周，人之数多者交难密，疏附先后皆备股肱以效咨谋，以此言信犹易也。至国人则近统同之说矣。文直以止信者密以孚之，陈大匡之典，信国人可率田功。兴崇墉之师，信国人堪为敌忾。至于东海、北海，来归者信养老之仁。灵沼、灵台，趋事者信子来之义，则契合真矣。而文第以为人与人相爱之忱而已。盖天下患难之交，视安乐之交而倍笃。文当羑里拘囚，几无复西归之望，而国之人曾未有怀离叛之思以背故君者，知国人之信文者深，亦文之信国人者笃也。所以玉门演易格豚鱼者，必系中孚。且天下相交以义，视相交以势者为倍深。文当诸侯怀德，已将观王业之成，而国之人曾未有挟劝进之谋以干西伯者，惟文之信国人者至，故国人之信文者真也。所以南国赓诗颂麟趾者，第称公子。此文之交国人而至于至善也。

心花怒生，墨采腾奋，精警透辟，卓然成家。兄辟之。

○三　所谓诚其意者勿自欺也

自欺者意蔽其知，求诚意者宜力戒矣。夫意涉于欺，则知诚意者仍不能诚其意也。力戒其自欺，而诚意之旨乃明耳。且人苟操识甚明，度天下人无能相欺者矣。然人能禁人之不相欺，而不能禁己之不自欺。盖常人之情，察人则惟恐识之不明，察己则又不欲识之过明，于是自蔽其识，自讳其识，而有识者且谬托与无识者等，则非其识不足，而无力以主其识为足惜也。致知必言诚意，则诚意之旨不可核哉！意之所伏至隐也，致知者于所伏之意常能抉其隐，故意之所在，不知者观之冥然，其知者观之昭然矣。吾蓄吾意，吾不难力剖吾意，夫谁得而蔽其知也？意之所萌至微也，致知者于所萌之意常能测其微，故意之所发，不知者任其纷然，其知者操之确然矣。吾行吾意，吾即当力持吾意，又谁得而挠其意也。若之何有自欺者？人情于用欺之时常诬其所知以相诳，明明一途在此，而谬指一途，以乱其趋；明明一说在是，而妄拟一说，以惑其听。此欺人者之误人则然，而不谓意之自欺者，竟以之自误也，此亦理之无可解者也。人情于受欺之事常昧于所向以相歧，我意之所乐为而人之相阻者或隳其志，我意之所不乐为而人之相诱者或夺其情。此受欺于人者之昧于知则然，而不谓意之自欺者，亦若是自昧也，是又情之宜痛绝者也。若经所谓诚其意者，岂犹任其自误也乎？当其辨邪正之途，亦既深殚夫智虑。假令知已启其信而意之欺或涉于疑，知已导其前而意之欺或移于后，将初念之知不敌转念之欺，而在己已堪自耻，克念之知不敌罔念之欺，而在己尤可自危也。必力防其自欺之原，而由己以径达其意，毋由己以曲徇其意。诚意者乃克坚其诣力尔，又岂任其自昧也乎？当其辨圣狂之界，亦既显判乎从违。假令知已辟其新而意之欺仍安于故，知已开其悟而意之欺仍蹈于迷，将知之者一而欺之者百，自问已无可安。即知之者百而欺之者一，自反亦无可恃也。必力去其自欺之渐，而由己以实副其意，勿由己以虚饰其意。诚意者乃愈严其防检尔，盖自欺之弊去而可以求自慊矣。

认题独见真切，胸中雪亮，腕下风生。傅味琴。

○四　好仁者无以尚之恶，不仁者其为仁矣，不使不仁者加乎其身

推真好恶者之心，而为仁皆有独至矣。盖无以尚，则好仁者为仁也专。不使加，则恶不仁者为仁也笃。此真好恶者，所以难见与？且人心一仁而已，顾有仁而即有隐与为敌之不仁，而仁与不仁遂分途以出，不深嗜乎仁之大则、据乎仁之先者，莫能夺其势也。不严辨乎不仁之细则乘乎仁之后者，莫能绝其缘也。持惟精惟一之心，而极至大至刚之量，其诣乃独远焉。我未见好仁者，则好仁者难言矣。我未见恶不仁者，则恶不仁者难言矣。顾真好恶之人未易见，而真好恶之心则可知，且以好仁恶不仁者推之。今夫根乎性之初，立乎善之长，以植生人之命而莫有易者，则仁之体本尊也。好德者秉彝之心，孰则昧是乎？而特难为不知好仁者言也。仁之理精，骤窥之而未餍其意，则必逞意于纷骛之场矣。仁之旨永，浅尝焉而未洽其情，则必移情于攻取之地矣。其不好也，惟觉有以尚之也。好仁者不然，真知夫肫然无妄之理原于皇降，则求达乎天者，在人不得更辟一境以相倾。真知夫浑然无间之理备于寸衷，则求固乎内者，在外不得更设一途以相夺。盖心既潜乎至奥，斯目之所涉皆粗；而理既引于至深，斯物之所陈皆浅也。夫未好而托言好，有引之而即去者矣。孰知好仁而无以尚者，有以崇其仁之体哉？今夫戕乎性之德，挠乎善之机，以滋人心之害而未易防者，则不仁之累甚巨也。羞恶为本然之良，孰则昧是乎？而特难为不知恶不仁者言也。不仁之入人也甚昵，昵于不仁，则必疏于为仁矣。不仁之投人也甚甘，甘于不仁，则必苦于为仁矣。其不恶不仁而加

乎身也，惟不为仁而有以使之也。恶不仁者不然，真知夫一仁难防众不仁，则所以严其捍卫者，时时虑不仁之肆而履乎贞，必不蹈乎邪。真知夫一仁可敌众不仁，则所以奋其战胜者，息息励为仁之神而主乎诚，必期消乎妄。盖存理之功既锐，斯欲不容溃其防，而闲情之志既坚，斯性益以守其范也。夫未恶而托言恶，有招之而即至者矣。孰知恶不仁而不使加者，有以祛其为仁之累哉！此吾所以推真好恶之心，而益望好恶之人也。

大含细入，理实气充。受业刘念曾谨识。

〇五　愿无伐善，无施劳

善劳皆自为之事，伐施无而私可克矣。盖伐善施劳，皆私心累之也，岂知善劳皆自为之事乎？颜子之志，殆克私之深者与。且学问事功之际，其修于己者至无穷也，其被于人者亦至靡尽也。修于己者辄欲炫诸人，则在己之学问易盈。被于人者辄欲矜诸己，则及人之事功亦隘。尽其在己者，而不必己之争能；广其及人者，而不必人之见德，而己与人庶交相尽焉。回盖静验吾身，旷览万物，而殷然有志焉。性命之功，浅尝焉视为有余，深历焉时形不足。吾挟一得以傲庸愚，则一得亦将自诩；吾策终身以希圣哲，则终身无可自矜也，故终身求性命之精而难恃也。民物之责，当事者独肩其任，匡居者共具其心。吾恝然与天下相隔，则天下何与于一身？吾殷然与天下相关，则一身原属乎天下也。故一身为民物之役而不辞也。如是而可伐善乎？以人之不善形己之善，而伐之念以萌；以己之善胜人之不善，而伐之念以侈。此无论善之机易阻也，即令力勉于善，而何以求善之时其念甚歉，得善之后其念又甚盈也？回愿泯其易盈之念已耳。如是而可施劳乎？以己之劳代人之不劳，而施之情以伏；以己之劳兼人之劳，而施之情以生。此无论劳之事易弛也，即曰不已于劳，而何以方劳之始其情甚奢，既劳之后其情又易隘也？回愿扩其甚隘之情焉耳。必待伐善而始悔其伐，施劳而始悔其施，则无伐施者由后而制之。此不及之势也。回则愿先致其力焉。善本生初所固有，不自见其善而伐之，萌蘖始除。劳亦吾职所当为，不自觉其劳而施之，根株乃净。正谊明道之功，敢参以谋利计功之习，彼善劳之待我尽者，原无止境，即善劳之满我望者，更未有穷期也，而矜情不宜早制与。必以去伐善之迹，而遂谓无伐，去施劳之迹，而遂谓无施，则无伐施者由外而争之。此不胜之势也。回则愿实致其功焉。善亦与知与能之俦所共赋，本无所为善，而伐之私念何存？劳亦欲立欲达之意所由推，本无所为劳，而施之侈心何有？克复归仁之训只完此明体达用之修，觉伐施之无由形者，本难自足，而善劳之无可恃者，亦非故相忘也，而私累安可潜滋与？此回之志也。

用意在深处，出笔在显处，扬之高华，按之沉实。谭墨庄。

○六　季康子问仲由一章

三贤才优于政，疑才者终不知用才也。夫由、赐与求之才，皆非从政能尽也，而康子犹疑之。此才之所以终不用欤。且国家非断才无以决事也，非通才无以度事也，非吏才无以理事也，才之裨于国也大矣。顾用才者患才之寡，而忌才者患才之多，阴欲抑其才，阳欲引其才，其意实轻量夫才。虽才之可以共见者，而卒不能使之自见，即才多奚恃焉？不然，吾党如由之果、赐之达、求之艺，其才之在人耳目间者，孰不闻且见之乎？何季康子犹疑而历叩之也？古大人延揽人才，操真识而非隆虚誉，孰以刚毅见知，孰以谙练见知，孰以综理见知，俊乂之谋犹，一一入相臣之寤寐焉，而康子非其人也。古名臣网罗豪杰，效公忠而不示私恩，若者能定纷更，若者能决疑似，若者能理烦剧，英才之磊落，在在佐国是之休明焉，而康子未之知也。一日以从政疑由也，意以政之艰难，当之易靡耳。子曰：由，果者也。气无所馁，则见义必为。力无所挠，则当几立断。从政固非由所难也。更以从政疑赐也，意以政之淆杂，遇之易迷耳。子曰：赐，达者也。智能烛理，可与决众人之疑。言足解纷，可与定盈廷之议。从政亦非赐所难也。更继由、赐而以从政疑求也，意以政之纷纭，任之易窘耳。子曰：求，艺者也。学不遗于细，故小物克勤。治不忽于巨，即大纲易举。从政亦非求所难也。百度之弛而无所极也，委靡者失之惰，暗汶者失之愚，废弛者失之拙，谁秉国成碌碌者，其谋未远矣。然而朝庙之纪纲因千百庸众而隳者，得一二英流而即振，诚以吾三子之才出而布朝野安全之治，将救时有术，皆得以借手斧柯，亦千载一时之盛也，谁谓读书稽古者不足展经纶耶！三代之英而不多觏也，任人之所不敢任，知人之所不能知，理人之所不克理，兆足以行卓卓者，志不在小矣。然而权豪之意旨，每乐与庸才同计画，而不乐与奇士共功名，乃以吾三子之才弗获左右赞襄之盛，使卓荦之英徒安于终身弦诵，亦诸贤抑塞之遭也，安望大族世家之可与图上理耶？夫三子不用亦已矣，春秋之天下其何日望治耶？

苍凉高壮，其实兴会飙举，于正希先生文后独树一帜。秦竹人。

○七　默而识之

心与理一者，不言识而识深矣。夫理第求诸识，其所得者犹浅也。默识则心与理一矣，而所识不独深与。且天地之理无不藏于人心也，而显以逐之则理纷。古今之理无不聚于人心也，而散以求之则理愈纷。盖理以藏而密，逐于显则疏。理以聚而精，求于散则泛。以一心载众理，即以众理会一心，而理无不精，亦心无不密也。今夫理日出而不穷，而以一心求之，则识之谓也，顾何道而识之深哉！识从口耳入者，其识粗。识从心思入者，其识精。顾敛摄其心思，则心思易静，憧扰其心思，则心思又易动也。夫何以贞于静也？识以记诵得者，其识浅。识以神明得者，其识深。顾涵养其神明，则神明亦化。固执其神明，则神明太拘也。夫何以观于化也？必也默而识之乎。理之至大也，不广其心以涵之，则无以观乎其备。默识者一瞬息通乎声臭之原，一运量周乎宇宙之内，不可谓非广其心矣。夫人之心以有所扰而日隘，以有所敛而日扩，盖外无所侵则广博，以宅其中而自能优游以观理也。理之大者何弗识与？理之至细也，不小其心以契之，则无以察乎其微。默识者近体乎一名一象之繁，远探乎万事万物之要，不可谓非小其心矣。夫人之心放之则见其肆，抑之则见其敬，盖气无所浮则慎密，以持其志而始能精详以察理也。理之细者何弗识与？人情于旦昼之时所识多忘，于清夜之时所识多悉，识以默则举，旦昼之所存，悉持以夜气之清明，而内照之灵自远。人情于急遽之时所识易忽，于安定之时所识易周，识以默则举，急遽之所乘，悉应以安定之神智，而静观之鉴无遗。以默生识，而体之虚者用自灵，可以符不言之天道。以默运识，而性之定者识自远，所以有不息之至诚。合之不厌不倦之量，皆德之纯者也，夫岂我所敢望哉！

一心两眼，痛下工夫，乃得此洁净精微之作。任炳彝注。

○八　据于德，依于仁

德与仁有递进之功，志以坚而益密矣。夫德者得乎道，仁者即备乎德，不据之依之，则执德不坚，而存仁亦不密矣，安得不递进其功乎？今夫理得于天，不待人之强为持也。理根于性，不待身之勉为附也。顾得于天而不持之于人，则心之实获已虚。根于性而不附之于身，则心之真机已息。坚吾心以守众理，即密吾心以涵一理，而功乃进而愈纯焉。人既志于道矣，由是而有得于道谓之德，由是而兼备乎德谓之仁。德也，仁也，皆道之所统贯也。此亦何所竭其心与力哉？然而德与仁正难言矣。竭吾才以严践履，德亦何患不成？顾锐其心求德而旋得旋失，与固其心求德而一得不复失，其德之存亡有间矣。存而虑其亡，所贵坚忍以守吾德也。毖吾念以凛操存，仁亦何虞不熟？顾励吾心求仁而始密终疏，与恬吾心存仁而百密无一疏，其仁之纯杂更有间矣。纯而防其杂，所贵精密以养吾仁也。然则德可不据乎？天下之物，得之不甚劳，弃之亦不甚惜，德则吾心吾力之所积，而任其稍恝耶？据于是而德由艰苦得者，其矜惜倍殷。德由从容得者，其欣幸亦倍挚。推其心，殆不啻珍玩挟为私有也，则据之深也。然则仁可不依乎？天下之物，于吾身不相近，于吾心亦不相亲，仁则吾性吾命之所存，而任其稍隔耶？依于是而仁之存乎瞬息者，理既得其安。仁之系于寤寐者，神尤与之一。窥其情，殆不啻衣食关乎日用也，则依之切也。且夫据与依之修，亦大不侔矣。人生之诣力，矜持者见为苦，恬愉者始见其甘。据即据其一端之仁，物感之来，常虞易夺。依即依其全体之德，天理之熟，何有纷乘？可知德为用力之途，仁又为不必用力之一途。此中之难易攸殊也。而据德者为其难，依仁者岂弗乐其易也哉？然而德与仁之候，亦自递进矣。吾学之修能，始基者若有凭，垂成者转虞易间。仁未备而德先可据，一善之得，已足服膺。德既深而仁更难依，终食之微，皆宜戒慎。乃知德为可以自恃之境，仁又为不敢自恃之一境。此际之浅深自判也。而据德者获其浅，依仁者不更赴其深也哉？至于艺更游焉，志道者益有以养其德与仁矣。

切理餍心，深入显出，临川两大见之，益当把臂入林矣。受业王荫樾谨注。

○九　其为人也，发奋忘食，乐以忘忧，不知老之将至云尔

极乎为人之量者，合愤乐以终身而已。夫人孰不有愤乐？忘食忘忧，而并忘其老，则惟圣人之为人可自信也，子故以示子路与。且人生甘苦自得之趣，其独喻以终身者，甚非局外所能及也。或历乎甚苦之境，物之甘者不得而夺之。或尝乎甚甘之境，事之苦者不得而累之。两端之趣，且为毕生所不能竟。而不谅者顾以为殊绝乎人焉，则何如代揭其反复曲折之情而坦怀相告也。叶公有问，女乃不言。女相从至老，而奚不能仿佛于其为人乎？莫患乎为人而自恃。其为人矜张之气，何与粹美之功？故浅尝而未肯深求，小得而辄以自喜。盖自恃其为人，终未克自笃其为人。自惬其为人者，失在躁妄也。莫患乎为人而自怠。其为人作辍之情，无望振兴之

念，故进锐不免退速，偶合尤惧终离。盖自怠其为人，终未克自奋其为人。自慊其为人者，功多间断也。其为人也，不过曰发愤而已。人情扞格之端，宽俟之则难通，猛求之则易入，而又非旋愤旋不愤也。始求其未得，而愤不知何从始矣。终求其尽得，而愤不知何从止矣。观夫闻韶至于忘味，愤之极而食且不能夺其愤焉，且第曰乐焉而已。人情攻苦之后，拘守焉则多厌，涵泳焉则多欣，而又非旋乐旋不乐也。一得引其众得，而乐已获于先矣。众得证夫一得，而乐又生于后矣。观夫弹琴可以解围，乐之极而忧且莫能累其乐焉。其犹有夺其愤、累其乐者，则徒以老之将至也，知耶不知耶？天地之生人亦大备矣，岂愤乐而遂完人之量乎？顾愤极之忘食，刚柔互克，吾之心常期通天地之心。乐极之忘忧，俯仰皆宽，吾之理常欲参天地之理。回思假年学易，亦料难久驻夫颓龄，而造物有不尽之藏，庶几稍缓须臾，徐图卒业也，则亦以天地之生人者以为人焉耳。神圣之望人亦甚至矣，岂愤乐而遂毕人之功乎？顾有忘食之愤帅吾气，吾之所造必臻神圣所造而始安。有忘忧之乐怡吾神，吾之所能必窥神圣所能而始慊。际兹无梦叹衰，诚莫冀收功于晚节，而窃比殷前修之企，安在偷安迟暮可遂息肩也？则亦以神圣之望人者以为人焉耳！女亦可以白诸人矣。

于指点处见活相，于发挥处见精神。笔健思精，毫发无憾。受业王荫樾谨注。

一〇　我非生而知之者，好古敏以求之者也

圣不以生知自居，而学古之功可自信焉。夫生知者之知，不必

学于古而后知也。子辞生知而以好古敏求自信，意生知亦有待学者乎？且人生恃天质不如恃人功也，天质难凭，故一人之所见不必独绝于众人。人功可凭，故后人之所昧犹可借助于前人。苟自诩其聪明，适自宽其心力，将未优于天质者，已先绌于人功，吾不知自命复何等也。我生平稍有所知，盖自维求所知者已非一日矣，而世或以生而知之者拟我也。而我果生知也哉！生知者秉气最清，常先万物而呈睿照，不必浚其灵明，而灵明自辟。不必迪其智虑，而智虑独沉。故人之知处于劳而生知则逸，人之知得于后而生知则先也。此以知睿照之难妄托也。生知者见理最著，常先天下而裕神明，不必深研于事物，而事物无所遗。不必曲致其功修，而功修无所蔽。故人之知由于勉而生知，则安人之知用其勤，而生知则暇也。此以知神明之不可为也。谓我生知，我诚非生知者。顾我非生知，而古之生知者，未尝不诏我以知、策我以知也，我又何可安于不知哉？古人以己之所知昭垂简策，而精神寓焉。我以我之精神契古人之精神，则寤寐之感通倍切。古之人以后人之所不知流示来兹，而诣力存焉。我以我之诣力追古人之诣力，而夙夜之探讨维殷。此岂必生知而后知之哉？好古深而求之敏，是亦可以知之者也。人之心泛骛之则昏，专用之则明，故不好者罔功也。人之神缓赴之则懈，急乘之则锐，故不敏者罔功也。好与敏兼程其诣，举古人之所启诱我者，切以求之。好以笃其情，志意一而虚灵渐复，敏以励其气，精力奋而神智自生。我不能如古人之生知，我已让能于前哲，我犹幸闻古人之所知，我何敢自弃于中材也，则我固有所得力者尔。情至则欣之，力敝则厌之，好而不敏者无益也。当事则图之，移时则置之，敏而不好者无益也。敏与好交致其功，举古人之所饷遗我者，密以求之。好即其敏之心所迫，攀跻切而向往自殷。

敏即其好之心所形，属餍深而黾皇愈切。我不居古人之生知，我诚不欲以所不能者欺天下；我幸得古人之所知，我只以所可能者勉终身也，而我又何所异于人哉？

息深达亹，所谓成如容易却艰辛者。受业王锡元谨注。

一一　若圣与仁则吾岂敢，抑为之不厌，诲人不倦

不敢安圣仁之名者，而若不敢不勉为圣人之实焉。盖夫子之不居圣仁，以圣仁为自然之诣也。至不厌倦于圣仁之道，子殆以此固不敢不勉者与。且古今造诣之殊，果天事有权乎？抑人事有权乎？权归于天事，则备天德者，虚悬其极深之诣而非易几。权归于人事，则尽人道者，实循其至近之途而有由入。故自托于天赋之优者妄也，而自懈于人为之密者疏也。吾与二三子共勉于大道也久矣，吾亦不知吾之所至，以与二三子共至者何如？而顾有以圣与仁目吾者，抑何重诬子之甚哉？今夫圣仁之量亦大矣。圣之德上符帝载之精，其气之广大清明者，万理咸赅，初不关乎存养，而由是以存神过化之用，感被乎群伦，故尽己性即尽人性，其所以造圣域者至神焉。仁之德默体维皇之命，其理之浑全涵育者，一心独运。既不假于功修，而由是以觉世牖民之衷，甄陶乎庶类，故能成己即能成物，其所以立仁道者至备焉。而谓吾其敢望是乎！虽然，诣之穷于独至者，非吾之所得而强也。功之程于共至者，非吾之所得而宽也。吾尝于为之之日，抑犹知圣仁之道之具在吾身矣。大造之笃生也，固明明付吾以可以为圣、可以为仁之理，而瞬息不通乎性，始即已间于声臭之原，故为之难也。吾以不厌者勉之，知无息者，圣仁之体，吾必期

有以周乎始终。知无间者,圣仁之修,吾必期有以穷其表里,殚毕生之志虑,以密与为依,弥觉圣与仁有无尽之途,未克自我而造其极也。此殆圣仁之迫我以迈往者乎!吾又于诲人之日,抑犹知圣仁之道之具在斯人矣。上帝之降衷也,固明明予人以皆可为圣、皆可为仁之资,而启诱不扩其生,初即已隘乎秉彝之量,故诲人难也。吾以不倦者勉之,知人与吾共一原,而不忍其离圣仁而乖性分。知人与吾同一脉,而不忍其背圣仁而失天真,竭无隐之殷怀,以勤相为诱,弥觉圣与仁有大公之理,未克自吾而普其诚也。此殆圣仁之广我以裁成成者乎!吾之勉于为诲如此,此益可见圣仁之目,非吾所敢居矣。世如有以为诲之不厌倦谓吾者,则犹予吾以可受耳。

写题中若字、岂敢字、抑字,露顶上圆光。写题中圣仁字、为诲字、不厌倦字,见真实力量。题之能事尽矣。陶琴坡先生。

一二　颜渊问仁,子曰:克己复礼为仁

究为仁之全量,极为仁之全功而已。夫颜子为仁,其于己与礼必能辨之矣。然非克复交致其功,则仁之量不全也。故夫子正告之,且人心一天心也,人心与天心一仁也。天心本於穆之精,而或迁于气数之感,故必极之。阴消阳长,而天心之仁见焉。人心得性命之正,而常堕于形气之偏,故必极之。欲净理纯,而人心之仁见焉。说在夫子之与颜渊论仁。渊之为仁深矣。其于己之累吾仁,礼之范吾仁,必有以致力矣。而以仁问焉者,何哉?大抵外诱之私常由万物而生,内匿之私则本一身而附。生于物者,屏纷华而可使心不乱。附于身者,恃禀赋而直与性争权也。义理之性特以气质之性蔽之,仁何以立耶?万世之范围受命于圣,万类之范围受命于

天。命于圣者，筋骸束而防检在群伦。命于天者，性情约而质临通上帝也。天地之心不于天地之经宅之，仁何以安耶？渊之为仁深矣。其以仁问，亦以仁非易为与。夫子曰：纤微之害，广大之累也。敦厚之则，安固之基也。子欲为仁，克己复礼其要也。今夫势之有主而亦有客也，有主焉者而主安其宅，有客焉者而客与主争其宅。主强则客伏，客强则主伏，而究之主有权客无权也，则夫仁之战胜于神明者可识也。今夫人之有主而亦有辅也，有主之者而主据其藩，有辅之者而辅为主固其藩。主安则辅安，主危则辅危，而究之主所适辅所导也。则夫仁之遵循于天则者可知也。夫然而克复之功宜各致焉。任己者肆，而优柔于己者亦疏。越礼者狂，而依违于礼者亦懈。此两失也。厉其神使弗懦，强生于庄敬，天君乃以钦厥居。厚其基使不迁，命定于威仪，真宰乃以安汝止。至于克之无可克，不必绝嗜欲，而攻取弗生。复之无待复，不必立准绳，而周旋悉中，则又仁之自然者也。回亦为其勉然者而已。夫然而克复之功宜交尽焉。己克而礼未践，寂守者虚，礼复而己尚存，并域者竞，是交弊也。敬立而帅之以勇，乾健坤顺，皆协元亨。毅至而大之以宏，井辨履和，胥根德性。至于一诚既立而百伪潜消，复既可以兼克，客气皆除，而天怀益定，克并无俟乎复，则又仁之化焉者也。回亦为其大焉者而已。渊自闻夫子言而为仁益深矣。

绵密之思，新警之笔，直合高苏生、张晓楼为一手。受业王荫棠谨注。

一三　非礼勿视

克己先严于视，亦防其易蔽者而已。盖非礼而视，则有所以蔽吾视，而即有所以蔽吾仁矣。严之以勿视，斯为克己之先务乎！且夫人心之敛肆，常因人所见之邪正而定。吾心目中常守其正，则凛于所见者，不自觉其心之肃然也。吾心目中稍溺于邪，则眩于所见者，不自禁其心之荡然也。惟防之于共见之地，即凛之于独见之时，而所见无或夺者，而其心无不定矣。子问为仁之目，子亦曾虑及所视乎？视之用至散也，而物之接于视也又易聚，以至散之视接易聚之物，其始也招物之来，其继也亦遂逐物而去矣。至于视逐于物，而所以主乎视者，不既殆乎？视之质至显也，而物之投于视也又至隐，以至隐之物投至显之视，其始也物悦之于外，其继也物又翳之于中矣。至于物翳于中，而所以运其视者，又安存乎？则亦曰非礼勿视而已。非礼交于目，而目中之视有穷。非礼起于意，而意中之视无穷。吾欲却非礼，寂处焉亦可却矣。特患意中之非礼，巧构其可悦之象，以交乱于中，而所视乃滋惑也。盖目中之视，特物之呈其象以扰我，而意中之视，直心之生其象以扰我矣，而可勿却之于微与？非礼著于形，而有形之视易防。非礼遁于形，而无形之视难防。吾欲禁非礼，独居焉亦可禁矣。特患无形之非礼，曲绘其可喜之情以潜滋于内，而所视益无主也。盖有形之视，视之迹去，而视之情可不留；无形之视，视之神凝，而视之情亦俱往矣，而可勿禁之于密与？然则悔之于既视之后，不如止之于未视之先也。既视之后，物诱于外，心必难主之于中。未视之先，心定于中，物何难屏之于外，极人情炫耀之端，一入乎淡漠之衷，而其神不惑。盖惟明之所照者远，而非礼乃不得蔽其明耳。抑惕之方视之时，不如慎之于欲视之时也。方视之时，物之触乎目者，已纷至而相萦。欲视之时，心之驰于物者，可立起而自决。极人世纷华之境，一持以坚忍之力，而其志不摇，则惟识之所见者宏，而非礼乃不得挠其识耳。

由是而听与言动之间，益宜有以自克矣。

处处作鞭辟入里语，刻肝镂肾，历久常新，不磨之作也。外甥王锡麟谨注。

一四　不以兵车，管仲之力也

不以力服人者，知霸佐之功大矣。夫兵车也，而乃不以之合诸侯乎，非管仲之力，桓公曷能致此？且春秋之天下，一尚力之天下也。屈众人之力以伸一人之力，而力易穷。即合众人之力以逞一己之力，而力亦易穷。夫惟有大力者于其间能息天下之力，而并不见一己之力，则不以力胜众人者，乃得以力归之一人矣。如九合诸侯，宜非桓公之力能出此也，是得毋重赖兵车之力哉？桓之惑多伏于帷闼之间，为嬖者六夫人，从乱者五公子，不能肃宫壸，又安能正邻封？此即辅治有雄才，恐难不折一矢、不绝一弦而使友邦仰赫濯。桓之谋，每幸邻邦之患，信子华而有纳奸之意，去庆父而生窥衅之思，既已挟阴谋，又安能陈大义？此即在廷有良弼，恐难载戢干戈、载櫜弓矢而使列辟畏声灵。乃观桓当日，竟不以兵车之力者，何哉？则以有管仲在也。寄军令而作内政，言兵者多祖管子之书，然备其政，非耀其威，不得为仲之以也。盖佳兵黩武，其势必牵率于他邦，敌一国之兵车，而先使诸国之兵车罹其毒，非策也。所以召陵之役不劳七国之兵，聂北之师自夺狄人之气，赫赫乎雄长诸侯焉！人无锋刃之忧，士鲜疮痍之苦，则仲之力挽其流矣。春振旅而秋治兵，陈师者自设军中之鼓。然威不轨，即昭文德，不得咎仲之以也。盖祸结兵连，其势必迁延乎数岁，逞一日之兵车，而并使后日之兵车蒙其害，非计也。所以会北杏、会葵丘，终始见衣裳之盛。盟宁母、盟首止，德礼严天泽之防，循循乎抚育诸侯焉。国有鱼盐之利，郊无戎马之忧，则仲之力防其渐矣。夫然而后之好逞兵车者，吾得以管仲正之。兵凶战危之事，皆足以干天地之和。率斯人以争地争城，是即古圣王戢兵禁暴之风所由尽泯也。有仲在而韅靷鞅靽，退舍者何夸横击之威？后劲前茅，问鼎者敢侈荆尸之盛？夫然而后之欲息兵车者，吾得以管仲进之。珠槃玉敦之交，皆所以靖生灵之命。合天下以无侮无拂，是又周天子偃武修文之训尚有留遗也。有仲在而衷甲无忧，自获琼玖、木瓜之美报；干城有寄，早树敦诗说礼之先声。如其仁，如其仁，仲之功何可掩乎？

豫章翻风白日动，鲸鱼跋浪沧溟开。文境似之。受业魏邦庆谨注。

一五　乐则韶舞

乐至韶而极盛，为邦者宜决所从矣。夫功成不可无乐，而乐之盛未有过乎韶舞者也。为邦者法此，治道不已成乎？且一代帝王之兴，必有一代声容之盛以传之。此非可以定弃取于其间也。顾古帝王声容之盛皆可传，而非极盛之声容令后世蔑以加者，则无以必其可传。抗怀隆古，而慨慕元音，其气备中和、其德兼美善者，微有虞氏，其谁与归？行夏时，乘殷辂，服周冕，治定制礼者，功成亦可作乐矣。试为子言乐。经纶草创之初，必不暇借音律以鸣和豫。迨承平已久，而人心之乐易，必思有以自伸，则不得不刻羽引商，扬诩昌明之气象。纲纪更张以后，岂必需干戚以寓雍容？然积累既深，而功德之崇高必欲求其可据，又何得以蒉桴土鼓，高谈太古之遗风！然则乐固为邦者所甚重也，而吾必期法乎韶舞者何故？上世之乐，半多荒渺，至韶舞而始极详明。堂上之乐备，而鸣球琴瑟搏击皆和；堂下之乐备，而鼗鼓笙镛宫商自协。为问葛天八阕，颛顼六茎，帝喾六英，有如是之情深文明者乎？法其乐而幽以格祖考，明以感群后，饔乎轩乎，无让美于先朝矣，而何弗计及从之？后世之乐，半属铺张，在韶舞则独关董劝。申后夔之命教胄子者，直温宽栗重其文。赓帝廷之歌告元后者，慎宪省成申其戒。为问夏之大夏，商之大濩，周之大武，有过此之广大清明者乎？法其乐而三苗稽首，八百倾心，唐哉皇哉，可追踪于舜陛矣，而何弗郑重用之？且夫中天之景运，其去今千百年矣，用行有期，而斧柯在手，隆平或尚可追耳！乃匡居弦诵，吾身既不与元凯同升，而凤仪兽舞之休，至晚近而祯祥尽秘，徒使蒿目系东周之望者，竟不能挥弦听南面之音也。执箫管而慕赓扬，吾与尔虚愿将安副哉？然而郅治之休和，亦在人转移间耳。陋巷终身而经猷未展，儒生且奈之何耶？设天意可回，末世或可与皇姚比盛，而云烂月华之瑞，逮今兹而宇宙重新，安见列国之战争不可化以两阶之干羽也！进伶伦而调律吕，吾与尔厚望岂有穷哉？

惟藻耀而高翔，乃文笔之鸣凤。坡公所谓气象峥嵘之文也，愿铸金事之。受业王荫樾谨注。

一六　人无远虑，必有近忧

知忧之所由近，而人宜深其虑矣。盖远虑者所以防忧之近也，虑不远而忧即随之矣，人可自忘其虑哉？且天下之变，其来自意外者，深思之，皆在其意中者也。深其心以图之，斯意外之变，皆料之于前矣。浅其心以尝之，斯意中之变，即乘之于后矣。盖心殚其劳者，心乃享其逸；心溺于安者，心终蹈乎危，此固理之常焉者也。今夫忧之困人也，非一端矣。而人欲免于忧，胡不深其虑哉？古今来可忧之事，惟非常之人有以防之，防之于未然，而神有独运。防之于将然，而智有独周。神与智兼营，故震撼不扰其神，纷杂亦不蒙其智也，则虑在先而忧乃防于后也。天地间可忧之事，惟有为之人足以弭之。弭之于先事，处常可以审几。弭之于临事，遇变可以任重。常与变共凛，故从容不失其常，危疑亦不惊其变也，则虑在内而忧乃弭于外也。而如其虑之不远，其才识不从历练而来，自恃之情既深其蔽锢，而逞意之举在目前，失意之举亦在目前，故果敢者可与图功，而徒恃浮情则终败。其意气又为晏安所困，自逸之性并堕于昏愚，而快心之端在旦夕，疚心之端亦在旦夕，故颓惰者难与集事，而不待末路则已穷。忧之近也，可为无远虑者必其有矣。且夫忧之降于天也，亦不可知矣。天心之默鉴何常，敬胜者兢惕时形，视履自能获福。怠胜者沉酣无度，荒慢适足召灾。而无远虑者不顾也。喜怒任情，不恤干天之和，而两间已滋其患气。奢淫逞欲，不恤殄天之物，而五行已竭其精华。迨至聪既蔽而举动违常，毒既厚而阴阳降咎，始以天至远而虑不及之，不知天至近而忧已乘之也。夫亦自贻之戚尔。且夫忧之来自人也，亦不可测矣。人事之从违靡定，守理者精于处事，絜矩自足以协舆情。纵欲者昧于平心，专己适足以干众怒。而无远虑者不顾也。玩好昏其耳目，不惜攘人之利，而群伦之侧目方深。簧鼓肆其诪张，不惜咈人之情，而同类之忿心已甚。迨至怨既丛而祸生肘腋，势已敝而毒发仇雠，始以为人至远而虑不及之，不知人至近而忧即伏之也。夫亦谁阶之厉哉？是以君子虑至远也！

深识伟论，得力于金、黄者居多。鲁通甫。

一七　躬自厚而薄责于人，则远怨矣

观怨之所由远，而治躬与治人两得矣。盖躬者人之望，责躬薄而责人厚，此怨之所由生也。反是而怨有不远者乎？今夫忿怼之生，其由于人我之不得其平乎？我以多过之身而绳人以无过，斯天下攻我之过者多矣。我以自恕之身而加人以不恕，斯天下待我以恕者又寡矣。惟课己时防其不足，课人时留其有余，我之情得其平，人之情亦无不得其平焉。盖自躬与人相接，其不能恕然于躬，亦即不能恕然于人也。而人之怨每由是起焉者，何哉？伦类之间，感以诚则相亲，示以欺则相背，以躬所未逮之事而求人之能逮，其意亦自无他，而人以为彼自避之，而令我趋之，此必不足以相信也，则躬之自启其隙也。规劝之道，导以理则情易转，抗以势则变易生，以躬所未臻之境而迫人以必臻，其意亦若甚挚，而人以为彼自宽之，而我则严之，此又不足以相服也，则躬之自蹈其瑕也。盖躬实不能自厚，而责于人又不能从其薄，何怪怨之集于身哉？如其课于躬者，事事必端其范，人恕我躬，而我躬不可宽；人不恕我躬，而我躬愈不可宽，则修省维严焉。至于人则微示其指归，而不忍强以相绳，致阻其自新之路。且以我之范既立，而在人亦可徐赴也，夫孰不乐其善诱之情矣？且备于躬者，事事必极其功，躬可以对人，而躬且自愧。躬不可以对人，而躬愈滋愧，则黾皇弥切焉。至于人则徐观其悔悟，而不敢强为相督，致启其自弃之心。且以我之功既密，而在人亦当默感也，夫孰得萌其偏私之憾矣？则远怨矣。盖天下惟诋諆之风最不可长，我责人而惟恐人之不率，则我先有所恶于人。我责人而不自知躬之不率，则人岂无所恶于我？不能操君子之心，徒挟胜小人之气，人心所由不靖也。此弊行而峻道学之防，异学之诪张愈甚。矜清流之誉，浊流之横决方深，吾能无为斯人惧哉？而天下惟和平之意入人最深，厚责躬而不容宽假，岂因避谤而始勤？薄责人而曲予裁成，岂为市恩而姑息？以全人望其躬，而以众人望于人，此念可知非刻也。此意行而从游者鼓舞同堂，共乐观摩。薰德者，善良匪僻，皆知感服，吾能无为斯道幸哉？

和平悱恻，使人之意也消。夏蠊庐夫子。

一八　是社稷之臣也

系臣于社稷，臣之由来远矣。夫犹是臣耳，而重之曰社稷之臣，则臣与社稷俱传矣，不益见颛臾之重哉？昔季氏之兴也，两社之勋，为公室辅。季氏之为鲁臣久矣。夫季氏为鲁臣，则与季氏同为臣者宜无不知，且有先季氏而为臣者亦宜无不悉。彼恪遵职守而扞卫郊圻者，煌煌乎方策所垂，而竟昧其为公朝之屏翰耶？颛臾封自先王，地在邦域，此不可晓然于颛臾之为颛臾哉？守土实沿风姓之传，颛臾固天子之臣也。然国小则势难上达，而抚兹蕞尔，原不若躬桓蒲谷入王朝辑瑞之班。酬庸并隶海邦之版，颛臾又我公之臣也。然世守则分亦非轻，而备我东藩，又岂若萧索条徐仍殷族分民之旧。其为臣也，是社稷建而与俱建者矣。太皞之墟与少皞之墟并启，而锡西京之茅土，即为东国之陪敦。臣之在当日，亦文、武、成、康之所留贻也。是社稷存而与俱存者矣。附庸之守与土田之守同长，而安济渎之遗封，实作宗邦之属国。臣之在今日，亦周公、鲁公之所式凭也。安社稷者恃内臣，安社稷者尤恃外臣。颛臾外臣也，而安社稷恃之矣。边陲之事，防之者密则守之者坚。试观齐入纪、莒灭鄫而颛臾竟无他警者，亦可见外臣之能御侮耳。卫社稷者赖亲臣，卫社稷者尤赖世臣。颛臾世臣也，而卫社稷赖之矣。旧德之遗，谋之者深，则传之者远。试观邾灭须句、晋灭偪阳而颛臾仍守先泽者，亦可见世臣之能供职耳。盖臣之职患其私也，而属之社稷则公。自相忍为国以来，臣职几难复问。乃贵胄起介鸡之祸，而颛臾曾不敢启争端。外野兴巢鸲之谣，而颛臾曾不敢窥国衅。永守此不叛不侵之念，而常则慕泮芹之化，变弗闻圃杞之歌，此真有休戚与同者。而臣职岂有亏与？臣之心虑其分也，而系之社稷则一，自作军舍军而后，臣心更不可明言。乃干纪者臧孙，而颛臾曾未兴鹿门之甲。盗弓者阳虎，而颛臾曾未有蒲圃之师。长怀此无虞无诈之情，而远则效滕、薛之来朝，近亦同淮夷之率服，此真有安危可恃者。而臣心岂有他与？其敬恭无失，既殊虢叔恃势、郐叔恃险之伦；其班次可循，何异叔孙守郈、益孙守郕之列？伐之者其何以自解哉？

妙义层出不穷，恰处处于是也二字，听之有声。笔力谨严，尤征名贵。受业魏邦庆谨注。

一九　其未得之也，患得之；既得之，患失之。苟患失之，无所不至矣

极鄙夫之所患，为患不可胜言矣。夫未得而有得，既得而有失，理之常也。鄙夫则欲有得而无失焉。充其患失之心，弊可胜言哉？且小人危国之事者，非必有恶于国也。其家欲安，遂不计国之危也。小人败人之事者，非必有恶于人也。其身欲全，遂不问人之败也。夫身家求其安全，人国任其危败，小人之变态，原即小人之

常态，独患与小人共事而不要其始终，斯悔不可胜言耳！何以见鄙夫之不可与事君哉？夫鄙夫之祸必其久事君之后致之，而鄙夫之奸自其未事君之先已见之，盖患不得之心自其未得之而已然也！其阴邪既甚，非得无以逞其私。其嗜欲既深，非得无以满其愿。蓄溪壑之衷，且谬托恬淡之名，以沽时誉，君子早知其为富贵而来。其身不可处困穷，不得而何以伸其郁？其心必欲快恩怨，不得而何以餍其情？敛恣睢之恶，而姑为婉顺之态，以悦当途，君子已识其神明之扰。以患若此，患其终不得也，苟得焉而患少释矣。且患其终失也，苟既得焉，而失亦可矣，讵知鄙夫之心竟有一得而万不可复失者哉？今夫丰啬之途由天所付，使要津必一人所据，朝廷固无独私之权贵，造物亦无偏爱之佥壬，而荣枯之境为世所争。苟利薮为毕世所安，远之可贻谋于子孙，近之何惮贻忧于家国。夫患失之心亦犹是患得之心所积也。而究其患失之心，无所不至矣。权位亦百僚递嬗之区，即位极崇高，要属不可久居之境。顾此不可久居之念，存乎良相则生忧勤，存乎权相则生觊觎矣。势重则患人之相轧，抵排遂及于老成。权归则患己之太孤，私党且通于宫禁。盖至穷奸肆恶，有心者共畏其诪张，而岂知筮仕之初心早伏滔天之大恶也，何弗早防比匪之伤哉？爵禄亦君父深恩所逮，苟位隆辅弼，原有可以自主之权。顾此可以自主之心，大贤用之则为公正，大憝用之则为亢逼矣。患侧目于仇雠，叹一日之威权难去。患诛心于清议，料千秋之史笔难宽。盖至倒行逆施，嫉恶者共惊其气焰，而岂知寸衷之贪恋遂酿举世之忧危也，何弗预作辨奸之论哉？是以君子事君绝鄙夫也！

刘子政封事、陆宣公奏疏有此详明剀切。王味兰。

二〇　小人之过也必文

坚于讳过者，小人之所以终于过也。夫小人苟不自讳其过，亦何至长为小人？乃其文过之心，若有必出于是者，此所以为小人之过乎？且天下未有生而为小人者也，小人之心思未尝不深恶小人，小人之才力亦不欲甘蹈小人，乃自无心焉以偶入小人之途，遂至有意焉以坚执小人之念。其始自欺其心，其继遂欲欺天下之耳目。彼以为变诈之端出人意外者，而不知变诈之术早在人意中也。有如过之一途，亦人之所不能免者，此亦何事曲讳其过，而深掩其过哉？过之伏也最隐，身心之疚，虽贤豪不能无憾于几微。过其不可见者也，于不可见者而更匿焉，将有终不自见者矣。夫匿其过而掩之，何如发其过而暴之之为愈也。过之著也最明，指摘之加，虽佥壬亦且自惭于清夜。过又其可自知者也，于其可知者而转蔽焉，将有终不及知者矣。夫蔽其过而纵之，何如察其过而改之之为得也。乃小人且必文其过者，何哉？明知倾险之怀不可以质幽独，而中怀之安于倾险者，且展转而莫能自惩，将共白其过，既显彰其前日之非，将力袪其过，又莫遂其后日之欲，则莫如曲为掩护，乘人之所不及觉，以大遂其营谋，此虽忍为文焉而不顾矣。明知诪张之念不可以对大廷，而内念之习于诪张者，且纵恣焉而莫能自悔。将内讼其过，处己亦嫌于太拙，将显暴其过，欺世亦嫌于不工，则莫如巧为弥缝，为人之所不能为，以待彰其机智，此虽敢为文焉而不惮矣。且夫小人之文过盖狡甚也。邪正不容淆，乃心溺于邪者，貌居为正；贤奸自有辨，乃阴逞其奸者，阳托乎贤。小人有过，人识其为小人。小人文过，人终不见其为小人。其弊也，英君、察相倚畀焉，而予以重权，学士、文人交推焉，而引为物望，其贻误不大可惧哉？且夫小人之文过又愚甚也，作伪亦殚心力，使深耻其伪，自可竭其诚；逞术亦竭聪明，使反用其术，何难几于道？小人改过不至长为小人，小人文过遂无由自拔于小人。其究也，王章赫濯，莫逃两观之诛；史笔森严，难避千秋之议，其诡谲又安所用哉？为小人者，知文过之终不能文也，其亦废然返矣。

善穷小人情状，温太真燃犀何太相逼。吴稼轩。

二一　鲜能知味也

味非难知也，不察则能知者鲜矣。夫味之在饮食，能察自能知之耳。而知味之人卒鲜者，独忘其为饮食中人哉？且天下至难知之事详求焉，皆其易知者也。而天下至易知之事忽视焉，皆其难知者也。何也？易知之事皆人所可知，即皆人所共知，特患恃其可知而习于共知，终不能知所独知，则天下之狃于所恃而蔽于所习者，其弊不可胜言矣。今夫人皆在道中，亦皆在饮食中也。人之知道者鲜，人之知饮食之味者，夫岂鲜哉？置道于此，有不嗜者。置饮食于此，无不嗜者。嗜之则知此饮食，即知此味矣。此不独知者知之，虽愚者亦知之也。道中之味有不辨者，饮食之味无不辨者，辨之则知此饮食，即能知此味矣。此非必贤者知之，而不肖者不及知也。然而味有味之中焉，味得其中，则味无所偏，故味之未陈，早悬一至中之理，以待人之执其中，是惟得乎味之中者能知，而不得其中者鲜能知也。味有味之和焉，味得其和，则味中于节，故味之方设，早寓一至和之理，以待人之酌其和，是惟得乎味之和者能知，而不得其和者鲜能知也。盖天下暗昧之端，每缘于所恃而起，事之奇者，不敢以为知。事之平者，则恃其已知矣。味在饮食，其至平者乎，乃恃其平而究无以持其味之平，此亦过乎味者之弊也，而狃于所恃者，何由知耶？抑天下昏蒙之患，每由于所习而生。事之偶者，不敢以为知。事之常者，则习以为知矣。味在饮食，其至常者乎，乃习其常而究无以识乎味之常，此亦不及乎味者之弊也，而蔽于所习者何由知耶？不知则不能察乎味之隐矣。夫饮食其外见者耳，然外见之饮食，而味之隐者呈焉。我不能察其隐，而谓味之隐而难知乎，吾甚惜人之格于隐者之自安昧昧也。不知则不能察乎味之微矣。夫饮食其显著者耳，然显著之饮食，而味之微者伏焉。我不能察其微，而谓味之微而难知乎，吾甚惜人之忽于微者之长此惛惛也。其神既耗，必难于味之不睹不闻者究其精。其识既卑，更难于味之将发未发者观其备。夫味其小焉者也，而不知犹若是，而何望于道哉？何望于道之明哉？

直造平淡之境，恰由苦心烹炼而成。梅雪精神，水天色相。鲁通甫。

二二　国有道不变塞焉，强哉矫

有不以穷达变者，可自立于有道时矣。夫处塞而强，犹未足言强也。至有道而不变焉，则其自立于人、国者，不弥见其强乎？且夫权未属而谈经世，人皆经世才也。位未隆而语济时，人皆济时彦也。畀以经世之权而震慑于权者，究无以维世道。居乎济时之位而系恋于位者，究无以任时艰。夫乃叹权位未逮，何勇者之多；权位既加，又何勇者之少也。试观君子之强于国有道时。夫有道之国，固将得守道之人而与之行道者也。道在朝廷，势处于伸。道在草野，分处于绌。顾朝廷之道常赖草野为夹持者，谓植立于道者坚，斯敷布于道者广也。故君子必有不负朝廷之学。道在君相，惠及于世。道在师儒，德遍于乡。顾君相之道常赖师儒为左右者，谓讲明于道者久，斯图究乎道者详也。故君子必期上慰君相之求。然则君子之道，塞之所守，而有道之所行也，特力未底于强，则守必至于变。方其塞也，抗心孤往，惟知有学问焉耳，至有道而功名赴之。计功名不计学问，其变焉者固大。爱学问兼爱功名，其变焉者亦非细也。转念之差即初心之玷，而何有于强也？方其塞也，负气自豪，惟知有名节焉耳，至有道而富贵撄之。名节为富贵所移，骤为变者可耻。名节为富贵所掩，阴为变者尤可羞也。末途之悔即盛气之隳，而何有于强也？君子不然也。国家岁进数百人，收奇才者半，收庸才者亦半，顾平居以奇才自任，而借手犹溷迹于庸才。纵大廷之考绩能宽，而清夜亦自惭其气馁也。得君子而见龙利见，仍符行健之占。鸣鹤尔縻，自协中孚之吉。永矢此不负吾君、不负所学之衷，而草昧云雷无憾乎敝庐风雨，其庶几三代之英已。国家养士数百载，真士出其中，伪士亦出其中，顾登庸以真士相期，而置身仍甘心于伪士。迨十亩之退休既遂，而严廊亦自笑其徒来也。得君子而鹿食芩蒿，愿作周行之示。凤鸣萋萋，堪为冯翼之资。坚守乎隐居求志，行义达道之常，而圣贤事业无损乎豪杰襟期，其共定万年之计哉？盖得守道之人与之行道，此国家所以常有道也。

读至篇中“不负君、不负学”数语，可以知作者树立。谭桐舫。

二三　则能尽物之性

物亦分人之性，尽性者且兼尽乎物性矣。夫物者人所推暨，物之性亦人之性所留余也。物性之尽，不于尽人性者决其能乎？且宇宙之间纷然以与人共处者皆物也，物之数繁于人之数，虽圣人不能以兼爱为心。物之情通乎人之情，故圣人必欲以曲成为念。异类也，而以同体之理治之，保合之怀一并生之量也。至诚既尽其性，以尽人之性矣，不可更验物之性乎？降衷之理，人得其全，物得其偏。得其全者，人与至诚同阴骘之原。得其偏者，物不与人同性情之用也。故政教所及，喻诸人不能喻诸物也。絪缊之气，人秉其清，物秉其浊。秉其清者，懿德同而人与人相近。秉其浊者，动植判而物与物且相殊也。则治理所周，齐诸人不能齐诸物也。唯至诚则以物之有生不异人之有生，而不忍以戕物者隘大生之量；且以物之待用不异人之待用，而不忍以弃物者匮制用之源。其尽物之性也，有于物防其不足者焉。百产五行之汇，过取之，适耗其菁华，人不能惜夫物，物且必窘于人，物之性所由不畅也。至诚为之酌其平，因宾祭而后有田渔，因衣食而后有树畜，而外此则斧斤有时，鲲鲕有禁，无非以生成长养者顺万汇之天，盖慈祥之培养乎人者，顺给之即以培养乎物也，则惟至诚能以爱物之仁尽之尔。更有于物防其有余者焉。禽兽草木之蕃，纵舍之，适滋其妨扰，人不能用乎物，物必且逼乎人，物之性所由易肆也。至诚为之祛其害，相阴阳而详攻木剃草之文，除毒蛊而去夭鸟水虫之厉，即极之于龙蛇可放，山泽可焚，无非以震动恪恭者溥群生之利，盖法令之裁制乎人者，广用之即以裁制乎物也，则惟至诚能以处物之义尽之尔。然则未能尽物性者，必其有憾于人也。百族疵疠之生，因人事之失其平，而隐相感召，可知人与物一气相涵也。所以亲睦之朝，蓂荚在庭，而凤皇在椒。然则欲能尽物性者，又必思无歉于人也。万象繁昌之盛，因人官之修其职，而共效休嘉，可知人与物一源相应也。

所以深仁之世，葭蓬共茁，而麀鹿无惊。盖至物性既尽，至诚之功所由与天地同也。

风度端凝，才人、学人一齐俯首。侄炳经注。

二四　以笃周祜，以对于天下

观天人之所由顺，惟遏密者有以致之也。夫周祜之笃，与天下之对，文王所不敢冀也。然非有以笃之对之，又何能天人之交应哉？且王者一身，天与人交相属望之身也。不体天之心以为心，而欲天之眷佑，不能也。不顺人之心以为心，而欲人之景附，不能也。惟王者之心克当乎天人之心，斯天人之心乃毕归于王者之身，则其感孚于上下间者，为有自已。王之遏密，王之恤邻也。此岂独邻国之君获其福与邻国之民慰其情哉？圣王能造天下之福，圣王不敢幸一己之福，天下之福自我主之，其权可必。一己之福自天定之，其权不可必也。乘人之患以徼天之利，王者必无是心也。圣王能靖天下之情，圣王不忍要天下之情。靖天下之情，则其意公而可白于人。要天下之情，则其意私而不可示于人也。因人之难以成己之名，王者亦无是心也。然而周祜之笃已于遏密之举笃之矣。上帝以好生为念，于戕人之生者降之祸，必于卫人之生者降之祥，则不待卜世卜年，而西土之休嘉已集也。夫匹夫为善于乡，偶有救灾恤患之端，而余庆且衍于后世，况乎王者有以克荷天庥哉？且天下之对亦于遏密之举对之矣。编氓亦择主而依，于虐我之主怨之深，必于抚我之主爱之挚，则不待三分有二，而海隅之仰望已深也！夫豪杰好行其德，偶有排难解纷之事，而邻里且奉为美谈，况乎王者有以实乎人望哉？且夫天心靡常，笃不笃未可知也。人心至涣，对不对未可见也。所可信者，理而已。干戈或戾天和，而理为天讨所必加，自获彼苍之默相。征役易滋人怨，而理属人心所共愤，自为舆论之从同。不期笃而八百年之泽方长，不期对而千百国之风已遍，则声灵所及者远已。且夫人迩而天则远，祜之笃较难也。天一而人至纷，天下之对较难也。所交孚者，诚而已。诚足以奉天之威，承帝谓而询仇方，即靖友邦，以除强暴。诚足以拯人之患，禀王命而专征伐，即代大造，以辅倾危。祜笃而王气已集于丰、岐，天下对而质成已来于虞、芮，则威德所被者宏已。此文王之勇所以感天人也！

写天人感应之理，以光明俊伟出之，是为大方家数。侄炳彝注。

二五　耕者九一，仕者世禄

王政首及于农、仕，立国之本在是矣。夫耕者、仕者，国所与立者也。治岐之政首及之，王政之本不已立乎？且王者根本之计，亦为斯人留其有余而已。其取诸人也受以节，常若父母惜子弟之供。其施诸人也受以丰，常使子孙食祖宗之德。地不必统四海，人不必统兆民，而此意之殷然流行于朝野间者，已有独至焉。试以文王治岐之政两征之。一在耕者。我周之王也，六乡六遂定其制，近郊远郊别其宜，而井田之法遂为耕者所深利，故恩至渥也。独是文王之时，于耕者亦极难耳。岐西仅百里，即尽隙地以为田，亦不过十终一同之入，而况宫室去一，民居去一，城郭沟途又去一，蕞尔之输将有几，安知不议加赋之条？而文王正不欲耗吾民也。文王以为吾之服用可节，而民之衣食不可缺，以公田百亩入于国，而经费有制，自不以丰盈启侈肆之端。以私田百亩归于民，而事畜有资，自克以礼义兴敦庞之治。虽百产五行，精华并献，而惟准以九一者，使崇墉比栉，藏于民即不异藏于官焉。夫鹿台巨桥之储积，徒供戎殷敛怨之资，而岐阳间耕凿相安，遂坐受江汉六州之向化，则王政之行于耕者岂微哉？一在仕者。我周之王也，躬桓蒲谷分其等，侯甸采卫殊其方，而封建之规遂为仕者所永赖，故谊至隆也。独是文王之时，于仕者亦极难耳。岐封亦侯服，即裁冗员以节费，要必备庶狱庶慎之司，而况宾祭有需，军旅有需，匪颁赐予又有需，弹丸之供亿几何，安能惠及先臣之裔？而文王正不欲忘吾臣也。文王以为士不必世其官，而士必不可以失其养，念贤劳于前代，而以圭田隆其祀者，正以励后人忠孝之思；普膏泽于后人，而以余泽衍其传者，正以彰前代公忠之节。虽旗常钟鼎，优奖已深，而必定以世禄者，使食税衣租荣其身，犹可以保其后焉。夫咈耇荒耄之颠危，徒逞商受作威之焰，而岐阳间君臣一体，遂预开卜年卜世之丕基，则王政之及于仕者岂微哉？此王政之本也。而由此推者，可进言矣。

宏深肃括，仍复浑灏流转，非苟为炳炳烺烺者。程雨江。

二六　管仲得君，如彼其专也；行乎国政，如彼其久也

观伯佐之得君行政，有见其专且久者焉？夫得君行政，安能必其专且久哉？乃管仲竟如彼其专且久焉，不诚遇之盛与？且良臣怀协恭之谊，独专之任不敢安也。智士凛窃位之羞，久擅之权不敢据也。顾不敢专、不敢久者，所以存保身之哲。而幸其专、幸其久者，所以快借手之期。人假之以事权，天复优之以岁月，其际遇未

始不独隆于千古已。尔今以管仲比予，盖以仲固得乎君，而为国政所赖以行者也。吾试思夫管仲，自乾时启衅以来，几罡毒于申孙之矢，纵薰沐已忘前憾，而疏逖之分猜忌易生，安见知我者有良朋，任我者必有英主？自堂阜脱囚而后，已幸免施伯之谋，顾少壮屡困风尘，则俘累之躯消磨弥甚，安见三逐既羞于往岁，亚卿能保以终身？是则仲之得君行政，必不能专且久也明矣。然而仲之得君可幸也。大臣措正施行，旁分其权，则掣肘可虞。独膺其权，则秉钧有主。特人君惧其难制，不肯专授耳。仲则柄归独揽，竟以仇雠而作腹心，故斩袪不闻封勃鞮，而射钩偏能尊仲父，则惟得君之专者如彼。且仲之行政可幸也。老成鞠躬尽瘁，限之以时，则欲速者不达；宽之以时，则循序者有成，特人君求治太殷，难以久待耳。仲则令出一身，竟由壮年而迨暮岁，故墓木不免讽蹇叔，而塞门不间黜夷吾，则惟行政之久者如彼。从来国家之隆替视相臣之进退为转移，建一策而贪佞者间之于前，施一令而愚污者败之于后，此贤哲之所为抚膺也。管仲何尝虑此乎？其专也，三小人、五公子不能进贝锦之谗；其久也，兵车六、衣裳三皆亲与珠槃之侧。大丈夫得志于时，惟管仲殊快然无憾耳。此亦七十二邦之臣所闻而兴感者与？从来主德之明昏，视宰辅之亲疏为递变，访前席而旋加迁斥，及垂暮而未假尊崇，此豪杰之所由扼腕也。管仲岂复有此乎？其久而益专也，定三革，隐五刃，一身兼二守之权；其专而益久也，周四王、鲁三公，百年更数世之变。致太平将在斯人，惟管仲已得所凭借耳。此亦二百四十年来所郁而必发者与！乃其功烈则卑之无甚高论也，仲之才殆不称其遇乎！

极研炼，极超脱，极浑成，中坚外光，直入黄蕴生、李石台之室。于仙舟。

二七　诸侯耕助以供粢盛，夫人蚕缫以为衣服

征祀典于有国家者，唯得位为能致敬也。夫耕助蚕缫之礼，有国家者之礼也，则诸侯夫人之致敬，自因得位然耳。且自南郊重躬耕而秉耒元辰，天子焕朱弦之采；西陵始蚕事而称丝分茧，王后效缁冕之功，此有天下者所以重祀事也。而分治天下者，即率此典以行于国中，膺守土之荣，而极享亲之奉。一时之农桑并饬而宫府交修者，其欣幸为无既已。试征诸侯之祀。今夫诸侯固抚有国家，而即以主国家之祀者也。自先世以艰难启宇，其君子则躬亲稼穑，其家人则首务织纴，积宵旰之经营，大都以祖考之劳而预戒子孙之逸。迨后嗣以蒙业承休，抚百里则惠沐土田，备三宫则辉呈揄狄，庆宫庭之豫顺，岂其以后人之乐而莫酬前代之恩？此粢盛、衣服所由为主祀者之所必重也。顾必以诸侯之耕助供之，夫人之蚕缫为之何哉？以粢盛享神明，而神明必念粢盛所自出，陈其物而物之精华与人之精气不相承，先灵其式飨乎？唯诸侯以耕助供之，使知嘉蔬香合皆其曾孙之所竭力以供，而恪恭震动之诚，可以保宗祊于永世矣。以衣服见神明，而神明必审衣服所由来，饬其仪而仪之致美与心之积诚不相符，宗公其罔怨乎？唯夫人以蚕缫为之，使知黼黻文章皆其子妇之所竭诚以致，而敬畏幽闲之德，可以绵福履于中宫矣。夫百亩克终，诸侯亦借庶人之力，三盆既毕，夫人原课世妇之功，则耕桑之总其成者，未必致其力。不知君民之体合而国本愈敦，嫡庶之分明而妇功愈肃。值朝野休嘉之日，而达馨香于黍稷。表俨恪于纮綖，知为人后之所以乐其先者。至诸侯而有本有文，乃

大焕几筵之色。甸粟之纳、耕之事，亦唯夫人是司。皮弁之仪、蚕之事亦惟诸侯是卜。则耕、蚕之兼其职者，亦或难一其功。不知义正乎阴阳，而后农祥有准。治兼乎内外，而后章服弥光。当邦畿清晏之时，而播谷先资穜稑之悬，采蘩实佐公侯之事，知为人后之所以隆其享者。至诸侯而致爱致悫，乃上妥宗佑之灵。此有国家之诸侯所以主国家之祀也。

经术湛深，沉雄俊伟，读之几上隐隐作金石声。沈叔坚。

二八　大人者，不失其赤子之心者也

原大人之心，还其本心而已。夫人之所以大者，心为之也。然其心仍赤子之心耳。殆惟大人不失其本心与！且天地以一诚生万物，天地之心惟不贰，故不测也。自夫人得天地之心而有心，自夫人失天地之心而无心，有参天地之人出，完天地之心，而有以极天地之量，即还天地之诚，而有以极其人之量。要其人之不测者，亦惟其不贰也。夫所谓不贰者何？赤子之心也。孰有人而不从赤子来者哉？孰有人之心而不自赤子之心来者哉？鸿蒙之初，皆赤子也，屯险难而初平，而童蒙有始生之象，则去相协之天未远也。故人在后而赤子在先。嗜欲未开，皆赤子之心也。艮三索而有得，而少男无出位之思，则与降衷之皇相接也。故人之心多动，而赤子之心常静。盖赤子之心人皆有之，亦人皆失之耳。而谁为不失其赤子之心者乎？惟大人者有以正天下之性命，而先自其性命正之。夫性命之正莫过于赤子也，不失其性命，乃可以通天下之性命也。且有以保天下之太和，而先自其太和保之。夫太和之保亦莫过于赤子也，不失其太和，乃可以养天下之太和也。无所不知者惟大人，而赤子则一无所知，然天下之变化无不生于静谧，有亲而可久，可久而德成，一自乾之易知出焉。寂然不动，故感而遂通也。无所不能者惟大人，而赤子则一无所能，然天下之神奇无不起于专一，有功而可大，可大而业成，一自坤之简能出焉。卷藏于密，故放弥六合也。其在四德而赤子得元，大人四德皆备而亨通、利宜、贞固皆自元始，则亦自赤子之心始也。其在四时而赤子如春，大人四时皆备而夏长、秋敛、冬藏皆自春萌，则亦自赤子之心萌也。赤子之心始于爱亲，大人扩之，而虞周之大孝达孝只还其孺慕之良。赤子之心始于需养，大人推之，而禹、稷之己溺己饥实返其呱泣之正。山之大也可以极天，而原其初，始于累块，大人之心由赤子而渐积之者，亦若是已矣。水之大也可以至海，而原其初，始于滥觞，大人之心由赤子而顺达之者，亦若是已矣。夫古今之大人不可多得，而赤子之心则自有人以来相续而不绝者也。有心者可不勉哉？

说经铿铿，六通四辟。侄焘注。

二九　天子使吏治其国

国有可以代治者，圣人所以曲全其弟也。夫予象以国，而象之国仍不治，非所以全象也。天子使吏治之，而亲爱之者益周已。且兄弟之间不可稍疑也。稍疑则逆之于所未萌，而谗间易入，故周公不料兄之畔，而专其任，使叔监武庚。而兄弟之间亦不敢偏信也。偏信则强之以所不习，而体恤未深，故大舜稔知弟之傲，而分其权，使吏治有庳。象不得有为于其国，是天子不使象治其国也。而其国究何以治哉？明四目而达四聪，本欲悉艰难于下土，顾有庳去蒲阪，相隔者几数千里，则君门之呼吁无从。天子虽甚仁慈，度不能以衡岳亲巡，遍访偏隅之疾苦。歌八风而朝八伯，原以达幽隐于群情，顾有庳隶荆州，底定者甫及数年，则蔀屋之望恩更切。天子虽忧丛脞，度不能以工虞良佐，下谋蕞尔之耕桑。然而天子曰："吾有吏在，亟使治之。"且夫天子之于弟，固手足也。人情于其手足有疾痛者，虽不能收其手足之用，而断不能使束缚其手足而弃之也。有可以代手足之劳者，而手足仍得其宽闲。天子之使吏，是以耳目而助手足之劳也。且夫天子之于其弟，又家人也。人情于其家人之有庸懦者，既不能责以家人之事，而又不能屏置其家人而困之也。有可以佐家人之职者，而家人仍联其恩谊。天子之使吏，是以疆以而效家人之职也。使吏顺象之意旨，则假手转肆其恣睢，而不知虞廷之吏皆良吏也。谟盖之罪，天子可以恕其弟。考绩之典，天子断不能恕其吏。盖天子之法不忍于弟加之，天子之法不难于吏严之，故有此使而可以知天子之威。使吏惮象之桀骜，则掣肘必虞其牵制，而不知有庳之吏又命吏也。天子之父且不能逃罪于天子之士，天子之弟何敢抗法于天子之吏。盖象之傲有时施之其兄，象之傲断不敢自肆以施之于吏，故有此使而可以全天子之爱。唐尧之弟可使分治天下，天子之弟转使人代治其国，用所长自宜屏所短，圣人所以善用人才也。子若商均，且使禹代治天下；弟若傲象，何难使吏代治有庳？慎其始，正以保其终，圣人所以善全骨肉也。盖象第收其贡税而不与有庳之政，此所以有似于放也。

文思如万斛泉源，随地涌出，浩乎沛然，成此巨观。鲁通甫。

跋

尝谓既为时文，即不能不效一时之风气，特其心术之邪正、根柢之深浅，流露于字句间者，则非风气之所能掩也。《望三益斋制义》大率以浩瀚之气达真切之理，取方前辈，于前明近黄陶庵，于国初近唐采臣，足以觇其为君子之辞矣。是册于咸丰间梓行，板毁重刻，时漕帅重建崇实书院，可悬此为士林圭臬。振伦忝居讲席，持论如斯，当非为同年阿好耳。

同治甲子秋，归安钱振伦跋。

望三益斋塾课(同治四年季冬续刊)

序

论文而至于时文，小矣，时文而至于小题，益之小矣。虽然，题乌有大小哉。昔方侍郎奉命选《四书文》，小题不入选，而王氏罕皆《分编》，则专以小题为名。今取两本对勘，则彼此互见之文乃不可更仆数，毋亦随人所见以隶之，而未可截然划分为二欤？同年漕帅吴公《望三益斋制义》雄伟博硕，牢笼万有，大江以北几于家置一编矣。兹因家塾课子，以为初学津梁，苦无善本，辗转搜辑，得所著小题文若干首，率旧时课徒之作，属为删定，乃受而读之。见其超腾之致，足以翔蹑乎空虚；隽曲之情，足以刻画乎纤琐，与所作大题文不必尽出于一体，而真气盘结则无异焉。叹曰："能者之不可测，乃如是乎！"振伦频年讲舍课徒，颇病时贤脉理之未清而好作方幅语以为官样，谓宜多作小题，以矫其弊，而人或未之信也。公通籍最早，即以振伦之弇陋，亦未尝困于有司之试，得此编存之，庶有以征吾说之不诬。若谓公之蕴蓄尽于时文并尽于小题也，则吾岂敢！

同治四年，岁在乙丑冬十月，归安钱振伦序。

○一　顾諟天之明命

德原于天命，以明乎天者明德而已。盖德之明于人，即命之明于天也。顾諟而明乎天，即明乎德矣。人盍即汤之顾諟为法乎？且大人与天合德，人谓其有参天之量也，而不知其实有达天之功。知我心之原于天，而不敢任其与天离。恐我心之不能承乎天，而仍不敢必其与天合。求其合天而不离天，而独注之精神乃永焉。吾更引太甲而证明德。夫明德在人，人知为人之明德也，亦孰知为天之所命乎？亦孰知为天所命而使之明乎？天之与人者厚矣，无论为智为愚，悉分此中正之则以畀之。天所全者，不欲为人之所阙。而继善成性，直若奉谆谆之命以来。人之受天者备矣，无论为圣为狂，各本此於穆之体以成之。天所著者，不欲为人之所昏。而负阴抱阳，无不载昭昭之明以出。然则明德之在人，亦明德之在天而已矣。顾自戏渝者亵天，怠荒者弃天。骎骎乎分天与人而二之，则天虽有命，不且置之弗顾也哉？唯汤以昧爽之诚，体降衷之理。知得天于始者，自不敢违天以终。而陟降之精神，通于夙夜。汤以钦崇之切，惕永保之神，则受命而来者，即不得委命以去。而日跻之圣敬，懔若神明。夫然而汤之顾諟者切矣。必皇皇焉竭诚以通冥漠，则宇宙空虚之处，皆足见至理所呈，而顾諟不必其远也。吾心性中具是德，即吾心性中有是天。上帝临汝之严，不惕于有赫之鉴观，而惕于独知之方寸。纷者不可见，而命则一；散者不可见，而命则凝。任天之或去或来，莫不以顾之者留之，而何在非精诚所结与？必兢兢焉守寂以懔操存，则屋漏幽隐之区，亦且见鬼神之假，而顾諟不必其拘也。此心之德无不在，即此心之天无不在。游衍出王之候，警以昊天之明旦，实警以劼毖之精勤。伪者不可见，而天则真；虚者不可见，而天则实。任命之不睹不闻，莫不以顾之者显之，而何有瞬息之宽与？命于是而存，德于是而在，即天于是而彰。然则明德者，亦明乎天而已矣。

从明命打通明德，体认真切，语必透宗。钱楞仙同年。

○二　举直错诸枉，则民服

民所见为宜举错者，徇民情即得民心矣。盖直与枉，自民见之，皆以为宜举宜错也。举错得而民情洽矣，故曰："服尔。"告哀公曰："君民者，一人之心，千万人之心也。"而其心之同然者，尤莫切于是非之心。民所是者君与是之，而民共是君之所是矣；民所非者君与非之，而民共是君之所非矣。是非之在民心，不敢为君告之；是非之在君心，不啻与民谋之。斯默相通亦隐相结已。公问民服，亦知民所见者，有直与枉乎？天下惟身受利害之深者，其辨利害也最早。某也贤，可以福民；某也不肖，将至病民。淑慝在庙堂，而闾阎之视听已窃窃窥之，则直与枉之名，自民定之，而确不可易也。天下惟心无爱憎之见者，其为爱憎也倍精。若人为民望，当列公庭；若人为民害，当投寄棘。朝廷有黜陟，而草野之心思已默默计之，则直与枉之人，自民处之，而各有攸宜也。如一日者直举矣，诸枉错矣。君第曰："进公忠、退佥壬，国之典也。"民则曰："公忠进而纪纲理，佥壬退而朝章一，民之幸也。"君第曰："辨邪正、慎旌别，王之责也。"民则曰："邪正辨而治乱分，旌别慎而安危判，民之福也。"则服之谓也。威福第朝庙之权，小民以意见参之。此意亦邻于妄，而不然也。溯赋质于生初，颛愚原不诬其好恶。特私拟其好恶而不告人者，不谓我后圣明，早代揣其情而如其心所欲出也。其服也不以为公论之同，直以为私心之合矣。夫亦感孚之至捷矣。彰瘅特君公之识，小民以恒情测之。此意恐近于诬，而不然也。守秉彝之常性，编氓亦共辨乎贤奸。特隐计其贤奸而谓可自信者，不意亶聪元后，已默符其议而遂其心之所安也。其服也不以为显道之彰，且以为隐衷之慰矣，夫亦转移之至神矣，公其图之。

题境苦其宽廓，文则如道家常，转觉真朴可爱。受业张廷坤谨注。

〇三　仁者安仁

仁者自有其仁，与之一斯与之安矣。夫人莫不求仁，而仁者之仁，则其所自有也。唯其与仁一，是以与仁安耳。今夫为仁者，必言存理遏欲，不知仁有待于存遏，则未存遏之始，仁必非吾有也。心一于仁者，常觉仁在吾心，而无事心外见仁，则夫心与仁相涵。而仁与心相宅者，其诣为独纯矣。约乐之不可处，以其不仁也。以其不仁而远于仁者也。抑思仁者之于仁，何如哉？仁原于天赋。天也而人蔽之，间于天即扰于仁矣。仁者独有以纯乎天之所授焉。仁本于性初。性也而情役之，漓其性即荡其仁矣。仁者独有以全乎性之所生焉。故夫人观仁者，不见其有仁也，见其为仁者而已。仁且附仁者而立也，而以仁者自视，不知其为仁者也。自率其为仁而已，仁者直由仁而行也，惟其安焉故也。夫人情于身所素执之业，既已习乎其途。一旦更进以一途，而有不愿者，定于先自不能迁于后也，况其为固有之良耶。人情于身所习处之区，业已乐于其境。一旦骤更以一境，而有不欲者，便于常自不能夺于猝也，矧其

［其］为生初之理耶。且仁者之于仁，其安之也更有进。吾仁而显有所悖，而仁不安；吾仁而隐有所遁，而仁亦不安。仁者之仁，直统贯乎食息之间，而浑然无间，则不息之仁，本无所为操，安见所为舍也？夫操舍皆化，则真安也。有预密其为仁之心，而仁不安；有力持其为仁之迹，而仁亦不安。仁者之仁，直充满乎方寸之内，而渊乎不穷，则无亏之仁，本无待于入，安所见其出也？夫出入俱泯，则真安也。故常人清夜有仁，而旦昼无仁，仁者则旦昼皆清夜也。神之所涵者静，斯量之所及者周。常人存主时有仁，而仓猝间无仁，仁者则仓猝皆存主也。静有以见天理之行，即动有以镇物情之变。如是而何约乐之足患哉？请更观之知者。

入理深细，出笔坚凝，理境正宗，断推此种。受业朱殿芬谨注。

〇四　以约

心存于约，以之者能制其心焉。夫心不约，则心非其心矣。以约者能制其心，而心不既存乎？且人之涉世，患其无制事之心也，尤患其无制心之力。心不能制事而心不存，力不能制心而心仍不存。惟不自放其心，而时自守其心，斯心之有主者，乃克心为其心而无不存已。吾今于阅历之余，而得存心之学焉。夫人必明乎物情之变，知有不敢率吾意者，而后精神所注，乃欲发而仍留。且必明乎世事之纷，知有不可任吾情者，而后惕厉所先，乃力持而不放。所谓约也，顾孰是以之者哉。傲物者狂而不知以，侮物者悖而不乐以，求胜物者轻肆而不屑以。率其意之所之，不难举戒谨恐惧之衷尽供其荡佚，则闲已逾也。便己者惰而不能以，纵己者偷而不欲以，忘己者寂灭而以非所以。任其情之所至，不难举敬慎恪恭之义概薄为迂谈，则防已溃也。而吾且即以约者观之，事事而以身制之，则纷而不专；事事而以心检之，则静而有主。夫岂心之不惮劳哉？盖谓吾以心课事，吾事仍在心外焉，而事非其事矣。即吾心仍在事外焉，而心又非其心矣。则欲使事外无心、心外无事，有笃志持之者已。从事后而以心追之，则心有不逮。从事先而以心宰之，则心有常凝。夫岂心之过为谨哉？盖谓吾以心体事，事至而心不至，与事过而心始至，均之事与心违矣。事至而心亦至，与事未至而心已至，皆其心与事洽矣。则欲使心敛于事、事敛其心，有全神运之者已。聪明之士，多可喜必多可忧，则谨饬者所留不少。才智之流，有可成亦虞可败，则敛抑者所虑良深。如是而犹有失，则亦鲜矣。

精奥似子，敬慎似铭。受业魏邦翰谨注。

〇五　夫仁者

原仁者之量，知仁之与圣有辨也。夫仁者，自有仁之量也。彼以圣拟仁者，亦未推原于仁者耳。且天地以生物为心，而人又各得天地之心以为心，于是乎仁之体以立。一自有过求夫仁者，悬揣一难且远之诣以相衡，而仁之诣几不见于天下，吾甚惜此心之理日流行于宇宙之中，而过持高论者，未尝如其量以密验之也。博施济众，圣人之事。而子乃以仁当之，信如子言，则是仁固无殊于圣矣，则是圣且隐统于仁矣，则是世有仁人亦且无需乎圣矣，则是世无圣人并将不可言仁矣。此其弊不知圣人，而实由于不知仁者。今夫歉乎仁之数以言仁，不可以语仁者也。而溢乎仁之数以言仁，仍不可以语仁者。隘乎仁之途以言仁，不可以状仁者也。而逾乎仁之途以言仁，仍不可以状仁者。盖仁有与圣同者。仁者之所以尽乎仁，即圣人之所以成乎圣。故千古之圣人，皆千古之仁人，仁自备于圣之中也。而仁有与圣异者。圣人为仁者立其极，仁者不必与圣人争其权，故数世无圣人，而一世自有仁者，仁固见于圣之外也。则吾尝返而求之，而确见仁者之本体焉。仁不可见，而仁者自可见。指仁者以为的，虚言仁不若实征之仁者也。立仁者以为程，泛言仁不若切证之仁者也。夫仁者亦惟即与生俱来之理，适还仁者之本体耳，而岂有难与天下相见者与？又尝静而求之，而深见仁者之全量焉。仁者难凭，而仍即仁以为凭。通乎同具之仁，仁有其同，仁者乃无所异也。参之分具之仁，仁有其分，仁者仍见其合也。夫仁者亦惟统秉彝固有之良，实副仁者之全量耳，而岂有不与天下相涵者与？盖仁者亦明乎人己之相及而已，徒以圣人之事望仁者，毋惑乎日求仁而仁日远也。

处处仰承圣字，乃是夫字之根。笔意浑融，绝不占实。受业程人鹄谨注。

〇六　周之德，其可谓至德也已矣。子曰：禹

德以服事而至，而夏王可尚论焉。夫周德所以至者，以其终为殷之臣也。子又尚论乎禹，殆因之以验君道乎。从来论臣道者视乎节，论君道者视乎功。节足以超乎天下，则泯其利天下之念，而为臣者莫与京。功足以安乎天下，则操其理天下之权，而为君者有足式。仰惟穆考，相彼夏王，固可相提并论矣。三分有二，而以服事殷。此在不知文者，必疑文之将革殷命。如汤之伐夏，而缵禹旧服矣。孰意文之心，固惟知有殷也。吾得而想其德之至焉。惟天

眷德，而以德邀天之命，非至也。当日怙昌西土，不徒为周家笃乃眷之祥，而并为子氏延将穷之祚，则德之所昭，视古之祗台德者，无弗逮也，而德何愧于天欤？惟民戴德，而以德结民之心，非至也。当日永保斯民，不徒为汝坟坚父母之戴，而直为王室弭如毁之灾，则德之所著，视古之垂明德者，未有逊也，而德何憾于民欤？周德之至如此，则不惟周之才并于唐、虞，而周之德亦无愧于唐、虞矣。顾说者谓文之不有天下，亦因其不逢揖让之时耳。以文王当日被其德者，岐、丰百里；怀其德者，江、汉六州。使商辛能举天下而授之，则懋乃德而嘉乃绩，不犹之舜之命禹哉？而惜也文之事殷而为臣，不得如禹之继唐、虞而为君也。求全乎君道，日者夫子复论夫禹。惠畴亮采之初，禹自率司空之职。迨神宗受命，六府修而三壤定，禹实有天下之富矣。人心儆戒忧勤，最易弛于崇高之位。故欲知禹之德者，不于未有天下之日观禹，而当于既有天下之日观禹也。沐雨栉风之际，禹自竭胼胝之劳。迨宅位总师，九山旅而九州同，禹实享天下之安矣。王业艰难积累，最易忘于盛满之时。故欲明禹之德者，不于天下未平之日观禹，而当于天下既平之日观禹也。要之，周之德于为臣见之，既无异唐、虞之心；禹之德于为君见之，尤足绍唐、虞之绪。子言无间，不惟与至德为类，亦以申天下不与之说也。

绮交脉错，非是题所难。其以君道臣道，分贴两截，乃各得真际。昔人所谓文骨也。受业张轮谨注。

〇七　岁寒

圣人静验天心，而设言寒之一境焉。夫岁未至寒，几不觉有寒矣。子以为天之不可恃也，故特以寒警之欤？从来不变者，其天道乎？顾以言混元之覆昌，则亘终古而不变；以言气候之转迁，则阅一周而已变。盖至温煦变为凛冽，天虽无意于变，而处变者已不得视为常矣。试以岁言之。方岁之伊始也，凡化育于岁者，莫不欣然向荣，以感岁之德也。迨岁之将成也，凡滋生于岁者，莫不群焉待命，以成岁之功也。何也？岁未寒也。未寒则不值夫寒者，几不觉有寒，而菜秀桐华自乐春和之象。未寒则未历夫寒者，并幸其不寒，而日暄雨润常蒙长养之恩。乃无何而岁已寒矣。时莫不幸遇其舒，岁而寒，则舒者已更为惨；时莫不幸逢其畅，岁而寒，则畅者偏处于穷。始而觱发，继而栗烈，而寒之百出者且骤增焉。是天心之忍也。始以履霜，继以坚冰，而寒之百变者且渐逼焉。是天心之怒也。一岁之不寒者多，而寒者少。正惟罕遇夫寒，而遂叹薄寒之中人。一岁之不寒者久，而寒者暂。正惟猝遇夫寒，而遂讶一寒之至此。向之化育于一岁者，无能避此寒也，是岁生之而寒杀之也。向之滋生于一岁者，无能免此寒也，是岁复之而寒剥之也。而岂知有松柏在乎！

昔人谓此章不当为松柏寄慨，须识得贞下起元，剥极而复之理。文效隆万体，寥寥短幅，而义蕴已无所不包。受业刘廷爵谨注。

〇八　克己

治私者治于微，宜于己力胜之矣。夫私之在己，私之微也。子勖回以克己，殆欲有胜其私乎？且虞廷开执中之统，而首言人心惟危，夫揭之曰人心，则知此心之系于身者，原有不能遽去之私；而惕之曰惟危，则知此心之累乎身者，更有不可稍留之隐。纤微之失，以大力祛之，斯胜私之功独至已。回问仁，回亦知人之难治者在己乎？人莫不有形也，而己实依形而立。形之所便，要即为己之所便。故有是形，而私欲之与形相附者，莫可遏也。此不必外缘之入而扰也。人莫不有气也，而己即凭气而行。气之所安，亦遂为己之所安。故有是气，而私欲之与气为缘者，莫能净也。此不必物交之引而去也。于此不克，己愈滋矣。于此言克，克亦难矣。不察乎欲所窃发之始，则克之功无由致其端。己已肆于先而以克之者随于后，则未知欲之何所起，安知欲之何所止耶？克之者辨乎己之所在，而于欲之环生迭起者，确然判其归宿之区，是不特既发之己无或匿之形，即未发之己亦无或开之隙也。而克之功有不严者与？不争乎欲所窃据之方，则克之力无由扼其要。己未弛于内而以克之者逐于外，则不能除其欲之萌，安能望其欲之遏耶？克之者持乎己之所存，而于欲之暗长潜滋者，毅然夺其战胜之勇，是不特有形之己有以攻其瑕，即无形之己亦有以杜其渐也，而克之力有不壮者与？或有谓方来之己，则克宜密，将去之己，则克不妨疏者，而不然也。己方来则己之力胜，固思除其萌孽；己将去则克之力胜，更宜拔其根株。大抵圣狂之界，只在几微。己恣扰可忧，己留恋尤可忧，而寸衷时虑微疵之累。或有谓己之数多，则克宜严，己之数少，则克不妨宽者，而亦不然也。始克之而有可克，固以多所克者奋精心；终克之而无可克，亦岂以少所克者懈初志？大抵乾惕之神，无渝瞬息，己纷至宜慎，己退听尤宜慎，而内念总无或溃之防。克焉而振其神，故以神治形，而己不因形而肆。克焉而持其志，故以志帅气，而己不因气而漓。由是而复礼焉，而为仁之道得矣。

沉刻似章大力，明快似陈大士。受业袁长清谨注。

○九　君子敬而无失　一节

修己自能感人，忧兄弟者宜审焉。夫敬恭至而人无不可感，况兄弟乎？君子亦患敬恭未至耳，何徒以兄弟为忧耶？且夫人处骨肉之变，与其抱戚戚之心以虑人，胡不存懔懔之心以责己也？夫吾即抱此戚戚之心，在人岂必相谅？则莫如即我心之当尽者，以曲尽其心。而同此心者，或有以相悟而证此心之合，则问心乃无憾尔。知天命之有定，可无为兄弟患矣。虽然，君子敢概委之命而不修其在己者哉！天下惟积诚为能动物，存吾诚而此心不敢肆焉，守吾诚而此身不敢慢焉。虚己以将者，皆实意所流，知无有疵其怠伪者已。天下惟至性为能感人，尽吾性而玩心不敢萌焉，敦吾性而惰容不敢著焉。物变之来也，皆天真所应，知无有议其凉薄者已。而君子且惕然曰："吾持己未能敬也。"即敬而未必无失其敬也。吾与人未能恭也，即恭而未为有礼之恭也，猥曰四海之内皆兄弟也，或姑为无兄弟者宽欤，而不知非也。今使人而果恣睢自肆，侮慢自贤，纵其意所欲为，则乖忤在家庭，而太息已遍行路。谓其厚者薄，而薄者安得厚耶。若其人而果抑抑善下，恂恂自持，深于情之一往，则观感及朋友，而天显必念弟昆。谓其疏者亲，而亲者讵复疏耶。且夫吾兄吾弟之情，其视四海之人，亦大不相谋矣。其相处也近，则观我者微。其相望也深，则绳我者迫。不敬不恭，四海之人或相恕，而兄弟岂能恕乎？我实有歉于敬恭，安敢期兄弟之敬恭过乎我？我实有疏于敬恭，安敢责兄弟之敬恭先乎我？日用行习之间，自省先多愧色，则非无兄弟之患，而不能敬恭之患也。然而吾兄吾弟之情，其视四海之人，更有深焉者矣。其相合本于天，非仅通乎声气。其相亲由于性，不徒逐于交游。必敬必恭，四海之人见此心，而兄弟岂不见此心乎？我尽敬恭而兄弟皆能敬能恭，则契合根于不自知。我尽敬恭而兄弟或不敬不恭，则愧悔生于不自已。手足雍和之气，感召即在无形，则我即有不敬恭之患，而兄弟本无可患也。子亦求为君子可矣，忧何为哉？

以四海作开，以兄弟作合，可见子夏立言并无语病。通首议论肫挚，所谓别见孝弟之性者也。受业万叶菘谨注。

一〇　子击磬于卫　一节

圣心即物而传，无心者若知其有心焉。盖圣人之心，不必击磬始见之，而击时自不能掩也。荷蒉固无心者，亦知子之有心乎？且夫人极不忘情之故，非习与共处者，不能察其微也。而自深识者当之，遂于暂触者有以窥其常。且于外呈者有以测其内，盖无心之流露，惟诚斯形，而局外之感通，不言自喻。其始感于物，其继遂感于人，则不相知者，而适相契矣。昔者夫子居卫，子之心心乎卫，即心乎天下也。日者适有击磬一事。箫韶之景运云遥，既不能以搏拊余风，媲后夔之治；而乃于操缦安弦之外，更谐立辨之音，虽旅馆寂寥，金石犹传于在户。富教之宏谟徒具，又不能以安怀素抱，溥沫土之休；而仅于籧贤史直之俦，共作知交之侣，则异乡落寞，风尘罕得夫赏音。斯时孔氏之门，渊渊乎犹有磬声也。彼过是门者，又孰知击磬者为何心哉？地近嚣尘，熙攘岂乏往来之辈，然不过庸夫贩竖，乐小人之近市，而谁知式至圣之光仪？情殷利济，天人总关忧悯之忱，又安有下邑封人，幸君子之至斯，而有以识醇儒之怀抱？何居乎有荷蒉者，闻声而知子之有心耶。天下滔滔，而谁与易也。

猗兰有歌，龟山有咏，以圣人之心语之，而聋瞶如故耳。荷蒉乃于击磬时窥之，夫子自喻之心，而竟为荷蒉共喻之心。岂历聘诸邦者，瘏瘝不忘民物，而优游泉石者，畎亩亦望经纶耶？盖有相感于微者也。时世靡靡而未可返也。问陈何裨，正名莫遂。以圣人之心示之，究隔膜不亲耳，荷蒉乃于击磬时见之。夫子所不自喻之心，而竟为荷蒉相喻之心，岂忘情世故神静者其听多聪，抑有意民生志合者其情如诉耶？盖有相动以天者也。嗟乎，遥情感触，居然识曲而听真；孤绪徘徊，岂曰诵言而忘味。有心哉，击磬乎！荷蒉此言，虽谓孔门一知己可也。

循题挨讲，以雅令之笔写之，而圣人身份自见。俗手从心字大放厥辞，徒觉甚嚣尘上耳。受业汪鸿达谨注。

一一 过而不改

深入于过者，若不乐于改焉。夫人难言无过，所恃者过而能改耳，而不改焉，殆不乐于改过欤？且天下无过之人少，有过之人多，所冀者，人能耻其过，悔其过，而力祛其过耳。若乃既知其有过，而不自克其过，反自留其过，彼固不知耻心既亡，悔心亦泯，而祛过之力终于不振也。盖尝思之，一节之亏，即属终身之玷。故偶有所过，则吾身之损已多也。此君子所以防过也。旦昼之昧，难掩清夜之明。故误有所过，而吾心之愧方深也。此君子所以补过也。然则过岂不贵于能改哉？如其改也，陷溺之余，忽思振拔，自耻昔之不可告人者，而歼除必尽。如其改也，迷罔之后，忽觉清明，自悔昔之不堪对己者，而祓濯偏殷。而奈之何竟不改耶？大抵人情常快于所甘，从过甚甘，改过则苦，不改者方与过相昵，故强去其所昵而不能。人情又乐于所肆，从过者肆，改过则敛，不改者方与过相安，故骤易其所安而不愿。曾不知始之有过，犹可曰："人所诱也。"至不改，则已缱绻而狎之者已。始之有过，犹可曰："昔之误也。"至不改，则复优游而适之者已。贤父兄未尝不望其改也，乃纷华既汩其情性，虽有家庭之训而不知，此忌者之所欣，而爱者之所悯也。严师友未尝不勉其改也，乃嗜欲既蔽其心思，虽有药石之辞而不入，此损友之所由近，而益友之所由疏也。至是而谓之过，其何说之辞。

逐字清出，先辈单句老法，昔人谓大家俯就绳尺以利初学，厥功伟矣，信然。受业邱广生谨注。

一二　君子学道则爱人

君子所用以治人者，非学无以生其爱也。盖君子者，人所托命也。治人以学道为用，爱人之心油然生矣。游故述圣训以为证乎？且国家之所恃为邦本者，人而已矣。人者，天地之所化育也。有默体天地之心者，乃能为天地恤黎庶。人者，祖宗之所留贻也。有恪循祖宗之训者，乃能为祖宗养兆民。极陶淑之功，即以扩胞与之量。故操之贵有本也。以偃所闻，子不尝为君子训乎？夫君子者，人之所托命也。才智之流，非不抗言经济。然可以兴大利于人，亦可以贻大患于人，则性情未正也。范才智而不矜才智，故为能吏不足，为循吏有余。功名之士，不难猝致欢虞。然以小惠悦夫人，而不知以大德洽于人，则噢咻亦伪也。建功名而不急功名，故言心术为先，言治术为后。然则君子之爱人，其必由学道乎？宽大足以培国脉，而姑息实足以养民奸。纵弛胡可训也，准之以道，而以裁制立爱之体焉。强梗者必锄，始能安椎鲁。放僻者必斥，始能养秀良。道之所为，崇正而黜邪，施诸人即所为各正而保合也。君子固以道之有节者爱之，严肃足以振民风，而刻核亦足以伤民命。太和胡自复也，深之以道，而以乐易达爱之情焉。为闾阎教子弟，而亲爱之风行。为草野讲诵弦，而文明之泽溥。道之所为，宣气而平情，被诸人即所为百物之不失也。君子固以道之至和者爱之。由此以观，读法律不读诗书，苛政岂苍生之福？重刑名不重道德，残忍非长吏之祥。君子养一己之身心，乃有以全万姓之身心，而郇黍召棠，皆可师之治。发肤者生人共惜，体一亏而不可复全。廉耻者愚贱皆知，法太急而何堪自问？君子正一己之性命，乃有以保万物之性命，而文章政事，实一贯之传。此夫子为君子训者也，而小人又岂外学道哉？

此题名构如林，试场亦复屡出。吾师起家县令，恺悌慈祥，洵为克副，所言者又不徒以文论也。受业王士铮谨注。

一三　无求备于一人，周有八士

量才见君道之厚，生才见世运之隆焉。夫使人而不求备，周公以才之不易有也。如周之八士，不又幸其有乎？且天下少全才，而天又不多生才。甚哉，才之难得也。夫全才难，则知一身之才，不能兼一世之才。生才难，则又幸一姓之才，尽萃为一代之才。盖才之全者人不能必之，而才之多者，天未始不成之也。如亲亲、任贤、念故，行是三者，而开国之本立矣。至我周造士之休，作人之化，因以致卜世三十、卜年八百之基者，未尝不于用人时致谨也。而谓用人可求备乎？通才之难觏也，以圣人不能兼之事，而责之中智，则措理易乖。溯帝世之臣，八元则惟见明刑，八恺则第思布教，可知理烦治剧，必无兼理之长，盖责备宜宽矣。奇才之罕逢也，以同僚所合治之事，而委以专司，则敷施立绌。稽王朝之制，进士则升之司马，选士则升之司徒，可知布职分猷，自有效能之彦，盖求详不事矣。戒以无求备，欲鲁公知用才之道，亦因才之不易有也。独是鲁公就封之日，正周道极盛之时。当日者多士皆储为桢干，野人可任以干城，不独二虢襄猷，十乱辅政。亲故大臣极一时之选，凡野处而不匿秀者，蔼蔼乎王多吉士焉。谓非千古人才之会哉？虽然，才备于一国，固足见川岳之钟灵，而才备于一家，尤足征宗祊之衍秀，如八士之有于周者是已。或以为尹氏之支，或以为南宫之族，谱系似难备详。要以萃异才于名门，诞降原非偶矣。太和感召，而贤哲迭生。此固一家之庆，而兼为一国之庆也。知周先王之培植厚也。或以为成王时人，或以为宣王时人，世代亦难备考。要以合瑰才于同气，休祥厥有由矣。云汉为章，而英流竞爽，此又一国之幸，而成为一家之幸也，知周先王之造作深也。周室人才之盛如此，何难求其美备乎？历指其人，益知弟昆著美，虽谓八士如一人可也。

萦拂有情，气局尤极骀宕。受业钱绢谨注。

一四　今王亦一怒而安天下之民

勉齐王以安民之怒，亦兼法周王而已。夫安天下之民，似难望之齐王也。然如文、武之一怒，亦可以安天下矣。今岂异于古所云哉？且今之游说人国者，尝一怒而诸侯惧矣。顾逞一己之私怒，不如法古圣王之公怒。用怒既公，则一己之怒，即为一世之怒。且后王之怒，无异前王之怒。孰谓古今人不相及耶？昔者文、武之一怒，皆为天下之民而怒，皆为安天下之民而怒。夫文、武往矣。今天下之民，亦安得有文、武之一怒以安之哉？文之时天下有其二，今之时天下分为七。是合纵连衡之天下，倍困于蜩螗沸羹之天下也。武之时天下向其化，今之时天下乐于争。是水深火热之天下，倍迫于筐篚壶浆之天下也。然则今天下之民，亦安得有文、武之一怒以安之哉？独是今之大国，大抵多骄。我有以制彼，彼且合而攻我，则若秦楚、若燕赵、若韩魏，其各扰天下之民者，岂易使之翕然从？今之小国，亦复多傲。我有以服彼，彼且有以抗我，则若宋薛、若鲁卫、若中山，其各分天下之民者，岂易使之詟然伏。而臣且为王筹之，诚使王今者以文之怒为怒，天下之心有未对者，王亦以一怒慰之，而王之声灵一振。且以武之怒为怒，天下之志有敢越者，王亦以一怒靖之，而王之号令一新。王一怒而驱临淄之众，王一怒而夸表海之雄。顾不法文、武之怒，亦无益耳。文、武为天下之民而怒，王亦为天下之民而怒。东帝之干戈，且无愧西京之旄钺矣。今且为王拭目观之。王一怒而听苏、张之谋，王一怒而用田、慎之说。顾不法文、武之怒，亦无当耳。文、武因安天下之民而怒，王亦因安天下之民而怒。妫昌之盛业，且不让姬箓之宏规矣。今且为王操券定之，民惟恐王不好勇，亦期王以大勇安民焉耳。

此题一作了语，便成一节题文。文独节节腾挪，无垂不缩。受业侯旬谨注。

一五　故君子有不战，战必胜矣

以得人者而论战，胜之理有可必也。盖君子得人，则已据乎胜之理矣。故不战则已，战则必胜。君子亦务期得人耳。且举一事而与人情相违，其事未有不败者也。与人情相应，其事亦未有不成者也。盖人之情，涣则有立蹶之机，萃则有勃兴之象。果有以洽众人之情，自能使众人各奋其情，而惟吾情之所用，则事之成有可以预决者焉。夫天下之所顺者，得道之君子也。以得道者攻失道者，胜之机可立见矣。而君子且若未可必胜者，何哉？疆埸之事，原难轻试。秽德彰闻之主，亦自有同恶相济者为之供臂指而肆鸱张，故胜之事，我操其全，彼亦争其半也，君子所以有不敢必胜之心也。锋镝之下，必无两全。渠魁授首之时，亦自有愚民无知者为之效前驱而罹骈戮，故胜之事，有其可欣，实有其可悯也，君子所以有不忍必胜之心也。不敢必胜与不忍必胜之心合，则君子亦有不战者矣。至于不得已而有战，是天下积怨之民，所殷殷然望此一战也。战则民乃苏，不战则民益敝。举失道之君所甚苦于其民者，君子以一战反其政。民于其甚苦者怨之，民于去其甚苦者，必鼓舞以从之也，而望王师者殷如时雨矣。是天下罹毒之民，所切切然祝此一战也。战则民乃安，不战则民日蹙。举失道者之民所受困于其君者，君子以一战全其生。民于困我者毒之，民于解我之困者，必踊跃以报之也，而讨不庭者迅若雷霆矣。必胜之故，不可为君子决哉？盖君子之于人，惟恃德而不恃力。力加之不服，德加之无不服矣。即令不服，而天下服君子之德者，莫不共效其力，以期翦除梗化之人。彼失道者，论德既不足以相胜，即论力亦不足以相胜也。君子之于人，又任理而不任势。势禁之不从，理喻之无不从矣。即令不从，而天下从君子之理者，莫不厚积其势，以期荡涤顽残之辈。彼失道者，言理既不足以自胜，即言势亦不足以自胜也。人盍深思于其故哉？

词严义密，节制之师，一涉嚣张，便失题旨。受业吴大瀛谨注。

一六　以利言也如以利

言有专计夫利者，即所言而衡之焉。夫以利为言者，因枉尺直寻之有利也。孟子欲辨以利之非，岂必言其不利哉？且人苟惟利是视，则口之所称者在利，心之所注者亦第有利矣。夫彼之心既注于利，辨之者遽以为非利，则彼且有所不服。惟以彼所言之利，还而证之，以如其意焉。觉以利求者，不妨以利应也。枉尺直寻，子引志之言如此。是说也，所枉少而所直多。如以利言，未有若斯之利者矣。吾意子循览及此，当有深斥而痛辟之者，乃津津乎引之犹有余味也，则诚知其以利言也。喻义不喻利，原君子之心，而言利者曰："迂矣！"如以利为不可喻，何以枉尺直寻之说，人共称之乎？则所以言者，利之外别无他术矣。正谊不谋利，本吾儒之学，而言利者曰："拙矣！"如以利为不必谋，何以枉尺直寻之说，人竞效之乎？则所以言者，利之外难置一辞矣。言利若此，枉尺直寻者，惟知主于利耳。安望其审于未求利之先，思于既得利之后，究夫用利之所必至，推夫用利之所终极哉？乃彼不知审于求利之先，思于得利之后，而吾已代为审之思之矣。彼不知究用利之所必至，推用利之所终极，而吾已早为究之推之矣。则试进思夫专以利者。利之权操于天，本非人所自主。夫使人而不欲利也，则无所见于利，即无所囿于利矣。如人而果欲利，则动于利，不且入于利乎？能不为以之者，转言筹之。利之数竞于人，更非我所自专。夫使人而不欲以利也，则无所羡于利，即无所牵于利矣。如人而果欲以利，则爱夫利，不且迷于利乎？能弗为以之者，危言怵之。所向辄歧，本指归之已谬，每况愈下，恐前说之难坚。枉寻直尺，亦以利而为之否耶?

清空一气之文,而下笔自然老确。刘大山稿中时有此境。受业陶璇培谨注。

一七　无献子之家者也。此五人者,亦有献子之家

以忘势者为可友,不得不转虑其慕势矣。夫有家而视之如无,献子所以乐与之友也。然欲深信五人之无,何妨设言其有乎?从来声利之见,常人所见为有,皆贤者所见为无也。而贤者之所见为无,亦或贤者之所见为有。夫贤者之见,固不至下同于常人,要其与常人异者,只争此初念转念之间,而其情固大可虑也。如献子所友五人,岂漫然与之友乎?献子有家,此五人者未尝有献子之家也。惟未有献子之家,恐有震惊于其家者矣。抑知五人之见友于献子者,固以其无献子之家也。人惟自视过卑,斯不能渺视夫公族。若五人者,不知有献子之家,而见为无献子之家,则订交之际,固与献子相忘也。人惟高尚其志,斯能无屈于公卿。若五人者,不见为有献子之家,并不自见为无献子之家,则同心之雅,早为献子所重也。无献子之家,五人之得为献子友者不已,可共信于天下,而无敢以俗情测之哉!独是操持靡定也,意向难凭也,初心可恃也,末路亦可虞也。古今来贤达者流,其始尚理义、矜气节,未尝不以一介之士,铢视轩冕,未几目炫于形势之途,气夺于显赫之地,遂不惜俯身权贵,折节侯门。昔所视为无者,后乃羡其有矣。五人虽自命无他,而形迹之嫌,难以门到户说,安在自信者之足以共信耶。无已,则试反其说曰:“此五人者,亦有献子之家。”要津熏灼之观,

最易移人之志气。五人何至同此情乎？而如其同此情也，则意中本无献子，意中但有献子之家。趋大夫之门，早予以一望神惊之概。富贵崇高之境，最易损人之操修。五人何至沿此习乎？而如其沿此习也，则意中不能无献子之家，意中惟见家之在献子。问大夫之富，早存夫不敢仰视之形。吁！五人苟有献子之家，亦何能强之使无献子之家哉？而献子固不与之友矣，何也？献子自视固亦无献子之家者也。

上正下反，上实下虚，文能调停于二者之间，故通体圆匀，自成章法。受业李鸿儒谨注。

一八　人有鸡犬放，则知求之

即所放以言求，人固已明于物矣。夫人所当知求者，岂在鸡犬？然求鸡犬者，则已知之矣，亦何明于此乎？且天下事莫不缘所知以起，谓其所知在是，而后能致力于是也，特恐自恃其知之明，自诩其知之当，遂不惜于至纤至悉者用其知焉。当其相需甚殷，未始不辨之早辨也已。吾例人心于人路，而哀世之昧此。此岂待远譬哉？吾尝静验于世之人矣。吾人有是物不足全其为人，无是物不足害其为人。此物之贱者也。况物极之至贱，而何恋于是物也？吾人有是物不足益其为人，无是物不足损其为人。此物之轻者也。况物极之至轻，而何惜于是物也？即如鸡犬虽放，岂必以知而求之为计哉？顾人之知求之者，则于此独明矣。世无尽所当求，而尚暇求鸡犬之事，则亦无求在鸡犬，而遂足尽所求之功。然而求之者，正自恃其知矣。夫知之事常有其端，不论其所求为鸡犬，但观其所知求者，尚明于鸡犬，未始非知之端也，则甚欲以所知发其端也。

世容有兼求鸡犬，而不必谓求非所求之人，断无专求鸡犬，而犹得谓知所必求之人。然而求之者，正自诩其知矣。夫知之事常有其例，不咎其于鸡犬分所求，但幸其于鸡犬尚能用所知，未始非知之例也，则甚欲以所知起其例也。天下琐屑之情，惟琐屑之人筹之最熟。放鸡犬而知求，不以为恐失吾之利，而以为恐损吾之明也。夫鸡犬之微，而尚恐损其明耶！天下浅近之理，亦惟浅近之人入之最深。放鸡犬而知求，不以为深于用情，而以为常相属意也。夫鸡犬之细，而尚能常属意耶，奈何放心独不知求哉？

喻意着笔便痴，一眼注定下文，而以本题为缘起，行神如空，犹见方、王遗范。受业姚汝楫谨注。

一九　存其心，养其性，所以事天也

观天于心性之中，以存养者事之而已。夫心也，性也，即天也。事天之道，不外乎存养，人亦致力于斯可耳。且夫人共处覆昌之中，莫不于昭昭之天，求所以事之矣。而不知于昭昭观天，则言天已远。吾自有浑然之天，无以守之，而任其天之纷。吾自有粹然之天，无以涵之，而任其天之损。昧乎，天之至近，而忽忽焉远以求之，则惑也。如尽心知性者，固知天矣。然曰“知天”，亦第知心之原于天耳，而未知心即天也；第知性之出于天耳，而未知性即天也。则亦还求诸心性可已。未见心性之时，而天具焉。天实居乎心性之先，太极之初，涵于无极，其理不在心性而在天。既见心性之后，而天寓焉。天实宰乎心性之内，五事之则，原于五行，其理既在天而即在心性。然则一言心而天见矣，一言性而天更见矣。独是存与养有难焉者。天乐其定也，而心又时患其纷，吾心即戒惧已严，而纷吾心者，辄乘其间，心纷将并吾心之天而亦纷之，何以见天君之泰也？天乐其完也，而性又每虞其损，吾性即动静交养，而损吾性者，每动于私，性损将并吾性之天而亦损之，何以见天理之全也？如是则又何以事天哉？如其即心以见天，而于天所以与我之心，确乎有以操其本，而物之引吾心者无从入，即心之守吾天者无从出。夫天之依违，亦视乎心之去留为断耳。而心既留而不去，不可知天之依而不违乎！且即性以见天，而于天所以赋我之性，油然有以顺其机，而私之挠吾性者无或滋，即性之承吾天者无或间。夫天之顺逆，亦视乎性之纯驳为断耳。而性既纯而无驳，不可知天之顺而不逆乎！盖天不在心性外也。理于心性见分者，仍于天见合，故归心性于天者，即可以反其所自生。而事天亦不在存养外也，心性以存养而日亲者，天正以事而日尊，故并存养于事天者，更可以推其所终极。此知天之学，所由未足以尽之也。

理境烂熟于胸，诂题明确，一扫模糊影响之谈。受业邱如芬谨注。

二〇　见且犹不得亟

极言贤士之难见，知亟见已非轻言矣。夫论王之于士，固不难于亟见也。乃犹不得亟焉，抑何求见而且然欤？且自游说之徒，挟其术以干人主，鲜不谓士之见君难，而君之见士易矣。抑知今之时士以见君为难，古之时君以见士为难。即此晋接之勤，有非人主所能自必者已，可识士之自待非轻也。如王公不致敬尽礼，则士不得亟见矣。然人犹谓见不难亟者，何也？论抵掌而谈之雅，君之致意于士也久矣。今即末节之稍疏，夫亦可以相谅也。权舆虽嗟夏屋，避人亦戒逾垣，而岂必自高夫位置？论侧席受教之诚，君之虚心于士也素矣。今即弥文之脱略，夫亦可以相忘也。

絷维自永今朝，燕饮何妨卜夜，而岂必过凛夫洁清？吾独为贤士筹之。使其见可得亟也，则以贤士之乐道，遇贤王之好善，其相得必有不止亟见者，而特币聘将后，车载以亟见者先之也，则亟见方将恨晚也。抑贤士忘人之势，贤王忘己之势，其相得必有进于亟见者，而特拥彗迎长，跪请以亟见者阶之也，则亟见或未满志也。然而士犹自高位置，不以亟见者亵道义之尊；士且自凛洁清，不以亟见者损匡居之素。于是有议士之隘者，不知王前为趋士，士前为慕势。士可亟见，则人轻其见，而亦轻夫士矣。故见亦非必枉道也，而士且犹虑见之枉道焉。于是有讥士之傲者，不知往役则义，往见则不义。士而亟见，则人知见易得，而以为士亦易得矣。故见亦未遽失身也，而士且犹惧见之失身焉。其不易亟见也如此，况欲得而臣之，不更难乎？

全力取且、犹二字，腾挪操纵，笔笔凌空。此虚题定法也。受业陈海谨注。

望三益斋试帖(同治三年六月重刊)

序

仲宣舅氏既刻其《望三益斋制艺》告成,又复掇拾所为帖体诗若干首以示锡麟,端牍扬讽,不能无言。夫诗至帖体,小道可观,故悔虫雕,亦惭鹄刻,束缚驰骤,壮夫不为。然鼓湘灵之瑟,青峰渺弥;赋明堂之珠,朱光艳若。阳开阴阖,动极自然;左虎右龙,铢两悉称。以故蓬山振藻,芸阁宣毫,奏捷风檐,竞奇日试,莫不家怀抵鹊,人握灵蛇。倘负巧心,终惭妍手,或驰骋为豪,佚丽自喜。论史则失之偏宕,言情则过于绮靡,崩豁雷硠之句妄施于山林,澄浤萧瑟之音滥登于廊庙。高心空腹,有文无题,以之津逮,实曰诬罔。今观舅氏所作,裁花栖骨,炼雪澄音,不骛涩体。若砥之平,于地能押强韵;如星之妥,于天写实追虚。抽心呈貌,珠穿蚁曲,棘刺猴端。金翅劈海,蔚成倏爚之观;胡蝶上阶,霏其馨逸之致。要皆因难以见巧,宛转以赴题,脱口如鲜,嘘纸欲活。斯则长波驾浪,未若曲池明漪;层峰轧霄,不如片云多态也。技至此乎,叹观止矣!今者课最袁江,政通民洽,属潢池盗,弄江左驿,骚以宰官,身领河魁,将伍符尺籍,悉奋我苍头;风膽云棚,隐若一敌国。周遮虎落,远避鲸鲵。以此论功,将膺懋赏,乃复流连少作,属付传钞,结习未除,自公多暇,又以见舅氏之高掌远跖,谓古循吏,即诗人也。遂不禁合十赞叹,而为之倒心回肠如此!

咸丰四年十月初吉,外甥王锡麟谨撰。

○一　经正民兴

万古经常在,歧趋挽庶民。
式金先正始,率土自兴仁。
典则谟垂夏,讴歌泽拟春。
孚盈占比户,贞吉阐坤珍。
日想中天焕,风宜下里陈。
庙廊期偃草,党塾亦传薪。
燕处功修己,鸿图绩抚辰。
欣瞻皇极建,海宇尽陶甄。

○二　慎修思永

帝学参精一,庭坚独著谟。
勤修期慎重,永念矢须臾。
圭璧千秋式,农桑万世图。
蹶山躬自懔,治水困初苏。
已判危微界,还垂久远模。
民觇风动效,臣竭日襄愚。
戒满应同益,持盈合受需。

圣衷勤密勿，珥笔颂都俞。

〇三　布德行惠

薄海瞻依切，深宫德惠施。
恩流中夏外，典重季春时。
黄屋临民近，青旗载道驰。
阳和来有脚，膏泽快沦肌。
雨洒千郊润，云飞一片慈。
东风生草意，南国树棠思。
行野仓庚语，登台赤子嬉。
皇仁弥宇宙，歌咏庆无私。

〇四　师直为壮

仁者原无敌，兵由直道行。
壮犹彰燮伐，师律奏升平。
士气矜如虎，军威快翦鲸。
壶浆迎绿野，笳鼓肃红旌。
偕作歌修戟，同仇奋请缨。
先声传玉帐，众志固金城。
夏后曾征扈，商王亦挞荆。
何如瞻圣武，寰海尽输诚。

○五　韩昌黎论迎佛骨

佛在难为福，奚论骨已寒。
君王行偶失，臣子义何安。
龟鉴兴亡载，銮舆士庶看。
金身原幻梦，花雨亦狂澜。
岂谓逢英主，而令惑异端。
羚羊曾试角，獬豸不惭冠。
沥胆危词上，批鳞盛怒干。
潮阳蛟鳄避，忠悬尚尊韩。

○六　文信国正气歌

暂拭南冠泪，风檐发浩歌。
气留天地正，书读圣贤多。
尚友怀千古，余生怆五坡。
高文辉日月，大节壮山河。
射策忠肝在，勤王健骨磨。
石交欣得砚，夕照枉挥戈。
雪窖苍茫咏，崖山浩荡波。
西台竹如意，义侣共滂沱。

○七　镜无蓄影

群动涵于静，光芒一镜呈。
影难留迹象，体自著虚明。
肝胆千秋鉴，妍媸几辈更。
物来皆付物，情过若忘情。
手想空空妙，心原湛湛清。
水边看月上，天际任云行。
罔两何须问，尘埃总不生。
圣人离照远，寰海砥同平。

○八　新诗改罢自长吟

难得新诗稳，推敲自改诗。
稿欣初脱后，吟到正酣时。
细意毫端运，清芬口角知。
经营才协律，踊跃此惊奇。
幽艳花双管，高歌酒一卮。
耸肩惟对鹤，入手已探骊。
玉振泠泠韵，机抽轧轧丝。
词曹看掞藻，簪笔侍丹墀。

○九　天际识归舟

惯识来樯影，天边豁远眸。
苍茫横曲岛，约略到归舟。
荠树依微辨，蒲帆浩荡浮。
沧波劳望眼，画舫认前头。
势迅飞驰鹢，神凝静对鸥。
分明孤棹影，安稳大江流。
秋水澄双镜，斜阳倚一楼。
乘槎游汗漫，仙侣上瀛洲。

一○　定有咏花人

既有耽梅癖，安能负此花。
天方催丽藻，人定咏奇葩。
彩笔春先酝，冰肌艳共夸。
声刚传翠羽，拍拟按红牙。
仙侣知无恙，诗情忆不差。
清吟怀月地，遐想结天涯。
算到云千树，应烦手八叉。
和羹原待用，御苑更摛华。

一一　江与放船清

雪水消巴蜀，春船放棹轻。
宅移三峡近，天与一江清。
帆挂初飞鹢，波恬不掣鲸。
渔歌随欸乃，练影写分明。
风雨潮头敛，人家镜里行。
诗心应共洗，川伯亦多情。
红树青山画，瞿唐滟滪程。
浣花溪上路，犹自忆鸥盟。

一二　双柑听鹂

红树花开处，黄鹂哢正酣。
珠听飘一串，榼许载双柑。
鼓吹铿锵应，壶觞检点堪。
似酬公子约，早嘱小奚担。
旧想经陈五，新教雅减三。
压肩和鹭耸，入耳胜鸡谈。
鹦鹉杯同美，鸬鹚罜亦甘。
何如瞻凤阙，春色耀晴岚。

一三　一院有花春昼永

直阁深严地，迷离一院花。
昼原天上永，春入静中赊。
疏影红栏压，新晴锦幕遮。
九霄沾雨露，三月驻云霞。
暖趁丁帘卷，香留五日斜。
紫泥频写诏，青帝几停车。
丽景延薇省，归途接柳衙。
彤廷今更敞，多士共摛华。

一四　春晚绿野秀

写出天然秀，韶光晚亦新。
幽怀酣绿野，生意惜青春。
鳞想芳塍接，螺将浅黛匀。
蘼芜三月梦，裙屐六朝人。
南浦遥横水，东风密展茵。
可餐还可唾，宜雨不宜尘。
堂合裴公启，诗应谢客陈。
阳和弥宇内，率土仰皇仁。

一五　肯销金甲事春农

已近春耕候，何堪远戍从。
畦丁难用武，金甲本妨农。
日月销兵气，田庐问旧踪。
暖宜红笠稳，寒不铁衣缝。
犊背驱朝雾，龙堆静夕烽。
锄烟过战垒，抛雨换军容。
壮士欢呼返，将军恺泽浓。
圣人方偃武，寰海庆时雍。

一六　日长如小年

长夏闲方觉，空山静意延。
永朝欣午日，小住比丁年。
蚁磨行千里，驹轮滞八砖。
术难争缩地，度欲数周天。
晓暮遥疑隔，炎凉阅已迁。
著书饶岁月，加算亦神仙。
莲漏增应尔，桃符换岂然。
圣朝调玉烛，解愠谱薰弦。

一七　红绽雨肥梅

小住名园里，梅林雨乍霏。
红催千颗绽，青想几分肥。
著树燕支腻，啼花翠羽稀。
何人轻点绛，此子竟披绯。
本借如膏润，休嫌似豆微。
酸才流口角，瘦不到腰围。
栀子猜应肖，含桃拟尚非。
和羹他日事，丹陛沐恩归。

一八　清风来故人

难得清风至，炎歊散水隈。
德原君子合，爽拟故人来。
渴想三秋结，凉飔一夕催。
似曾花径别，快对竹窗开。
空谷闻音远，虚堂入梦才。
幽怀应共契，热客岂相猜。
解带披襟侣，弦诗斗酒才。
薰琴调舜陛，不羡赋兰台。

一九　睡起秋声无觅处

一枕凉宵起，瞢腾展倦眸。
有声皆破梦，无处可寻秋。
幻蝶三更醒，吟蛩四壁留。
波涛如到耳，星月只当头。
远浦犹鸣杵，疏帘屡上钩。
阶看梧落未，窗听竹敲不。
此夕灯依幕，谁家笛倚楼？
清商听不尽，风叶逐萤流。

二〇　月色随处好

只此团栾月，清辉万古留。
当空瞻皓魄，随处写新秋。
玉宇三霄启，冰轮八月周。
映花兼映竹，宜水更宜楼。
窗绿纱痕映，桥红板影浮。
江淘前赤壁，箫送古扬州。
地住琼壶迥，诗吟玉局遒。
蟾宫花放满，应许广寒游。

二一　众仙同日咏霓裳

霞袂名流集，霓裳乐府宣。
聚星赓雅咏，同日会群仙。
翳凤皆联臂，骑麟亦拍肩。
琼楼天不夜，桂阙影能圆。
鸾鹤声俱一，笙璈和者千。
羽衣珠佩侣，三岛十洲缘。
逸调人间少，余音月里传。
蓬瀛欣珥笔，玉笋列班联。

二二　高处不胜寒

玉宇三霄迥，琼楼百尺宽。
伊谁高处立，应觉夜来寒。
天近风逾峭，河秋水欲澜。
定知珠露冷，不耐羽衣单。
璧月前身记，银云下界看。
霓裳遥听曲，仙袂想凭栏。
冰署居原惯，红尘着亦难。
九重阊阖启，待漏集鹓鸾。

二三　细筋入骨如秋鹰

墨妙平原擅，如盘海上鹰。
藏筋真入细，健骨欲生棱。
素练微风起，晴霄爽气凌。
爪痕添变化，腕力极崚嶒。
密意双钩拓，精心一线凝。
毫巅看倍劲，纸背想难胜。
鸿异翩翩戏，龙殊矫矫腾。
孙君真好古，胜事说吴兴。

二四　人迹板桥霜

定有冲寒客，侵晨过板桥。
霜痕仍片片，人迹已迢迢。
葛屦凉先觉，萍踪去未遥。
是谁忙茧足，长此冷虹腰。
岸曲波三折，花明路一条。
冻泥知屐滑，残柳亦魂销。
鸿印怀前度，乌啼忆昨宵。
扬州佳丽地，清赏自吹箫。

二五　芦花风起夜潮来

唤起芦花梦，宵风破寂寥。
夜凉真似水，江阔易生潮。
孤艇栖身仄，惊波入耳遥。
千梢初瑟瑟，万顷渐萧萧。
明月寒沙渚，奔雷荡迅飙。
秋声和雪堕，海势挟天摇。
人语乌篷急，神来白马骄。
安澜欣圣世，鲸浪已全销。

二六　写叶惜残红

不忍抛秋去，殷勤惜晚枫。
写来千片叶，留得一分红。
锦段关情拾，银钩著手工。
研朱和晓露，落墨艳西风。
树为丹心护，春教彩笔融。
肯令随雨湿，竟欲倩纱笼。
肄业曾携柿，题诗尚忆桐。
上林嘉树托，茂对仰神功。

二七　山冷微有雪

料峭遥山冷，轻盈暮雪霏。
烟痕凝缕缕，花片散微微。
岩壑探来远，琼瑶点处稀。
寒皴螺一角，浅逗鹭双飞。
松剩林间翠，苔黏石上衣。
冻云遮欲断，明月照疑非。
黄叶仍樵径，丹枫自夕晖。
民依廑圣念，宿麦润郊圻。

二八　渔翁醉着无人唤

赢得今宵醉，都忘雪压船。
更无人迹到，谁唤老渔眠。
孤棹携樽惯，寒芦拥被便。
春生飞絮夜，梦到散花天。
米汁同参佛，琼浆欲证仙。
壶中酣日月，江上冷云烟。
问渡稀鸿爪，依篷剩鹭拳。
醒来还独酌，更检卖鱼钱。

二九　有约不来过夜半

久盼良朋至，朋来约竟讹。
人空三径望，夜已半宵过。
折柬期如昨，论诗兴若何。
香频添宝鸭，酒待泻红螺。
竹屋扉犹掩，铜壶漏渐多。
不应孤雪月，岂为阻关河。
计日宜停屐，因风屡忆珂。
灯花看细落，延跂冷庭莎。

三〇　安得健步移远梅

水复山重处，曾看一树梅。
癯仙安得至，健步望移来。
深雪前途隔，香风古渡催。
拟和明月种，谁踏碧云回？
辛苦烦鸿爪，思量倩鹤媒。
半窗宜绰约，双屐屡徘徊。
相待冰花久，应教酒盏开。
何如依禁苑，托植近楼台。

三一　山意冲寒欲放梅

识得山灵意，梅花欲早看。
放将千树雪，冲破十分寒。
斜影横溪水，疏烟点画栏。
遥情含漠漠，迟步想姗姗。
肯许癯仙住，应怜缟袂单。
先春添蓓蕾，冒雪待盘桓。
天合从心与，人原着力难。
御园欣托植，芳信报檐端。

三二　寒山但见松

山亦寒如此，严威孰耐冬。
岭头都失翠，风骨但存松。
晴雪虬枝卧，苍烟鹤梦浓。
绿阴收万木，黛色镇诸峰。
落落飞仙影，萧萧处士踪。
天能留鲠直，人不笑龙钟。
岂厌霜风炼，应辞岱岳封。
尚余幽壑底，梅树一枝逢。

三三　青灯有味似儿时

自与青灯共，寒窗久下帷。
多情依子夜，有味忆儿时。
风雨三更伴，星霜几载移。
相亲余冷焰，仍旧说书痴。
食蔗回甘永，生花入梦迟。
论交深总角，索解记揞颐。
曾擅龙文誉，难忘蠹简披。
玉堂欣起草，英俊集枫墀。

三四　夜卷牙旗千帐雪

雪满龙堆夜，将军此驻师。
千重寒甲帐，百尺卷牙旗。
北斗光曾闪，西山戍未疲。
柳营飞絮候，毳幕枕戈时。
白战沙飞怒，黄昏月上迟。
兵疑银汉洗，春岂玉关知。
飒爽征人梦，招摇大将麾。
圣朝欣偃武，战垒靖边陲。

三五　梅花岭

一曲桃花谢，繁英委草莱。
衣冠留峻岭，冰雪照芳梅。
仗钺风云气，和羹将相才。
螭盘森铁干，鹤化冷琼胎。
信国前身证，逋仙旧梦陪。
寒香春不渡，皓魄月同来。
坏劫红羊换，余音翠羽哀。
褒忠崇圣代，碑碣认莓苔。

三六　冰下寒鱼渐可叉

野水冰才合，澄江影渐虚。
风寒难钓雪，波静可叉鱼。
玉镜光疑拭，红鳞冻未舒。
暗占吹沫处，巧试及锋初。
冷眼窥沙鹭，机心蓄老渔。
一星幽火照，半面浪花嘘。
冻浦狐犹听，斜阳雁已疏。
液池春浪阔，蒲藻乐纡徐。

三七　金殿香传驿使梅

一骑传芳讯，曾供驿使梅。
琼林清影对，金殿暖香催。
北阙迎春早，南枝向日开。
庚邮经雨雪，甲馆住楼台。
清想头衔贵，馨将鼻观猜。
芬芳闻黼座，侍从本仙才。
柳影炉烟袅，椒花酒盏陪。
和羹欣待用，托植近蓬莱。

三八　腊八粥

风味僧厨擅，佳辰腊八沿。
黄羊迟祀灶，白粥早登筵。
晨梵经翻贝，新炊稻煮莲。
御冬鹦粒蓄，浴佛象王传。
瓯想桃花艳，炉分芋火圆。
琼糜真和雪，金粟本通禅。
糊口云生钵，当头月正弦。
康衢民鼓腹，圣泽遍垓埏。

三九　江面山楼月照时

放眼光明界，高凭百尺楼。
山排孤嶂碧，月照大江秋。
玉镜衔峰出，珠帘映水浮。
窗虚开四面，云净豁双眸。
诗境超凡骨，仙居占上头。
倚檐千仞削，倒影一奁收。
露白人横笛，波清客放舟。
还穷沧海胜，观日壮清游。

跋

试律至今日，诚所谓巧而更巧矣。然纤侧之弊即由此生。《望三益斋试帖》笔力沉着，足破余地，而风格端谨，妙造自然。君子立言，固随在而不苟也。公久莅江淮，军书稍暇，时时刊布古人遗集，而平生撰述乃转不自珍惜。是册与《读诗一得》、《望三益斋制义》皆于咸丰间梓行，板已毁于西寇。兹因同人怂恿，重付剞劂，修辞立诚，即此见一斑，不独旧部士流、故乡后进咸得资为楷式而已。

同治三年八月，归安钱振伦跋。

孝敬堂试艺

他日又独立

朱大宗师补岁试入盱眙县学第一名
吴炳标(锦甫)

立又见于他日，无异者转若有异矣。夫曰他日，明非鲤退学诗之日也。乃子之独立又然，非又求异之一境乎？今夫人有迫欲得之私，苟不能得于前日者，鲜不欲得于后日矣。乃受教者躬承训迪，方惭曩昔之怠荒，施教者度著申夭，复值异时之闲暇，孑然其无偶乎？殊令人抚怀旧事，而深幸历历如昨焉。学诗之训，此特向之独立有然耳。以子也杖履优游，初未预存定见。即前之独立，本非以傍侍无人，冀心传之密授也，而何必陈迹之相因？然子也篇章肄习，亦既明示适从，似前之独立，犹以一端托始，待余意之徐申也，而何幸德容之再仰？夫不又有独立时乎？一为回而忆之，盖已他日矣。谓学诗统指全经，视他日之举二南者，似有偏全之别。似也，曾日月之几何，而忽已为他日乎？手容依然恭也，足容依然重也，顾何以未学诗之前，而不觉独立之异，既学诗之后，而始觉独立之异也？盖良辰乃又逢已。谓学诗略陈大旨，视他日之诏小子者，又有详略之殊。似也，缅往事之非遥，而遂已为他日乎？周则犹中规也，行则犹中矩也，顾何以执学诗以例视，而他日不形其异？进学诗以深求，而他日若形其异也。盖端居乃又值已。孺悲以无介见拒，则独立且格不相入，而何况重逢？他日之逢，殆为求异者授以间也。岁时虽觉其屡易，际遇复幸其可凭，则一为追思，始觉前后殊途，适成为异时之景况。四子以侍坐著称，则独立亦渺不相亲，而何论再遇？他日之遇，俨为求异者假之缘也。瞻依以再得而弥欣，恩谊以历久而益笃，则一为计及，殊觉后先异辙，不同于往日之徘徊。学礼之问，鲤盖又于趋庭得之也。异耶，否耶？

朱大宗师原评：开合动宕，圆转自如。

州尊贺又村夫子评：恬吟密咏，玉润珠圆。是功力已深之候。

县尊潘锡侯夫子评：于清气往来之中，更饶整饬，允宜独出冠军。

业师李采臣夫子评：提比开合有法，中后亦条畅。

他日又独立

朱大宗师科入盱眙县学第三名

吴炳麟（仁甫）

再言圣人之独立，情更深于他日矣。夫独立亦奚足异？乃伯鱼于学诗之后，复进而述焉，非情深于他日乎？且昔夫子垂训，不为二南，比之正墙面而立，则未学诗者，岂得曰他日请念哉？不谓承颜有便，既欣前此之遭逢，而屈指无多，复睹后来之戾止，试再为之回忆焉，不能忘情于托足时矣。如子以学诗训鲤，固既在于独立已。虽然，此犹前日事耳。以子也申夭著度，本无示异于人之心，则前此静处，本属寻常，亦何必复为之追忆？抑吾子咨访维勤，若有求异于子之意。似前此周旋，几成坐误，正不妨再为之回思。无何而他日矣。迄今忆之，不又有独立之一境哉？谓孺子可教，而恐其求益之不诚，则有期他日而再往者矣。学诗之说，何所隐乎？意中未明之旨，于前日而不得闻者，或于他日而可得闻也。一时落落寡双，正堪追维夫道范耳。谓先生有训，而苦于索解之未明，则有至他日而旁质者矣。学诗之功，何敢懈乎？心中未发之机，不得闻于前日之立者，或可闻于他日之立也。此际寂寂难合，正堪想像其孤踪耳。人情于心所愿望之端，往往复明之以伸其意。前之独立，犹曰漫不经心乎？乃杖履依然，而鹄峙又逢其会。觉不敢求异者，在此日，而迫欲求异者，亦在此日也。薪传可接，何幸四顾无人！人情于境所难忘之事，往往再举之以发其情。前之独立，或者教不躐等乎？乃岁时非久，而燕居又仰其容。觉可有异于前日者，在此立，而一若无异于前日者，亦在此立也。色笑躬亲，岂曰片时鲜暇。迨过庭而训以礼，鲤之所闻有以异乎，抑无以异乎？

朱大宗师原评：就班按部，不蔓不支。

州尊贺又村夫子评：清爽宜人，如挹西山之气。

县尊潘锡侯夫子评：用意遣词不为题所窘。无穷出清新，可以移赠。

业师汪舜臣夫子评：周规折矩，动合自然。

他日又独立

朱大宗师科入盱眙县学第十二名
吴炳仁(莼甫)

复溯有异之境，独立又可述焉。夫独立之时，不可多得也。鲤复忆诸他日，非又一有异之境乎？今夫人于家门聚处之间，苟教诲已尽于一日，更何必沾沾复忆哉？乃诒谋克善，不能有一定之期。而得间无端，更自有迭乘之会。安得谓境遇莫必，而见于前者，遂不为思诸后耶？学诗之训，已见于尝独立时矣。夫此独立也，岂易得之日哉？式谷情深，不觉时迁而境易，则有一独立之时，未必复有一独立之时，何尝曰俟诸他日乎？则他日固无可念。瞻依愿切，每觉默忆而难忘，则得一独立之候，敢冀再有一独立之候，亦惟曰他日请念耳。则他日更何容思。乃无何光阴易逝，而其时异矣。即居处靡常，而其境亦异矣。盖他日又独立矣，人情于乍获之端则志之，而于常获之端则忘之，若兹之独立者，岂得以其常而忘之也。夫教学之余，岂易得夫闲暇，乃不易得者，而竟更得诸他日，觉前日之独立，无异可征。而此日之独立，岂无异可述乎？试再为忆之，而孑然之象，犹依然如昨矣。人情于创见之境则幸之，而于习见之境则忽之，若兹之独立者，岂得以其习而忽之也。夫寝室之地，岂难得夫优游，乃不难得者，而第再得诸他日，觉前日之独立，异而不异，而此日之独立，或不异而异乎？试递为明之，而独处之境，复不改其初矣。故同此立也，而至于他日，似非出于无心耳。盖阅时既异，斯所居之境谅必因之俱异，而何以顾复情殷，先后不谋而合也，则此一立也已无殊前日之遭逢。抑犹是立也，而既为他日，或亦出于无意耳。盖历境已异，则所处之衷谅亦与之俱异，而何以徘徊意笃，前后若并一途也，则此一立也，更无殊昔时之觏止。于是鲤复趋庭，而所闻者不更可述乎？

朱大宗师原评：笔意轻倩，圆转如题。

州尊贺又村夫子评：前路清机徐引，中后尤见作意，用笔亦极生动。

邑尊潘锡侯夫子评：安章宅句，妥贴当行。

授业汪舜臣夫子评：言明且清，气疏以达。

他日又独立

朱大宗师岁入盱眙县学第一名
吴炳祥（吉甫）

再言圣人之独立，求异者非无日矣。夫独立本不数觏也，乃鲤退学诗之后，而他日又然，不更为求异之一境乎？且昔汤盘之铭曰：又日新。知学者月异而岁不同，未可自囿于往日也。乃帘帏幸侍，受教者方故我之自惭；而身范必端，设教者又良辰之幸值。即举动之间，有令人一再忆之而不能忘者，至今犹耿耿于中怀焉。如子以异闻询鲤，而鲤述学诗，夫非犹是独立之一境哉？由前而论，立或其偶耳。乃一时而以为偶者，阅一时而若以为常。自昔而观，独立或其暂耳。乃一时而见其暂者，经一时而如见其久。惟然，吾极不忘夫他日矣。今夫昏定晨省者，人子爱日之仪也。夕惕朝乾者，学人计日之课也。而由今日以溯他日者，亦追忆之深心而不能恝置也。盖他日子又独立云。苟执未之能行、行之不给之见，则向之学诗者，方以愒时为愧，何堪独立以督前功？乃子之他日初不为此也。当其徘徊独步，既无商也与论素绚，更无赐也与辨切磋，盖异之候莫便于是矣。优游自得，其离群而独立者，又无端托足之时耳。苟挟不违如愚，亦足以发之才，则曩之学诗者，且以卒业为期，而何幸独立以告成事？乃子之他日又非为此也。当夫独行睘睘，既殊弦歌之晓门人，又殊兴观之期小子，盖异之机莫近于是矣。随意自安，其闲居而独立者，又偶焉寄迹之时耳。大凡难得之境，每不能常得，列国周游，久隔故乡之辙，遑云小住为佳乎？未学诗以前，独立若遇之无心。既学诗以后，独立若迎之有意。际兹坠绪茫茫，他途求获，而倍珍此暇豫之时光。大凡欲值之机，每不能屡值，及门甚众，咸承侍坐之欢，岂曰孤踪难合乎？执求异之情，前之独立已逢其变。循学诗之例，后之独立仍肖其常，徒以曩踪渺渺，日计难穷，而更忆此申夭之仪范。鲤过庭而教以礼，鲤之所闻，异邪，否邪？

朱大宗师原评：于矫健不群之中，具生动自然之致，用意用笔，兼而有之。

州尊贺又村夫子评：细心熨贴，精理为文。题中五字，处处周到。斯题得斯文，洵推合作。

邑尊潘锡侯夫子评：词旨圆润，文情恬适。

授业曹西园夫子评：畅所欲言，笔气迥不犹人，自是英俊之品。

他日又独立

朱大宗师科入盱眙县学第五名

吴炳和(协甫)

溯独立于他日,又求异之日也。夫曰他日,则已在鲤退学诗后矣。又独立焉,非亦求异之时乎?且甚哉,吾人获间之候,固不一而足也。使获间于前而不复获间于后,犹得谓有异可授。无间可乘,即偶示以间,亦第偶然而非常然也,而抑知不然。如鲤奉庭训,退而学诗,诚谓求异者,当归验诸独立时也。夫此独立也,非可一而不可再哉?盖独立云者,夫子适然之事也。子既出于适然,而安敢援之以为例?抑独立云者,夫子暂然之顷也。子既出于暂然,而安敢视之以为常?乃未几而他日矣。一艺自矜,学诗者方难卒业,而忽逢此休暇之良辰。二南垂训,问诗者长此躬行,而更仰此申夭之雅度。盖又独立云。苟未奉学诗之训,即毕生无从执业,而遑恤其他。兹则前此未伸之愿,阅时或可遂其情矣。回忆懿子问孝,致烦传说于樊迟,非因少此独立之候乎?无弟子以分其听,无及门以阻其机,则离人而立于独。毋曰一之谓甚,不可再也已。苟未殚学诗之勤,即偏端莫告成功,而矧敢多又。兹则昔时未明之意,移时或可辨其疑矣。窃窥樊迟问仁,犹待徐商于子夏,殆难值此独立之时乎?无请业者进窥其意,无侍坐者并伺其旁,则孤立而无所偶。窃谓会逢其适,再斯可也已。事不验之多端,则私衷难信。前日之独立,吾亦谓余蕴之未宣也。乃曾几何时而行踪偶驻,在夫子原非有践迹之思。义不充之至尽,则局外犹疑。向者之独立,子或疑心传之罕暇也。乃需之异日而道范重亲，在夫子亦只仍周旋之素。过庭而教以礼，鲤之所闻者又如此，夫何异之有乎？

朱大宗师原评：一种清异之气扑人眉宇。中二偶用成语，尤为恰合。

州尊贺又村夫子评：思路清新，笔姿韶秀。

邑尊潘锡侯夫子评：一讲着眼又字，盘旋屈曲，余亦庄雅流丽。

授业吴澹泉夫子评：文气清俊，当在庾、鲍之间。

他日又独立

朱大宗师岁入盱眙县学第二十一名 吴增锡(岵瞻)

即学诗之日转念之，更述圣人之独立焉。夫独立亦子之偶耳。然由学诗之日转念之，不又可为陈亢述乎？且人于生平亲历之境，往往异时不能忘情焉。所谓他日请念者此也。乃溯高堂之训诲，既深廑念于从前，而思尔室之晨昏，不免眷怀于异日。试从诵弦之暇，以静念圣人燕处之仪，殊有时异而情不异者。鲤言未有异闻，因述夫子学诗之问。此非前日独立时事哉？夫前日之独立，固鲤所不及料也。不及料而忽遇之，则亲承提命，于此日而殊深奋勉之心。抑前日之独立，又鲤所不能忘也。不能忘而一思之，将追溯曩踪，于此日而不胜冀幸之念。独是时过而境辄移者，常也。境易而情难再者，势也。鲤自奉学诗之训，亦惟有讴吟不辍，讽咏终身，以无负前日之独立云尔，岂有他哉？乃无何而鲤皇然矣。念当躬之扬扢，曾未尝有得于身心。而铭盘待启其新，过隙渐辞其故，忽忽者已至于他日矣。无何而子复肃然矣。思燕翼之诒谋，曾不闻随时以督责。而几杖莫随其侧，琴书自适其常，冉冉者竟至于他日矣。至是而夫子学诗之语，已成往事矣。盖他日又独立云。姑勿论是日以前，子之情殷删订者何如。第思殷勤启迪，曾几何时。今之独立，若惟恐学诗之隳功，而无暇求异也者；又若微知学诗之卒业，而徐思示异也者。静念之余，不禁于曩昔而一再思之。亦勿论是日以后，子之度著申夭者何若。第思寂处情形，依然如昨。今之独立，若虑狃于学诗之见，而相期自异也者；又若虑忽乎学诗之益，而逆防好异也者。追思之际，得不举陈迹而辗转白之，迨至趋庭闻训，亦只诏以学礼焉。则他日之所闻，正无殊于前日耳。异乎，不异乎？

朱大宗师原评：结构谨严，词旨圆适。

州尊贺又村夫子评：笔致轻圆秀润，雅俗共赏之文。

邑尊潘锡侯夫子评：出落不苟，停顿有致。措辞亦极流动自然。

授业程正六夫子评：法密机圆，清思独运。

乡试朱卷(道光乙未恩科)

○一　君子不以言举人

人不以言定，君子之重于举人也。夫人以言举，则重言而轻人矣。君子取人，则以人为重，夫岂以言定人乎？且国家延揽天下士，莫不以得人为幸。得人者，得其人之真，而伪者不得托也。至取人之术疏，而不以人之所存者观其人，第以人之所发者信其人；不以人之所藏者察其人，转以人之所炫者决其人。无定识者必无以别英才，而人之真不出，而取人者之真亦不出。君子曰："是泛于观人也，是易于听言也。"是以言定人而不知以人定人也，则未尝据言与人之轻重而衡之也。《尧典》重若采之任，而静言者勿庸，《皋谟》详官人之方，而巧言者必黜。古君子旁求俊乂，实有专存乎言之先者，而言其后焉者也，则汲引为有要也。德进事举之有经，而言扬始明其典。庶狱庶慎之有职，而庶言亦列其官。古君子鉴别人材，实有兼重乎言之外者，而言其附焉者也，则登进未敢轻也。而谓君子曾以言举人乎？士林之趋向，因朝廷之好尚而开。吾取人而先取言，而人既工其言以悦吾，吾爱言而遂爱人，而人不且袭其言以尝吾乎？就令不必袭而舍其可据之人，录其无凭之言，迨至其言不符，而吾所深信之人转为吾所深疑之人，亦自咎知人之明未至矣。君子所以清举人之源也。堂陛之经纶，待修士之才猷而定。吾举人而皆由言进，则以言见者可以取；吾举人而第由言进，而不以言见者皆可弃乎？就令可以弃而置其常见之人，信其暂见之言，迨至其言不验，而吾所甚羡之人转为吾所甚鄙之人，亦自悔察言之识未精矣。君子所以杜举人之弊也。必文章道德之宗而后登之廊庙，此意似失之严，而不知其严以待人，正其厚以待人也。盖英俊登朝，不以详慎为嫌，而以幸进为耻。人不以言举，庶暗修者得以自见耳。故有君子之鉴衡弗爽，而华士不参钧衡之任，真儒乃展经济之材。以雄辩高谈之士而使屈于衡茅，此意或邻于隘，而不知其隘于待人，正其善以全人也。盖瑰词驰骋，用之清谈则可喜，试之实务则多疏。人不以言举，斯浮夸者无由滥列耳。故有君子之赏识维精，而精术不贻误于苍生，贤才可上贡于天子。此君子之重于取人也。

理蕴内宣，精采外耀。房批。

心细手和，神酣机畅，是功深养到之作。陶琴坡夫子。

〇二　柔远人则四方归之，怀诸侯则天下畏之

明柔与怀之效，四方与天下莫外矣。夫远人，散处四方者也；诸侯，分治天下者也，柔之怀之，而归且畏者众矣，不可见王者无外乎？且王者居中驭外，亦安能尽人之心而联之，尽人之心而服之哉？抑知中外之所异者势，而中外之所洽者心，君第即心之所能及者，以示其心。而凡有心者，莫不晓然于其心之可向而不可背，而

中外之势合一矣。如经言柔远人，凡以远人固散处四方者也。君公恺恻之情有不能达于四方者，无不可达于来游之远人，顾烦其跋而不为加恩，重其饥寒而不为少恤。远人既难弛负担，彼四方之逖听者，岂复有适彼乐土之思？乃自上有以柔远人，而四方之人心一聚矣。于远人之为宾者柔之，则四方知其有好士之诚，而怀才者愿束带结发而进于阙下也。于远人之为旅者柔之，则四方知其有爱氓之隐，而食力者愿牵牛服贾而托于王都也。夫王者不言要结，岂必遍海隅而有德洋恩普之施，乃只此不遗远人之意，而凡共远人处者，莫不欲告，而长、而父、而兄奔走偕来焉。周之隆也，献雉者历重译之途，贡獒者通八蛮之道，知末流之怀远招携不足言也。臣得识之曰：柔远人则四方归之。经言怀诸侯，凡以诸侯固分治天下者也。共主声灵之赫，有不能及于天下者，无不可及于受土之诸侯，顾优容焉而转滋骄悍，削弱焉而易启危疑。诸侯既不奉王灵，而天下之闻风者，遂有轻量朝廷之隐。乃自上有以怀诸侯，而天下之人心一肃矣。于同姓之诸侯怀之，则天下知贵之可治贱，而帖然无敢违也。于异姓之诸侯怀之，则天下知贤之可治愚，而凛然无敢抗也。夫王者不事张皇，岂必遍华夷而有弓矢戎兵之警，乃只此不薄诸侯之念，而凡受诸侯治者，遂统自西、自东、自南、自北无思不服焉。周之兴也，虞、芮质而致附者荆、扬六州，孟津会而服役者羌、髳八国，知后世之并吞囊括者不足尚也。臣得识之曰：怀诸侯则天下畏之。

两峰对峙中，纵擒变化，无义不搜，可谓毫发无憾，波澜老成。陶琴坡夫子。

〇三　有安社稷臣者,以安社稷为悦者也

明为国之诚心,而臣品已著矣。夫以安社稷为悦,非诚心为国者不能也。明其为安社稷臣,而臣品不已著乎?且三代以下少纯臣,而未始不有忠臣。忠臣者,供臣之职致臣之身,而即尽臣之心者也。职任乎国事而不敢辞,身勤乎国事而不敢怠,心即图乎国事而不敢忘,以职课身,以身课心,而臣品亦遂昭于今古。事君为容悦,是人也,固不得齿之臣也。顾臣之克尽为臣者,亦有所以为悦者,何哉?名公卿国尔忘家,久不作富贵功名之想,第寄托方隆于我后,而欲以藐躬酬君上之知,则心所计虑者,在数世不在一时也。大臣不泛用其精神,而精神有独结者矣。老成人鞠躬尽瘁,岂或为成败利钝所移?第恫瘝方切于斯民,而欲以厚泽固邦家之本,则心所图维者,在四境不在一人也。宰执不驰骛其心思,而心思有专注者矣。此安社稷之臣所为以安社稷为悦也。我君公或席丰履盛,好大喜功,而是臣独陈以累叶之艰难,愓以四方之咨怨,使深宫常有所警发,而土木甲兵之渐遂无自而开,则持盈保泰之功,若臣实亲任之,所谓天生斯人实为社稷也。而是臣之心,要无时稍懈尔。我国家或内忧未弥,外患方滋,而是臣独不动声色以持其变,从容坐镇以安其常,使宵小并无所觊觎,而暗干窥伺之谋,遂因之而息,则定倾扶危之策,若臣实亲承之,所谓国有人焉社稷之福也。而是臣之心,要无时或宽尔。才不足以定艰巨者,使之安社稷,而必有所惮,惮则其情不深,斯其力不奋也。悦安社稷者,则以社稷安而吾心乃安,盖不视为君国之公图而直视为身家之私计也。而民生国计之利赖者实深已。气不足以任重大者,使之安社稷,而必有所

疑，疑则其机不决，斯其念不专也。悦安社稷者，则以安社稷而即安吾心，盖不视为危疑之交迫而直视为性命之相关也。而学问才猷之表见者匪浅矣。若臣也亦非易得之臣矣，惜乎其量犹未广也。

熟于史事，精于文律，高华沉实，兼擅其长。陶琴坡夫子。

补　　遗[1]

一　《韩诗外传》序

《韩诗外传》十卷本，向以虞山毛氏为最，然其书讹脱甚多，并《韩诗》异文，悉改从毛，古义古音，大惧迷晦。乾隆中，武进赵氏怀玉有校本，新安周氏廷寀有注本。二书之出，先后一年，两不相见，故所校各有同异，遂各有得失。周氏以《大戴记》、《吕览》、《列女传》、《说苑》、《新序》等书校本文，间用己意疏之。赵氏复刺《选注》、《初学记》、《御览》援引本文各条，补其阙略，正其讹谬，扑尘扫叶之功，诚有过于周氏。然如顾氏千里据元椠本辨改"白"为"伯"之失，则径改旧本，亦不能无流弊也。

兹以周氏本为主，采赵氏校语胪列于下，字句之异同，考证详略，均两载之，不加论断，在学者善读之而已。至所据各书字句，亦多不合，盖周据者多旧本，赵据者多国朝名人校定本，大概如是，无滋疑也。雕刻既竟，为识其缘起如此。

---

① 此为辑校者所补。

光绪乙亥秋季，盱眙吴棠识。①

二　曹集铨评序

诗自汉魏以来，卓然大家，上追《骚》、《雅》，为古今诗人之冠，陈思王其首出也。隋唐志集皆著录，久佚不传。其传者皆掇拾丛残，廑存其略。明张溥集本讹脱颇夥，自来未有注家，亦无善本。山阳丁俭卿先生年逾七旬，耄而好学，撰诠评十卷，于是《思王集》始可读矣。

余初宰清河，即与先生交契，迨奉命督漕河，驻节淮上，延主丽正书院讲习。先生教士有方，士之膺选，拔举优行，登贤书，捷南宫，官薇省，馆芸阁者，若而人。余刻《望三益斋丛书》，皆经先生手订，每得古书，乞为序引，谈艺论文，深资就正。

先生著书等身，已刻《颐志斋丛书》数十种，此集特其一脔之味耳。后之读《思王集》者，得此为先路之导，如出隘巷而适康庄，胜于旧刻多多矣。昔之称陈思王者，大抵目为才人。陈寿称其文才富艳，鱼豢称其华采思若有神。惟先生此书发明忠孝大节，独具精鉴，度越前贤，匪独《曹集》之功臣，抑亦思王之知己也。

同治五年仲冬，盱眙吴棠序。②

---

① 王达津主编：南开大学古籍整理研究所选编：《清代经部序跋选》，天津古籍出版社，1991，第127页。

② 柳田文库藏：《曹子建集诠评》，同治十一年五月校刊，版存金陵书局。

附　　录

附录一　吴棠被保之案

〇一　请以吴棠补授桃源县知县缘由折

道光二十九年三月二十九日(1849年4月21日)

两江总督臣李星沅、江苏巡抚臣陆建瀛跪奏,为拣员请补沿海要缺知县,恭折奏祈圣鉴事。

窃照桃源县知县姚维成调补甘泉县知县,所遗桃源县知县系冲、繁、难兼三沿河要缺,例应在外拣员调补。该县地处冲途,民情强悍,时有枭匪出没。且当黄、运两河,要工林立,及催趱铜铅、漕运,均关紧要。必须精明强干之员,方足以资治理。臣等于通省实缺知县内详加遴选,非现居要缺,即人地未宜,一时拣调乏人。惟查有河工候补知县吴棠,年三十七岁,安徽举人,大挑一等,旋挑河工,引见,奉旨:以知县用。钦此。签掣南河。道光二十四年五月二十四日到工,二十六年,试用二年期满,因防汛出力,二十七年十月十五日奉旨:着免其借补,以沿河知县补用。钦此。该员年强才稳,办事勤明。以之请补桃源县要缺知县,洵堪胜任,与例亦符。

合无仰恳天恩,俯准以吴棠补授桃源县知县,于河工、地方均有裨益。如蒙俞允,该员系候补知县请补知县,衔缺相当,毋庸送部引见，亦毋须查照参罚。据藩、臬两司会详前来。谨会同江南河道总督臣杨以增，合词恭折具奏，伏乞皇上圣鉴训示。谨奏。道光二十九年三月二十九日。①

道光二十九年四月十二日，奉朱批：另有旨。钦此。②

【案】此折旋于是年四月十二日得允行：

道光二十九年四月十二日，内阁奉上谕：李星沅、陆建瀛奏，拣员请补沿河要缺知县一折。着照所请，江苏桃源县知县员缺，准其以吴棠补授。该部知道。钦此。③

○二　请以吴棠调补清河县知县缘由折

咸丰元年二月二十日（1851年3月22日）

两江总督臣陆建瀛、江苏巡抚臣傅绳勋跪奏，为拣员调补沿海要缺知县，恭折奏祈圣鉴事。

窃照清河县知县刘于淳升署扬州通判，扣至道光三十年二月二十九日为开缺日期，所遗员缺当以即用知县于醇儒奏补。接准部咨，与例不符，行令另行拣调等因。查清河县为冲、繁、疲、难沿河最要之缺，必须精明强干、熟悉河务之员，方足以资治理。臣等于通省简缺知县内逐加遴选，一时实无合例请补之员。

惟查有桃源县知县吴棠，年三十九岁，安徽举人，大挑一等，以知县用，签掣河工。道光二十七年，防汛出力，奉旨：免其借补，以

① 中国第一历史档案馆藏：朱批奏折，档案编号：04-01-12-0471-114。

② 中国第一历史档案馆藏：军机录副，档案编号：03-2779-032。

③ 中国第一历史档案馆编：《嘉庆道光两朝上谕档》，第54册，第136页。

沿海知县补用。请补今职，二十九年九月十八日到任。该员才情明敏，讲求修防。以之调补清河县知县，洵属人地相宜。惟例俸未满三年，且以繁调繁，与例稍有未符。但桃源县属兼二要缺，今请补清河县兼四沿海要缺，人地实在相需，例得专折奏请。据藩、臬两司会详前来。臣等往返札商，意见相同。合无仰恳圣恩，俯念员缺紧要，准以吴棠调补清河县知县，实于沿河要缺有裨。如蒙俞允，该员系现任知县请补知县，衔缺相当，毋庸赴部引见。所有罚俸银两，饬令完缴清楚，造册请销，一切因公处分，例免核计。所遗桃源县员缺，容俟准到部文截缺，另行遴员请补。

谨会同江南河道总督臣杨以增，恭折具奏，伏乞皇上圣鉴训示。再，此案据藩、臬两司于咸丰元年二月十八日详到。合并声明。谨奏。二月二十日。

咸丰元年三月初三日，奉朱批：吏部议奏。钦此。[①]

○三　奏请以吴棠升署扬州府河务通判折

咸丰二年正月二十七日(1852年3月17日)

江南河道总督臣杨以增、两江总督臣陆建瀛、江苏巡抚臣杨文定跪奏，为河厅要缺拣员升署，以重修防，恭折仰祈圣鉴事。

窃照扬州府河务通判刘于淳丁忧遗缺，前以遇缺酌量补用之通判张嘉琳会折请补，接准部覆：南河遇缺先人员尚未用尽，奏令另拣合例人员请补等因。咨行前来。伏查斯缺经管高宝运河，两岸堤埽、砖石、闸坝工程、趱催空垂漕船、起闭蓄泄事宜，并管沿湖

① 中国第一历史档案馆藏：军机录副，档案编号：03-4084-024。

滩地事务，必须熟谙勤干之员，方资治理。前以张嘉琳请补，系为要缺择人起见。兹既接准部驳，应即另行拣补。臣等复于现任暨遇缺先通判中逐加遴选，非现居要缺，即人地未宜。

惟查有清河县知县吴棠，现年四十岁，安徽举人，甲辰大挑，签掣南河，于道光二十四年五月到工，历署沿河正、佐各缺。二十七年，安澜保奏，奉旨：免其借补，以沿河知县补用。钦此。二十九年，奏补桃园县知县，九月到任。咸丰元年三月，奏准调补清河县知县，十一月初一日到任。该员年强才裕，办事勤能。自到工以来，留心河务。补缺以后，不独于地方缉匪、安良各务实心治理，而帮同各厅抢险防工，亦俱异常出力。以之升补扬州通判，洵堪胜任。臣等往返札商，意见相同。惟该员例俸未满三年，与例稍有未符。但人地实在相需，例得专折奏请。合无仰恳天恩，准以吴棠升署扬州府河务通判，洵于修防有裨。如蒙俞允，俟试署一年期满，经历三汛察看，果能胜任，再行保题实授。再，该员并无经征钱粮展参之案，亦无应赔银两。知县任内因公处分，例免核计。罚俸银两饬令完缴，咨部核销。合并声明。臣等谨合词恭折具奏，伏乞皇上圣鉴训示。谨奏。正月二十七日。

咸丰二年二月初七日，奉朱批：吏部议奏。钦此。①

○四　奏请以吴棠升署扬州府河务通判折

咸丰二年三月十一日(1852年4月29日)

江南河道总督臣杨以增、两江总督臣陆建瀛、江苏巡抚臣杨文

① 台北故宫博物院藏：军机及宫中档，文献编号：083256。

定跪奏，为河厅要缺需员，仰恳天恩俯准仍以吴棠升署，以资治理而重修防，恭折奏祈圣鉴事。

窃照江南扬州府河务通判员缺，臣等前以清河县知县吴棠奏请升署，接准部议，以折内未将劳绩应升人员声叙，系例准声明之项遗漏声叙，按照奏定章程查明，具奏请旨。如奉旨加恩准行，该督等处分宽免。如不准行，应照例议处等因。咨行到臣等。伏查扬州府河务通判一缺，有经管高宝运河两岸堤埽、砖石、闸坝工程、催趱空垂漕船、启闭蓄泄机宜，并管沿河滩地事务，必须熟谙勤干之员，方资治理。是以前将遇缺酌量补用通判张嘉琳请补，接准部驳，应即另行拣补。

臣等复于现任暨遇缺先通判中，逐加遴选，非现居要缺，即人地未宜。惟查有清河县知县吴棠，现年四十岁，安徽举人，甲辰大挑，签掣南河，于道光二十四年五月到工，历署沿河正、佐各缺。二十七年，安澜保奏，奉旨：免其借补，以沿河知县补用。钦此。二十九年，奏补桃源县知县，九月到任。咸丰元年三月，奏准调补清河县知县，十一月初一日到任。该员年强才裕，留心河务。自到工以来，不独于地方缉匪、安良各务实心治理，而帮同各厅抢险防工亦俱异常出力。以之升补扬州通判，洵堪胜任。臣等往返札商，意见相同。查明人地相需之例，专折奏请。兹奉部议，以折内仅声明该员例奉未满三年，并未将劳绩应升人员声叙，议驳前来。复查沿河地方并无得有劳绩应升之知县，及河工佐二中亦无劳绩堪升此缺之员，是以未及声叙。臣等再三筹酌，实因人地相需起见，不揣冒昧。合无仰恳天恩，俯念员缺紧要，仍准以吴棠升署扬州府河务通判，洵于修防有裨。如蒙俞允，俟试署一年期满，经历三汛察看，果能胜任，再行保题实授。再，该员并无经征钱粮展参之案，亦无应赔银两。知县任内因公处分,例免核计。罚俸银两饬令完缴,咨部核销。合并声明。臣等谨合词恭折具奏,伏乞皇上圣鉴训示。谨奏。三月十一日。

咸丰二年三月二十一日,奉朱批:吏部议奏。钦此。[①]

○五　奏查吴棠居官情形片(两江总督怡良)

咸丰二年八月二十一日(1852年10月4日)

再,周天爵原奏内称:清河县知县吴棠廉干爱民,淮北签掣同知李安中留心民疾,安徽署宿州知州郭世亨勤于抚字等语。奴才抵浦后暗加察访,李安中系专办盐务,郭世亨远任安徽,一时未能周悉。惟清河县知县吴棠近在清江,于奴才到浦时谒见一次。见其朴实安详,并访其官声尚好。现经两江督臣陆建瀛调署邳州知州。理合附片奏闻。[②]

咸丰二年八月二十八日,奉朱批:知道了。钦此。[③]

○六　请以吴棠升补海州直隶州知州折

咸丰三年十一月初六日(1853年12月6日)

革职留任江南河道总督臣杨以增、两江总督臣怡良、署江苏巡

① 台北故宫博物院藏:军机及宫中档,文献编号:083679。

② 台北故宫博物院藏:军机及宫中档,文献编号:406002469。

③ 台北故宫博物院藏:军机及宫中档,文献编号:086077。此片具奏日期未确,兹据军机处随手登记档(档案编号:03-0163-1-1002-244)校正。

抚臣许乃钊[①]跪奏，为遴员升补海疆直隶州要缺，恭折仰祈圣鉴事。

窃照江苏海州直隶州知州毓彬，于丰工出力案内保奏，奉旨：着开缺以知府补用。钦此。接准部文饬遵在案，应即遴员请补。查该州系繁、难兼二沿海要缺，管辖沭、赣两县，界连东省，俗悍民强，时有匪徒出没。兼之淮北盐场在治，缉匪查私，在在均关紧要。非精明强干、实心任事之员，难期胜任。

臣等于现任候补州县中逐加遴选，查有淮安府清河县知县吴棠，安徽举人，挑发南河，道光二十四年到工。二十七年三月，安澜防守出力，奉旨：免其借补，以沿海知县补用。二十九年，补桃源县。咸丰元年，调补清河县。二年，委署邳州。本年丰工合龙出力，奉旨：着以同知直隶州知州升用。钦此。该员干练有为，舆情爱戴。本年二月，贼匪窜扬之际，清淮一带人心惶惧。当将该员赶紧调回清河本任，督率乡镇团练壮勇，协同官兵严拿土匪，稽查渡口及关隘，盘诘奸细，并自行练勇数百名，亲历巡缉，宵小潜踪，居民安堵，实为州县中不可多得之人。以之升补海州直隶州知州，实堪胜任。该员历俸已满三年，且系奉旨升用之员，与例亦属相符。据藩、臬两司会详前来。

臣等往返札商，意见相同。谨合词恭折具奏，伏乞天恩俯准，以吴棠升补海州直隶州知州，实于海疆要缺有裨。如蒙俞允，再行

① 许乃钊(1799—1878)，字信臣，号贞恒，又号讯岑、讯臣，晚号邃翁，浙江钱塘人。道光十五年(1835)，中式进士，改庶吉士。次年，授翰林院编修。十九年(1839)，选江西乡试副考官。二十年(1840)，授河南学政。二十六年(1846)，充顺天乡试同考官。二十八年(1848)，补日讲起居注官。翌年，授广东学政，旋补国子监祭酒。咸丰二年(1852)，补内阁学士，兼礼部侍郎衔。三年(1853)，署江苏巡抚。次年，擢江苏巡抚。七年(1857)，以三品顶戴帮办江南军务。八年(1858)，授光禄寺卿。十年(1860)，以太平军克常、苏褫职。光绪四年(1878)，卒于里。有《武备辑要》、《续武备辑要》、《荒政辑要》等行世。

给咨送部引见。再，该员并无违碍处分，因公案件，例免核计；罚俸银两，查明饬缴。所遗清河县系沿海兼四要缺，容另遴员请补。合并声明。谨奏。十月初六日。

咸丰三年十一月十七日，奉朱批：吏部议奏。钦此。[①]

○七　议奏两江总督奏请以吴棠升补海州知州折

咸丰三年十一月二十六日（1853年12月26日）

吏部尚书臣柏葰[②]等谨奏，为遵旨议奏事。

---

① 中国第一历史档案馆藏：军机录副，档案编号：03-4097-141。

② 柏葰（？—1859），原名松葰，字静涛，巴鲁特氏，蒙古正蓝旗人。道光六年（1826），中式进士，选庶吉士。九年（1829），授翰林院编修。次年，署日讲起居注官。十一年（1831），补右春坊右赞善。十二年（1832），选国子监司业。同年，充山东乡试副考官。十六年（1836），授翰林院侍讲学士。十七年（1837），任詹事府詹事。同年，授内阁学士，兼礼部侍郎衔。十八年（1838），任文渊阁直阁事，兼正红旗汉军副都统。同年，升盛京工部侍郎。二十年（1840），调盛京刑部侍郎，管理威远堡等六关口事务，兼管奉天府府尹事务。是年，补刑部左侍郎，兼正黄旗汉军副都统。二十一年（1841），署镶白旗护军统领。次年，任正白旗满洲副都统。二十三年（1843），补吏部右侍郎、吏部左侍郎。同年，调户部右侍郎，兼管钱法堂事务。同年，充谕祭朝鲜正使。二十四年（1844），署左翼总兵，崇文门副监督。二十五年（1845），充总管内务府大臣。次年，补户部左侍郎，兼管三库事务，充江南乡试正考官。二十七年（1847），任经筵讲官。次年，署右翼总兵，管理奉宸苑事务。同年，授都察院左都御史。二十九年（1849），署崇文门监督。是年，擢镶白旗蒙古都统。三十年（1850），授兵部尚书、内大臣，旋调吏部尚书。是年，充翰林院掌院学士、经筵日讲起居注官，署步军统领、理藩院尚书。咸丰元年（1851），署工部尚书、实录馆总裁。同年，充阅兵大臣，署正红旗汉军都统。二年（1852），署正蓝旗汉军都统。四年（1854），补镶黄旗汉军都统、都察院左副都御史。同年，署理藩院左侍郎，补马兰镇总兵，兼总管内务府大臣。五年（1855），授热河都统，转户部尚书、正黄旗汉军都统。六年（1856），任翰林院掌院学士，旋升协办大学士、经筵讲官。八年（1858），任国史馆总裁、文渊阁领阁事，管理兵部事务。同年，授文渊阁大学士。九年（1859），以戊午科场案伏诛。有《奉使朝鲜日记》等行世。

内阁钞出两江总督怡良等奏称：江苏海州直隶州知州毓彬丰工出力案内，保奏开缺以知府补用，应即遴员请补。查该州系繁、难兼二沿海要缺，管辖沭、赣等县，界连东省，俗悍民强，时有匪徒出没。兼之淮北盐场，缉匪查私，在在均关紧要，非精明强干、实心任事之员，难期胜任。于现任候补州县中逐加遴选，查有淮安府清河县知县吴棠，本年丰工合龙出力，奉旨着以同知直隶州升用。该员干练有为，舆情爱戴。本年二月贼匪窜扬之际，清淮一带人心惶惧。当将该员赶紧调回清河本任，督率乡镇团练、壮勇，协同官兵严拿土匪，稽查渡口及要隘，盘诘奸细，并自行练勇数百名，亲历巡缉，宵小潜踪，居民安堵。实为州县中不可多得之人。以之升补海州直隶州知州，实堪胜任。该员历俸已满三年，且系奉旨升用之员，与例亦属相符。谨合词恭折具奏，伏乞天恩俯准以吴棠升补海州直隶州知州，实于海疆要缺有裨。如蒙俞允，再行给咨送部引见。所遗清河县系兼四要缺，容另遴员请补等因。咸丰三年十一月十七日，奉朱批：吏部议奏。钦此。钦遵钞出到部。

查定例：州县应调缺出，俱令于现任人员拣选调补。如无合例堪调之员，始准以候补人员题补。如候补无人，方准以应升人员内拣选题升。又，各省知州、知县必于本任内历俸三年，方准拣选题升。又，题升知县以上官员，俱令送部引见各等语。又，议覆御史存葆条奏内开：嗣后州县以上应升缺出，应令各该督抚先尽各项著有劳绩应升人员拣选升用。如实因人地未宜，亦必须于折内声明，方准于合例各员内照例请升。又，奏定章程内开：外省升调人员与例未符，经该督抚保奏到部，凡系例准声明遗漏声叙者，无论奉旨允准或交部议奏，均由臣部查明具奏，恭候钦定。如加恩准行，免其处分。其不准行者，该督抚所奏系遗漏声叙，应议以罚俸六个月各在案。今海州直隶州系繁、难沿海要缺，例应在外拣选调补。

吴棠，安徽举人，由桃源县知县道光二十九年九月十八日到任，调补清河县知县，咸丰元年十一月初一日到任，历俸已满三年。因丰工合龙出力，咸丰三年三月初八日，奉上谕：着以同知直隶州升用。钦此。兹据该督等奏请升补海州直隶州知州，钦奉朱批，交臣部议奏。臣等查州县应调缺出，例应于现任人员拣选调补。如无堪调之员，始准以候补人员题补。如候补无人，方准以应升人员请升。又，州县以上应升缺出，俱先尽劳绩应升人员拣选升用。如实因人地未宜，亦必于折内声明，方准于合例各员内照例请升。查吴棠因丰工合龙出力，咸丰三年三月初八日，奉上谕：着以同知直隶州升用。钦此。海州直隶州知州毓彬因丰工合龙出力，咸丰三年三月初八日，奉上谕：着开缺以知府升用。钦此。均系同日行文、同日接到部文，不得作为升案。查该省尚有劳绩应升人员，该督抚折内仅声明现任候补，未将劳绩应升人员详细声叙，系例准声明，该督抚等折内遗漏声叙，应照奏定章程查明，具奏请旨，恭候钦定。

若奉旨准以吴棠升补海州直隶州知州，应令该督抚等给咨，该员赴部引见。其所遗清河县知县员缺，令该督抚等另行遴员调补。如不准行，该督抚等遗漏声叙，应请交臣部议处。其海州直隶州知州一缺，仍令该督抚等另拣合例人员升调。谨将臣等遵旨议奏缘由缮折具奏，伏乞皇上圣鉴训示遵行。谨奏。

咸丰三年十一月二十六日。吏部尚书臣柏葰，协办大学士吏部尚书臣贾桢,[①]吏部左侍郎臣瑞常,吏部左侍郎臣邵灿,吏部右侍郎臣爱仁,[②]署吏部右侍郎户部左侍郎臣罗惇衍。朱批:着不准行。[③]

---

① 贾桢(1798—1874),字筠堂、伯贞,号艺林、筠堂,山东黄县人。道光六年(1826),中式进士,朝考榜眼,授翰林院编修。八年(1828),充顺天乡试同考官。次年,任会试同考官。十一年(1831),充贵州乡试正考官。十三年(1833),授会试同考官。是年,大考一等,擢侍讲。十六年(1836),入直上书房,授皇六子读。翌年,任湖北乡试正考官。十八年(1838),补翰林院侍读、侍讲学士。次年,大考翰詹,任少詹事。二十年(1840),授内阁学士,兼礼部侍郎衔。是年,充顺天乡试副考官。二十一年(1841),补工部右侍郎,兼管钱法堂事务。二十三年(1843),任江南乡试正考官。次年,授户部右侍郎,兼管钱法堂事务。二十五年(1845),充会试副考官,补户部左侍郎,管理三库事务。同年,拜经筵讲官。二十七年(1847),迁都察院左都御史。同年,擢礼部尚书。二十九年(1849),授吏部尚书。次年,充会试副考官。咸丰二年(1852),兼署翰林院掌院学士、教习庶吉士。同年,授协办大学士。三年(1853),加太子太保,任上书房总师傅,兼顺天府府尹。四年(1854),授翰林院掌院学士、大学士。同年,拜体仁阁大学士。五年(1855),晋武英殿大学士。九年(1859),兼吏部尚书。十年(1860),任国史馆总裁。次年,兼实录馆总裁。同治元年(1862),充顺天乡试正考官、实录馆监修总裁。四年(1865),充会试正考官、教习庶吉士。七年(1868),致仕,充团练大臣。十三年(1874),卒于籍。赠太保,谥文端。

② 爱仁(?—1863),原名斐仁、同仁,字丽川,伊尔根觉罗氏,满洲正红旗监生。道光元年(1821),充翻译书房翻译官。十一年(1831),中式举人。十四年(1834),任兵部笔帖式、国史馆满纂修官。次年,充额外主事、翻译书房行走。十八年(1838),补兵部主事。次年,充翻译书房帮办提调官。二十一年(1841),升工部员外郎。二十四年(1844),任富新仓监督。二十八年(1848),补国史馆满总纂修官、翰林院侍讲。次年,升日讲起居注官、翰林院侍讲学士,授满洲教习庶吉士。三十年(1850),迁大理寺卿。咸丰二年(1852),补吏部右侍郎。次年,任左翼总兵、镶蓝旗汉军副都统。同年,充国史馆清文总校。四年(1854),兼署工部右侍郎,兼管钱法堂事务。同年,补镶白旗满洲副都统。五年(1855),调理藩院左侍郎、镶蓝旗蒙古副都统,充翻译乡试正考官。是年,调镶红旗满洲副都统。七年(1857),任礼部右侍郎。次年,转礼部左侍郎。九年(1859),调补吏部右侍郎。十年(1860),擢左都御史、镶白旗汉军都统、崇文门副监督。同年,拜经筵讲官。十一年(1861),授工部尚书。同治元年(1862),调补兵部尚书,充实录馆总裁、总管内务府大臣。二年(1863),赴晋省查办事件,卒于归途。谥清恪。

③ 台北故宫博物院藏:军机及宫中档,文献编号:406005552。

〇八　请准吴棠丁忧后仍署理清河县事片(河督杨以增)

咸丰四年正月二十六日(1854年2月23日)

再,上年春间,扬州失守后,清淮震动。经臣饬调清河县知县吴棠回任。该员惩暴安民,练勇御寇,事事实心,不辞劳瘁。兹据报丁母忧,例应交卸,旋据阖邑绅耆呈请留任前来。臣查吴棠之有益清淮,久在圣明洞见之中。惟该员甫遭母丧,臣仰听皇上孝治天下之心,未便遽夺其情,亦不敢违例具奏。然贼氛不远,防兵无多。该员所练募勇及在乡民勇,必须钤制得宜,一时接手殊难。其选除委海防同知李万杰代理外,拟恳圣恩准令该员交卸治丧,俟百日后,仍以该员署理清河县事。俟军务完竣,再令回籍守制,以符定例。臣为地方紧要起见,谨附片陈请,伏乞圣鉴训示。谨奏。江南河道总督杨以增。正月二十六日。

咸丰四年二月初五日奉朱批:另有旨。① 钦此。②

〇九　奏请奖叙吴棠缘由片(河督杨以增)

咸丰四年十一月初七日(1854年12月26日)

再,清河县知县吴棠于上年清淮震动时,练勇御寇,惩暴安良,民心赖以为系,所关于大局者甚巨,是以本年春间,该员报丁母忧,

---

①　此朱批"另有旨",据军机处随手登记档(档案编号:03-0176-1-1004-034)校补。

②　中国第一历史档案馆藏:军机录副,档案编号:03-4099-104。

经臣奏留署任，以重地方。此次剿办海匪，该员所练之勇颇为出力。查上年钦奉上谕：太常寺少卿王茂荫奏酌保人才，开列呈览。据称江苏署邳州吴棠捕盗认真，士民称颂等语。着杨以增就近察看，该员如能弭盗安良，著有成效，即着据实保奏。钦此。钦遵。

迄今时阅年余，该员始终不懈，拟恳恩将升用同知直隶州署清河县知县吴棠俟服阕后，免补知县，以同知直隶州即补，并恳恩赏戴花翎，以昭激劝。又，吴棠带勇之羊寨司巡检朱懋绩、从九品吴炳辉、吴炳耀，勤于训练，所向无前。朱懋绩请以县丞用，吴炳辉请留于南河补用，吴炳耀请留于江苏补用。理合附片陈请，伏乞圣鉴训示。谨奏。

咸丰四年十一月十四日，奉朱批：另有旨。[①] 钦此。[②]

一〇　请候补道吴棠来浦督团片（漕督邵灿）

咸丰八年十二月初八日（1859年1月11日）

再，查清江设防以来，除官兵、募勇外，本境团练颇为得力。惟人数众多，散处各处，必得舆望素孚之大员，专心督办，庶期有勇知方。臣等查有丁忧服阕尚未赴省之江苏候补道吴棠，前在清河县任内，倡办团练，为江北之冠，人亦朴实无华。拟即檄调该员来浦，督率委员绅董，认真教练，俾缓急可恃，实于地方、军务良有裨益。谨会同两江督臣何桂清、江苏巡抚臣赵德辙，附片陈请，伏乞圣鉴训示。谨奏。十二月初八日。

---

① 此朱批“另有旨”，据军机处随手登记档（档案编号：03-0177-2-1004-339）校补。

② 中国第一历史档案馆藏：军机录副，档案编号：03-4570-021。此片具奏日期未确，兹据军机处随手登记档（档案编号：03-0177-2-1004-339）校补。

咸丰八年十二月十六日，奉朱批：知道了。钦此。[①]

一一　奏委吴棠署理徐州府知府片

咸丰九年十二月二十日(1860年1月12日)

臣何桂清、臣徐有壬跪奏，再，据徐州道王梦龄禀报：徐州府知府赵作宾于咸丰六年十一月十三日因病出缺。除照例恭疏题报外，查徐州一府襟带江、淮，屏藩齐、豫。所属八州县地方切近贼氛，时有捻匪出没。必得精明强干、声望素著之员，方足以资表率。查有江苏候补道吴棠，前在清河县任内，办理团练，为江北之冠。嗣丁母忧，经前任河臣杨以增等奏奉谕旨，仍留署清河县事。旋因员缺遴补有人，交卸回籍守制。咸丰六年二月，接丁父忧。于练勇、捕盗、剿办棚匪、捻匪及克复五河、来安县城出力案内，四次保奏，奉旨仍留江苏以道员遇缺即补。经前任漕臣邵灿、河臣庚长会同臣何桂清、前抚臣赵德辙，以该员业经服阕，于八年十二月奏明调赴清江督办团练，奉朱批：知道了。钦此。钦遵在案。

该道在徐服官有年，情形最为熟悉，平时实力任事，深洽舆情。以之委署徐州府事，虽呈报起复尚未准部准赴部引见，第徐州现当防务吃重之际，得人为要，且系暂时署理，与补缺有间，未敢遇事拘泥。臣等往返函商，意见相同。除檄饬遵照外，谨会同河臣庚长附片陈明，伏乞圣鉴。再，徐州府系冲、繁、难兼三要缺，例应在外拣员题补，容俟接部交截缺后，再行照例办理。合并声明。谨奏。九年十二月二十日。

---

① 中国第一历史档案馆藏：军机录副，档案编号：03-4215-122。

咸丰十年正月初十日，奉朱批：知道了。钦此。[1]

一二　吴棠接办徐台片（徐州镇总兵傅振邦）

咸丰十年五月初五日（1860年6月23日）

再，升任江宁藩司署漕运总督徐州道王梦龄于四月二十五日交卸道篆并经管钱粮事件，即于二十八日起行赴淮。所有徐州粮台事宜均交署徐州道吴棠接办。合并声明。谨附片具奏。

咸丰十年五月初十日，奉朱批：知道了。钦此。[2]

一三　会同吴棠办理军务片（太原镇总兵田在田）

咸丰十年十一月二十二日（1861年1月2日）

再，准云南提督奴才傅振邦咨：十月十五日，准兵部咨，内开抄出十月二十六日奉上谕：傅振邦奏因病请假等语等因。钦此。恭录咨会前来。除钦遵移行咨照，奴才勉竭愚诚，会同淮徐道吴棠随时妥商、相机办理外，谨附片具奏。

咸丰十年十一月二十二日，奉朱批：览。钦此。[3]

---

① 中国第一历史档案馆藏：军机录副，档案编号：03-4149-019。

② 中国第一历史档案馆藏：军机录副，档案编号：03-4152-042。此片具奏日期未确，兹据军机处随手登记档（档案编号：03-0201-2-1010-157）校正。

③ 中国第一历史档案馆藏：军机录副，档案编号：03-4226-123。

一四　代奏吴棠接办军务并谢恩折

咸丰十年十二月初二日(1861年1月12日)

山西太原镇总兵奴才田在田跪奏，为恭报奉旨日期，叩谢天恩，并准淮徐道臣吴棠咨请代奏各缘由，恭折附驿陈进，仰祈圣鉴事。

窃奴才等前因接准云南提督傅振邦〈咨〉：上谕：山西太原镇总兵田在田着暂行接办剿匪事宜等因。钦此。当将接准咨会钦遵办理日期，先行附片陈明在案。本月二十日，奴才复承准兵部札行，恭录前旨知照钦遵。奴才钦奉之下，当复知照臣吴棠各就营署，恭设香案，叩头戴谢天恩。伏念奴才一介武夫，知识浅陋，去冬恭承恩简，帮办剿匪事宜。自到宿州军营，叠赴清淮、山东等处追剿窜逆，并由孙疃进剿梁家庙、宁家圩、界沟、王沟各贼巢，驻扎前敌，每战先驱。所有一切机宜，总与傅振邦悉心会商，和衷共济，冀稍勉效涓埃。正在昼夜警惕，深恐贻误事机。前方复承申命暂行接办，五中惶悚，益切兢兢。所幸傅振邦病痊后，仍即回营。现在徐城相距不远，诸事亦可咨询。奴才谨即遵旨接管军务，并与臣吴棠会同筹办，遇有紧要事机，仍就近与傅振邦悉心参酌。虽当此兵单饷绌，贼势方张，总期实心实力，黾勉从事，断不敢稍涉大意，上负高厚鸿慈。

至淮徐道臣吴棠，本有总理粮台之责，兹复蒙俞准帮办，俾奴才得此臂助。该道闻命之下，亦复悚感交萦，现在咨请据情代奏前来。所有奴才前后奉旨日期并感激惶悚下忱，理合会同淮徐道臣吴棠，敬谨缮折，附军报一并汇进，并叩谢皇上天恩，伏乞圣鉴训示。谨奏。十二月初二日。

咸丰十年十二月初七日，奉朱批：知道了。钦此。[1]

一五　密陈漕督吴棠居官片（两江总督曾国藩）

同治三年二月二十日（1864年3月27日）

再，臣钦奉正月二十九日寄谕：前因南岸各军不敷分布，曾经谕令曾国藩酌量情形，调都兴阿所部渡江协剿。复因甘省回匪鸱张，特命都兴阿前赴绥远城，会同德勒克多尔济办理防务，并命富明阿即日前赴扬州接统所部，扼守江北。惟念都兴阿老成持重，久于行阵，深得兵心，此次奉命北行，所部扬防兵勇非有谙练戎机之大员不能接统。富明阿患病尚未销假，且北省需才甚急，将来尚有另行简用之处，自应赶紧遴选将才以备任使。现在江北文武大员，惟吴棠剿捻向称得力，第伊久在清淮一带督兵，与扬防兵勇素不相习，且恐该漕督一离清河，即徐宿一带即有鞭长莫及之虑，吴棠可否令其接统都兴阿所部，若移扎扬州能否兼顾清河之处，着曾国藩酌核具奏。詹启纶带兵亦称得力，如令吴棠赴扬督兵，能否驾驭得宜，詹启纶本任系徐州镇总兵，似可饬令赴任，以重值守。陈国瑞勇敢素著，如令接统扬防，或帮同吴棠办理，尚能融洽。其能否独当一面之处，并着曾国藩察看，迅速覆奏。倘吴棠、陈国瑞二员内均难调派，即着该大臣于所部各员内，择其谋勇兼全、才能统众者，奏请派赴扬州接带兵勇，庶江北守御不至空虚，且与大江以南连为一气。至黑龙江马

---

① 中国第一历史档案馆藏：军机录副，档案编号：03-4226-142。

队，非有谙习情形之大员不能统率。都兴阿前赴绥远会办防剿，所有黑龙江马队即可令其随带北来，借资得力。其余都兴阿所部兵勇，均着曾国藩仍遵前旨，分别布置调派等因。钦此。仰见圣虑周详，无微不至！

臣查漕运督臣吴棠久践戎行，阅历最深，江北情形亦熟，实堪接统此军。惟清淮接连三省，近日已成重镇，皖、豫苗捻之余党、山东幅教各匪之根株，一日未除，清淮一日不可无统兵大员为之镇压。扬州距清淮四百余里，难于兼顾。诚如圣谕，该漕督一离清河，则徐宿一带即有鞭长莫及之虑。陈国瑞骁勇善战，罕有伦比，惟年仅二十余岁，桀骜之气未化。近日养病高宝境内，县署颇受其侮辱，民闻亦畏其骚扰，又与李世忠积不相能，断难独当一面。以臣愚见，宜令僧格林沁、吴棠等挟以征战，收其猛鸷之用，不宜使之接统扬军，并不可使之帮办扬防，恐长降将骄蹇之风，亦杜扬、滁互斗之渐。李世忠近禀覆臣处，除遵示酌留千余人外，余限二三月一概遣散，城卡一律交出。虽可信该提督断无变志，而其部下素无纪律，难保不另生枝节，宜令陈国瑞与之隔绝，愈远愈妙。

詹启纶亦系降将，往年贩盐扰民，声名平常。近岁渐就范围，都兴阿北征之后，恐非他人所能驾驭，应如谕旨饬赴徐州本任，以连东、豫之气。至臣所部各军，添募益多，将才益少，类皆朴谨自守之员，实乏统率一路之选。其昔年曾隶臣部者杨岳斌，母病未痊，终将吁请开缺。彭玉麟专管水师，亦难更膺他任。惟降补藩司唐训方居心宽厚，耐劳爱民，战守均属娴习，于李世忠亦抚驭得宜。若令接办扬州防务，可期妥适。第才识稍短，又系甫经奉旨降补之员，非臣下所敢奏请。惟有恭候皇上圣裁，特简大员接统扬防一军。该军马队自应随都兴阿全数北行，其水师之红单等船即可由微臣兼辖，酌量裁撤，以节糜费。臣谬膺重寄，不克储选贤将以备朝廷之器使，曷胜愧悚！钦奉谕旨殷殷垂询，理合附片覆陈，伏乞皇太后、皇上圣鉴训示。谨奏。[1]

---

① 台北故宫博物院藏：军机及宫中档，文献编号：094557。

附录二　吴棠被参之案

○一　奏参吴棠片（云贵总督刘岳昭）

同治八年四月（1869年5月）

再，四川总督吴棠起家县令，洊陟封圻，自应激发天良，力图报称，乃莅任以来，居心荒谬，行止贪污，以致物议沸腾，官民愤怨。闻其家眷来川时，用夫三千余名、四轿一百余顶，酒水门包，任情需索，每过一站，非二三千金不办。到任时，收受各属员规礼不下十余万金。司道中有送以币帛食物者，辄令折银，有多至二三千金者。该督饬令首县，造具木桶数十，为收银之用。声言所受银两留为川省办公之需。即使属实，已属不知引嫌，大伤政体，况闻其已经陆续汇兑回籍耶。凡兹种种，皆属千人共见，百口一词。其余卖缺卖差，甚至索及夷人，传闻不一，未敢妄陈。

至楚军在川，前督臣骆秉章极为倚重，其将多老成历练，其勇皆百战之余，以之镇抚川边，洵足以壮声威而固疆圉，所以历年以来，边鄙不耸，民抑其野，蛮夷奸宄之徒不敢蠢动，滇、陕奔突之寇不敢轻窥，皆由此数年声威播越，有以弭患于无形也。成都将军崇实署任时，谨守前规，故亦有备而无患。乃吴棠到任未久，即因需索不遂，睚眦之仇，竟将提督胡中和驻防一军全行撤散，而以所带副将张祖云另募之勇为边防，名为节省，实则过之，用以调剂私人，不暇计及公事也。

又，经崇实奏派道员刘岳曙管带楚军二千八百人，赴滇助剿迤东一带，恃以办贼防奸，昆明省城恃为后路援应，其关系不小。乃川中月饷积欠已多，又误信云南巡抚岑毓英之言，借口楚军不能得力，竟将月饷停止不解。本年已逾四月，仅收到月饷一次，若再不接济，势必纷纷溃散，东、昭两郡定为贼有，省城之势更为孤立！饷道不通，援兵不至，滇省全局遂不可问，则吴棠有以害之也。

夫吴棠岂必欲害滇哉。盖岑毓英有以启之耳。岑毓英与吴棠书谓：楚军一败之后，已难复振，川中与其以月饷助无用之师，曷若移此款为省坝之用？吴棠为其所惑，故不复接济，而亦不移此以与彼也。然吴棠之所以听信岑毓英者，则又有故。数月以来，岑毓英差官入川，计七八次，每次必有馈贻，为数甚巨，故吴棠不得不从。如圣主以臣言为妄，则请谕邻省密查，或钦差大臣查办。果有一言之伪，愿伏三尺之条，刀锯斧钺，甘之如饴也。谨附片具陈，伏乞圣鉴。谨奏。[①]

【案】云贵总督参奏吴棠之案于是年五月二十日获批覆，清廷饬令湖广总督李鸿章驰往四川，确查具奏。廷寄曰：

军机大臣密寄：协办大学士湖广总督一等肃毅伯李：同治八年五月二十日，奉上谕：有人奏，四川总督吴棠荒谬贪污，物

① 顾廷龙、戴逸主编：《李鸿章全集》，第3册，第469—470页，安徽教育出版社，2008。

议沸腾等语。据称吴棠眷属抵川时，需用夫轿甚多，到任后收受属员规礼，不下十余万金，其余卖缺卖差，甚至索及夷人，并因需索不遂，将提督胡中和驻防一军撤散，而以所带副将张祖云另募之勇为边防，名为节省，实则过之，用以调剂私人。又，数月以来，云南巡抚岑毓英差官入川，计七八次，每次必有馈贻，为数甚巨，贪谬情形，不一而足。案关大员婪赃并边防要务，亟应彻底根究！着李鸿章驰驿前往川省，按照原参各款秉公确查，据实具奏！该督与吴棠虽系同乡，不准稍涉徇隐，自干咎戾！原片着摘抄阅看。将此由四百里密谕知之。钦此。遵旨寄信前来。[1]

○二　呈吴棠到任并无收受礼规禀文

同治八年九月二十日(1869年10月24日)

署四川盐茶道孙濂、四川布政使蒋志章、署四川按察使傅庆贻、四川成绵龙茂道钟峻谨禀：宫太保中堂爵前敬禀者：同治八年九月十九日戌刻，奉宪台札开，以吴督部堂到任时有无收受规礼并饬两首县造送木桶装银及卖缺卖差等事，饬即详细据实逐条禀覆等因。奉此，遵查川省历来总督到任，司道及各属从无应送规礼。吴督宪到任，并未闻有各属致送规礼之事，司道等亦未敢致送币帛、食物，更无从听折银两。窃思收受规礼，例禁綦严，司道等各有考成，虽至愚昧，奚敢故违功令，致蹈愆尤！所有奉查收受规礼十余万及折银二三千两一层，实属并无其事。又，奉查造送木桶一

[1] 中国第一历史档案馆编：《咸丰同治两朝上谕档》，第19册，第137页。

层。查上年九月吴督宪到任之时，成都知县系李玉宣、华阳知县系霍为棻在任。该二员如有制造木桶数十具之多呈送督辕装银，诚不能掩人耳目。据称千人共见，百口一词，司道等实各毫无闻见。

又，奉查卖缺卖差一层。查川省补署各缺，例有定例成章。其委署章程系经前院司核定，有酌委、轮委、遴委三项。酌委则概用劳绩人员，轮委则按班序委，遴委则系边苦要缺，以实缺、候补两项并用。均由两司秉公商酌，详请委署。上年吴督宪到任，因查劳绩人员为数过多，委署转形拥滞，是以札司将前已详察各案，核其劳绩轻重，分别减改归并，另为厘定章程，并将正途、劳绩、捐纳分列班次，□□□□□□□□□□□□□[1]差事，向择其勤干耐劳者充办。□□□□□□□□□□□□□充苦差办事勤慎人员，会详委□□□□□□□□□□□□□理。兹奉宪台特札饬查，本司道曷敢曲为回护□□□□□□□□□□□□□联衔禀请宪台，俯赐查核示遵。为此具禀。须至禀者。[2]

〇三　查明川督吴棠被参各款折

同治八年十月初三日(1869年11月6日)

协办大学士湖广总督臣李鸿章跪奏，为遵旨确查四川督臣吴棠被参各情，恭折覆陈，仰祈圣鉴事。

窃臣承准军机大臣密寄：同治八年五月二十日，奉上谕：有人奏，四川总督吴棠荒谬贪污，物议沸腾等语等因。钦此。跪读之

① 印章钤占凡四行，行十三字。

② 中国第一历史档案馆藏：禀文，档案编号：03-4649-060。

下,仰见我皇上整饬官方,实事求是,钦悚莫名!臣当将地方事宜筹布粗定,遵奉批旨,带印赴川。七月初二日,自鄂省起程,沿途迭经奏报在案。九月十八日,行抵四川省城,督同随带委员,按照原参各款逐细研查,彻底根究,谨为圣主一一陈之。

如原奏所称吴棠家眷来时用夫三千余名,四轿一百余顶,酒水、门包任情需索,每过一站,非二三千金不办一节。提讯吴棠家丁盛贵供称:该督去年九月由京抵任,家眷另由扬州溯江来川,行至四川云阳县之龙洞滩,碰坏船只,即由云阳登陆,行李仍雇船装运进省,随行亲丁、仆从共只五十余人,用大轿二十四乘,内多篾扎行轿;又小轿二十七乘,连挑担夫共雇用五百八十余名,均自行给价。惟蜀道崎岖,沿途过岭向由州县加备牵夫拉送,约共用牵夫一百七十余名,仍另行给赏。上下只五十余人,何至用四轿一百余顶?行李辎重由船运省,亦无须夫三千余名。

至州县致送酒席,概未收受,何敢需索门包等情。反覆严诘,矢口不移。臣沿途查访,该督眷属过境并无扰索情事。兹据称上下仅五十余人,所用夫轿必不甚多。惟川中州县向设有夫马捐局,由绅董经手收支,每有劣绅蠹役借官差为名,浮开侵蚀,控案累累。传言之讹,或由斯起。

又,原奏所称到任时收受各属员规礼不下十余万金,司道中送以币帛银物者,辄令折银,有多至二三千金一节。当饬在省司道明白禀覆,据藩司蒋志章、署臬司傅庆贻、署盐茶道孙濂、成绵龙茂道钟峻会禀:川省历来总督到任,司道及各属从无应送规礼。吴棠到任,并未致送。司道等亦未送币帛、食物,更无从听折银两等语。臣复传集该司道面加驳诘,坚称实无其事。又饬督署巡捕府经历韩贻善,再三研讯,据供该督到任时,司道并无折送银两,其余各属亦无致送规礼情事。只有藩司备具文批，申解公项银两等语。查督署本有应解廉俸及文案薪水，书吏、辛工饭食等银，与规礼不同。众证确凿，似无疑义。

又，原奏所称该督饬令首县造具木桶数十为收银之用，声言所受银两留为办公，闻已陆续汇兑回籍一节。臣饬提督署巡捕韩贻善、吴昶等，隔别讯问。据称到任所用器具，系历任移交，桌椅、水桶间有添置，并无谕令首县备办别项桶只。至票号不但无汇兑之事，且无往来之人。臣又提首县办差家丁，汛称去冬不记日期，督署谕令购办水桶十二只，此外实无饬送装银木桶等情。似因署内饬办水桶，外间遂妄称为收银之用。

又，原奏所称卖缺卖差，甚至索及夷人一节。饬据藩司蒋志章、署臬司傅庆贻等禀称：川省补署各缺历有例章。吴棠到任后，因劳绩人员过多，札司分别减改归并，将正途劳绩捐班按序仍次详委，俾渐疏通。至各项差使择其勤干耐劳者充办，多由两司会详请示，卖缺固已无从，卖差尤无是理等语。至夷人嗜利，动辄勒索官民，川省尤甚，未闻有能索及夷人者，遍查并无此说。

原奏又称吴棠到任未久，因需索不遂，睚眦之仇，竟将提督胡中和驻防一军全行撤散，而以所带副将张祖云另募之勇为边防，名为节省，实则过之一节。查据川省防剿局司道折开：胡中和所统湘勇七年十二月、八年二月两次裁撤二千五百名，实因饷需支绌。现尚存中、左、右、后四营二千人分防叙南一带，并非全行撤散。如有需索睚眦情事，胡中和必质言不讳。饬据该提督覆称：前议裁时，均与督臣往返筹商，无人通传，并无需索情事，亦无睚眦仇隙。至胡中和湘勇口粮，每名月支银五两六钱八分；张祖云新募川勇每名月支银三两九钱，裁去湘勇二千五百名，只令张祖云另募一千名，人数既少，口粮又减，显为节省起见。所云名为节省实则过之，殆不足凭。臣又咨询吴棠覆称：张祖云向在清、淮、徐、宿屡立战功，是以奏带来川，半载以来，协同胡中和裁剩四营扼扎边防，尚属稳固，经臣派员覆查无异。

原奏又称，崇实派道员刘岳曙管带楚军二千八百人赴滇助剿，川中月饷积欠已多，误信云南巡抚岑毓英之言，楚军不能得力，竟将月饷停止不解，本年已逾四月，仅收到月饷一次，又不移此与彼一节。臣咨询吴棠因何停解，四月至今曾否续解几次。据覆称：刘岳昭前统楚勇五千三百名，迨升任滇抚，分二千八百人交其弟刘岳曙管带，均由川省供支，前督臣骆秉章任内已欠该营饷七个月。该督上年九月到任后，十月、十一月、十二月、本年二月共解过刘岳昭营饷四次，计银五万六千余两。上年十月、十二月，本年正月、三月，共解过刘岳曙月饷四次，计银六万三千余两。惟上年十二月杪，刘岳昭所部寻甸溃退后，游勇土匪勾结，边境不靖，委员领解，未能克期前进，并非误信岑毓英之言，停止不解。四月至今，又解过刘岳昭月饷三次、刘岳曙月饷两次，是即就本年四月以前而论，并不止解过一次，其收到较迟亦属有因。刘岳曙一军调往滇省助剿，溃逃八百余人，续经吴棠等筹拨银五万两，奏令遣撤，是该军不能得力，已可概见。至滇抚岑毓英需饷紧急，据吴棠覆称：本年三次饬藩司先后另拨银六万两，交来员领解。此系奉旨饬拨云南协饷，与刘岳昭楚军月饷系属两事，不得谓为移此就彼。是川省之于滇饷尚属竭力筹济，何至有欲害滇之心？

原奏又称数月以来，岑毓英差官入川计七八次，每次必有馈贻，为数甚巨一节。臣咨询吴棠，并将滇抚前后来函送阅，皆求饷诉苦之词。计岑毓英委员来川催饷共有三次，一系上年十二月，派曲靖府知府苏长丰。一系本年四月，派安宁州知州郭时郁。一系六月间，派候补同知方桂芳。惟苏长丰初次带到土产茯苓两块、普洱茶十斤。吴棠当答以官燕一匣，岑毓英函内均经叙及，原参或因此误会，此外并无差官馈贻之说。查邻省督抚，彼此馈送土宜，借以联络通好，例所不禁，亦礼所常有。滇省困穷万状，岑毓英苦战解围，恐亦无余力巨款以馈贻他人也。

以上各节，细绎原参，除胡中和需索、岑毓英馈贻尚有可以指证，此外并未举一人一事以实之，乃胡中和自称并无需索，岑毓英来函亦无巨数，其他空言似可类推。惟称到任时受收各属规礼十余万，司道送以币帛、食物辄令折银多至二三千金及卖缺卖差等情，尤属贪谬重款，骇人听闻，为此案最要关键。臣在鄂时，遇有川中人至，即留意采访，只称吴棠忠厚廉谨，未有议其婪赃者。及入川，沿路接见府州县官探问，督臣实未收过伊等规礼。又因司道为全省领袖，如藩司蒋志章、署臬司傅庆贻人均朴实，面诘数次，绝无异词。至于卖缺卖差，虽至庸下犹不肯为，吴棠自为江苏州县，有循吏之目。迨洊擢封圻，扬历数省，官声尚好，僚属皆知，何至一旦有此悖谬之举？想在圣明烛照之中。然浮言之所由兴，则亦有故。

近年川省官场习气颇尚钻营，遇有大吏新任，多方尝试，稍不如意，则编造竹枝词等，私行散布，以讹传讹，使人莫测。其从来远处闻之，或因他故微嫌，遂至摭拾入告。臣访闻吴棠履任后，广收呈词，言批痛斥，派员分赴各属查禁私设班馆，饬裁州县夫马局捐费，多用正途而少用捐班。此皆应行整顿之事，殊于贪官猾吏不便，遂造言腾谤以倾之。此等风气最为地方人心之患！若非朝廷知人善任，立为主持，虽忠贤亦将自危，而奸细转为得计。

臣先后接晤在籍绅士前任侍郎薛焕、提督鲍超、前藩司严树森等,佥称吴棠善政宜民,可为川省造福,亟求扶持正人,以伸公道。臣详查事实,密察舆论,该督被参各款毫无证据,断不敢稍涉徇隐,自干咎戾,亦不敢误信谣言,紊乱是非。除川省司道原禀咨送军机备查外,所有遵旨逐款确查、据实具奏缘由,谨缮折由驲驰陈,伏乞皇太后、皇上圣鉴训示。谨奏。十月初三日。

同治八年十月十六日,军机大臣奉旨:钦此。[①]

○四　川督吴棠被参各款查无实据片(李鸿章)

同治八年十月初三日(1869年11月6日)

再,密陈者,钦奉密谕:该督与吴棠虽系同乡,不准稍涉徇隐。圣训周详,弥增兢惧!查吴棠与臣同乡,又在江苏同官五年之久,深知其性情朴厚,品行端悫,忠主爱民,出于至诚。其所短者,才略未足以济变,严明未足以驭军,是以同治四年九月剿捻紧急,时寄谕欲令吴棠署理两江总督,臣与曾国藩复奏内皆未置议。五年十月,旨令吴棠留办淮、徐一带军务,臣当经附片密陈,请饬赴闽粤总督新任,诚以该督久在江北军营,已有阅历,而整饬吏治是所素优,专办军务,恐难见功。不敢因同乡而稍涉徇隐。此次初奉谕旨,臣方深骇诧,又不敢不认真查办。

原参片内谓楚军在川,因需索不遂而议撤,并不筹济援滇之楚军。又以川饷不至而滇事坏,吴棠害之,由岑毓英启之,皆于军情大有关系。业经查明,另折详陈。胡中和湘军因饷缺仅裁一半,刘岳昭湘军因自行哗溃而资遣,均目前应办之事。其余楚勇在川及

① 中国第一历史档案馆藏:军机录副,档案编号:03-4649-125。

援滇援黔尚二万六千余人，吴棠曲意拊循，竭力筹济，实未稍存意见。惟饷需竭蹶，兵力渐疲，亦应随时汰弱留强，岂得以此等浮言预行胁制。

至岑毓英用滇人办滇贼，苦战解围，速复数城，较为得力。吴棠分济饷银，仍随时筹解刘岳昭月饷，均甚公道。循绎原参词意，似由索饷起衅，遂摭拾道路无稽之言，冀以摇惑圣听。至称如有虚伪，愿伏三尺之条等语。向来风闻言事，无此体裁。其识量褊陋，心术险躁，固已于所言征之矣。伏念边陲未靖，时事多艰，朝廷用人不过节取其长，各疆臣皆应仰体宵旰焦劳，和衷共济，断不可稍挟偏私，互相攻讦，致误大局。

臣拟拜折后会晤吴棠，谆嘱其嗣后军事、饷事一秉至公，勿存嫌疑。原参各情，查无实据，自由传闻之误，可否请旨严加申饬，姑免追究，以戒诬罔而示优容。更祈圣恩随时训饬吴棠振刷精神，整顿地方及各营防军，毋稍瞻顾贻误。是否有当，冒昧直陈，伏乞皇太后、皇上圣鉴。谨附片密奏。[①]

〇五　查明川督吴棠被参各款致军机处咨呈（李鸿章）

同治八年十月初三日（1869年11月6日）

协办大学士兵部尚书都察院右都御史总督湖北湖南等处地方提督军务兼理粮饷一等肃毅伯李，为咨呈事。窃照本部堂钦奉上谕，饬查四川总督吴棠被参各情，现已查明，恭折覆奏。据四川布

① 中国第一历史档案馆藏：军机录副，档案编号：03-4651-036。

政使蒋志章、署四川按察使傅庆贻、署四川盐茶道孙濂、四川成绵龙茂道钟峻□□□□□□□□□□□□□□□□，咨送军机处备查。□□□该司道等原禀备文咨送。为此咨送军机大人，请烦查收，鉴核施行。须至咨呈者。计咨呈原禀一件。右咨呈军机大人。同治八年十月初三日。[①]

【案】湖广总督李鸿章奏覆查明吴棠被参之折于十年十月获清廷批覆。上谕曰：

同治八年十月十六日，内阁奉上谕：前因刘岳昭奏参四川总督吴棠荒谬贪污、物议沸腾各款，当经谕令李鸿章驰往四川，确查具奏。兹据李鸿章查明覆奏，吴棠家眷抵川，亲丁、仆从仅五十余人，并无用夫三千余名、四轿一百余顶及需索门包之事。该督到任时，司道及各属员等均未致送规礼，亦无饬造木桶装银情事。补署各缺均按班次，由两司会详，毫无情弊。其裁减胡中和湘勇，令张祖云另募川勇，系为节省饷需起见。川省应解刘岳昭、刘岳曙饷银陆续筹拨，并未停解。至另解岑毓英饷银，本系应协滇饷，并非移此就彼，岑毓英亦无差官馈遗之事。并访闻川省官场习气，颇尚钻营。吴棠履任后，遇事整顿，以致贪官猾吏造言腾谤等语。吴棠被参各款，既据李鸿章查明均无其事，即着无庸置议。川省吏治、防务均关紧要，吴棠务当振刷精神，力筹整顿，毋稍瞻顾贻误。刘岳昭于所参吴棠各节并未详查虚实，辄以传闻无据之词率行入奏，实属不合，着传旨严行申饬。该督现已驰抵云南省城，着将应办各事

① 中国第一历史档案馆藏：咨文，档案编号：03-4649-101。

与岑毓英和衷商榷，不得稍涉偏私，致干咎戾。钦此。[1]

〇六　请饬吴棠等裁汰零营片(李鸿章)

同治九年正月二十日(1870年2月19日)

再，臣入蜀半载，查核该省出入款目，每岁约收银四百四十余万，额报解银至六百余万，不敷尚多，是以援黔之唐炯等军月饷十余万，每苦不继。该军进扎重安、黄平等处，与贼相持，曾函嘱吴棠竭力筹拨。至月饷云南三万、贵州五万，久已不能照解。就大局而论，川境与滇、黔唇齿相依，蜀中财赋完善，必须就近兼顾。惟本省各营勇饷岁需三百三十余万之多，内惟唐炯等进剿前敌，非同虚糜，其余如提督唐友耕所部六千余人，业由滇省撤回。提督周达武所部八千余人，先剿宁越夷匪，现已抽调腹地，均应及时裁减，腾出饷需，以厚出征兵勇，兼少分济邻疆。吴棠等亦欲赶紧筹办，但以周达武积欠三十余万、唐友耕积欠十余万，难遽筹补，或致因循不决，拟请旨饬催崇实、吴棠将前项大枝不出剿之军及该省不得力零营迅速筹款，酌减补欠，逐渐裁汰，仍将裁剩之饷尽力分济援黔各军及酌拨滇、黔协款，并随时知照臣处备查，冀于全局有裨。伏乞圣鉴训示。谨附片具奏。

同治九年正月二十日，军机大臣奉旨：钦此。[2]

---

① 中国第一历史档案馆编：《咸丰同治两朝上谕档》，第19册，第289页；《穆宗毅皇帝实录(六)》，卷二百六十九，同治八年十月下，第724—725页。

② 中国第一历史档案馆藏：军机录副，档案编号：03-4776-009。

附录三　吴棠受牵之案

〇一　奏参宣维礼等三道员折

同治八年八月初六日(1869年9月11日)

陕西道监察御史臣张沄跪奏,为职官居心贪诈,曲意钻营,耗饷需而坏吏治,恭折仰祈圣鉴事。

臣窃思天下大局,不患盗贼之纵横,而患官方之隳坏。查有川省道员宣维礼,前经川督大学士骆秉章参革。骆秉章故后,以林自清一案窜名开复,亦未尝假以事权也。贵州抚臣采听虚声,奏请调黔,办理川军善后事,给以实收监照,令其自行筹备经费,得银二万两,大肆嚣张,携带文武随员数十人,沿途需索夫马,到重庆日复携妓女紫玉,同抵贵阳省城,前所捐之二万金悉已用尽,致民间有七字楹帖以诮让之,语涉不庄,未敢率行入告。现在随员都各引去,借口各处开销名目,实止乌江中路发牛种银五百两,平越州官发经费银百两,安平县发粥厂银九两而已。黔省仓谷本自无多,即本省官吏筹凑军款,不忍动用,以备荒歉之需。而宣维礼假称散给籽种,借用三百石,实则颗粒未散也。

又禀川中将军、总督请以协饷分半交领,并欲将贵州所领部照发川省分派捐输。夫黔省地瘠民贫，协济亦精疲力竭，合十数万饥疲之卒，悬军待饷，情形危急，可想可知！而该员名为办理善后，竟不赴平越、瓮安、清平、黄平等处招集流亡，安坐省垣，口称钦使。而抚臣又以自行奏调，莫可如何。此臣所为长太息者也。同时川省劣员尚有钟峻、彭汝琮两人。钟峻现任成绵龙茂道，狡诈贪滑人也。

一、暗树私人。署内有黄海秋、徐北平及女婿何宝琨，门丁钟正仪即其胞侄。另有通判黄华镐、府经历丁茂慈，并以同乡同官，遇事招摇，声名狼藉，皆有绰号，因字涉不祥，臣亦不敢入告。而黄亦捐升同知，丁亦求署通江县事，皆该道之爪牙也。

一、广收门生。属员公事，故意刁难，暗授意黄华镐等，讽其认为师生，即可代求优缺。属员受其愚弄，大县或八百金，中县六百金，小县亦三四百金，先受贽敬，以后生辰双份送礼。

一、妄改场规。丁卯乡试，该道办理提调，因伊素性贪鄙，士林中作为竹枝词，四处张贴。遂立意刻薄士子，点名时于二门内另立卷局三处，以致诸生拥挤，次日黎明，题纸已下，不能封门。监临、牌示奏参，事竟中止。

一、包揽厘局。川中厘金以夔州、泸州、资州、赵家渡等处为最旺，所用局绅有收钱解银，可免搬运之劳，亦沾微润。该道明知而故任之，遂有行贿入局至数千数百之多，殊骇观听！即有时由督、藩、臬开送者，须送规礼，方能收用。其不善夤缘如委员陈昺者，不久撤去，其验也。

一、惯销积引。川省盐务额定引张，其或征课不力及私贩阻销者，州县依限赔完，缴还道署，是谓积引。商人久充或积资愿退，或以他故诈辞，另举一人充之，是谓代商。势不得不札饬州县速举正商，而为代商者，贿通道署，或谓新商资本不足，或以旧欠勒令代赔。至于兴讼案未结者，不发正引，新商裹足不前，而积引于是乎可行矣，而代商于是乎任意加价矣。积引畅销，正引愈滞，州县无法可施，白赔课羡。此又该道署盐道时渔利之一大端也。

至彭汝琮亦四川候补道，性情贪诈，行止骄恣，曾署湖南常德知府，失意于巡抚恽世临，去之川省，别作营谋，随在将军、总督署中办理折稿。现丁母忧，例应回籍守制，经川省奏留，奉旨驳斥。闻在省城分讣，远近致赙，竟收银数万之多。而唐友耕先送银数千两，重领戎行，亦人所共相传播者。以一人为招权纳贿之举，致各官生趋炎附势之风，其情形殆不可状！

臣查属员为本省上司幕友，例禁綦严。军兴以来，幕府需人，间取才于绅士，亦只专办军务，于官之升调、民之词讼，概不与闻，从未有以属员而参上司之幕者。该员彭汝琮业已明奉谕旨，久在省城盘踞，在大吏以目前指臂之资，藏意外腹心之患；在该员以众人属目之地，招同寮次骨之嫌，持己处人，两无一是，而况乎败官常坏风气哉！此三人者，久在川中，颠倒黑白，有其一即足以病民，用其三必至于济恶。臣谨就风闻所及，据实直陈，伏乞皇太后、皇上圣鉴。谨奏。同治八年八月初六日。①

【案】此折于同日即得允行，清廷饬令李鸿章逐款确查，据实具奏。廷寄曰：

军机大臣字寄：协办大学士湖广总督一等肃毅伯李：同治

---

① 中国第一历史档案馆藏：军机录副，档案编号：03-5067-028。折尾日期系据推补。

八年八月初六日，奉上谕：有人奏，职官居心贪诈，曲意钻营，据实陈奏一折。据称川省道员宣维礼，本系参革之员，夤缘开复，办理川军善后，有滥用捐款、需索夫马各情，并借散给籽种为名，侵蚀贵州仓谷三百石。成绵龙茂道钟峻，暗树私人，广收门生，妄改场规，包揽厘局，勒销积引。候补道彭汝琮，性情贪诈，行止骄恣，纳贿招权，罔知顾忌各等语。川省频年多事，邻封未靖，亟宜整顿吏治，方能安辑闾阎，若如所奏，宣维礼等劣迹昭著，岂可稍事姑容！着李鸿章按照折内所参各情，于行抵川省后，就近逐款确查，据实奏办，不得稍涉徇隐。彭汝琮因何在省逗遛之处，着一并查明具奏。原折着钞给阅看。将此由五百里谕令知之。钦此。遵旨寄信前来。[1]

○二　奏参候补道彭汝琮折

同治八年九月初二日(1869年10月6日)

江南道监察御史臣龚承钧跪奏，为风闻道员钻营要地，贪利忘亲，恭折具陈，仰祈圣鉴事。

窃臣恭读道光十三年十一月十八日奉上谕：嗣后各直省督抚不准以本省属员入幕襄理等因。钦此。如再有以幕友滥行邀请议叙者，着吏部查明参奏，以重名器而肃官常等因。钦此。又恭读雍正十三年十月初五日奉上谕：父母之恩，昊天罔极，而丧礼以三年为断，所以节仁人孝子之哀，而使之有所极也。三年之丧，犹不能

① 中国第一历史档案馆编：《咸丰同治两朝上谕档》，第19册，第215页；《穆宗毅皇帝实录(六)》，卷二百六十四，同治八年八月上，第664页。

终,则百行皆无其本矣。夫事亲孝,故忠可移于君,使其人本仁孝而强夺其情,则傀然不能终日,必至怆恍昏迷,废弛公事。若以为安,则忍戾贪冒之人也,国家安所用之?而所治士民亦安能服其政教乎?自后必其地其任其事其时,决不可少是人而不相代者,仍准保题,以凭核夺,余俱停止,永着为例。钦此。凡圣训之昭垂,皆万世所当永守而不敢违越者也。

又查例载:丁忧人员如有不即起程,逗遛省城,钻营差委,干预公事者,将本员革职,该督抚不行查参,降三级调用。若该督抚有以河工及一切工程并经手紧要事件,违例奏留,而该员亦愿留效力者,将该督抚降三级调用,本员仍革职等语。兹臣闻有四川候补道员彭汝琮,性情浮诈,专事钻营,前在湖南为候补知府,与藩司文格、臬司裕麟认为师生,百般谄媚,所有军需捐输局皆委其总理,独揽大权。当差未久,即署理常德府知府,知辰州府木税多有盈余,禀请文格移至常德府城外,改为抽厘,名为防杜偷漏,实则徒饱私囊。既归常德府,则该员交卸府篆,即应由后任知府接管,乃该员恃为文格门下,将木税另请委员管理。委员何人,即彭汝琮也。于是得行其志,畅所欲为,于城内另修公局一所,房屋一百余间,花园戏台,重楼密室,优伶狎客,日聚其中。其后湖南巡抚恽世临知其劣迹,即欲参办,适有已革云贵总督张亮基尚在长沙,臬司裕麟及彭汝琮之父彭崧毓皆张亮基之门生,朝夕苦求援救。张亮基始缓颊于恽世临之前,情愿缴出侵蚀厘金银一万两,息事免参。随又将款拨为滇饷,仍与其胞侄二人议叙同知、员外郎等官。此彭汝琮在湖南劣迹之大略也。湖南既官民交恶矣,乃捐升道员,指发四川。

初到省时,督臣骆秉章在任,尚知敛迹。厥后骆秉章告病,成都将军崇实兼署督篆,而彭汝琮之鬼蜮伎俩复出矣。四川历有军需防剿局，本系藩司主政，臬司及盐茶道、成绵道助之，候补道员素不过问。彭汝琮知局中支放各路兵饷不下数百万，又欲仿照木税另委之例，先于藩司江忠濬之前极力逢迎，认为同乡，望其照应，随即扬言藩司人太老实，不能运用，极力排挤。江忠濬遂辞局务，而崇实遂委彭汝琮总理其事。如崇实果系因公起见，则其时四川候补道员尚有史致康、李祜、尹国珍、音德布四人，皆系科甲出身，历任府、厅、州、县，曾经办理军务，著有劳绩，在川年久，熟悉情形。今忽以现任藩司应办之事而委之于初到试用之人，彭汝琮之钻营，不言而自明矣。

彭汝琮接办军需局之后，凡带勇之提、镇无不结为兄弟，认为师生。欲先添一营，必先与之言定抽分若干，方可邀准。更有不肖文员，竟以一见彭汝琮为荣，而彭汝琮夜郎自大，对众言川省之军务奏折皆伊主持，于是司道皆敢怒而不敢言矣。又闻其接管之后，派员试用同知萧锦、候补知县汪立镛，前赴上海采买火器，发饷银二万两，本系糜费，而彭汝琮与萧锦、汪立镛等将银买四川白蜡，至苏州等处发卖后，再赴上海采买火器，年余之久，始行回川销差。所余之利，与彭汝琮三股分润，此不过其一端耳。其余开场聚赌，演戏宴客，为人求缺求差使等事，指不胜屈矣。此彭汝琮在川劣迹之大略也。

然此不过一不法之劣员而已，其罪之昭然显著者，莫甚于不忠不孝，虽百喙其奚辞焉。彭汝琮母施氏于同治六年九月在籍病故，至同治七年正月始报丁忧，何以如此之迟！迨丁母忧则交卸军需局矣。又求崇实奏留在川办理甘肃军米，此不过一州县可能之事，而崇实为之违例奏留，后经部驳，奉旨饬令回籍守制，自应恪遵圣旨，讵彭汝琮爱蜀中为利薮，巧于夤缘，致崇实延为军务幕友，凡陕、甘、云、贵之军事皆欲干预，操纵之权，较管军需局更甚也。及至新任川督吴棠到任，彭汝琮恐无所容，又托崇实荐与吴棠，作为两衙门公请幕友。吴棠虽不加以重任，而川中之文武视总督、将军、彭汝琮为鼎足之势矣，以彭汝琮一人可兼总督、将军之权矣。彭汝琮目中不知有君，奉谕旨而不遵；心中不知有母，有重服而不守。不忠不孝，匪特不可为臣，并不可以为子。崇实以一品大员动为官僚所矜式，何独昵一谄谀之小人，甘受其蒙蔽而不知也。

大员如是，监司如是，而欲民之不为盗也，得乎？况此恐又盗之所不为也。现在妖氛已殄，而民气未苏，亟宜正本清源，讲求吏治。我皇上奉事两宫皇太后，以孝为天下先，不意道员中竟有如此丧尽天良之人！臣既有所闻，不得不据实奏参，请旨饬令公正大员查明严办，以肃伦纪而儆官邪。为此具缮，伏乞皇太后、皇上圣鉴训示施行。谨奏。同治八年九月初二日。①

【案】御史龚承钧之奏于同日即获允行，清廷饬令李鸿章彻查究办。廷寄曰：

军机大臣字寄：协办大学士湖广总督一等肃毅伯李：同治八年九月初二日，奉上谕：前因有人奏参四川候补道彭汝琮贪诈骄恣各情，当经谕令李鸿章确查具奏。兹又有人奏，彭汝琮前在湖南经管木税，徒饱私囊，劣迹多端；捐升四川道员后，钻营办理军需局务，与带勇提、镇结为兄弟，认为师生，任意招摇；派员采买火器，分肥渔利；该员丁忧后，营求留川，为崇实、吴棠公请幕友等语。彭汝琮叠经被人参奏，其钻营贪利等款

① 中国第一历史档案馆藏：军机录副，档案编号：03-4649-002。

必系实有其事，着李鸿章将前后所参各节确切查明，据实参办，不得化有为无，稍涉徇隐。原折着钞给阅看。将此由五百里谕令知之。钦此。遵旨寄信前来。[①]

〇三　奏报查覆钟峻等参案折

同治八年十月初三日(1869年11月6日)

协办大学士湖广总督臣李鸿章跪奏，为遵旨确查道员钟峻、彭汝琮被参劣迹，恭折覆陈，仰祈圣鉴事。

窃臣先后承准军机大臣字寄：同治八年八月初六日，奉上谕：有人奏，职官居心贪诈，曲意钻营一折。据称川省道员宣维礼，滥用捐款，需索夫马，并侵蚀贵州仓谷三百石；成绵龙茂道钟峻，暗树私人，广收门生，妄改场规，包揽厘局，勒销积引；候补道彭汝琮性情贪诈，行止骄恣，纳贿招权，罔知顾忌等语。川省频年多事，邻封未靖，亟宜整顿吏治，若如所奏，宣维礼等劣迹昭著，岂可稍示姑容！着李鸿章按照折内所参各情，就近逐款确查，据实奏办，不得稍涉徇隐。彭汝琮因何在省逗留之处，一并查明具奏。原折着抄给阅看等因。钦此。又奉九月初二日上谕：兹又有人奏，彭汝琮前在湖南经管木税，徒饱私囊，劣迹多端。捐升四川道员后，钻营办理军需局，与带勇提、镇结为兄弟，认为师生，任意招摇。派员采买火器，分肥渔利。该员丁忧后，营求留川，为崇实、吴棠公请幕友等语。彭汝琮迭经被人参奏，其钻营贪利等款，必系实有其事，着李

① 中国第一历史档案馆编：《咸丰同治两朝上谕档》，第19册，第234页；《穆宗毅皇帝实录(六)》，卷二百六十六，同治八年九月上，第686页。

鸿章将前后所参各节确切查明，据实参办，不得化有为无。原折着抄给阅看等因。钦此。

查道员宣维礼奉调赴黔，所参各项臣已密咨贵州抚臣曾璧光查明该道报销案据，摘要抄覆，以凭核办。道远稽时，除俟曾璧光咨覆到日，再行汇查具奏外，至奉饬查成绵龙茂道钟峻、四川候补道彭汝琮各款，谨已调齐案证，督同随带委员，确切查询，粗具梗概。查原折所称钟峻暗树私人，广收门生两条，饬传该道门丁黄喜、徐升研讯，据供署内无黄海秋、徐北坪其人。该道女婿何宝荣并非何宝琨，今年四月始行迎娶过门。前兼署盐道任内，所用门丁钟正仪，籍隶扬州，并非同族，交卸盐道后，即行辞去，实未闻有招摇情事。该道亦未收过门生等语。

至候补通判黄华镐，系浙江人，与该道同乡，曾署通江县事。试用同知丁茂慈，系江苏人，与该道有亲。访闻黄华镐绰号短辫子，丁茂慈绰号矮子，均与公事无涉。臣面询藩司蒋志章、署臬司傅庆贻，据称该二员尚无实在劣迹，亦未闻有该道爪牙之说。至原奏以属员公事，故意刁难，暗授意黄华镐等讽其认为师生，即代求优缺，先受贽敬，生辰双份送礼等情。讯据该道门丁，坚称并无其事。又妄改场规一条。查丁卯乡试该道派充提调，因川省向来场规稍松，议定另刊卷票，令士子实贴卷夹，临期验明，盖戳给卷，无票呈验，不准入场。又于二门内左、右另立卷局二处，令士子点名后赴局领卷，原为认真剔弊起见。乃给卷既须赴局，又要验票盖戳，欲速反迟，以至拥挤愈甚。询之是年与试诸生，佥称次日黎明后，始能封门，外间遂有立意刻薄士子之论。

又包揽厘局一条。查川省捐厘总局向由盐茶道会同两司经理。七年正月，崇实在署督任内，改委钟峻专司综理，会同司道筹办。是年四月，钟峻交卸盐茶道，仍接管捐厘总局，其迹近于包揽。原奏称局绅收钱解银，可沾微润，该道明知而故任之，遂有行贿入局至数千数百等语。查厘局向章，有银钱并收，有收钱易银，批解各处。银价长落靡定，随时照市价扣算，由该局按月通报，若总局查察不严，员绅沾润在所不免。至行贿有无多寡，查无实据。

原奏又称有时由督、藩、臬开送者，须送规礼，方能收用，其不善夤缘如委员陈昺，不久撤去等语。臣传问候补同知陈昺，据称六年五月委办夔州厘局，闻钟峻先请骆秉章欲派知县邓启秀，督臣不允，议委该员前往，适值水涨封峡。向例六、七月厘款不旺，总局遂以七月上旬收厘并无起色撤差，似亦因不善夤缘所致。

又勒销积引一条。钟峻于五年十二月经署督臣崇实会委以成绵道，兼署盐茶道篆。饬据现署盐道孙濂禀称：查得钟峻任内并无惯销积引，批驳新商勒赔，及不发正引，州县白赔课羡各案据。惟查折开五年份销过正引一万七千余张，带销积引一万有零；六年份销过正引一万五千余张，带销积引一万一千余张；七年份销过正引仅六千八百余张，带销积引至一万六千三百余张。钟峻六、七两年任内正引销数递减，积引销数递增，虽系奏明带销，而积引浮于正引，难保无贿通勒销情事。此查明钟峻被参各情之大概也。

彭汝琮前在湖南为候补知府，历充厘金、东征等局提调。咸丰八年，署常德府知府。九年卸事，禀请藩司文格将辰州木税移至常德城外，委员经收，文格即委该员管理。讯据面称：在该处修建关局一所，需费万余金。原奏所云与文格、裕麟认为师生，在常德税局日聚优伶等情，该员坚不承认。嗣后湖南巡抚恽世临知其劣迹，即欲参办，经已革云贵总督张亮基缓颊，愿缴捐银一万两，拨作滇饷。该员告病离省，捐升道员，指发来川，初尚敛迹。五年十月以后，兼署督臣崇实历委查办洪雅善后，联络各营。六年十二月，崇实奏派该道会办军需防剿局务，并饬掌管总局关防，均与原参情节相符。

惟所称带勇提、镇无不结拜兄弟、师生，欲添一营，必与言定抽分若干，方可邀准等情，该员亦不承认。至所派同知萧锦、知县汪立镛赴上海采买军火。查萧锦业经丁忧回籍，饬据汪立镛供称，奉发银二万七千两，系由票号汇兑，该员等由汉口雇搭洋船，四日至沪，无从私贩白蜡，绕道往苏。呈出采买外洋军火行单，价值较贵，似由人地生疏，尚无浮冒分肥实据。至原奏所称彭汝琮开场聚赌，演戏宴客，为人求缺求差使等事。该员既为上游信任，难保无招摇恣肆情形。又有人奏，该道丁忧，分讣远近致赙，收银数万等语。臣派知府李德良、许培身往该道寓中，立提收赙底簿。该道匿不交出，口称并无帐簿，约收赙银四千两。次日，传该道来辕亲讯，又面呈帐簿，计只银二千八百余两，前后已自不符，狡诈可知。

原奏又称唐友耕先送银数千两，重领戎行，人所共相传播。臣咨询崇实，上年四月间，唐友耕募勇时是否由彭汝琮推荐，据覆并无推荐情事。至原奏彭汝琮母施氏于六年九月在籍病故，七年正月始报丁忧，何以如此之迟。据该员面呈伊父彭崧毓六年十一月十六日讣函，声明发信稍迟。惟彭汝琮籍隶武昌，离川尚不甚远，乃七年二月初二日始报闻讣，距其母病故已四月余，不无可疑。

又，原奏称该员丁忧后，崇实奏留办理甘肃军米，嗣经部驳，奉旨饬令回籍守制，崇实仍延为军务幕友，及督臣吴棠到任，崇实又荐与吴棠，作为两衙门公请幕友，吴棠虽不加以重任，而川中文武视为鼎足等语，均系实情。臣咨询吴棠，复称上年九月莅任，崇实甫见面时，嘱即公同关聘彭汝琮办理军务章疏，其时意在和衷，当即允行。嗣后察知，该员貌似有才，访之人言，多云心术不可问，是以不肯假以重任，不过因系崇实公请，仍以公同幕友之礼待之等语。此查明彭汝琮被参各情之大概也。

臣伏查道员钟峻，由幕入官，小有才能，熟于趋避而巧于逢迎。自同治二年简放来川，督臣骆秉章在任，尚有忌惮。骆秉章故后，该员声名渐坏。原参各款皆系六、七两年事，虽查无行贿实据，其妄改场规，包揽厘局，已有明征。访之通省正派官绅，均深恶其为人。至彭汝琮前在湖南勒捐银一万两，始得离省，其劣迹不问可知。入川曾不数年，招权纳贿之名又播中外。臣遍加咨访，皆敢怒而不敢言，其贪利虽不承招，而钻营实有其事。况报丁母忧迟逾数月，既不奔丧回籍，迨奏留被驳，钦奉特旨饬令回籍守制，仍敢逗遛，营求入幕。原奏称彭汝琮目中不知有君，奉谕旨而不遵；心中不知有母，有重服而不守。不忠不孝之罪，百喙奚辞！

以上二员，情节微有轻重，自应遵旨分别参办。四川成绵龙茂道钟峻，拟请旨勒令休致，不准起用。盐运使衔四川候补道彭汝琮，拟请旨即行革职，勒令回籍，不准投效各路军营，再图开复，以为钻营者戒。至原参崇实独昵谄谀小人，甘受蒙蔽等语。查成都将军崇实兼署督篆时，因军需紧要，委令彭汝琮办理总局，及留办济甘军米，事属因公。迨彭汝琮奉旨饬令回籍守制，据该员面称，上年七月间曾经请咨崇实，即应饬催速回，乃复留充军幕；四川总督吴棠因崇实商嘱，允为两衙门公请幕友，未能拒止，虽为和衷起见，亦未加以重任，究属均有不合，应否饬部照例分别议处，伏候圣裁。

所有遵旨确查道员钟峻、彭汝琮被参各情，谨缮折据实奏参，由驿驰陈，伏乞皇太后、皇上圣鉴训示。谨奏。十月初三日。

同治八年十月十六日,军机大臣奉旨:钦此。[①]

【案】李鸿章查覆钟峻等参案之奏于同治八年十月十六日得允行。谕旨曰:

同治八年十月十六日,内阁奉上谕:前因御史张沄奏,四川道员钟峻、彭汝琮贪诈钻营;又据御史龚承钧奏,彭汝琮任意招摇各节,先后谕令李鸿章查明参办。兹据奏称,钟峻被参各款,查无行贿实据,惟该员妄改场规,包揽厘局,已有明征。彭汝琮贪利各情虽不承招,而钻营实有其事,且丁忧后奉旨饬令回籍,仍敢逗遛,营求为崇实、吴棠公请幕友,请分别参办等语。四川成绵龙茂道钟峻,着即勒令休致,永不叙用。盐运使衔四川候补道彭汝琮,着即行革职,勒令回籍,不准投效各路军营,再图开复。崇实、吴棠于奉旨饬令回籍之员,仍复留充幕友,均有不合,着交部照例分别议处。该部知道。钦此。[②]

寻吏部议,崇实、吴棠均照上司滥邀属员充当幕友进署办事私罪例革职。得旨:均着加恩改为革职留任。[③]

○四 奏报查覆宣维礼参案折

同治八年十月十五日(1869年11月18日)

协办大学士湖广总督臣李鸿章跪奏,为遵旨查明道员宣维礼被参各情,恭折覆陈,仰祈圣鉴事。

---

① 中国第一历史档案馆藏:军机录副,档案编号:03-4649-122。

② 中国第一历史档案馆编:《咸丰同治两朝上谕档》,第19册,第289页。

③ 《穆宗毅皇帝实录(六)》,卷二百六十九,同治八年十月下,第725页。

窃八月二十三日承准军机大臣字寄：同治八年八月初六日，奉上谕：有人奏，川省道员宣维礼本系参革之员，夤缘开复，办理川军善后，滥用捐款，需索夫马，并借散给籽种为名，侵蚀贵州仓谷三百石等语。川省频年多事，邻封未靖，亟宜整顿吏治，方能安辑闾阎。若如所奏，宣维礼等劣迹昭著，岂可稍示姑容！着李鸿章就近逐款确查，据实奏办，不得稍涉徇隐。原折着抄给阅看。钦此。臣行抵川省后，业将原折所参成绵龙茂道钟峻、候补道彭汝琮二员劣款查明，于十月初三日缮折驰奏，并声明宣维礼奉调赴黔，已密咨贵州抚臣曾璧光，确查该道报销案据，俟覆到再行核奏在案。兹准曾璧光详晰咨覆前来。

臣又调集川省案卷，逐款访查。如原折所称道员宣维礼前经川督骆秉章参革，骆秉章故后，以林自清案窜名开复，贵州抚臣采听虚声，奏调赴黔等语。查宣维礼于咸丰八年署打箭炉同知任内，提用炉库、台费等项银二万四千余两，嗣因造销银数浮多，经督臣骆秉章奏参，摘去顶戴，勒限追缴。同治四年间，据防剿局司道详准该员办理夷务，共应销银四万九千一百两零，又经兼署督臣崇实附奏，请旨赏还顶戴，并非窜名林自清案内开复。上年五月间，曾璧光奏调宣维礼赴黔，办理川军善后。原片内称由崇实咨商派员，兹曾璧光来咨，亦称该抚向未知有其人，实因崇实函商奏调。

原奏又称宣维礼办理善后，给以实收监照，令其自行筹备经费，得银二万两；携带文武随员数十员，沿途需索夫马；到重庆日后携妓女紫玉，同抵贵阳，所捐二万金悉已用尽，随员都各引去等语。查该道未起程之先，即向川省借领职衔、贡、监各照三百八十张，所捐银数及支用经费，经崇实批令径报贵州巡抚，分别办理，以免轇轕。又向黔省驻渝捐局移取杂项实收二十张，据曾璧光咨称，其初带银若干来黔，该道既未声明，亦未便过问。本年四月，据呈清单，收到捐项银一万二千一百七十三两四钱，并借垫银三千六百两，又，川中未解及欠缴捐项银五千七百四十九两六钱。合计已收及借垫银共一万五千七百余两。闻川省尚有续解捐项，未据开报，与原奏得银二万两之数，不甚悬远。至携带文武随员，先经禀调四川候补布经历粟裕等五员，及马边营额外卓测，随同前往，沿途又多收投效员弁，需索夫马，难免滋扰。据曾璧光咨报，该道带到文随员十人，至本年四月，只存四人；武随员初到时有八九人，后亦稍稍减去。至在重庆携带妓女一节，访闻该道于上年九月间行抵重庆，羁留将及一月，寓中常有宴会，每聚必招妓女数人，有名周美凤、刘凤卿者，皆朝夕过从，并无妓女紫玉其人，亦未闻有同抵贵阳之事。惟所带员弁中有娶纳妓女随行，或因此讹传耳。

原奏又称宣维礼借口各处开销名目，实只乌江中路发牛种银五百两，平越州发经费银百两，安平县发粥厂银九两，又假称散给籽种，借用黔省仓谷三百石，实则颗粒未散等语。查据曾璧光咨报，该道呈到开销清单内开，借发遵义马运经费银二千两，又买给遵义驮马三十匹，去价银三百五十两、鞍架银四十二两。当饬遵义府知府汪炳墩，将此银及原马原鞍退还，免滋轇轕。又开会同达字营安插贺兴仁降众银二千两，据安顺府知府毕大锡禀覆，并未闻有此事。询之达字营统领陈希祥，亦斥其妄。惟据中路巡防委员徐达邦禀，收到该道发给招耕经费银一千一百五十两、牛五十七头。城防局委员陈昌运禀，收到该道发给中路经费银五百两。开州知州周炳著禀，收到该道发给牛种银四百两、谷种一百石。平越州知州杨敬之禀，收到该道发给经费银一百两。均与宣维礼所报银数相符。其安平县粥厂米银，该道单开发银二百二十八两。据该县韦廷魁转据团绅等报称，实只领用银一百十七两。以上五款，并据开牛价银七百六十三两，合共实发地方经费银三千零三十两。四月至九月，该道亦未另有发过地方经费。至本年二月，借用黔省仓谷三百石，除开州报领一百石外，余二百石未闻散给各州县，亦未申报有案等情。核计该道实发银谷，虽与原参不符，而以放抵收，所余银数尚在一万两以外。

原奏又称宣维礼请以川省协饷分半交领，并欲将贵州所领部照，发川省份派捐输等语。查据曾璧光咨称，本年二月，该道又请发黔捐监照二千套，派员回川，分拨各州县摊捐，为善后之费。该抚未允，曾有俟川饷拨到多寡分济该道之说。但自上年九月迄今，川中只解到协饷一万五千两，无从分给，黔省亦无续派该道劝捐之事。

原奏又称该员名为办理善后，竟不赴平越、瓮安、清平、黄平等处招集流亡，安坐省垣，口称钦使，抚臣又以自行奏调，莫可如何等语。查据曾璧光咨称，该道自上年十月到黔，即寄寓省城，所谓随川军办理善后，实未成行。惟于本年二月，叛镇林自清就擒之际，赴安顺一行，不数日仍回省寓。八月初，忽请札亲赴定番州防秋，当募练数十人，交从九黎定让带去，该道并未亲往。九月间，募练亦即撤散。现在该道或在寓中，或游山寺，无从悉其逗遛行径等情。查该道移行各处文檄，自称钦派筹办援黔善后事宜，竟忘其为督抚奏调札派之员。又不遵旨前往川军扎营处所，会同贵东道妥为办理，夜郎自大，肆无忌惮，宜抚臣莫可如何也。

臣伏查黔省糜烂已极，赖川、楚各军协力援剿，新复地方善后，尤关紧要。曾璧光等初议，川派一员从川军之后，楚派一员从楚军之后，督同各地方官，妥办安抚，原属因时制宜。无如道员宣维礼素行贪猾，声名狼藉，川省既不能立足，乃请调赴黔。该道即滥收员弁，借领捐照，分给州县派捐，名为善后经费，只供沿途挥霍。到重庆后，挟妓聚饮，罔知顾忌。抵黔已将一载，安坐省垣，口称钦使，并不亲往川军收复之平越、瓮安、清平、黄平等处，会同筹办。所收捐银约近二万，仅实发地方经费银三千零三十两。所借黔省仓谷三百石，仅据开州报领一百石。又捏开安插贺兴仁降众银二千两，据曾璧光查询，并无此事。又浮开安平粥厂银一百余两。其贪黩恣肆情形，殊堪痛恨！

此等劣员，显为地方积蠹。诚如圣谕，岂可稍示姑容！应否请旨将四川候补道宣维礼即行革职，发往军台效力，仍永不叙用；并请饬下四川总督、贵州巡抚，迅速查明该员在川省各州县劝派捐项，实已缴收若干，除该员应领薪夫等项并发过经费由黔核准支销外，所余捐款，押令尽数呈交黔省，备充军饷，报部查核。其借用贵州仓谷未放之二百石，押令如数缴还。倘有侵蚀，再行照赃科罪。俟各项缴清，勒令起解赴台，不准稍有逗遛，以惩官邪而肃功令。

所有查明宣维礼被参各款据实奏办缘由，谨缮折由驿具奏，伏乞皇太后、皇上圣鉴训示。再，臣拜折后，即由川省起程，前赴重庆，仍顺道回鄂。合并声明。谨奏。十月十五日。

同治八年十一月初一日，军机大臣奉旨：钦此。[①]

【案】李鸿章查覆道员宣维礼被参之奏于八年十一月初一日获清廷批覆。谕旨曰：

同治八年十一月十一日，内阁奉上谕：前因御史张沄奏参

① 中国第一历史档案馆藏：军机录副，档案编号：03-5067-033。

道员宣维礼夤缘开复，滥用捐款等情，当交李鸿章就近查办。兹据该督咨行贵州巡抚曾璧光查覆，据实具奏。此案道员宣维礼前在四川打箭炉同知任内，浮用炉库、台费等项银二万余两，经骆秉章奏参，摘去顶戴。嗣因办理防剿局事件，崇实奏请赏还该员顶戴，尚非于林自清案内窜名开复。惟上年该员调赴贵州办理川军善后，即向川、黔各局借领职衔、贡、监等项执照三百余张，并携带文武随员多人，沿途滋扰。到贵州后，即安居省寓，仅赴安顺一行，定番防堵，又未亲往，平日无从悉其行径。其所收捐银及借贵州仓谷，开报平安粥厂银两，浮冒甚多。安插贺懇茫降众一项又自捏开银数。宣维礼以奏调差委人员移行各处文檄，辄称钦使，性情既属贪黩，行止又复不端。此等劣员何可稍事姑容，以贻民害。四川候补道宣维礼，着即行革职，永不叙用，并发往军台效力，用儆官邪。该革员前在四川劝派捐项，即着吴棠查明收缴若干，并核算该革员应领经费等项，将所余捐款押令尽数呈缴贵州。其借用贵州仓谷未放之二百石，并着曾璧光责令如数缴还。如查有侵蚀情弊，吴棠等即行按律惩办。余照所议办理。该部知道。钦此。[①]

① 中国第一历史档案馆编:《咸丰同治两朝上谕档》，第19册，第315页；《穆宗毅皇帝实录(六)》，卷二百七十，同治八年十一月上，第740—741页。

附录四　李鸿章、曾国藩等来函

○一　覆吴漕帅（李鸿章）

同治元年三月二十九日夜（1862年4月27日）

仲仙仁兄大人阁下：

十八日肃覆一缄，由商船递上，计可达到。顷乔都转专差递来十七日环翰，知采石舟次草函业经入览。恭读钞示寄谕并片稿，谨悉一一。就审督剿勤劳，捷音屡奏。山宝湖荡之役，大挫捻氛，尤快人意，从此当不敢再犯浦上矣。黄副将国瑞骁勇冠军，为麾下得人贺。署淮扬龚镇向从弟巢县军中，稳练可靠，前带徐州兵，枪炮队伍均极严整。河漕各标兵素习疲软，淮扬镇台营规制初定，请责令该署镇以徐兵枪炮队伍之法切实训练，必可转弱为强。承平日久，绿营弁兵大都怯弱不堪用，今日疆吏之责以练兵为急务，如苏标本柔软，经乱散失，不可复治。徐、淮风气刚劲，因势利导，大才当有区画，无俟渎陈。弟出江后，拟添练马队，苦乏将领，贵部下如有朴实精劲之选，乞物色一二，迟日见惠为幸。承教以延揽人才为要，真透宗之论。吴中官场素习浮靡，自王雪轩当事，专用便捷圆滑、贪利无耻一流，祸延两省，靦然不知纲常廉节为何物，其宗派至今不绝。鄙人德薄能鲜，大任遽降，又值吴越一片沦胥之后，若涉大水，如经乱丝，何能有济。揆帅临别赠言，谆谆以练兵学战为性命根本，吏治、夷务皆置后图。弟到沪以来，详察深思，亦惟以选将练军、习勤耐烦为日行常课，其他则更无从着手。刘松岩太守诚悫廉正，为沪才之冠，但不善理财，委以沪事，尚恐力不能举。赵守精明醇厚，可任糈台。松江李守亦廉静寡欲，根翁月旦尚不爽也。四月初奉诏后，先须整饬疲军，习气太深，势难全数裁汰，逐细料简，非三数月可了。英、法诸酋日邀会剿沪西，嘉定、青浦或可渐次得手。敝部五千余人，轮舟陆续附载，尚未得齐。黄镇所带水师急望下驶淞江，为曾秉忠替防。新旧之交，华夷杂处，军心不定，抚驭为难。沪饷月仅二十余万，分济本处兵勇六万人，实多亏缺。现与吴晓帆商酌，如能月给镇军二三万，保此要地，以待敝军西行，则于大局有裨，未知果做到否？冯萃亭军门在京口苦守数年，似尚可用，但未亲见其人，尊处有所闻否？大江各镇红单船多损坏，饷又久缺，纵勇为盗，商旅怨阻，当如何分别撤留。江防非水师不能得力，黄镇仅长龙舢板二百只，须留松防，以备他日进泖湖、太湖协剿苏浙之用。长江下游似宜另立水营，北遮里下河，南袭苏、常各口，此鸿章与揆帅及执事之责也。曾沅翁克复巢县、含山，鲍军门克复青阳，上游已有起色，扬州贼情奚似。手覆，率叩勋安。[①]

① 顾廷龙、戴逸主编:《李鸿章全集》，第29册，第81页。

○二 覆吴漕帅(李鸿章)

同治元年闰八月十六日(1862年10月9日)

再,通州依牧不洽舆情,该处民风近颇刁悍,绅局无人主持,诚为可虑,应速撤依牧,遴委廉正精明之员驰往接替。乔鹤翁请委季君梅编修回通办团,君梅谦让未遑,业经照催速去,如有好官,必能相助为理。黄牧金韶能否卸海入通,否则丹徒田令亦著勤能,希酌办。仪征杨令阘茸渔利,以交结詹镇而得奏留,为都中所纠,弟密饬署常镇赵道查办。闻扬州同知周成璋廉静端悫,于调和李、詹各营如不至决裂,或即委令接署何如,均乞裁示。沿江吏治亟须整顿,麾下果亲往通、泰周历巡察,真地方之福,务祈飞速信知。沪、松无警,当与公约订在通州会晤筹商一切耳。南北台并局之议,弟久欲上言,而未及商办,今自朝论发端,理宜遵照会奏。言官但为汰减委员局费起见,而南北筹定进款不得通融,仍自界画分明,似都营尚无不愿,务祈尊处缄商都直翁,一面秉公核定示覆为荷。许缘仲果否胜任,其才具较次苏尤为开展,惟向未见过,亦未共事,老兄必深知长短,望切实见告。金守合办米捐之说极得纲要,乔都转条理精当,似可檄委综理其事。张士芳赴徐召募马队,求指示一一。有需借领之件,并祈赐允示知。手肃,载叩勋祺。[1]

---

① 顾廷龙、戴逸主编:《李鸿章全集》,第29册,第123页。

〇三　致吴漕帅(李鸿章)

同治元年九月十五日(1862年11月6日)

仲仙仁兄大人阁下:

连奉闰月二十一、二十五、九月初三日手示,敬审筹祉胜常,百凡顺吉为慰。尊患胃脘痛急,肝气不舒,自缘荩躬积劳所致,近来已得好医药否?少平复否?殊深惦系。我辈膺此烦剧,原难静养,然纷纭扰攘中,每日须有一二时涵养太和,陶写胸趣,窃所献祝。应覆事宜条列如左:

一、南北并台之议本属可行,或者谓镇军仍归江北为未便,将以并归上海为便耶。南北皆系江省,不应分家,从前江南全盛时,北台遂多觊觎,而今江南全陷后,南台遂多怨望,今日江北之不肯分供南台,亦犹前日江南之不肯分任北台也。前人之错沿袭成例,于是客自当家,主不过问。至我兄与鸿章来主斯地,岂复能于已成之局、已分之家再有更变也。鸿章所自愧者,除上海及松郡新复各厅县外,无尺寸土以生财,即不能于镇江月饷三万外再增分毫以待客,无论是并是分,沪力止于此矣。尊意以水师本隶都帅,归并北台,可就近整顿江厘,镇营放饷即令金守经理,而南台名目可裁,洵为措置得宜。惟江、许二道从前经办收支须令截算报销,并台后金守随营支放,仍照奏定饷章,而报销应汇归北台办理,以清界划而专责成。若遂令金守报销,则南台名虽并而实未裁,于义未协。许道专任此事,头绪较繁,恐未能兼顾地方。泰州应否开缺,或有未便之处,亦乞核定。鄙意大端如此,如台端不以为纰缪,即请主稿,挈衔会奏,俟定案后,其繁细节目再饬该道府等核议。

一、六月二十五日，群贼来苏，会议大举。谍者谓其不并力上援，则合股窜江，故鸿章倡为防里下河各口之说，以戒不虞。七、八月，各股贼众尽趋东坝，金陵、苏、常、嘉、湖各属仅留分守之贼，其力但能抗我师之深入耳，江防暂可无虞矣。吴璧山、黄清臣皆夸张，下游布置，船勇如旧，营规如旧，未见实有整顿。都公于靖、泰稍布陆军，闲中着子，将来或有裨益。红单师船不改弦更张，则为害实非浅鲜。

一、伊牧之案，泊镇原不应干预，弟派汪守有勋前往密查，冯天祥实系无辜被拿，乡民皆讼其冤。司道远而镇将近，不以人废言可也。入秋以来，通州人至沪，均称伊牧官声狼藉，弟闻系阁下列保之人，未敢尽信，而言者愈多。适接泊镇一再咨送公禀伊牧详革冯天祥之文，恐其激成事变，檄令撤任，盖虚心访察数月而后出此，非轻信一面之词也。鄙人虽未做外官，然从军十年，办事数省，情伪略知，是非有主。兹圣恩不以为不肖，拔诸畴人之中，寄以一面之任，见闻既确，何所迁就！因阁下素系至好，乃先缄商，否则参撤属员固分内事。苏省吏治颟顸至此，我辈稍执私见，负心良多，祈再加察为幸。黄牧金韶，务催其迅速莅任。季君梅办理通团，再三敦请而后行，似不必奏明，渠意服满入都，亦难久留实缺。仪征令其到任，杨护守带炮船赴江宁，甚妥。丹徒田令，五月间密寄谕旨，有人奏其官声甚好，该道府均力赞其人，鄙意先拟调署松江府，始以冯军门、金守不愿放行，嗣交卸丹徒，而松郡又另委，竟别无位置之处，甚哉，苏抚之窘也。公若怜其才而惜其遇，或于江北位置一席，以徐察其行能可乎？

一、苗沛霖畏楚军之逼，乃密结于邸帅，以甘言遂其奸谋，其诋诬楚军，实不成话。涤、希诸帅以扶正嫉邪为心，以救民伐暴为事，苗何人斯，祸吾皖者捻也，乱吾皖者苗与李也。楚帅威信实非胜、袁可比，苗不敢不退出寿州、正阳而避锋。希庵临行一疏，谓寿、正既退，当赦苗罪，可谓大义复明于天壤矣。邸帅用其力以攻捻，未为不可，但须妥慎驾驭，不可使其再得志。苗沛霖阴鸷险贼，终为人禽，胜、克翁待之极厚，所以报之者何如耶？求公时时以此义进陈邸帅，遏乱萌而定民志，千感万感。揆帅专力东征，久不暇议苗矣。

一、金陵、宁国两军疫病太多，不能出击，贼众围逼日紧，鲍军粮路已断，沅翁守御尚力。昨揆帅咨缄，属弟派援。弟于前月二十四日专疏请调多礼堂将军折回赴救，缓不济急，拟先派华尔所遗常胜军乘轮舟赴金陵协剿，未知何时方能成行。

一、嘉定于本月初二日克复，敝军分防地广，苏、嘉守贼全股来援，前敌各营日夜搏战，势甚紧急。张士芳马队已否募成，蒙派弁同往，并属黄镇指示一切，感甚。仍祈饬催迅速来沪为荷。手此，复颂勋祺。惟慎护。不一一！①

〇四 覆吴漕帅（李鸿章）

同治元年十月二十日亥刻（1862年12月11日）

仲仙仁兄大人阁下：

初九日，奉二十八日手谕，分条指示，切要周详，皆如鄙意之所欲出。南北并台，已有成说，许次苏迭次禀催交卸，有不可终日之势。吾两人意见既同，又承谆切挈衔核奏，业于十九日敬列台端前

① 顾廷龙、戴逸主编：《李鸿章全集》，第29册，第138—140页。

衔，飞章入告，并于折内附陈米捐一层，抄稿咨呈，先托轮船由镇江转递，计较迅速。水师暨江厘亟须整顿，秋后都中弹劾水营总统，迭奉密谕，交揆帅与鸿章查办，军务倥偬，访闻未细，是以尚未覆陈。然仰窥圣意，博采舆论，江夏恐不能久持兵柄。如即饬易吴璧山，以粤将驭粤人，犹为彼善于此。弟向未与璧山谋面，乔鹤翁、赵吟樵来函，皆推吴公尚能约束。昨接其寄弟一信，亦以红单旧船虚糜月饷、无裨实用、力求整顿为词，似尊谕必须责成吴镇一人，节饷筹防可望有益云云，实有卓见，但不知都帅尚能倚任否。如尊处奉旨饬询，想必据实以对。以江厘匀给师船之饷果滴滴归公，当可勉敷，无如黄清斋坐拥盐厘，各营分段把持，任意提用，遂致苦乐不均，有九个月仅得两月之饷者。许次苏谓并台后可令许缘仲将沿江厘卡改设内河，较易稽察。俟奉旨后，如饬台员会同吴镇整理，敬求老兄开诚布公，谆嘱吴镇将朽烂大船速行裁撤，其新到卅六只及上游添造炮划专补旧船之额，不准额外索添饷项，并令许缘仲认真稽收江厘，勿稍假借，鄙人当帮同阁下主持其事。泰州是否已调田令？缘仲并台，自无暇兼顾地方矣。署通州黄守何时抵任，令人焦盼。依署牧前案，揆帅批令敝处亲提，无可诿卸，提沪当秉公研鞫。冯天祥之子侄又闹事，岂前事不足厌服其心，民风刁悍亦不易治。黄守下手办法极须惨淡经营，淮徐道一席暂令朱山泉往代，当足了之。曾沅翁函报于五日解围，先后擒杀逃散者八九万人，可无庸常胜军往援。而吴、扬二道志在图功，已雇定轮船十数号，糜费十余万，据称包打九洑洲、七里洲、下关一带贼垒，既奉谕旨，只有听其自望。金陵援贼大股退回苏州，有复谋嘉、青之说。弟于前月二十二日亲督各军，大战于四江口，杀毙、淹毙一万数千，贼胆已寒，然未必不思报复也。尊恙渐就全愈，至以为念。手此，敬颂万福！[①]

〇五 覆吴漕台（李鸿章）

同治元年十一月初八日（1862年12月28日）

仲仙仁兄大人阁下：

二十九日，奉十七日手书，敬承一一。二十日，邮递一缄，计邀鉴察。张士芳马步队均已到沪，人尚精壮，惟捻氛未除，必须整饬训练。龚镇之侄名从岱者，性情骄蹇，与张都司不甚相能，少迟仍令回淮。承借饷千金并百子炮四十尊，已饬司赶购洋炮，就数划抵，以应雅嘱。吴晓帆观察带常胜军赴援金陵，日久尚未齐集，九洑、七里等洲踞逆已分窜浦口，幸李良臣督军堵剿，或不致蔓延江北耳。邸帅近日军声似又少减，东省复被捻患，能否克期肃清；海楼先生奉讳西旋，道阻且长，应筹帮项，尊处暨宁属若何成数？沪中官况萧瑟，拟商之揆帅及刘松岩、黄荷汀、郭筠仙诸君，下逮常镇道府共凑一竿之数，容后寄去。南北并台，前会台衔覆奏，旋奉寄谕，令揆帅与鸿章会筹，又奉谕催吾二人覆奏，似许缘仲总办之议当荷俞旨，应饬许道先行酌筹接办南台，余俟后商。水师江厘，如奉旨令吴镇全美接统该军，或可认真裁撤损坏旧船，与缘仲合力筹办耶。弟谬膺恩眷，不次真除，任重才疏，时虞覆悚。知我如阁下，其何以教之！手此，复颂勋祺！[②]

---

① 顾廷龙、戴逸主编：《李鸿章全集》，第29册，第161—162页。

② 顾廷龙、戴逸主编：《李鸿章全集》，第29册，第170页。

〇六　覆吴漕台（李鸿章）

同治元年十一月二十九日（1863年1月18日）

来教“胜而知惧”、“高而不危”二语，非老兄爱我之深不能有此忠告，谨识之不敢忘。十一月，奉二十八日手书，钞示并台疏稿，与弟处会稿略同。旋奉十一月初六日手示，知此稿已不再发。都公前有各执意见之奏，何所据而云然？想因糈台更章，不令与议，遂多感慨耳。吴璧山接统水师，当能勉副众望，认真整率。缘仲曾否遵旨并办，未据禀报。沿江厘卡有无更换章程？执事与吴、许诸君踪迹较熟，深知其短长优绌之所在，望随时察而匡扶之。弟如有所闻，亦必互相劝励。黄印山莅通后，措置悉当，政体既得，民志斯孚，季君眉、沈笠湖翕然颂之。王少峰江防局无甚实际，不得不奏派沈、季二绅整饬各港口团练，呼应或较灵也。吴晓帆已抵镇江，而美酋白齐文一味延宕，反在松、沪借饷滋事，殴伤杨道坊，业请斥革，另派英国兵官会同中国将官接管，并酌裁千余人，援剿九洑洲之议已寝。另股窜皖北者已陷巢、含，揆帅调希庵所部迎剿，并截留敝处新募九营分守各城。此间图攻太仓，未卜能得手否。手此，载颂台祺。[①]

〇七　覆吴漕帅（李鸿章）

同治元年十二月二十一日夜（1863年2月8日）

仲翁仁兄大人阁下：

---

① 顾廷龙、戴逸主编：《李鸿章全集》，第29册，第179—180页。

军冗久阙报章，奉吾兄十六、二十七、初四、十三等日手书，爱念谆勤，铭感无既！敬审献岁发春，勋福益茂，至为颂祝。窜踞巢、含之贼，经希帅所部萧、毛二军进扼焦湖东口，不致南窜。惟柘皋一路空虚，石军门清吉六营严守庐城，未能由东北兜剿，其势尚难逼贼回窜也。祁门、石埭旋即收复，鲍军粮运已通，宁国足可自立。忠贼于前月二十二日回苏，弟先派游击周兴隆入常熟招抚。该城胁众多皖人，一呼而应者数千，遂于二十九日倒戈献城，奈与敝军相距百数十里，中隔昆、太，难遽通气。忠贼率众围攻常、昭旬余，闻周兴隆与降将骆国忠尚坚守。昨派常胜军五百余，带炸炮、轮船往福山，该口又为援贼占住，顷催令奋迅进攻，又调敝部各营紧攻太仓，为围魏救赵之计，不卜果得手否。新募十余营均被滁帅留守庐江、无为，急切不得远来，现分守浦东、西各城，力量已单，更无进援游击之师，兹可虑也。义渠中丞函商助赈，自应竭力筹画，惟沪上厘税专供军饷及各国支应，竭蹶万分，实不能分济，邻饷更何敢移作私用？若鸿章捐廉赒恤，甫得全俸，先亲后疏，亦不暇推惠及远。昨缄询义渠，所指系公款、私款尚未分明，俟覆到再核办耳。丹徒田令来禀，情词恳挚，根本正大，弥觉可敬，敝处已准假去官。闻其母已殉节，恐当续报丁忧，断不必强。承商接替之员，松令素不深知。沭阳蒋令，冬月初间，曾奉寄谕，饬揆帅与鸿章密查严惩，其参案劣款甚多，即未尽确，须俟覆奏后再议。江宁陈丞，闻尚精明，随侍节麾，察其材器，如可胜任，即祈酌委。如皋张令，官声甚好，或互易之，何如？江宁士子选校官者暂免赴沪，就近在淮考验，亦大君子体恤寒素之意，弟断无异词，前由书吏援例驳斥，非本心也。缘仲此番整顿江厘，必须严汰委员，敝处正苦乏人，实难分顾。手覆，即颂新禧。余不一一。[①]

○八 覆吴漕台(李鸿章)

同治二年二月十五日夜(1863年4月2日)

仲翁仁兄大人阁下:

前奉初五、二十四日手示,军书倥偬,致稽裁答为歉。比审勋福骈臻,百凡顺吉,颂慰无量!常、昭降众竟能困守两月之久,鄙意先虑人心不定,赴援不及,嗣屡得周兴隆等帛书,情词恳笃。因太仓坚城既难速拔,遂调浦东潘道、刘副将各军与黄军门水师由福山进援,讵听逆陈炳文大股麇集海岸,我军屡战屡捷,仅能扎定营垒,力与相持,众寡不敌,难遽深入。昨又添调留防无为州各营并常胜军二千余人,配齐外洋开花大炮,用轮船驶往协剿,冀可收一战之功,解重围之险,未知周、骆诸将尚能苦守旬日以待之否。浙东金华、绍兴继克,水陆官军直下钱江,闻杭贼粮匮惊慌,惟侍逆一股分窜宣、歙,忠逆亦拨队由九洑洲上窥庐、和。希庵中丞二月八日始由湘起程,如能于三月中旬赶到,督师堵剿,则北岸大局尚不至决裂耳。揆帅以沅翁病臂赴金陵,劳师月余即返。皖垣李世忠拥兵数万,乃独与苗党斗争,而不肯力扼二浦旁窜之贼,是何居心?然贼必不犯彼境而入蒋坝、三河,阁下似勿过虑,徒分兵力。南北台厘卡散漫无纪,尊处委陈、黄二君前往整饬,或渐就理,弟无须添派多员。许道良善有余,英断不足。裁汰冗员冗费最为目前切务,弟屡有函牍,并与面要,再

---

① 顾廷龙、戴逸主编:《李鸿章全集》,第29册,第189—190页。

得大才就近董率，冀当补助于百一也。赵署道因镇关罚赔甚巨，苦求交卸，又索替人不得，只能以此空名假客军粮台体面，不谓与劾疏先后踵至，外人或又谓各有意见耶。汤海秋先生令嗣寿铭，谨慎廉介，乔鹤翁极赞之，欲为承乏一席，希察核。陈丞借查厘以资历练其识力，如胜地方责任，或更留意。润生同年之子今年将来敝寓入赘，早属该丞接引入沪一晤，叨在心交，故附及之。刘松岩屡请转致执事，丹徒太苦，凡委署一年后，酌委江北中缺调济，卓见如以为然，并乞置之记事珠中。王道大经计已过浦，蒋令如实有劣迹，似应撤任查办，知大君子必无成心也。冗次率覆，即颂勋祺。余不一一。[1]

○九　覆漕台（李鸿章）

同治二年三月十一日夜（1863年4月28日）

仲翁尊兄大人阁下：

连奉二月十三、二十四日手书，敬审一是。晓莲观察回沪，询悉动履胜常，身名俱泰，至以为慰。南北台局委员包荒杂进，亟须严劾数人，以警其余，诵大疏如春雷之震百蛰矣。许道为都、富二公所信任，必系工于酬应之人。总司责任綦重，近来则不难在支放而难在调协营员。去冬会奏指派，弟非重其材器，亦出于周旋世故之无可如何。惟此席向来非藩即运，呼应较灵，今既不能骤加事权，姑以群情厌弃之常镇畀之耳。而阁下适有摘顶之疏，客军因以不平，借词挑衅，悠悠浮议，何可与较。北捻竟

① 顾廷龙、戴逸主编：《李鸿章全集》，第29册，第208页。

就肃清，邸帅本领绝大，为宗社得人庆幸。黄镇助剿沂、兖，亦有破竹之势。李良臣奉“暂行革职”谕旨后有无怨望，该军疲惰，未必耐战，而到处设卡霸捐，有左平南跋扈之状。詹镇近颇效尤，营中以商贩牟利，既属创格，且于台局正饷有碍。吴璧山书来，甚为觖望，然都帅不敢劝禁，阁下与鸿章似亦未便越俎也。蒋令参案杀徐姓夫妇一节，其监生立毙，不先详报，又罪及妻孥，虽为乱国用重典起见，抑太草率。即庇匪是实，设遇生监倡为捻匪，又将何法以治之？此所以致参之由，若含混过去，必更予人以口实，拟即会奏褫职，请由台端就近审结，如实有可原之情，想执事能持平也。阜宁请加学额，当即遵示具疏。福山于二月十八日攻克，常、昭立即解围，该城孤悬贼中，后患方长。伪慕、来、潮、会四王数万之众麇聚昆、太、常、福之交，现派各军进攻太仓，而贼援甚广，地势不宜，未卜能否得手。沪上厘局繁重，舍此无以饷饥军，至委员之弊亦少矣。复颂勋祺。余不一一。[1]

一〇 覆吴漕台(李鸿章)

同治二年四月初九日申刻(1863年5月26日)

仲翁仁兄大人阁下：

奉三月二十八日手书，敬悉荣拜恩纶，真除使节，慰众望交推之意，仰天心眷注之隆。皖省自二杨在江南北失事，十年以来无继起之疆臣，鸿章幸附骥尾，同建纛牙，又得昔贤分地，人谓省运之转，而我兄弟惟互相诫勉，惴惴然恐有陨越，上负圣朝，下贻乡里羞

① 顾廷龙、戴逸主编:《李鸿章全集》,第29册,第216页。

耳。乔鹤翁先已请假，欲避台务，但以江藩管饷成规具在，公道无颇，廷旨既专责成，吾辈断难参议。筠仙同年擢鹾使，不日当即履任。揆帅久思择人整理盐纲，筠兄亦只能专力盐务。庚申夏间，揆帅荐弟两淮一席，当时约定，只管运盐，不兼粮台，今筠仙为之，帅意亦必不易斯语耳。鹤翁接篆后，饷事半指厘捐，郭观察礼图果合手否？如稍未洽，似宜由鹤翁另委总办。弟局外臆断，未知当否，仍希详酌。苗沛霖之叛，久在意中，适值忠逆与捻逆合窜六安，粘连一片，又无专剿之师，皖患固无纪极。邸帅已至畿南，能否迅速回旆。若乘张落刑伏诛之时，一鼓扫平苗穴，再图北征，最为妥善，兹亡羊补牢将养成炎炎之势。唐义渠饥军孤注，可危之甚，公须设法济助，借固清淮门户也。鲍军门率二万人由桐城尾追忠捻合股，如速驱出境，就便捣寿、正后路，则亦釜底抽薪之策。揆帅专志以鲍军肃清皖北，或当次第图之，鲍军饷亦甚绌，未必能速耳。此间自三月望日克复太仓，遂与常、昭、福山各营联为一气，程镇所部进围昆山，刘镇所部进规杨厍。惟慕逆谭绍光率五伪王分路来援，各路日有战事，屡获胜仗，昆城或可得手。敝军水陆接续召募，现已四万人，分布浦东、西数百里间，犹觉左支右绌，需饷过巨，益难供输，其中苦况，不能殚述。马牧事曾否查明？近来匿名揭帖层见叠出，昨泰州邮封递到无名氏一函，附呈周、张二令官声，弟未得知，其谣歌及阴事者尤可骇诧，亦足见人心之浮动矣，并祈留心访察。手此，敬贺大喜。余不一一。愚小弟顿首。[①]

① 顾廷龙、戴逸主编:《李鸿章全集》，第29册，第222页。

一一 覆吴漕帅(李鸿章)

同治二年五月初五日午时(1863年6月20日)

仲仙仁兄大人阁下:

昨得四月十八日手覆,敬谂勋福骈臻,筹防稳固,至为慰仰。天、六游氛闻已逼近维扬,都、富二公当可力扼其内窜之路,尊处蒋坝、三河防军最得形势,谅亦不能闯入清、淮,惟灵、泗一路有无堵御,忠、苗两党垂涎里下河已非一日,此次穷无复之,必作乘间捣瑕之计,望加意戒备是幸。僧邸能否罢淄川之攻,即指淮南,非此军不得收功也。李良臣并力剿苗,亦是一助,唐义翁当可立脚。昆、新于四月十四日克复,俘馘、淹毙悍逆实有三四万,为军兴以来仅见之事,苏贼甚慌。而财赋之区一片水乡,彼可恃险抗拒,尚非旦夕可下。现令三舍弟同黄军门进江阴、无锡,程镇进苏州、吴江,戈登所部继之,徐图攻取,仍盼李镇朝斌太湖水师速来,庶可渐入苏、嘉腹地,与为牵缀耳。马、周各牧今既查无实在劣迹,应作罢论。史慕韩覆禀附缴,祈随时察办,弟毫无成见也。高邮境内两次劫夺采买军米委员银两,陈洪钟本系合肥廪生,品行端谨,弟所素信,无端被劣弁殴辱,令人短气,务望严饬查追,如再延阁,弟只得奏参示惩矣。乔方伯接办糈台,必能措理裕如,郭观察既所推荐,必能相与有成,弟前以许缘仲与郭公似有意见,故兼及之。淮安府、徐州道两缺应如尊指,即以顾、朱二君请补。顾必干部驳,能奉特旨俞允方好,或请尊处挈衔主稿,或咨由敝处会奏,惟命是从,敬希核夺。手此,复颂勋祺,顺贺午禧，诸惟荩鉴不宣。愚小弟鸿章顿首。[1]

一二　致吴漕台（李鸿章）

同治二年六月二十四日（1863年8月8日）

奉五月十九、六月初八、十四等日手示，敬承爱注殷勤，至为感慰！九洑洲、下关、草鞋夹各贼垒划平后，鲍军过江，渐扎钟山，沅帅复移营雨花台前。炮子日落城中，江路断绝，贼馆互相掠食。洪逆留李秀成为军师，调苏、浙各贼赴援，皆为沪军所牵，似有穷蹙之机。弟令程镇学启与洋将戈登进攻吴江，幸已克复，程军分四营守之。李镇水师即至，便可闯入太湖，扼断苏、浙中通之路，而剖其腹地，使之不敢尽趋金陵。刘镇铭传日内拟与三舍弟分队进图江阴，惟地广兵单，置守不易。都公酣卧扬州，坐糜重饷。从前犹借防北窜为名，此时楚军上下夹击，若稍有天良，当拨一旅而南，协助战守，乃欲引疾以退，其志可知。此军应归揆帅调度，鄙人不便搀越，惟江阴救渡难民，通州擒杀奸匪，皆地方官绅应办之事，并无过举，都公叠次张皇入奏；至通州一案，尊处缘局外之先发，亦附会其词而媒孽之，蒙所未喻。我辈纠察属吏，须顺民心之公是非，如以意见为是非，则贤者无所趋向，不肖者加以揣摩，是致乱之本也。闻绅官团练啧有怨言，执事当与乔方伯善为弥缝，以厌众望，否则弟固不能无异议耳。里下河民气浮动，此等重案，不下辣手，复将何以挽回！叨在心交，敢进忠告，伏维鉴亮。苗逆陷寿州，揆帅屡催黄军门赴临。弟以该水营正在围攻苏垣，分剿江阴，暂难抽调，兹

---

[1] 顾廷龙、戴逸主编：《李鸿章全集》，第29册，第230页。

蒙檄催黄殿臣炮船百只速赴怀远，移缓救急，斯为正办。唐义翁饷绌可念，江北米捐应有沪上一分，迄今未见分毫实惠，昨甫于乔方伯批中微讽之。尊意拨归临营，可谓慷他人之慨，然弟与老兄何肯强分畛域！鄙意不必奏明，彼此咨商定案。若以塞朝命附片立言，乞声明出自吾皖人之公心，较大方也。令亲王士吉即饬查护送。复颂筹祉，新凉镇卫。不一一。愚小弟李鸿章顿首。[①]

一三　覆吴漕帅（李鸿章）

同治二年八月二十日（1863年10月2日）

吴江途次，奉七月七日惠书，敬承一切。东自嘉善，西至江阴，周历一月，倥偬未及肃覆。都、富两帅与乔方伯皆请以米捐分解一款移济水师，弟适奉尊处商拨皖营之咨，揆帅、沅翁谆求金陵之饷，遂亦无所适从，未便径允，只俟诸公议准要拨某处，即遵办耳。黄殿臣入淮，闻颇有挫失。义帅陆军不甚得力，如苗匪全势东趋，殊可危虑。扬营所派王万清援兵二千，更不足恃，何弗请都公自将援淮耶？江阴克复，邗上一军虚糜无益，但留数千人守之，足扼形胜，闻有密陈此议者。弟昨过江阴，见远近难民暴露尸骸，盈野塞路，实缘封江禁渡所致，而都公犹力持不肯开禁之说。忝为司牧，无力抚恤，又无法解救，不得不迫切呼吁于我兄，前议尚不刺谬也。通州从逆教匪一案宜早办结，弟访闻最真，力持正论，毫无偏徇之处，谅高明必能鉴及。东省教匪业经戡定，邸帅移剿宋景诗。以荫渠制军新挫，恐其阑入畿疆，惟冀速平此寇。邸军专意图苗，皖北方

① 顾廷龙、戴逸主编：《李鸿章全集》，第29册，第242—243页。

有转机。若邸帅未至，皖抚先溃，望阁下相几补救之，否则洪湖、清淮俱岌岌矣。敝处已饬江阴得胜之师分捣无锡，程镇陆军与李军门太湖水师逼攻苏州，黄昌岐水师与三舍弟各军并剿苏、锡之交，日来连获胜仗。忠逆自金陵挟众回援，盖犹恋此巢穴，不肯轻弃。若再得一二大捷，或有得手之日。宁波来信，富阳于初八日克复，杭州于十四日克复，浙贼窜并皖南，欲寻出路，揆帅又不免吃重耳。皖省重建书院，程尚齐等广劝捐资，弟已助五百金，另函附呈，乞酌。复颂勋祺。弟鸿章顿首。[1]

一四　覆吴漕帅(李鸿章)

同治二年九月十二日(1863年10月24日)

仲仙仁兄大人阁下：

连奉八月二十一、二十七、二十九等日手书，敬审筹祺萃吉为慰。苗逆以全力困蒙城，陈庆云总戎即不能解围，须设法打通粮路，以待富、唐诸军之合剿。蒙城失则将来进兵棘手，淮、徐障蔽大开，殊堪焦虑。义渠心地极为长厚，才欠明达，兵事措置调度亦非擅长。希公急求替人，皖抚又难施展，宜为苗逆所轻，即邸帅南来，恐不能无龃龉之处。皖祸方始，可忧甚大，属拨开花炮一节，硼炮本西洋秘器，数十年来中国仿制，迄未得其精奥。敝军转托西人购得数尊，又雇西兵教练，稍有端绪，故攻城夺垒粗有功效。惜其酋长禁不出售，价值过昂，未能多得。俟后如能设法多购，再行分送。开花弹制法不下数十种，向见中土匠工及《海国图志》所载，率皆皮

① 顾廷龙、戴逸主编：《李鸿章全集》，第29册，第253页。

毛，不适于用，未知尊处造子者果何若耳。至薄口洋庄炮位六百斤、四百斤者，沪市业经卖尽。敝处添造水师，昨饬洋商赴香港采办，俟办到，如有赢余即为留存转解，仍希补具公牍，以便饬司局核办，但不能克期应用。其炮价代垫分两起拨还，兑交仙镇采办军米局，自可照行。宿迁驿递前后异词，惟既查明禀覆，应即照供详咨。淮安新办亩捐，乃筹饷不得已之举，顷有人寄呈说帖并各处家信，咸以委员陈绪芬高下其手，袒富虐贫，怨谤沸腾，并波及顾太守之朋比、执事之偏听，另折附呈，伏希密察。陈绪芬声名平常，弟早有所闻。即其才尚有可用，能否另换别差，免致激成事故。顾守颇有内劲，任性刚愎或所不免，祈留意裁成为幸。杭城克复乃系宁波谣传，闻蒋方伯扎营杭州九龙头地方，左帅移驻富阳，似须先克余杭、海宁，乃能围逼武林。程镇一军进逼苏之娄、葑两门，三舍弟与刘镇等分进无锡，屡获大胜。惟忠、侍各逆率众由金陵、溧阳回援，前敌各营几于无日不战，必将忠逆悍股击退，可期渐渐得手。松属钱漕今年似不能征，已令刘方伯督同钱署守察看妥办，暂照旧章删裁各项浮费，能征到五六成便是幸事。手此，复颂勋祺。余不具。愚小弟李鸿章顿首。[①]

一五　覆吴漕台（李鸿章）

同治二年十月十二日（1863年11月22日）

初二日，奉到二十三日手书，李都司到沪，又奉惠示，敬审勋祉增胜为望。香港采办之炮须十月杪来沪，舍此则各洋行竟无买处，

---

① 顾廷龙、戴逸主编：《李鸿章全集》，第29册，第260页。

已饬敝处军械所委员，俟到时如数拨交李怀珍解呈。承寄银二千两，其有不敷，谨即代垫，另文咨明，并行仙镇军米局知照。顾守颇有威望，其憎兹多口固无足怪。陈令捐事加以查察，如果公平清澈，奚恤人言！弟有所闻，不敢不告，明者择人而使，当无成见耳。苗逆坚忍善守，此贼殊不易办。陈庆云专意解围速战，兵力又单，似须设计诱之。宋景诗一股闻已击散，若邸帅速来督剿，必可遮蔽淮、徐，蒙城恐无生理也。李采臣都转多年相好，勤苦质朴，足可干事。往岁一谒，揆帅以其胸无蕴蓄，遂不见用，鸿章亦无能为力。今得游大匠之门，宲桷栋梁，惟公鉴裁，当能不负所期耳。忠、侍各股十数万，麇聚苏、锡之交，与三舍弟及刘镇各军对垒，日来尽力轰打，抵死不退。黄军门、程镇围攻苏州齐、阊各门，业将浒关、虎丘一带贼垒扫除，惟城坚池深，猝难攻入。弟驰赴前敌督筹调度，须将忠逆大股击走，再行设法轰城。金陵上方桥、七瓮桥攻克，即可进扼孝陵卫，以断城贼接济之路。闻城中米粮甚缺，不比苏城积粟红朽。沅帅新勇到齐，年内或有好音，此处得手，苏杭亦易图矣。复颂勋祺。不具。愚小弟李鸿章顿首。闵行舟次。[1]

一六　覆吴漕帅(李鸿章)

同治二年十一月十六日(1863年12月26日)

仲翁仁兄大人阁下：

连奉十月初八、二十七、冬月初一日手书，军事倥偬，久未渤覆。比审勋福增隆，筹祺萃吉为颂。李怀珍所解炮位计可抵淮，苗

① 顾廷龙、戴逸主编：《李鸿章全集》，第29册，第267页。

逆授首，不但克怀远、解蒙围，必即一鼓荡平，沿淮上下从此底定，皖人之福，中兴之庆，不负我公年来澄清中原素志矣。欢忭曷极！此间于十月二十五日克复苏垣，冬月初二日克复锡、金，歼除伪王七人、伪天将十数人，擒杀、解散二十余万众，率皆久从忠逆。该酋巢穴既失，党羽遂孤，踉跄走丹阳、溧阳一带，与护、侍各酋合股，计不过十万人。所部多两湖、三江，各有携志。曾、鲍诸军扼截东坝、建平，敝部各军兜剿常州、嘉兴。如托威庇，明年春夏之交，肃清东南，解甲归农，以待能事之善其后耳。弟暂驻省垣，料理诸务，俟资遣降卒少有就绪，常、嘉东西两路扎稳，仍须回沪一行，勾当饷事、洋务，借省慈闱，明正即移苏久驻。山阳捐事幸闻其详，淮郡巨绅多以搀与公事、排击异己为能，居是邦者，颇费调停。顾守补缺一节，将来必干部驳，欲为设法斡旋，适值戎马驰驱，常行事例概行屏阁，或仍由尊处主稿挈敝衔入告为幸。采臣暂寄幕府，足养清望，其才似宜于带兵巡防，能否一试用之？手此汇覆，即颂捷祺，统惟心鉴。不具。愚小弟李鸿章顿首。[①]

一七　覆吴仲仙漕帅（李鸿章）

同治二年十二月初七日（1864年1月15日）

再诵手缄，备纫拳注！豫胜营近颇收敛，惟滁、泗境内已成分地，农商不得复业，凡我皖人能无饮恨！邸帅发难，若就此勒令解兵归籍，终其天年，亦是快事。揆帅于淮甸军事措置未周，既不任平苗之功，谅不为株连之举。至其虚实已尽知之。金陵未克，此辈

---

① 顾廷龙、戴逸主编：《李鸿章全集》，第29册，第273—274页。

不宜轻动也。浙境平湖、乍浦、海盐、嘉善次第投诚，降众过多，遣散不易。常州已围东、南、北三门，惟丹、句、金、宜各处穷寇纠众死争，护逆十余万人仍婴城固守，天寒不宜猛攻，须先布扼门户以待气机之转。金陵、杭州如不遽复，旁略郡县则无分守之兵，金陵、杭州如即收复，上窜江楚亦成不了之局。廷议可暂缓克复金陵，而必欲聚歼悍族，识虑甚远，恐力量终不及耳。许某果称监司，弟岂别有成见。苏城已奏明驻守，家慈远来，军暇借得侍养，精神尚健，足以告慰。手此奉覆，载颂仲翁仁兄大人年禧。弟又顿首。[①]

一八　覆吴漕台（李鸿章）

同治三年三月十三日（1864年4月18日）

仲仙仁兄大人阁下：

前奉正月间手书，倥偬久未泐覆。比惟勋福蕃膺，顺时增泰，至为颂企！黄昌岐军门回江阴、常熟，正值贼氛内扰，深赖援剿之力。军次接晤，具述推爱殷勤，不胜感佩。敝部分剿嘉兴，幸于二月十八日苦战而克。程军门学启伤亡，殊堪痛惜！杭州、余杭遂于二十四日收复，贼众窜并湖州。闻陈炳文、汪海洋两股悍逆由杭、余窜出，旋由德清上窜皖、浙之交，将续趋江右矣。金陵合围后，丹、句、常州各股无从觅食，乃于二月初间冒雨深入腹地，江、常、锡三城同时告警，弟即分兵击退，仍踞杨厍、华市、沙山一带。弟于初二日出省，亲督各军四面兜击。初六、七日，聚歼于江阴境内，俘斩二三万人，逸回丹、常者无几。现乘胜督攻常州，惟宜兴、溧阳既

---

① 顾廷龙、戴逸主编：《李鸿章全集》，第29册，第278—279页。

复，鲍军门又克句容，富、冯二帅分兵进图丹阳，常贼数万，飞走路穷，悉众死拒，拟督饬将士先将西门外贼垒二十余座蹋平，再分门轰打，未卜能即得手否。饷需奇绌，前欲借资里下河及淮海等属捐款，稍救饥困。许缘仲久无信来，有无成数，尚祈大力关照。复颂台祺。清江近已撤防否？念念！愚小弟李鸿章顿首。常州东门外行营。[1]

一九　覆吴漕帅（李鸿章）

同治三年三月二十七日（1864年5月2日）

仲仙仁兄大人阁下：

昨奉十八日环示，敬悉勋祉，增嘉为望。癣疾闻久不愈，往见曾揆帅遍体癣痒，谓为心血亏损所致，然耆硕台衡，老福弥茂，亦贵寿之左券欤。弟于十六、七、八等日督饬各军，踏尽常州西南门外贼垒多座，立合长围，不任窜出贻他省之患，惟悍众尚有十万，无路可遁，铤险致死。二十二日，开炮轰塌城垣数十丈，弁勇奋登，伤亡过多，未得攻入。贼粮尚足，拟再猛攻一次，如不即克，姑俟时日。丹阳围逼三面，陈逆似有遁意，若迟至常城克后，必当合力困之。江南各贼穷而犹斗，须就地歼除，放过江楚，更滋蔓延矣。陈庆云今之健将，是否赴豫、皖、东交界？尊意暂缓撤防，自是老成远虑。敝军月饷不及半关，自移驻苏垣，沪捐稍见疲乏，许道为筹里下河协款，有定数而无实济。篪轩新任，自顾不遑。淮海各属，威信久孚，呼应较捷，容即咨恳出示加札，祈属顾太守认真筹劝，感荷曷

---

[1] 顾廷龙、戴逸主编：《李鸿章全集》，第29册，第298—299页。

已。陕、豫军情,近复奚似?李良臣已允撤交,各城何尚犹豫,鹤翁似未足制之。手此,复颂台祺。不一一。弟李鸿章顿首。常州军次。[①]

二〇　覆吴漕帅(李鸿章)

同治三年四月初十日(1864年5月15日)

仲仙仁兄大人阁下:

昨奉二十七日环示,敬承一切。常州于初六日未刻猛攻扒入,垛战、巷战两时之久,贼众无一脱者,将士伤亡一千余人,杀毙两广老贼四五千人,解散胁众几及十万,可称快事。丹阳断难久立,已派刘省三、郭子美两军驰往会剿,弟日内即回省垣。敝军饷绌,允为就近饬催淮海各属认真筹助,感佩逾涯,得尺得寸,岂敢过存奢望!惟期迅速集事,以救饥困。或谓北盐现已畅销,淮河各卡比江卡较少,成本较轻,能否于十五堡等处添设一局,祈查核见示为幸。揆帅于扬、沪两处劝捐金陵军饷,自出于万不得已,沪中为厘捐所苦、洋人所挟持,难行我法。弟为苏城善后劝捐绅富,迄无成议,而领事出头抗庇,盖商富大半寄寓洋泾浜与各洋行也。奉总理衙门奏准截拨轮船经费余款二十万济金陵,稍救眉急,然揆帅之穷,军事之棘手,殊甚岌岌。手此,复颂勋祺。不具。愚弟。常州行营。[②]

---

① 顾廷龙、戴逸主编:《李鸿章全集》,第29册,第301页。

② 顾廷龙、戴逸主编:《李鸿章全集》,第29册,第307页。

二一　覆吴漕台(李鸿章)

同治三年九月初二日(1864年10月2日)

仲仙仁兄大人阁下：

前奉八月十六日手示，敬审勋福增佳为慰！平吴之赏，鄙人忝窃非分，实深惴悚，蒙以共励，初衷见勖，古谊忠告，永矢勿谖！苏、浙肃清，败贼入江右者见趋赣、宁边界，有回粤之意，但得二三健将蹑追拦击，纵难扑灭，当渐解散。鄂贼窜英、霍，闻已遁去。陈镇能战而卤莽，遂招尤忌，英君乃纠以谋变，殊骇听闻，邸帅能否保全之，如何办结，便希详示。常、镇各属，流亡殆尽，遍地污莱，明春须办招垦，或为劝谕里下河迁民屯耕之说，似亦可采。州县得人方有功效，此间吏治贪诈较少，而因循疲怠，无法作新，良用为愧。执事闻见素广，有朴质勤能、著有成效者，乞告知为幸。淮海捐数不丰，亦资补救，敢祈随时代催。敝部水陆七万人，忙时有益，闲时多愁，拟酌撤二万，留最得力兵将以备海防。而欠饷甚巨，即补给两三月实银，非数十万不可，日夕焦筹。揆帅、沅帅复以巨款相属，真应接不暇矣。扬防似宜减裁，去疲军以益劲旅之食，则天下不患贫亦不患弱，未知当事诸公有此把握否。辟清口、修西堤以卫农田，能兴办为要。沛县湖团与东民积怨颇深，从此恐开仇杀之渐，宜饬该镇道等妥细察办。朱山泉伤故，现派何人代署？苏省只此题补道缺，觊觎必多，但须才力实可胜任。此间如苏州薛守书堂廉悫明干，金道以诚开展通明，均堪烦剧，未知尊意另有妥人否？抑须缄商揆帅乃定见耶。京仓望米固切，河运急难清理，湖广、江、皖军事方殷，处处折漕，且多截留，今年固无米可解，明年未卜奚似。此事重复旧规，必有整顿更张之处，尚烦数年荩画也。揆帅锐意冬间补科，原是嘉惠士林，美意赤地。新立章程节目最为烦琐，篪轩又是生手，恐其贻误。富帅以粮台责令留办，必更逾期，揆帅到金陵后亦难了此，窃代忧之。苏、皖分闱之说，人各异词，兹两江贡院既存，毋庸再议。皖额吃亏，如能设法请加，愈于分闱矣。令侄到苏，容留意。手此，复颂台祺，诸希心鉴。不一一。愚小弟李鸿章顿首。①

二二　覆吴漕台(李鸿章)

同治三年九月十六日(1864年10月16日)

仲仙仁兄大人阁下：

昨奉重九日手示，并会请复设淮扬道疏稿，切实简单，似可缮发。此缺向系简放，抑可由外间题补，或酌核声明何如。揆帅定议，冬月补科应派敝处监临，军务、洋务未可久离，届时再商。宜春雨学使何时履新？录科须早筹办。皖省加额一事，谷山方伯来书，以徽、宁各捐造经小浦先生与揆帅奏办，惟张云轩经办泗、颍各捐，案卷寄存淮城，尚未提到，俟到时核详。闻吴竹如侍郎将户部皖捐数目查寄涤帅，当能汇办也。陈镇在光山接仗失利，邸军闻亦屡挫。贼势虽众，似尚不得逞志，豫军固不能战，邸帅马队亦何疲苶耶？承示江北结实可靠各员，谨即留意。南岸新复地方人民稀少，先须自备资斧，故多视为畏途。北岸尚为有米之炊，其难易本自不同，而好官更觉少矣。采臣留江以道员借补，出路较宽，足纫怜才

① 顾廷龙、戴逸主编：《李鸿章全集》，第29册，第337—338页。

雅意。手此,复颂勋祺。不一一。弟鸿章顿首。[①]

二三　致吴漕帅(李鸿章)

同治三年十月十四日(1864年11月12日)

仲仙仁兄大人阁下:

前奉二十六、初一等日惠书,敬悉一一。缘俶装倥偬,裁答少稽。昨常州途次钦奉寄谕,令鄙人暂署督篆,而执事量移吴疆。旧雨重逢,同舟更切,企怀叔度,忭庆莫可名言!惟闱期过迫,监临为通场主人,未便左右推诿,至有耽误,故弟一接揆帅缄商,即以自任,俾承办人员得有禀承。但三年来,艰苦经营,苏属大小庶政,均系亲自裁决。所部水陆兵将布满各防,头绪棼繁,实有刻不能离之势。初意往还四十余日即回,不料中途被命,如芒刺在背,无从措手,又未便折回清理,拟俟驰至金陵,商酌揆帅,能否缓至出闱再行交卸。贵处经手事多,想亦难克期南下,伏祈示知为幸。皖人本不可久代督篆,此系朝廷暂时权宜,弟以菲材遽当重寄,尤深惴惴。惟吴中兵饷及地方事件尚所熟谙,将来履新时,必随事详告妥商,心交多年,定蒙采纳。富帅于吏治恐有隔膜,兼权漕篆,亦不过本任公事与北路防务,现全省肃清,旧章已复,江北各务应由督署主持,庶无纷更掣肘之患,阁下当以为然也。河运能次第筹复,可备洋患。东境渡黄处深浅何若?经费几许?俟查勘确实见示。然待其人而后行,富公能否了然。宜春雨学使何时能来?前咨系万不得已之办法,如可赶到,仍望谆催。文闱诸事草创,深不放心,兼有

① 顾廷龙、戴逸主编:《李鸿章全集》,第29册,第341页。

更调之信,弟更无所适从。十七日,当泊石头,容再商定奉致。此贺台禧,诸惟心照。不具。愚弟李鸿章顿首。丹阳舟中。①

二四　覆署抚台吴(李鸿章)

同治三年十月二十五日(1864年11月23日)

仲仙仁兄大人阁下:

迭奉十三、十七等日惠书,敬承一切。台旆于二十七日由淮起行,径赴金陵,借图良觌,深慰渴怀,日以盼祝。揆帅拟于初三日交篆,尚难克期西行,定可会晤。鄂事渐有起色,揆帅又商调刘军门铭传、三舍弟所部万五千人随往进剿,当易了也。试期逼迫,弟兼办监临,百凡草创,日无暇晷,计老兄到此接篆之日,弟已在闱中。回念苏属经手事件繁多,非数日叙不清楚,能否场后再话别耶?此间房屋甚少,诸使毕集,阁下亦算主人,可否与弟同住,免致属吏为难?皖省考生卷费已同中堂捐送,吾两人当加赠烛费,并候指示。手此,复颂行祺。不一一。愚弟李鸿章顿首。②

二五　覆吴抚台(李鸿章)

同治三年十月二十九日夜(1864年11月27日)

仲翁仁兄大人阁下:

二十五日,布覆一缄,计呈台览。昨奉二十四日来翰,敬悉一

---

① 顾廷龙、戴逸主编:《李鸿章全集》,第29册,第346页。

② 顾廷龙、戴逸主编:《李鸿章全集》,第29册,第347页。

一。富帅初三日接篆，大驾于冬月初自淮起程，如能先至金陵，弟虽已入闱，三场后尽可在至公堂会晤，二十外闱事毕，亦即赴公馆畅聚也。弟接督篆后，如台旌尚无定向，应否委员送印？初七日，阁下先在途次接篆，抑须至金陵再行择期，并求速示遵办。揆帅行期未定，当可接晤。家慈暨眷属仍寓吴门公廨。弟已函致刘方伯等，以安徽会馆即程公祠（伪听王府，屋宇静深，亦甚多）为执事公馆，弟若不回任，再谋迁让，然揆帅西征，固暂局耳。场期甚迫，诸冗猬集。手此，复颂勋祺。不具。愚弟李鸿章。[1]

二六　覆吴漕台（李鸿章）

同治三年十二月二十一日（1865年1月18日）

仲仙仁兄大人阁下：

连奉惠书，敬审履旋协吉，动定多佳为慰。尊患癣疾，开春当就康复，圣明倚重，勿作退思。吾皖京外官，显达无多，早晚量移，尤深企祷。明年试办河运，足见体国公忠，运费恐将不赀，自须豫筹。海运到津交兑，河运赴通交兑，其中颇有区别，昨面属汪守有勋详开节略转呈矣。苏、松、太征漕采买共三十万石，实觉筋疲力竭，未卜果如数运交否？赵守过浦晋谒，想蒙彻底告知应如何妥办善后，祈饬徐州镇道会筹为幸。令侄办厘，诸臻勤慎。手此，复颂年禧。匆匆不具。愚小弟李鸿章顿首。[2]

---

① 顾廷龙、戴逸主编：《李鸿章全集》，第29册，第347页。

② 顾廷龙、戴逸主编：《李鸿章全集》，第29册，第354页。

二七 覆吴制军(李鸿章)

同治四年二月二十五日戌刻(1865年3月22日)

仲翁仁兄大人阁下:

月来忙冗,未及肃缄。顷连奉十九、二十一等日惠示,敬审荣膺特简,总制粤中,威声早震于蛮疆,恩眷弥隆于螭陛。真除在即,伟略远敷,梓谊苔岑,尤深忭慰!家兄同承制诰,忝抚湘江,念不才起自寒微,而昆弟并膺重寄,德薄能鲜,盈满堪虞,只滋震悚。吾皖近十余年,中外显达无多,迩来省运渐隆,我辈宜互相砥砺,勉立修名,慎始图终,共维大局。闻粤事颇不易办,闽贼十数万,现经左帅分兵进剿,敝处又派郭、杨两军门统八千洋枪队,航海由厦门会攻,将来必回窜粤境。潮、嘉各处防军二万余人,未知能否堵遏。公莅任后,如有缓急,可就近调敝部协助也。筠仙似尚无恙,瑞公似未可久代,前游早发,庶可先事绸缪,取道江海,果定见否?十载至交,四年共楫,恐未能握手叙别,殊为黯然!雪琴莅浦何日?肯受命否?欧阳镇赴任,俟再与雪翁商之。扬防派吴道毓芬四营,前已咨呈,须富帅离扬,乃便北渡。市河一役,弟早有所闻,未敢深信。揆帅初或为某所动,今委员查勘,当无疑义,容代询。沛县湖团一节,据赵守带呈绅民公禀数十纸及志图各件反复推勘,恐有侵占民地在内,众情既未允服,官长不厌求详,昨已据禀咨请执事核饬道府认真查办,只须稍厌民心,断不拘执己见,幸亮之。蒋令即请由尊处酌量核奏,所商各缺应听揆帅裁定。敬贺大喜。不具。家慈命笔致贺。愚小弟鸿章顿首。[1]

---

① 顾廷龙、戴逸主编:《李鸿章全集》,第29册,第367—368页。

二八　覆吴制军(李鸿章)

同治四年三月十七日(1865年4月12日)

仲仙仁兄大人阁下：

连奉初二、十三等日手书，敬承一一。豫捻突入曹、单，股数究有多少，东省有无截剿之师，邸帅果否跟追，想已探明，预为布置。欧阳镇所部水师，候饷项、军火领齐，即可起程，须月杪莅浦。以后饷需尊处能否代筹？吴道四营闻富帅行期已定，甫经拔队。扬郡要地，未可空虚无人，该军宜在扬稳扎，镇定人心。贼势若果东趋，应派张海珂镇军树珊统枪队六营过江，径赴袁浦，与欧阳水师依护扼守。张、欧皆百战健将，谋勇可靠，乞勿远调，勿拆散，一切机宜由阁下督令妥商办理，当足保障也。惟军装繁重，须多雇船只运载，将来如必须调往，祈就近饬地方官照料为荷。再，若清淮无事，张镇仍要回防，合先陈明。雪翁坚辞，徒耽时日，况值徐方告警，台旆难遽远行。所订夏初过苏，或少缓待。手此，复颂筹祺。不一一。愚小弟鸿章顿首。[①]

二九　覆吴制军(李鸿章)

同治四年三月二十七日(1865年4月22日)

仲仙仁兄大人阁下：

昨午接二十二日覆示，晚间专弁到苏，又奉二十四日惠书，敬

---

① 顾廷龙、戴逸主编:《李鸿章全集》,第29册,第376—377页。

悉一一。捻逆忽由韩庄东窜，二十一日已至邳境，大有窥伺淮海之意。尊处防剿兵单，深为悬虑。欧阳健飞二十二日拔碇，月杪计可抵浦。昌岐军门前来苏时，弟曾与约，如清淮有警，宜督师船策应，渠似踊跃，数日未得揆帅书，果准派否？张海珂因船只未齐，尚未启行，顷由苏添雇民船驶往，月底当亦拔队。只要邳、宿防军严扼不动，欧、张水陆各营踵至，大局或无虞也。弟又专弁驰催海珂，并面属振轩廉访克期北去。二张皆老于战事，振轩尤精细，惟于淮、徐情形未熟，尚祈切实指示为幸。海珂来信，闻尊意欲调赴粤，所部淮勇惮于远役，若只身随行，有将无兵，断不济事。湘、淮各军近年粗立功效，皆以本地人带本省之勇，且揆帅缄商，欲令振轩为北门管钥，必须其弟襄助，其兵将未可分拆，致难得力。叨爱敢以实告，伏希鉴原。顺颂勋祺，不一一。愚小弟鸿章顿首。①

三〇　覆吴漕台（李鸿章）

同治四年四月十四日巳刻（1865 年 5 月 8 日）

仲仙仁兄大人麾下：

顷奉初十日手书，商调王镇开字营赴浦一节，前曾与振轩议及，如清淮防剿力单，再可酌添队伍。兹承缕示，敝军北去，均归东路，不至归他帅调遣，足见曲体军情、保全大局之至意。王镇朴实拙讷，骁果善战，去秋湖州复后，恐调别省，泣求开缺回家，弟抚慰再四，谕以不调他往，须俟南北军事告竣再行遣撤，欲留此有用之才以备用也。昨因公来省，弟复与面商，如北路再警，可调协剿。

---

① 顾廷龙、戴逸主编：《李鸿章全集》，第 29 册，第 377—378 页。

渠深恐一经远去，即应随贼所向，必有奉旨归僧邸调遣之日，又吁辞乞退。敝处将士苦战数年，谊同骨肉，向实无退缩骄蹇情事，然欲其踊跃用命，不得不略加体恤。法师劳苦功高，众所钦仰，惟位望过崇，下情难达，南军闻归节制，莫不气沮。刘省三虽迭奉谕派，乃至被谴责而不辞，岂弟等所能强迫。蒙示已商定拨归东路，铭、盛、传三军共一万三千余人，合之树军三千五百人，必可独当一面，谨受教令。顷接宿迁吴令初十日驰报，初九日邸军与陈镇在刘马庄击贼获胜，贼已向山东郯城马头集西北逃窜，运河既不能抢渡，淮海一带水陆援军日集，恐其逼窜东三府。若我军出境兜剿，愈去愈远，既无马队可利驰逐，而饷源皆在苏省，转运供亿，万分艰难，尚乞大才豫筹妥酌，无任感颂。省三于初七八日自六州拔队，应由何路进邳、宿，何路可便转运，并祈指示，随时径行移知。手此，复颂捷禧。不具。愚小弟鸿章顿首。[①]

三一　覆吴漕帅（李鸿章）

同治四年四月二十九日午刻（1865年5月23日）

仲仙仁兄大人阁下：

前奉十六、七日手示，敬承一一。此次捻氛东窜，意在乘虚窥袭里下河完区，经我兄运筹周密，调度得宜，遂伐贼谋而保门户，感佩曷任！去冬请撤扬防，为省兵并饷之计，虽嫌怨不顾，中外或有疑其唐突者，禁此风浪，当共晓然。树军移扎韩庄，实握要着。振轩履任，就近照料，尤甚灵便。此徐道可当一面，北路无虞。惟剿

① 顾廷龙、戴逸主编:《李鸿章全集》，第29册，第382—383页。

捻利用马队，敝处未能添饷，即未便再允添募。姚镇所部可否并归张道节制，令其酌裁步队，添练马勇。二张治军严整，久经大敌，台端果一意委任，缓急当可恃也。省三奉寄谕饬赴畿疆，未知行抵何处，果否愿去？阎、刘诸帅果能接济？荫渠制军虽弟至好，而于敝军能战守而不能驰逐情形实未洞悉。揆帅前欲刘、周专防江、皖北路，此时尚能奏留否？内意望省三到直，固甚殷矣。捻众既未过运河，刘军如须出境兜逼，似仍由邳、宿循河北去，便于转运。一切机宜，祈大才酌度筹商妥办，无任铭谢。皖人质直，而刘、周等土气尤重，不患其不克战，患其不肯依人。周海龄（盛波）九营亦可分任一路，似难遽令赴甘。飞龙小轮船已回，承照拂，感感。手此，复颂捷祺。小弟鸿章顿首。①

三二　覆吴漕帅（李鸿章）

同治四年五月二十八日夜（1865年6月21日）

仲仙仁兄大人阁下：

途次连接两函，倥偬未及作答。到宁接篆后，又奉十八日手书，敬承注念。张总愚一股已回亳境，任、牛等股盘旋曹、济之间。省三甫至济宁，击退大股。陈镇国瑞忽带勇抢夺该部洋枪，致伤亡弁勇百五十余人。陈镇为麾下骁将，何无礼至此！省三向未与人私斗，迫而愤争，未知作何调处！揆帅二十五日登舟，顷已开行，但冀早到济郡，主持一切。弟力小任重，竭蹶堪虞，因军情紧急，勉强受代，终当投劾求去。尊处月协万金，当饬司源源匀拨。欧阳镇苦

① 顾廷龙、戴逸主编：《李鸿章全集》，第29册，第383—384页。

求撤任，似亦不得已而为之，其人明练笃实，愿推诚爱护为幸。手此肃复，即颂台祺。不具。愚小弟李鸿章顿首。①

三三　覆吴漕台（李鸿章）

同治四年闰五月十五日（1865年7月7日）

仲仙仁兄大人阁下：

前奉初四日手示，敬承一切。爵相早经抵浦，闻因雉河吃紧，拟将移驻临淮，抑仍赴徐州。国将军撤回，邸部须人整理，则驻徐为便。英方伯只身脱出，雉河守兵断难持久。此军一溃，则凤、泗、颍、宿面面空虚，尤虞震动。帅节驻临，于东南局势较紧，比想已商定大略矣。徽、宁防军万余人同时哗饷，立须数十万巨款，台局搜挪一空，仍虑溃决。健飞已随黄军门赴临淮，前请撤委，业经慰谕阻之，谅勿介介也。海舲由徐赴宿，已起程否？酷暑行师，令人轸念。毛寄云年丈顷由粤过此，将赴清江谒晤揆帅，如帅已他往，求老兄代借公馆，暂寄眷属，并乞照料。手此布恳，复颂勋祺。不具。愚小弟鸿章顿首。②

三四　覆吴漕台（李鸿章）

同治四年六月十八日夜（1865年8月9日）

仲仙仁兄大人阁下：

---

① 顾廷龙、戴逸主编：《李鸿章全集》，第29册，第391页。

② 顾廷龙、戴逸主编：《李鸿章全集》，第29册，第397页。

前奉闰月十九日手示，敬承一一。爵相驻临淮，刘、周各军并进，而雉河之围遂解。闻捻贼尽趋夏邑，豫境四达，又将蔓延为患。爵相所部马步不能全去远追，此节制三省之奏所以再四固辞也。毛寄翁过浦，闻已赴东。今年江北新漕只能仍旧办折，吴道在此曾略言之。海运既无船，河运又无费，未知尊意以为何如？篪轩退志早决，江司人少出多，虽桑、孔心计，亦无能为。盐厘差好，不足供帅军现存及将撤之需。敝军仍食苏饷，巨绅怨谤，敢不直陈，但何苦得罪世人，不如早还家为妙。爵相意中有堪胜鹾使二三人，昨商及采臣，尚未奉到覆音。采臣似任地方尤为相宜。手此。复颂勋祺。弟鸿章顿首。[①]

三五　覆吴仲仙（李鸿章）

同治六年七月(1867年8月)

任、赖捻股由豫窜东，正檄各军就黄河废堤设守，困之黄、运之交。而东军运防失事，遂由济、泰、青窜入登、莱。弟五月杪移驻济宁，即定困贼海隅之计，先后缄商皖、豫、楚、浙诸帅，借助各军，倒守运西，以杜回窜，而以敝部铭、鼎、开、奇、凤等军分扼胶莱河咽喉，与东军联扎，围定后剿。现在内外两防次第就绪，该逆在平、即一带计图窜扑。若防局稳固，抽替运防劲旅前往进剿，似可渐次得手。淮、徐一带均有重兵，旧治关怀，可舒荩系。[②]

---

① 顾廷龙、戴逸主编：《李鸿章全集》，第29册，第405页。

② 顾廷龙、戴逸主编：《李鸿章全集》，第29册，第526页。

三六　覆川督吴制军(李鸿章)

同治七年十一月十五日(1868年12月28日)

左公于执事颇有违言，弟在都面晤，力为调停，乞于解济西军各项酌照前事筹办。其实闽粤前案，虚公持平，固啧啧在人口也。弟侥幸奏功，实始愿所不及，猥蒙上赏，辞受两难，悚惧无任。中原及东南伏莽甚多，后患殊大，即秦陇亦难遽起色。内意只惜小费，催令尽撤淮军，阁下稔悉情形，当以酌留防备为是。蜀中兼筹南北军饷，川盐厘税为大宗，曾相堵川之奏，即奉部准，似目前断难遵办。嗣后望常通音问。手此，再颂仲翁仁兄大人台祺。弟鸿章顿首。金陵。[①]

三七　覆吴制军(李鸿章)

同治七年十二月初八日(1869年1月20日)

仲翁仁兄大人阁下：

冬初在金陵肃覆一缄，计登签览。比审政祺协吉，履缛维新，至为詹颂！

敬启者：杨绍铭军门鼎勋在敝处统带勋字营，随同南北征战，卓著勋劳，今夏在沧州减河防所病故，业为沥恳圣恩，予谥“忠勤”，荫子建祠，典礼优厚，足酬荩勋而慰忠魂。惟其身后雕零已极，上有七旬老母，内有孀妇孤儿。两兄鼎清、鼎鼒，素纤市井，贪利昧

---

① 顾廷龙、戴逸主编：《李鸿章全集》，第29册，第707页。

义,未可寄命托孤。弟与同营诸统将刘省三、郭子美等再四筹商,以有功军国、死绥仗义之人,吾辈不为经纪,奚以对亡友于地下!因令杨鼎清等奉其母与忠勤灵榇回蜀,派部荻洲观察护送前去,到籍后禀请执事转饬地方官妥为照料,并会同荻洲择地厝葬。除酌助杨太夫人暨其两兄养赡银六千两外,另给买地殡葬费四千两,如果一切俭省,计当敷用。据荻洲云,濒行杂用已去若干,长途盘费不赀,抵蜀办葬必须格外撙节。杨太夫人昏耄偏护,欲求饰观美备,不知前项系同人帮助,无可请益,敬祈我兄垂念勋旧部民,主持指示,俾得敷衍成礼,殁者以安,生者以养,感戴大德,曷有既极!绍铭遗孤子女尚在襁褓,其妻妾与夫兄实不相能,现与刘、郭两军门订秦晋之好。省三已将弱息接至庐郡,割宅以居。弟等并力筹抚育之资,待嗣子成立,再遣回川,此亦万不得已之调停也。荻洲兄拟将杨忠勤后事禀商节下,部署妥贴,再行回江。手此,缕布奉恳,祇颂台祺。余属荻洲面陈。不具。弟李鸿章顿首。皖城。[1]

三八　致吴仲仙制军(李鸿章)

同治八年二月十六日(1869年3月28日)

再,部荻洲兄护送杨军门忠榇回蜀,曾泐一函,计已收到。湘中席、黄二臬司图黔,近屡获胜,攻克镇远,冀与贵部唐军通气,可成破竹之势。惟剿抚匪难,善后安插甚不易耳。弟履任后查知,川盐厘课拨济京协各饷实为大宗,势固不能遽堵,且即堵之,水溜路歧,川私仍必旺行,徒减百万之饷。诚如尊论,有损无益。中盐厘捐岁入几何?援

---

[1] 顾廷龙、戴逸主编:《李鸿章全集》,第29册,第709—710页。

黔、滇与协甘谅必需此，务请执事将不可猝堵一层酌量覆陈，此间亦即核奏，彼此知照为幸。手此，再颂台祺。小弟鸿章顿首。[①]

三九　覆吴制军（李鸿章）

同治八年四月二十九日（1869年6月9日）

仲翁仁兄大人阁下：

前奉三月间环示，敬承厚谊关垂，派弁帮同照料杨忠勤葬事，铭感曷任！就审筹祉增新，指挥如意为颂。杨宅吉兆，想已觅得，用费一切，节省尚可敷衍。惟其母、兄不无缠扰，须借地方官理谕之耳。荻洲兄何时言旋？念念。滇中加派唐军往助，军事当有转机。援黔之师，战状何似？湘省黄、邓两将阵殁，黄平境内席军损折亦多，目前分守清江、镇远两路，虑难久支，遑冀进取。苗、回皆本地踞逆，客军形势既生，号令歧出，且招抚安插碍难一一代为经理，而主人翁又不能自强，一时似未易得手，殊堪隐忧。川盐事宜，尊处如何覆陈？敬祈咨抄见示。弟与马谷翁再四缄商，暂在沙市设局，搭销淮盐二成，宜昌总局仍照前抽收川税。蜀、鄂饷源所系，未便遽议截堵，知念并陈。手此，复叩台祺。不尽。愚小弟鸿章顿首。[②]

四〇　加覆崇、吴公函（李鸿章）

同治八年十一月十四日（1869年12月16日）

查田牧春间与范主教议单，缓修教堂，并无不赔修之说。梅酋

---

① 顾廷龙、戴逸主编：《李鸿章全集》，第30册，第6页。

② 顾廷龙、戴逸主编：《李鸿章全集》，第30册，第16—17页。

请照四条议断，其意必重在赔补一层。尊函欲罚令张佩超赔修，据田牧称，张佩超家破人亡，众为不平，若再罚赔，又肇衅端，冯教士案即其前鉴，似须另筹款项，弟与锡道妥商，断不过多也。[①]

四一 覆吴制军(李鸿章)

同治八年十二月初四日(1870年1日5日)

仲翁仁兄大人阁下：

前奉十一月十八日手示，敬承一切。旬余以来，为教案缠扰，管秃唇焦，久缺裁答。仰仗威福，何彩就擒，得以妥速办结，庆忭曷已！会奏稿昨已飞咨，道远不及送商，均据实情上陈，免滋外人疑议，亮荷鉴原。梅西满闻甚悦服，但赔款未餍其欲，情理兼到，无敢异词。张佩超五年认赔尾欠本应追缴，其家被抢后仅剩田庄，未便逼令变产，只可由官代垫。教民王学鼎等六人，田令已函会曾牧密速访拿，如即获办一二，亦可稍雪民冤。酉阳以胡牧为罪魁，平时词讼多听从教士意指，如王学鼎等诱杀二十二命，张添兴等凶抢张佩超及民教仇杀多案，均不深究，又不上闻，致何彩有率众入城报复之举。涓涓不塞，乃成江河。原不欲随折声请开复，锡道等再三苦求，以为此系循例之事，弟何必过从苛刻，应请存记勿用而已。田、曾、范三人摧陷廓清，为功甚大，不独速获要犯一节，弟故会请优奖，以示风厉，想卓裁当以为然。手此奉复，即颂台祺。明后日即登舟东还，不尽依依！弟鸿章顿首。[②]

---

① 顾廷龙、戴逸主编：《李鸿章全集》，第30册，第36页。

② 顾廷龙、戴逸主编：《李鸿章全集》，第30册，第39页。

四二　加覆四川吴制军(李鸿章)

同治九年正月二十六日(1870年2月25日)

再,奉腊八、二十七日手示,敬承爱注。回鄂后岁事匆匆,公私猬集,裁答少稽。比维春融迓福,疥癣悉平,百凡如意为颂。苗疆军务,雍、乾、嘉三朝故事,皆未能克期底定,今蹂躏更久而广,饷源更狭而绌。初谓宜俟陇西肃清,再图大举,乃川、湘进兵过早,羝羊触藩,主人不知全局,妄谓鲰生虚声可收实效。阙廷万里,亦多随声附和,遽有是命。又未另拨的饷,必仍不免师老无功之讥。惟弟受恩过重,赴汤蹈火,所不敢辞。唐道昨有书来,请另派员代统川军,彼自赴省,承认克期剿贼自效,即使无济,须一半年,功效毫无,或果疲散骄蹇,再行酌办。席廉访来禀略同。均批答令其及时会商进取,稳慎图功,免内议各分畛域、观望不前也。由鄂赴川滩险,由渝入黔路迂,运道费力,拟调亲军三四十营陆续前进,或俟至沅州后再定所向。由沅入清江、镇远最顺,即绕赴黄平、清平,亦不过山路十数程耳。马谷翁、丁雨生来信,以苏饷肆应除分供留防各军外,不能再增丝毫。鄂省为京协所累,拟酌裁防军,每月匀出三五万,此外竟无指项。执事素相关切,允为竭力,感纫曷既。惟周、唐大枝不出剿之营,若不裁汰,断难腾挪,且黔、滇所望于蜀者甚奢,稍有余力,义当分济,望察其轻重缓急而为之。璞翁入秦,代者何人?唐、刘等部人数、饷数随时增减派拨,并祈饬军需局详细报明,俾有稽考。手此,载颂台祺。弟又顿首。[1]

---

① 顾廷龙、戴逸主编:《李鸿章全集》,第30册,第47页。

四三　覆吴仲宣制军(李鸿章)

同治九年三月十二日(1870年4月12日)

再奉惠示，敬审擘画周详，动定增吉为慰。别后亦闻裁营甚力，恐致疑谤，故复于征黔疏内附及，彼此均为大局，此心当共鉴之。渭臣蜀中名将，其军入陕居多，自难遽减。靖臣欲裁所部，改协彦卿，两人必可和衷，于滇、蜀皆有裨益。找欠虽巨，终须竭力，不如早办早得济也。甘事自刘寿卿战殁，雷纬堂溃退，回势复张。左帅暂尚勉撑，正恐日坏一日。内意令鸿章赴秦，似系预筹，若入关后西军复振，或即返旆，然驼马转运已耗许多财力，现饷万不敷用。公函内已请酌定协款若干，俟奉覆准再奏请拨，感盼无既！余紫垣等禀，借购粮一项本系正办，兹自勿庸议矣。湘军已报进剿，唐军未闻移动。王子坚年丈日前过鄂晤谈，正派老练，当能相助为理。璞山计已履新，弟俟诸军料简就绪，亦即进发。承赐《朱子全书》，谢谢。手此，敬颂仲翁仁兄大人台祺，家兄属候。弟鸿章又顿首。①

四四　覆吴制军(李鸿章)

同治九年六月初十日(1870年7月8日)

仲翁仁兄大人阁下：

前奉五月十四日手示，敬审勋福咸宜，起居增吉，至慰远怀！

---

① 顾廷龙、戴逸主编：《李鸿章全集》，第30册，第58页。

弟于五月十六日行抵潼关，派周薪如盛传所部由韩城、郃、澄等处进剿北山土匪、溃勇。惟延、鄜、绥、榆蹂躏年久，千里荆榛，颗粒莫办，须由晋省河东采办粮食，节节转般，节节剿洗，需费甚繁。又饬郭子美军门马步各队进扎三原、邠、乾一带，亦以就地无从觅食，须由省城设法购运。大米每石七两零，麦谷亦五两，加以骡驼车脚，更难预计，秦、陇军事不料棘手至此！前承允按月筹拨三万，厚谊公忠，钦感无似，务乞饬司源源解济为幸。子坚年丈素顾大局，仰体德意，定勿屯膏也。金积马回乞抚，已缴枪械若干，惟我军未足制其死命，即果纳款，保无反复，其附从陕回尤不易安置。鄙意则深盼前敌迅速收功，关中可即撤防矣。截留京饷指拨津帖十万两解黔，为清厘教案起见，余紫垣久无信至，似教士饶舌，主人漠置，尚难遽就范围。旨派朴帅就近往办，是否起程，暂驻川、黔之交？弟已缄属余道赶紧禀商妥办。总署方欲弥缝衅端，不料五月二十三日天津因迷拐幼孩，牵及教堂，并无实据，民众内讧，致将法国丰领事及教士洋人十数名杀毙，教堂、学馆焚毁多处。法使以案情重大，须禀命国主而行，英使谓恐有几仗。虽奉旨令曾相往查，其曲在我，视酉、黔前事大相径庭。又命崇地翁出使法国，冀可消弭兵端，令人忧悸莫释。湘军进攻苗疆，屡请优奖，已成骑虎。唐军已进瓮谷陇，但求合力扫清北岸，以防为剿，徐图转机。我兄坚持定见，不添兵亦不缺饷，纵无速效，当可勉措。目今时局纷纭，艰危迭出，尚乞缓议更张耳。日内拟赴西安，与璞翁筹商一是。手此布臆，复颂台祺。不具。愚弟鸿章顿首。[①]

---

① 顾廷龙、戴逸主编:《李鸿章全集》，第 30 册，第 76 页。

四五　覆四川制台吴(李鸿章)

同治九年十月十九日(1870年11月11日)

仲宣仁兄大人阁下：

昨阅江南题名，欣悉世兄妙年登第，德门世泽，庆衍庭兰。正拟肃笺申贺，适奉九月杪惠书。猥以移节畿疆，远承瑑饰，感悚曷任！借维校士武闱，勋劳懋勷，引詹棨戟，式协愉忱！

川、湘合力图黔，正资掎角，昨读大疏，请饬渭臣军门赴任，专督战事，并为代筹的饷。渭臣南中宿将，熟悉苗情，此行计能振起全局。惟唐军撤留整顿，不免重劳硕画耳。敝部协饷蒙许于月初再拨五万，贵省度支竭蹶之际，复荷统筹兼顾，畛域无分，厚谊公忠，三军衔感。惟省三军门督师西征，所部铭军马步益以武毅、仁字等营，将及三万人。秦中道途荒远，粮食昂贵，挽输采购，费用倍蓰，需饷极为繁巨。而敝部亲兵及周镇所统盛军拱卫畿辅，急切未能议裁。蜀中协款，早蒙金诺，望仍饬司按月筹拨，源源委解，俾得稍资接济。纫佩高义，企盼尤深！津案月前奏结，议抵各犯业经处决，赔、恤等款由总署商定共四十九万，已由各海关分别给发，大局幸即敉定。罗使昨来津晤谈，尚称允惬。地山宫保奉使法国，亦于月初搭船出洋矣。谷翁之变，极堪骇痛，现经时若将军、子青漕帅遵旨会督讯鞫，犯供狡展，两月有余，尚未得有端绪，可谓奇冤。曾相昨已出京，闰月初旬计可还镇，存之信即转交。专泐肃覆，敬请勋绥，顺贺大喜，惟希朗照。不具。愚弟李鸿章。[①]

---

① 顾廷龙、戴逸主编：《李鸿章全集》，第30册，第123页。

四六　覆吴制军(李鸿章)

同治九年十一月十七日(1871年1月7日)

再,蜀中军储竭蹶,自执事莅政后逐渐裁并,捐渐减而欠日少,黔、滇军事颇见起色,边疆无意外之虞,吏治有澄清之象,足知仁人利溥,为惠无穷。哲嗣世兄妙龄高第,嗣武家声,往见举止谨朴,决为大器,天之报施,讵或爽欤!陇之金积垂克,而伊犁难回流窜乌里雅苏台,西北边外殊为警扰,元修师存亡未卜。顷征调察哈尔、吉林、黑龙江马队,宣、大步兵陆续往援,贼又西遁,饷运益艰。各国修约期近,津案虽已就绪,海波未必能平,而中外穷窘,无可展布。鸿章忝膺重寄,兢惧莫名!渭春中丞常相见否?愧无术以援起之。再颂台祺。不一一。弟章又顿首。津门。[1]

四七　覆吴仲仙制府(李鸿章)

同治十年三月初十日(1871年4月29日)

再,都中传言,黔、滇军事已有起色。湘省探报,苗疆时复蠢动。渭臣驻省,分兵则恐难期速效。滇西诸郡县近日剿办若何情形?刘、岑二公稍和衷否?朴翁此行来见,克期西归,然岂遂有量移之地耶?执事奉派阅兵,何时出省?计周历各营须两年,未便遽请述职。弟驻津日长,拟于冬春乘隙简阅,三年乃可竣事。洋务大致静谧,地山侍郎尚无回国信息,将来修约,必费唇舌。惟商舶到

---

① 顾廷龙、戴逸主编:《李鸿章全集》,第30册,第144页。

处通行，何求不遂！教士虽迭遭挫辱，究只约束吾民，并非禁传彼教，诎不在我，谅无意外横逆。家兄月初过此小聚，便已入都展觐，缘慈舆尚留鄂署，亟须遄归。手肃，复颂仲翁仁兄大人勋祺。弟鸿章顿首。四百里排，粘钉。[①]

四八　覆四川制台兼署成都将军吴(李鸿章)

同治十年四月二十七日(1871年6月14日)

仲宣仁兄大人阁下：

顷奉初九日惠书，敬谂荩猷楙懋，动履多绥，至符臆颂！淮军协饷，昨蒙续解三万两，俾资接济，感仰良深！此后仍恳饬司设法筹措，按月批解，尤殷企盼。极知蜀中协拨款项较多，酌剂盈虚，殊劳硕画。惟盛、仁各军拱卫畿辅，需款正烦。铭军进驻汧、陇，远道输将，待济尤亟，饷源支绌，不得不求助雄藩共揞大局，定蒙曲谅苦衷也。渭臣军门入黔后，剿办得手，现议进规兴义、都匀，少迟当可会合湘军，肃清下游。滇军攻克澄江，兵气稍振，惟蒙化、大理根株甚深，势亦未易猝拔。日本议约使人旦晚抵沪，东洋通商，创办伊始，参酌辩论，殊费经画耳。家兄以初七日由津起程，遄归鄂渚，借慰家慈倚闾之望，知念并及。专泐奉覆，敬颂勋祺，顺贺文禧。不具。愚弟李鸿章。[②]

---

① 顾廷龙、戴逸主编：《李鸿章全集》，第30册，第202页。

② 顾廷龙、戴逸主编：《李鸿章全集》，第30册，第222页。

四九　覆四川制台兼署成都将军吴(李鸿章)

同治十年六月二十七日(1871年8月13日)

仲宣仁兄大人阁下:

顷奉五月二十七日惠书,借聆一一。敬审勋猷懋勋,履绚凝绥,詹企战门,至符颂臆!川中前以雨泽愆期,游民煽动,经执事设法解散,弭患未萌,旋即迭沛澍霖,人心大定。至诚所感,上迓和甘,所谓不动声色而登斯民于衽席者,佩慰曷已!淮军协饷,迭蒙筹拨,极纫舟谊,此后仍恳饬司源源接解为幸。明知川中库储支绌,而敝部征戍燕、秦,饷需繁重,专恃各省协拨之项均匀挹注,窘乏情形,计早蒙鉴亮也。黔中八寨、都匀,经渭臣军门先后规复,兵事较为得手。湘军昨亦进克凯里,声势自可联络。湘南龙、益会匪滋事,旋亦扑灭,并无远调席军回援之议。惟南省饷源亦绌,甚盼贵东早定,渐次护遣,稍节供支耳。地山侍郎闻有书致总署。上年津案,彼族总以未遂所欲,意存要挟,急切未能返棹,殊可系念。朴翁留供诮职,魁帅莅任,计当需时。川盐行鄂,已成滥竽之势,湘乡相国意在恤商复引,家兄昨过金陵,反复辨难,似尚未能豁然。饷源所系,自应合力维持,但川八淮二旧章,不能不稍议变通,以顾大局也。海运验收报竣,鹤翁即于五月杪还京。日本公使到津后,督同敏斋、子敬妥议条约。其意必求仿照泰西成例,往返辩论,尚难即有就绪。五月以来,大雨兼旬,河、运并涨,堤坝漫决,为近十余年来未有之灾。日来虽渐晴霁,而被淹较广,难民极多,赈抚非易,焦灼实深。昨请截留漕粮十万石,杯水车薪,恐仍无济。北方大水,南中转嫌亢旱,天意难知,承注并及。专泐奉覆,敬颂勋祺。不具。愚弟李鸿章。[1]

五〇　覆吴仲仙制军(李鸿章)

同治十年六月二十八日(1871年8月14日)

再,西蜀外强中干,民情浮动,庶而不富,殊为隐患,非得大君子坐镇绥辑,无以遏未萌之乱源。刁讼纠劫之徒,尤望严加惩办,树以风声。自来治蜀尚严,水弱民玩,济之以猛,非得已也。魁时若谦和守分,必不妄有干预,从此事权归一,展布较易,欣幸同源。地山在法国来信,亦称谣传发兵寻衅似不近情,然国书不收,多方留难,此行本属赘疣,徒滋后悔。日本与中土切近,援例乞盟,貌恭情谲。总署专委敝处与为迎拒,只有羁縻勿绝,稍杜衅嫌。诸政废弛已久,洋务更无办法,殊为可忧。尊恙似因暑湿。气体本原甚厚,当可勉揞。复颂起居。不具。弟章又顿首。[2]

五一　覆四川制台吴(李鸿章)

同治十年九月初十日(1871年10月23日)

仲宣仁兄大人阁下:

顷奉八月初十日惠书、钞函,敬聆一一。就审时祺多福,勋望益崇,詹企吉辉,至符臆颂!敝部协饷迭蒙委解接济,昨复饬拨四万两解赴鄂台,军储无阙,拜德良多。蜀中物产雄赡,四邻莫不仰

---

① 顾廷龙、戴逸主编:《李鸿章全集》,第30册,第270页。
② 顾廷龙、戴逸主编:《李鸿章全集》,第30册,第272页。

给。然非执事以公忠之量统顾兼筹，均匀挹注，何以臻此！黔军不振，川、湘越境代谋，不为不力，而戡定尚难骤期。湘中财力过窘，统将近复多病，闻须酌量裁并，以谋持久也。川盐行楚已久，骤议禁断，固非蜀、楚之利，亦无甚益于淮。鄂中议以荆、宜等府州属专销川盐，而以武、汉、黄、德四府引地划还淮南，核计上游销数不及下游十分之三，似较分成配销流弊为少。惟湖南常德等属仍行川盐，则捐税不至骤绌。侯相前疏本有酌分地段之说，家兄已据司道公详咨请酌办，当可厘为定章也。畿疆东隅水患过巨，永定河堵筑决口需费尤多。处奇穷积歉之区，又不能不为悉索敝赋之计，工赈兼筹，罗掘殆尽，博施乏术，愧疚徒增。日本约事业于七月杪定议，东使昨在都门，总署款宴周洽，远人颇为欢悦，顷已由沪上归国矣。此间洋务粗平，民情尚靖，差慰廑怀。专泐奉覆，敬颂勋祺，摹璧晚谦。不具。愚弟李鸿章。[1]

五二　覆吴制军（李鸿章）

同治十年九月十一日（1871年10月24日）

再，畿境三伏淫雨，洼地成灾已重，加以七月二十九至八月初四连雨六昼夜，高地收成遂又大歉。现除截漕乞粜，仍挪凑藩、运各库银三十余万为工赈之需，绵力已竭，而饥民仍难遍活，愧疚莫名！东南各省大熟，蜀中亦为八月初阴雨所伤，何吾两人之所遭独苦也。普捐酌裁，固恤民善政，然亦不甚病民，似稍减之为是。时若将军人极和平，但无主见。松建营伍究于军务无涉，必不稍有掣

---

① 顾廷龙、戴逸主编：《李鸿章全集》，第30册，第322页。

肘。地山在法国，议多龃龉，已返英国，尚无回华确信。据西洋新报，法派提督带大兵船五只东来，未知何意，岂真欲翻案寻衅，亦系来年事矣。英芗翁留京，子青升闽督，小宋调苏，华潭抚晋，吾乡京官，益无显者。省三再疏乞病，姑免新疆之役，犹令其假满后进扎肃州。道阻运远，主客难调，尚徘徊未决。若果西进，须增转运繁费，江南或可添济若干。川中协款乞大力主持提解为感。星叔云，其兄因堂上年老，边地发信不便，接济亦难，欲量移近地，借以顾家，祈酌。再叩起居。弟又顿首。[①]

五三　覆四川制台兼署成都将军吴(李鸿章)

同治十年十一月二十日(1871年12月31日)

仲仙仁兄大人阁下：

顷奉月朔惠书，敬聆一切。就审筹边楙绩，动定增绥，至符臆颂！鄂省川、淮分岸之议，俟相咨覆，大致均可照办，惟蒲圻等三县争归淮引，荆、宜等属仍准淮商分设子店，不欲轻弃引地，兼为异日规复张本，于目前川引行销似无甚窒碍也。蜀中年谷顺成，民情绥靖，复得执事宽猛兼施，自可力挽积习。成都首要，朱海门清操雅望，洵为得人，兰伯自应缓议。敝部协饷迭蒙筹拨，兹复委解银五万两，屡拜大德，感何可言！以后仍恳行饬司局随时酌拨为幸。上年津案，地山侍郎已与法国主政提阿士面议完结，不致再兴波澜。闻地翁十月杪回轮，年内计可抵沪。省三得请南归，所部铭军除分拨二十二营交曹荩臣统带进驻肃州，其余均回驻徐州，以备缓急征

① 顾廷龙、戴逸主编：《李鸿章全集》，第30册，第322—323页。

调。各营筹补欠饷，需款甚繁，而曹军月饷仍须由敝处酌拨，殊形竭蹶。弟月初查勘永定河堤，顺道回省。各属赈务业已筹办就绪，民气尚为恬谧，惟春赈方长，尚须筹款接济。知关远念，并以附及。专泐奉复，敬颂勋祺，摹璧晚谦。不具。愚弟李鸿章。①

五四　覆吴制军（李鸿章）

同治十年十一月二十一日（1872年1月1日）

尊患癣疮，每年辄发数月，似亦气血渐衰所致，幸加意调摄为祝。蜀中罕见冬雪，自是丰穰之兆。畿境十月间得雪两次，冬至后甚暖。天、河两属洼地积水未涸，来春必须接济，幸侯相代筹盐捐二十万。闽中当事愿购米石，已请饬运四万石，借可拯此春荒。时若将军岁内履新，普捐酌改常捐，民力计稍松缓，或并欲去津贴及洋药捐，能否照行，洋药是否按亩摊捐，向似未闻此名。蜀人每好议论，会须镇静持之。鲍子年颇有惠政，官兴索然。顷见邸报，夔州已放敝乡蒯子范（德模），是吴中治行之最，适在都引对，吴人德之，遂蒙特简。其为政宽猛得宜，于治蜀尤宜也。调甫擢豫抚，欲令稍留两月。孙省斋到任尚早。手此，再颂起居。不具。弟鸿章顿首。②

五五　覆吴制军（李鸿章）

同治十一年三月十八日（1872年4月25日）

再，蜀中虽遇遍灾，何至粮贵若此？或由鸦片种多，致碍五谷，

---

① 顾廷龙、戴逸主编：《李鸿章全集》，第30册，第375页。

② 顾廷龙、戴逸主编：《李鸿章全集》，第30册，第377页。

禁止不能，捐之不便，亦隐患也。执事广筹赈粜，幸囤户尚多，贫民必沾实惠，此尚是有余之症。若畿疆素无积储，水旱洊至，方恪敏义仓善政，废坏已五六十年，一遭凶岁，全恃邻境转输，在官在民皆无一年之蓄，天下似无此瘠地矣。春来高田麦苗尚好，河间、天津之交积水数百里，瞬将夏令，势难尽涸，大雨又行，可胜危虑。曾文正公善全始终，东南失此砥柱，一时难觅替人。芝生相国昨又作古，何台星之韬晦耶。调甫自都回云，探询恭值大婚吉期，疆吏只进贺表、贺折（如元旦等式），余无他事，特以奉闻。蜀力已竭，仍蒙委解淮饷，感感。手此，再颂起居慎护。不具。弟鸿章又顿首。①

五六　覆吴仲仙制军（李鸿章）

同治十一年五月十七日（1872年6月22日）

再诵手示，敬悉一一。孙观察著猾圆熟。仓谷等事，狃于地方积习，难期妥实，具仰彰瘅之公。春夏江水甚涨，想系蜀中雨泽应时。黔苗扫穴禽渠，善后不外留兵招垦，川、楚援师或可渐次裁减。惟裁营须清积欠，减饷须助垦本，仍赖川、楚协力，稍示限制，亦费荩筹。陇回就抚，实不敢恃为定局，目前供支恐尚有增无减。省三拂衣遽行，所部诿诸莫知谁何之人，弟初不便强拂其意，竟成无底之累，将来即可裁撤，亦多隐患，奈何！畿境积水已消，麦收颇稔，秋禾全种，但冀伏秋不再淫霖，民生或稍苏息。洋务大致平顺，倭使改约，业经驳斥东归。法使新来修约，月内当可北上，大约一时不能定局。近日西太后圣躬未愈，引对故稀。振轩、朗轩等京寓徘

① 顾廷龙、戴逸主编：《李鸿章全集》，第30册，第432页。

徊，未知何时赴任。贺折闻如元旦式，似三折均写“跪贺天喜”字样为妥，内廷似不以此等小节见挑，我辈斟酌行之可也。蒯子范五月间当至省。肖坡财运未通，究亦不无小补。宝玉堂现得何差？锋芒少敛否？附致薛觐翁一函，乞转寄为荷。手此。再颂台祺。弟鸿章又顿首。[①]

五七　覆吴制军(李鸿章)

同治十一年七月十三日(1872年8月16日)

再诵手教，敬承一一。振轩计甫抵淮，即奉权苏抚。渭春到京，开藩当亦不远。君子道长，自是承平景象。西太后圣体闻已痊愈，迩来召对较稀，或由大婚期近，诸须布置耶。庆典节前后，内外各衙门陈奏事件有必须避忌者，闻宜加意检点。至贺折格式，现与楚、豫、闽、晋各处均商定如前拟办矣。玉堂在夔，早有传闻，素喜多事，闻其兄亦不甚偏护，如俾可自给，不令治事亦佳。李雨亭中丞在籍，常通问否？其德器为枢廷诸公所推，服阕期近，望转述鄙意，劝其早日出山为幸，匆匆不及专致也。畿疆大水之后，仍有偏灾，竭蹶拊循，谬占高位，实无以副责望，时增惴惴。我公坐镇岩疆，肆应不穷，精力尚不甚颓否？手肃，再颂起居慎卫。不具。弟鸿章又顿首。[②]

---

① 顾廷龙、戴逸主编:《李鸿章全集》,第30册,第451—452页。

② 顾廷龙、戴逸主编:《李鸿章全集》,第30册,第462页。

五八　覆吴制军(李鸿章)

同治十一年十一月初六日(1872年12月6日)

再,子范吏才实为近世罕有,尊处得此臂助,加以历练,蜀中后起有人,可胜欣颂!直境永定、滹沱诸河,冬春或涓涓细流,伏秋盛涨则排山倒海,汹涌不亚黄河。永定底高于顶,仅恃一线沙堤,其何能支!滹沱任意横流,向无堤防,而近两年雨水又较大,远近传闻,遂诧为异事,亦不揣其理耳。今被害仅数州县,已较上届减轻,截漕集捐,聊可敷衍,请无廑怀。振轩遽署两江,于军事、吏事均甚老练,惟皖人何可久居,实无可称斯选者。积谷最为善政,川省地广人稠,尤宜及时劝办,即能办成十数处,亦愈于毫无储备。畿疆久欲仿方恪敏成规,奈积歉之区未遑并举,愧羡奚如!来春亲政后,拟行谒陵之典,奔走无才,深虑陨越。议者增设巡抚,果尔或稍分责任耶。手肃,载颂起居。不具。附致雨亭中丞函,乞速递。弟鸿谨又顿首。满城行次。[①]

五九　覆吴制军(李鸿章)

同治十一年十二月十七日(1873年1月15日)

再,日前弁至,奉到多仪,正深铭谢!范若瑟径赴总署递折翻案,虽严词拒斥,而法使仍派巴领事往查底细。闻巴酋人尚和平,然彼族无不袒护教友者,其意无非为教民理冤。前已诛罚首从数

---

① 顾廷龙、戴逸主编:《李鸿章全集》,第30册,第480—481页。

人，无论有无冤抑，已可昭雪。范姓盖深嫉田令秀栗诬蔑教民，究亦岂尽诬罔，田令不过稍甚其词耳。文相颇疑酉案原查情节未必一一核实，而已成之事断无任令翻案之理，似可放心。即稍有龃龉，决不至激生他变也。法使现议修约，总署正与龂龂辩论，未肯放松一步，彼亦只委婉推延。巴酋即与范姓作证，自应不动不变，以不了了之，卓见以为何如。雨亭有膏秣之资，应早出山，以副朝望。协款仍蒙筹解，纫感无似。辖境岁稔民和，蜀人来者，讴颂弗衰。亲政之始，似未便以病辞，徐观机缘，再决进止。是否，伏惟心鉴。不具。小弟鸿章顿首。[1]

六〇　覆四川制台吴（李鸿章）

同治十二年三月十五日（1873年4月11日）

仲仙仁兄大人阁下：

顷奉二月十九日惠书，敬审勋猷益茂，时祉增绥，至符臆颂！蜀中麦收丰稔，旸雨应时，尊恙渐就康复，仍须赴雅、茂一带，查阅松建营伍，按部多劳，尤深惦系。此次范若瑟远道入川，图翻酉阳成案，经执事指授机宜，饬派姚道、曾守等相机迎距，妥为维持，该教士遂废然而返。折冲樽俎，具仰荩筹。通商一节，宜昌、重庆等处久为彼族垂涎，惟长江通商本有不逾三口之约，设将来意外要求，总署必能查照条约，力与辩驳也。弟前月杪入都，迭蒙召对，垂询周详，旋即随扈东陵，捍卫供支，幸免陨越。昨至定福庄送驾后即已还津。日本使臣计即到津，商办换约，当易就绪。海运漕米先

① 顾廷龙、戴逸主编：《李鸿章全集》，第30册，第489—490页。

后到次，亦亟须开验也。专泐布覆，敬颂勋祺，摹璧晚谦。不具。愚弟李鸿章。[1]

六一　覆吴仲仙制军（李鸿章）

同治十二年三月二十二日（1873年4月18日）

再，松建巡阅之举，计已载途，露冕宣勤，可胜驰念。滇、黔善后尚无端绪，协济之日正长。陇军虽有起色，而关外诸军调拨日增，诛求未已，想见踌躇四顾，应接不遑。敝部分防，难遽裁撤，额款并烦筹顾，深为感惭耳。亲政以后，一切率由旧章，气象极为肃穆。请训时蒙勉以实心实力办事，每日临朝，典学圣躬，倍形劳勋，而诸务究心，诸事顺手，实中外臣庶之福也。昨以陵差回銮，霖雨泥淖，两宫行李辎重落后，至回京始行发落，亦叮觇圣度之渊深矣。各使求觐甚力，总署欲令跪拜如仪，乃又不肯自违该国体例，朝廷念其恭谨无他意，或姑许之。手此缕覆，顺颂勋祺。弟鸿又顿首。[2]

六二　覆四川制台吴（李鸿章）

同治十二年九月二十七日（1873年11月16日）

仲仙仁兄大人阁下：

顷奉初四日惠书，敬审节钺宣猷，荩勤懋著，至符臆颂。淮军协款迭蒙筹拨，并允于冬初再为续解，感泐莫名！本年多一闰月，

① 顾廷龙、戴逸主编:《李鸿章全集》，第30册，第508—509页。

② 顾廷龙、戴逸主编:《李鸿章全集》，第30册，第509—510页。

各军饷项照章应加发一关，加以筹筑新城，工需尤巨。入不敷出，焦灼殊深。夙叨挚爱，谅荷关切代筹，不令稍形缺乏。明知川中雨水稍多，津捐等项征解减色，而畿疆灾歉频仍，财力奇绌，无米为炊，不能不仰望于大藩也。黔江教案殴毙二命，现获正凶，不难按律议抵。惟范酋素性狡谲，此次有所借口，株累牵连，索抵索赔，不免横生枝节。初谳必须确凿详慎，免致将来哓渎不休，计高明必预筹及之。执事岩疆久镇，劳勋可知，滇、黔兵事甫定，善后尚无端绪，左提右挈，端赖雄才，尚冀为国自爱，顺候节宣为祷。此间积潦渐消，永定漫口已报合龙，各属赈务业饬分投勘办，民情尚形靖谧。秘鲁来津，坚请立约，往返辩驳，尚无就绪。六舍弟赍志长往，仰蒙慰问殷拳，感均存殁。昨奉恩旨，追念前劳，优加赠恤，九原有知，当少慰藉。灵榇已于七月杪命方儿扶送南归，鄂署书来，家慈尚能达观，稍纾孺慕。知关垂注，并以附闻。专泐覆谢，敬颂勋祺，搴璧晚谦。不具。愚弟李鸿章。①

六三　覆四川制台吴（李鸿章）

同治十三年正月十二日（1874 年 2 月 28 日）

仲仙仁兄大人阁下：

昨布手缄，计邀青览。顷奉去腊二十三日惠书，敬审绥疆锡福，顺序延釐，至符臆颂！川省捐输，上年仅办百万以内，民力渐纾，足征惠政。敝军协款，蒙允开春间即为筹拨，感赖尤深。蹇道回至渝城，遽尔谢世，良堪悼惜！现由尊处会疏请恤，足慰九原。

① 顾廷龙、戴逸主编：《李鸿章全集》，第 30 册，第 594 页。

范若瑟必俟桂令离黔方肯覆验,迩来能否渐有端绪?教案殴毙两命,索抵索偿在所不免,但能缉究正凶,持平速结,当能杜其狡展也。尊体近复何似?春令融和,计可渐臻康复,惦系曷任!此间各属冬赈查放已竣,民气尚属绥恬。省南前得冬雪,春收可望接济,惟晴暖过久,盼泽仍殷。河堤各工,即须次第举办,款需繁巨,筹措殊形竭蹶。春仲又须循例随扈陵差,奔走不遑,时虞陨越,幸孱躯耐劳如昨,差慰远怀。专泐布覆,敬贺春祺,摹璧晚谦。不具。愚弟李鸿章。①

六四 复四川制台吴(李鸿章)

同治十三年四月二十五日(1874年6月9日)

仲仙仁兄大人阁下:

顷奉四月初四日惠书、疏稿,敬聆一一。就审勋猷益茂,顺序凝厘,至符臆颂!黔江教案,现经檄调全案人证赴渝讯办,能否设法斡旋,早为讯结。园工木料现由各省采购,可免无数扰累。黔饷哓聒不已,军事粗定,渭臣所部自应酌议撤留,以节縻费。大疏敷陈剀切,当可遏其奢望也。此间入夏以来连得透雨,田畴沾足,麦收可冀中稔。秘鲁约事,迭与驳辩,尚难即就范围。日本寻衅生番,其兵船已由台湾南岸登陆筑垒。沈幼帅奉命赴台,相机经理,未审能设法阻止否,知念并及。专泐布覆,敬颂勋祺,顺贺午禧,摹璧晚谦。不具。愚弟李鸿章。②

① 顾廷龙、戴逸主编:《李鸿章全集》,第31册,第8—9页。
② 顾廷龙、戴逸主编:《李鸿章全集》,第31册,第45页。

六五　致吴仲仙制军(李鸿章)

同治十三年七月二十二日(1874年9月2日)

倭使柳原与总署辩论月余,总以生番系无主野蛮,该国用兵征伐,旁人未便议阻。顷又有公使名大久保,乘铁甲船来津,即日入都,决议和战,势甚汹汹。兵费既不能遽准,边隙必从此渐开。畿辅海防,关系至大,战备未集,饷需甚巨,窃用危心。明知蜀力亦甚竭蹶,环顾四方,舍我公无可呼吁者,能否将各处协款少缓,先尽此间筹解,乞核酌是幸。李光昭已监押审办矣。弟鸿章又顿首。[①]

六六　覆四川制台吴(李鸿章)

同治十三年八月二十七日(1874年10月7日)

仲仙仁兄大人阁下:

顷奉八月初三日惠书,敬审绥疆懋绩,顺序凝厘,至符臆颂!淮军协饷,蒙允于月初拨解三万。敝处昨以筹布海防,饷需竭蹶,奏请由贵省提拨欠饷二十万,以后月饷并请按月照章拨解,业于奉旨后抄咨冰案,专函奉恳,度已早邀纬鉴。畿疆奇穷极窘,无米无炊,不得不求助强邻,预筹布置,务望谆属司道诸君,设法凑拨,源源接解,俾济要需,企盼曷已!黔江教案内正凶陈宗发服毒身死,不免又生枝节。现饬姚道就解到人证,讯取确供,妥筹迅结。范主教能不再狡展否?台事近无动静,唐军各营月内次第到防,声势略

① 顾廷龙、戴逸主编:《李鸿章全集》,第31册,第85页。

壮，幼帅密筹部署，处以镇静，不致遽开边衅。倭使到京，迭经总署力与辩驳，索费一节，尚未明言，现拟设法转圜，未审能即就范否。执事清恙未愈，又抱黄门之戚，中怀拂郁，自非恒情所能堪。惟现值多事之秋，尚冀葆躬为国，共济时艰，以利众望，是为至幸。专泐奉慰，复颂勋祺，摹璧晚谦。不具。愚弟李鸿章。[1]

六七　覆四川制台吴（李鸿章）

同治十三年九月二十日（1874年10月29日）

仲仙仁兄大人阁下：

顷奉八月二十四日惠书，敬审绥疆懋绩，勋履延和，至符臆颂！淮军协饷，蒙商饬藩司，准于冬间分批筹解，具仰荩怀。惟此间用款正繁，望饷如岁，务望大批多解，庶可稍济要需。倭使在京迭与总署辩论，昨接来函，业与议定，酌给琉球难民抚恤银两，该使允即撤兵。边衅潜消，实为全局之幸，惟台郡善后各事极费经营，沿海各口尤不可一日无备，欲图自强，必须及时整顿，兵饷两绌，殊切杞忧耳。英人欲由缅甸通道滇、蜀，蓄谋已久，似尚未便准行。执事旧恙未愈，乞假两月，昨见邸抄，已蒙俞允，殊增惦系！时局多艰，替人不易，仍望加意调摄，早臻康复，至为企祷。专泐布覆，敬颂勋祺，摹璧晚谦。不具。愚弟李鸿章。[2]

① 顾廷龙、戴逸主编：《李鸿章全集》，第31册，第99页。
② 顾廷龙、戴逸主编：《李鸿章全集》，第31册，第113页。

六八　覆吴制军(李鸿章)

同治十三年九月二十一日(1874年10月30日)

倭人狡诈异常,经英使居间调处,总署允照津案酌给恤银五十万。彼欲先给一半,余俟兵退后照给,而究竟撤兵与否,英使尚不肯担保,始终骗局,未卜果能妥结否。外侮之来,情态百变,咎在不能自强耳。园工虽停,官府未知物力艰难,焉有日新气象!执事急流勇退,可望而不可即矣。手此,再颂起居珍摄。不具。弟又顿首。①

六九　覆四川制台吴(李鸿章)

同治十三年十月二十八日(1874年12月6日)

仲仙仁兄大人阁下:

顷奉十月初二日惠书,敬审筹边懋绩,动履咸宜,至符臆颂!敝处欠饷二十万,系奉旨提解筹布海防要需,现蒙于九月杪先解五万,足感盛谊。惟此间需款过巨,不得已始有索逋之请,所有未解银十五万两,仍望谆嘱方伯移缓就急,陆续筹拨,勿再宕延,尤为纫戢。想执事关怀大局,必蒙鉴谅也。黔江教案尚无成议,热使回国后,罗淑亚接办,闻又派人赴川饶舌,能否设法速结,殊深惦系。倭事酌给抚恤,定期十一月十二日撤兵回国,谅不致再有反复。惟台湾开辟内山,抚纳番众、善后各事,既非旦晚可定,而沿江沿海备御

---

① 顾廷龙、戴逸主编:《李鸿章全集》,第31册,第115页。

空虚，廷旨命疆臣妥议办法，目前兵饷两竭，皆不应手，欲求自强，殊难即有把握也。贵体尚未复元，节届严寒，仍望为国珍重，共维时局为幸。此间绥谧如常，封河在迩，拟料简少定，回驻保阳，知念并及。专泐布覆，敬颂勋祺，摹璧晚谦。不具。愚弟李鸿章。①

七〇　覆四川制台吴(李鸿章)

光绪元年四月十七日(1875年5月21日)

仲仙仁兄大人阁下：

数月来，因使星入蜀，台端案牍较繁，未及时通笺问，正深驰系，适奉三月二十四日惠书，敬审履候胜常，勋祺迪吉，至符臆颂！川案奏结，昨于邸抄内读悉原疏，持论极为平允。州县夫马借资办公，自难概议革除，去其太甚，绅民当无间言。黔江教案，范若瑟有意刁难，法使抵渝要索罚款，且欲归咎地方官，自是彼族故智。赴省哓渎，亦须以理折之。执事成算在胸，必能查照条约，力与辩驳，俾可早就范围也。周军欠饷全数解清，敝部协款，蒙允与方伯筹商，于三月内续解一批，莫名钦感！现值筹布海防，购办炮械，需费尚巨，务望体察蜀力所能为者，谆属方伯，移缓就急，续筹拨济，尤深企盼。畿疆静谧如常，差纾廑注。专泐布覆，敬颂勋祺，摹璧晚谦。不具。愚弟李鸿章。②

① 顾廷龙、戴逸主编:《李鸿章全集》,第31册,第136页。
② 顾廷龙、戴逸主编:《李鸿章全集》,第31册,第222页。

七一　覆吴仲仙制军(李鸿章)

光绪元年七月初八日(1875年8月8日)

再,自星使还京后,有议其查办过宽者,故薇相又同时更动,台座必不自安,蜀事难为,益可知矣。雷波、穆坪等处滋事各匪谅即剿平,尊恙亦即痊复,惦念曷任!文武两闱,转盼即至,自须支持目前,徐图归计。威使过津,于滇案大肆要挟,气焰甚张。家兄闻十八启节南行,此事恐无妥结之法。辖疆闻见较近,幸有以赞助之。夔关前扣洋货一案,已否派员赴汉口商办?此亦英使借口之一端,能速了否?手此,敬颂勋祺。不具。弟鸿章又顿首。[①]

七二　覆吴仲仙制军(李鸿章)

光绪二年正月二十八日(1876年2月22日)

仲翁仁兄大人阁下:

前阅邸抄,知乞身归老,得遂初衣,为之忧喜交集。宦海少一同心,乡邦少一达官,此俗情之可忧者也。功成者退,重负顿释,而无衣锦夜行之讥,此公归之可喜者也。正驰念间,奉正月十四日手示,猥蒙眷恋殷勤,感纫曷既!比想琴鹤移家,关山送客,春融载福,舆颂讴思!弟昔从军有句云"封侯不若早还家",如公可不负平生矣,岂任健羡!滁阳好山水,敦庞俭朴,大可宜室家、长子孙。他日与父老子弟闲话桑麻,亦尝念风尘澒洞,劳生攘攘,有欲归不得

① 顾廷龙、戴逸主编:《李鸿章全集》,第31册,第282页。

者乎！文郎老成谨朴，远到令器，惜奉讳不能与试，拟令就京职学习，甚佳。滇案尚多棘手，格酋到后，似未必克期妥结。家兄以亲老不欲远宦，方作退计，忽又承乏边疆。无论蜀事难为，后患正长，目前已有进退维谷之势。弟久占高位，时事愈觉艰危，精力意气愈觉颓沮，不知何日始能握手欢笑，把臂入林耳！临书三叹，惟为道自玉，慎卫起居。不次。愚小弟李鸿章顿首。[①]

七三　覆吴仲宣漕帅（曾国藩）

同治元年正月—三月（1862年1—4月）

天、六以下并就肃清，该处地面太宽，途径四达，不难于取而难于守，处处留防，分布匪易。近日寄谕欲都营拨兵往守天、六，尊处派兵协防浦口，探报金陵逆首悉索丑类，窜犯江北，不知天、六、二浦果能保全否？敝处东下之师，去岁沪上官绅乞援，原议以洋船搭载潜济，嗣因无船可搭，拟改陆路循北岸以达扬、镇，由和、含贼中冲过，业经奏明于三月初起程，而苏省各绅又雇就轮舟来接，费银至十八万之多，遂改由水路前进。李少荃廉访督带头批，于初八日开船，初十日到沪。其二、三批辘轳装运，计月底可以讫事。九舍弟攻和、含、巢三城，如其得手，则与都帅暨尊处渐通声息。少荃驻军之地，奏明本在镇江府城，今先至沪上，俟沪事稍有头绪，再行移驻镇江，或往来镇、沪，轮驻两处。应办各事，自当临时奉商。[②]

---

① 顾廷龙、戴逸主编：《李鸿章全集》，第31册，第357—358页。

② 江世荣编注：《曾国藩未刊信稿》，第37—38页，中华书局，1959。

七四 覆吴仲宣漕帅(曾国藩)

同治元年十月(1862年11月)

金陵官军又于廿二、三等日破贼地道七处,至初五日,派队出击,焚贼多垒,逆焰大衰。闻忠酋因其党伪听王一股歼于黄渡口、四江口,分遣六七万人回顾苏、昆老巢,已有解围之机。芜湖、太平一股,先于十八、廿五、廿九等日击退。宁国一股,势甚猖獗,已渡过清弋江西岸,阻我饷道。鲍军病卒太多,不能奋勇截剿,倘有疏失,则皖南在在可虞,且恐重扰江西完善之区,未卜能侥幸保全否。里下河米价昂贵,议从上游接济,荩虑至为深远。敝营军米向从江、楚三省采办,今年欲取之本省,以节运费。秋后收获不丰,又经蝗患,现在市价日增,敝处尚在湖北、湖南两省采买,设法储备。至商贩船只,此间已甚寥寥,又安望其畅行东下?商民资薄胆小,既恐贩米远贸,无利可图,又恐江路梗塞,防长毛之别有惊阻,更防李营之设卡横索也。①

七五 覆吴仲宣漕帅(曾国藩)

同治元年(1862年)

国藩此次自济登舟,沿途风逆水大,二十五日始抵宿迁,登岸小住数日,仍坐原船前进,俟到杨庄,再换湖船,由洪泽、临淮以达周口。陆路积潦数尺,不由桃源登陆矣。天气酷热,本不敢远劳台

---

① 江世荣编注:《曾国藩未刊信稿》,第108—109页。

驾，而堤墙一概淹塌，亦无可会查之处，统俟杨庄相会，一罄鄙忱。惟弟暂驻极乐庵，本为避暑起见，不过消停三日，曾嘱色令禀明尊处。乃本日接阎中丞咨，任、赖股匪仍由扶沟、杞、睢折回山东，将至曹县。弟似应仍驻徐州，而赴徐陆路被淹，只得在宿迁多住三四日，探听任、赖确信，再定进止。淮河淤塞，冬春阻浅，夏秋汛溢。尊意于上年所挑黄河，加深数尺，并浚引河，导湖出坝，俾高、甘堤防不至十分吃重；盐艘出湖，不须起旱盘剥，而淮渎可以渐复故道，实属一举数善。盐捐事宜，想已函商少泉办理矣。①

七六　覆吴仲宣漕帅（曾国藩）

同治二年正月—三月（1863年2—5月）

李营封盐一事，弟于正初致函婉商，未得回信，旋闻该营拦截苗练盐船，互相械斗。李军门亲率队伍，前赴五河。事端方开，岂一时所能定局！弟虽兼辖其众，未暇一为经理。临淮饷盐，患在切肤，尤觉难于处置。目下北渡之贼已陷九洑洲、浦口、江浦各城垒，李军门尚未回营，逞私愤而忘大局，后患正未有艾。将来群逆归并巢、含，终为皖北之忧。鲍春霆等军于月初连破西河、湾沚、仰贤圩等处贼垒，宁郡西、南、北三面数十里内一律扫除。去秋以来，风波奇险，今幸一隅稍安，实出望外。顷调刘连捷、梁美材两军由南岸北渡，以刘军协守石涧埠，以梁军协守庐州，俟希帅回任，节节进剿。②

① 李瀚章编：《曾国藩书信》，第352—353页，中国致公出版社，2011。

② 江世荣编注：《曾国藩未刊信稿》，第141页。

七七　覆吴仲宣漕帅(曾国藩)

同治二年三月—四月(1863年4—6月)

敝部兵力偏重南岸,去冬,贼窜巢、含,借调希帅部下萧、毛、蒋三军,分守运漕、石涧埠、三河、舒城、六安各城隘。今春,豫捻窜鄂,又调希部驻三河尖之成军门援鄂。前月,黄文金等股由皖南上窜江西,弟檄鲍春霆援江,而忠逆北渡,围石涧埠营盘,又改调春霆至北岸,与金陵来援之师先后驰至无为州,幸解石涧之围。该逆遂往扑庐江,上趋桐城。鄂捻分股入皖,窜至桐城,与忠党合并,由舒城往围六安。弟令春霆援六,尚未赶到。被围业经旬日,未卜能否保全。叠据庐江、上海搜获伪文,均称由皖窜鄂,分窜黄州、武汉,以制下游兵力,冀解金陵之围。目下皖北各军皆当防剿吃紧之地,万难抽动,徽、祁万分危急,尚无兵可往援助,微特不能进剿下蔡,亦且不能赴援临淮。事变纷乘,竭蹶万状,如能仰托鸿庇,皖、鄂大局不致决裂。俟希帅起复回任,即当腾出兵力,一意剿苗。本系分内之事,亦复何敢推诿!诸希鉴亮。①

七八　覆吴仲宣漕帅(曾国藩)

同治二年三月—四月(1863年4—6月)

至六安解围一股,或称忠酋闲洒克复太仓,回救苏州;或称其图窜里下河;或称其纠合苗党,窜扰滨淮各属。顷接定远县禀:此

---

① 江世荣编注:《曾国藩未刊信稿》,第154页。

股山炉桥窜扑定城，初十退往城南三十里外。逆踪诡幻，未知果趋何处。[①]

七九　覆吴仲宣漕帅（曾国藩）

同治二年三月—七月（1863年4—9月）

青阳解围后，正拟分道进剿，而古酋先诣朱军乞降，收复石、太、旌德三城。宁国县之贼不击自退，高淳、溧水、建平亦已投诚收复，东坝则半降半剿。夺此一隘，广德郑酋亦有投诚之说，气机颇顺。惟群凶皆未就戮，遣散亦复无多，终非了象。现将各城分派守兵，惜力量不足，宁邑竟无防兵，尚不能与浙师合龙。舍弟一军虽已扎至孝陵卫，然闻城中米粮尚足，贼气尚固，似须苏、杭全克，各路云集，乃可徐图耳。[②]

八〇　覆吴仲宣（曾国荃）

同治二年七月（1863年8月）

二十三日，肃覆寸函，谅指日可登签掌。二十六日，续奉手翰。苗逆大股又复趋重蒙城，猾贼披猖至此，令人发指。昨义渠中丞来函，亦深以蒙围未解为忧。挑镇之捷差强人意，并知陈庆云镇军已于十三日抵徐，惟愿速提劲旅，一战而解重围，从此星驰电扫，痛洗狼氛，庶蠢兹有苗芟夷为有日耳。敝部及鲍军疫疠已平，自攻克江

① 江世荣编注：《曾国藩未刊信稿》，第158页。
② 江世荣编注：《曾国藩未刊信稿》，第172页。

东桥后，进薄城闉而营。鲍军率全部赴援青阳，弟处占地愈宽，兵力转形单薄，现已檄催新募之勇迅速东来，为进攻之计，一面俟皖南荡平，拟请鲍公乘胜扫荡，直下东坝一路，以断通苏、常之路，庶长围可合也。①

八一　覆吴仲仙漕帅（曾国藩）

同治四年四月—闰五月（1865年4—7月）

昌岐察看运河，已否起旌。愚见水师炮船宜用于长江大川，不宜于岸高河窄之地，岸高则大炮难于仰攻。陆路离岸稍远，我之子弹斜上，即不能平击命中矣。河窄则陆路难于转旋，而陆路之贼转得据高俯击，两岸之枪子、火毬一一落我船中，无可躲避，师船虽多，可以立烬，故水师入窄河而无陆兵护之，必败之道也。刍荛之见，本诸阅历，尚祈与昌岐熟商。②

① 梁小进主编：《曾国荃集》第3册，第339页。
② 江世荣编注：《曾国藩未刊信稿》，第253页。

参考文献

中国第一历史档案馆藏:朱批奏折、朱批奏片

中国第一历史档案馆藏:录副奏折、录副奏片

中国第一历史档案馆藏:谕旨

中国第一历史档案馆藏:咨文

中国第一历史档案馆藏:清单

中国第一历史档案馆藏:呈文

中国第一历史档案馆藏:户科题本

中国第一历史档案馆藏:刑科题本

中国第一历史档案馆藏:呈状

中国第一历史档案馆藏:禀文

台北故宫博物院藏:宫中档朱批折件

台北故宫博物院藏:军机处录副折件

台北故宫博物院藏:清单

台北故宫博物院藏:廷寄

台北中研院近代史所档案藏:外交档案

中国第一历史档案馆编:《乾隆朝上谕档》,广西师范大学出版社,1999

中国第一历史档案馆编:《嘉庆道光两朝上谕档》,广西师范大学出

版社，1998
中国第一历史档案馆编：《咸丰同治两朝上谕档》，广西师范大学出版社，1998
中国第一历史档案馆编：《光绪宣统两朝上谕档》，广西师范大学出版社，1996
中华书局影印：《清实录・高宗纯皇帝实录》，中华书局，1985
中华书局影印：《清实录・仁宗睿皇帝实录》，中华书局，1986
中华书局影印：《清实录・宣宗成皇帝实录》，中华书局，1986
中华书局影印：《清实录・文宗显皇帝实录》，中华书局，1986
中华书局影印：《清实录・穆宗毅皇帝实录》，中华书局，1987
中华书局影印：《清实录・德宗景皇帝实录》，中华书局，1987
中国第一历史档案馆编：《光绪朝朱批奏折》，中华书局，1995
台北故宫博物院编：《宫中档光绪朝奏折》，（台北）东亚制本所，1973—1975
台湾史料集成编辑委员会编：《明清台湾档案汇编》，（台北）远流出版有限公司，2009
中国第一历史档案馆编：《清代军机处电报档汇编》，中国人民大学出版社，2005
中国第一历史档案馆编：《清代军机处随手登记档》，国家图书馆出版社，2013
秦国经主编：《清代官员履历档案全编》，华东师范大学出版社，2008
清高宗敕撰：《清朝文献通考》，浙江古籍出版社，1988
刘锦藻撰：《清朝续文献通考》，浙江古籍出版社，1988
中国第一历史档案馆、福建师范大学历史系编：《清末教案》，中华

书局,1996—2006
台北中研院近代史所编:《教务教案档》,(台北)中研院近代史所,1974
顾廷龙主编:《清代朱卷集成》,(台北)成文出版社,1992
中央民族大学图书馆藏:《钦定平定陕甘新疆回匪方略》
《左文襄公全集》,上海书店出版社,1986
《刘襄勤公(毅斋)奏稿》,(台北)文海出版社,1966
《曾惠敏公(劼刚)遗集》,(台北)文海出版社,1966
《曾忠襄公(国荃)奏议》,(台北)文海出版社,1966
《岑襄勤公遗集》,(台北)文海出版社,1966
《许文肃公(景澄)遗集》,(台北)文海出版社,1966
《谭文勤公(钟麟)奏稿》,(台北)文海出版社,1966
《足本曾文正公全集》,吉林人民出版社,1995
宝鋆等修:《筹办夷务始末(同治朝)》,(台北)文海出版社,1966
黎成礼编:《黎文肃公(培敬)遗书》,(台北)文海出版社,1966
蔡冠洛编:《清代七百名人传》,(台北)文海出版社,1971
顾廷龙、戴逸主编:《李鸿章全集》,安徽教育出版社,2008
朱寿朋编:《光绪朝东华录》,中华书局,1958
王先谦等编:《东华续录(同治朝)》,光绪戊戌年文澜书局石印本
蒋良骐编:《东华录》,中华书局,1980
贵州大学历史系中国近代史教研室点校:《平黔纪略》,贵州人民出版社,1988
王延熙、王树敏编:《皇清道咸同光奏议》,(台北)文海出版社,1969
戚其章、王如绘编:《晚清教案纪事》,东方出版社,1990
汪兆镛编:《碑传集三编》,(台北)文海出版社,1980

臧云浦等编:《历代官制、兵制、科举制表释》,江苏古籍出版社,1982
郭嵩焘撰:《郭嵩焘日记》,湖南人民出版社,1982
郭廷以编:《郭嵩焘先生年谱》,(台北)中研院近代史所,1971
陈义杰整理:《翁同龢日记》,中华书局,1993
窦宗一编著:《李鸿章年(日)谱》,(台北)文海出版社,1977
欧阳辅之编:《刘忠诚公(坤一)遗集》,(台北)文海出版社,1968
金梁辑:《近世人物志》,(台北)文海出版社,1977
沈桐生辑:《光绪政要》,(台北)文海出版社,1971
王树枬编:《张文襄公(之洞)全集》,(台北)文海出版社,1970
来新夏撰:《近三百年人物年谱知见录》,上海人民出版社,1983
李灵年、杨忠主编:《清人别集总目》,安徽教育出版社,2000
荣孟源、章伯锋、顾亚主编:《近代稗海》,四川人民出版社,1989
赵尔巽等编修:《清史稿》,中华书局,1976
王钟翰点校:《清史列传》,中华书局,1987
中国社会科学院近代史研究所编:《曾国藩未刊往来函稿》,岳麓书社,1986
王彦威纂辑:《清季外交史料》,书目文献出版社,1987
李侃等著:《中国近代史》,中华书局,2004
丁凤麟、王欣之编:《薛福成选集》,上海人民出版社,1987
黄建明等整理:《清代皇帝御批彝事珍档》,四川民族出版社,2000
任一民主编:《四川近现代人物传》,四川省社会科学院出版社,1990
鲁子健编:《清代四川财政史料》,四川省社会科学院出版社,1988
王德昭著:《清代科举制度研究》,中华书局,1984